中国历史文化名人传

梦西厢

王实甫传

叶梅 著

作家出版社

中国历史文化名人传

组委会名单

主任：李　冰
委员：何建明　葛笑政

编委会名单

主任：何建明
委员：郑欣淼　李炳银　何西来　张　陵　张水舟　黄宾堂　张亚丽

文史组专家成员（按姓氏笔划为序）

王春瑜　王家新　王曾瑜　孙　郁　刘彦君　李　浩　何西来
郑欣淼　陶文鹏　党圣元　袁行霈　郭启宏　黄留珠　董乃斌

文学组专家成员（按姓氏笔划为序）

王必胜　白　烨　田珍颖　刘　茵　张　陵　张水舟　张亚丽
李炳银　贺绍俊　黄宾堂　程步涛

出版说明

中华民族五千年文明史中，涌现了一大批杰出的文化巨匠，他们如璀璨的群星，闪耀着思想和智慧的光芒。系统和本正地记录他们的人生轨迹与文化成就，无疑是一件十分有必要的事。为此，中国作家协会于 2012 年初作出决定，用五年左右时间，集中文学界和文化界的精兵强将，创作出版《中国历史文化名人传》大型丛书。这是一项重大的国家文化出版工程，它对形象化地诠释和反映中华民族文化的基本精神，继承发扬传统文化的精髓，对公民的历史文化普及和建设社会主义文化强国都具有重要而深远的意义。

这项原创的纪实体文学工程，预计出版 120 部左右。编委会与各方专家反复会商，遴选出在中国文化发展史上产生过重大影响的 120 余位历史文化名人。在作者选择上，我们采取专家推荐、主动约请及社会选拔的方式，选择有文史功底、有创作实绩并有较大社会影响，能胜任繁重的实地采访、文献查阅及长篇创作任务，擅长传记文学创作的作家。创作的总体要求是，必须在尊重史实基础上进行文学艺术创作，力求生动传神，追求本质的真实，塑造出饱满的人物形象，具有引人入胜的故事性和可读性；反对戏说、颠覆和凭空捏造，严禁抄袭；作家对传主要有客观的价值判断和对人物精神概括与提升的独到心得，要有新颖的艺术表现形式；新传水平应当高于已有同一人物的传记作品。

为了保证丛书的高品质，我们聘请了学有专长、卓有成就的史学和文学专家，对书稿的文史真伪、价值取向、人物刻画和文学表现等方面总体把关，并建立了严格的论证机制，从传主的选择、作者的认定、写作大纲论证、书稿专项审定直至编辑、出版等，层层论证把关，力图使丛书经得起时间的检验，从而达到传承中华文明和弘扬杰出文化人物精神之目的。丛书的封面设计，以中国历史长河为概念，取层层历史文化积淀与源远流长的宏大意象，采用各个历史时期最具代表性的文化符号与雅致温润的色条进行表达，意蕴深厚，庄重大气。内文的版式设计也尽可能做到精致、别具美感。

中华民族文化博大精深，这百位文化名人就是杰出代表。他们的灿烂人生就是中华文明历史的缩影；他们的思想智慧、精神气脉深深融入我们民族的血液中，成为代代相袭的中华魂魄。在实现“中国梦”的历史进程中，必定成为我们再出发的精神动力。

感谢关心、支持我们工作的中央有关部门和各级领导及专家们，更要感谢作者们呕心沥血的创作。由于该丛书工程浩大，人数众多，时间绵延较长，疏漏在所难免，期待各界有识之士提出宝贵的建设性意见，我们会努力做得更好。

《中国历史文化名人传》丛书编委会

2013 年 11 月

王实甫

目录

第一回 究室春

元世祖至元十六年（1279）。

大都易州（今河北省易县）一条清波荡漾的小河边，柳树成荫，燕子掠过，远处官道上一个年轻公子骑马飞驰而来。他身后传来一声声叫喊："公子！公子！您等一等！"这公子相貌俊朗，举止潇洒，一把勒住缰绳，马儿咴咴地叫着站定，意犹未尽地蹬踏着蹄子，扬起一阵尘土。

片刻工夫，那官道上又飞来一匹马儿，一个红脸小厮骑在马上，急吼吼地叫着："公子，您骑得太快了，我追也追不上。"

公子瞧了他一眼，浅笑道："添书，咱们已进了易州地界，你看那前面的村子，就是咱家了。"说着，他往河边走去，伸手往河水里探了一探："嗬，这一开春，塘溪河里的冰都化了。添书，你快下来，尝尝这水，真甜。"

小厮添书站在岸边柳树下，摇头说："我可不尝，这会儿的水硌牙。"公子笑起来："瞧你说的，还有水硌牙的？"小厮说："我奶奶就是这么说的，冬天的水就是硌牙。"公子说："可我奶奶却说，不能喝冰水的男人不算强壮的男人。来，添书你来尝尝咱们究室村（今究室村）的水。"小厮吐了吐舌头，不情愿地从树下跑到河边，一抬手，喝了一口：

“哇！”

公子看着他的脸：“怎么了？”

添书咧着嘴道：“甜，甜得跟蜂蜜一样。这回行了吧？”

公子笑起来：“贫嘴。”

添书问道：“公子，您家乡的村名好生奇怪，为何叫个究窒？”

不远处斜坡上，一片村庄，粉墙黛瓦，四周绿意盎然，一缕缕炊烟正从一户户庄园村舍的房顶上升起。四周田野里，三三两两的农人正在劳作，公子回身相望，眼神柔和，嘴里说道：

“添书你给我听好了，这究窒可是有讲究的名字。早在西汉年间这一带便有人烟，你看这河水清澈，良田万顷，端的是一方好水土。这河就是易水，战国时期荆轲为燕太子丹去秦国刺杀秦王，就是在此饯别的，风萧萧兮易水寒，壮士一去兮不复还。”

“易水？公子您刚才不是说这河叫作塘溪河吗？”添书问。

公子指着前方，道：“不错。这河跟人一样，有大名，也有字、有小名。易水到此就叫塘溪河，究窒村的‘究’字指的就是小溪一眼望去的尽头，‘窒’是吞埋、阻塞之意，‘究窒’就是靠近小河旁的高坡。你看那村子不正是建于高处吗？”

添书四下看着，不断点头称是：“怨不得读书人就是比俺们做小厮的懂得文理，经您这一说，这村子原是有来历的。”

公子道：“那是当然。这里故事多啦，往后日子长了，慢慢说与你听。”

“好哇好哇。”添书拍手道。

两人正说笑着，通往村头的官道上疾步走来一个小丫头，一手搭在额上朝这边看着，放开嗓门叫起来：“二公子！二公子！”

小厮添书听见：“公子，那边好像有人在叫您呢。”他从河滩边跳上堤岸，踮起脚来看着：“是个小丫头。”

公子一甩手上的水，也跳上岸去，却道：“哦，是我娘跟前的丫头听茶。”说话间，那叫听茶的丫头已跑到跟前，脸蛋红扑扑的起了一层细汗，手里握一块手绢扇着：“二公子！果然是您啊，您咋还不家走？”

丫头嘴快，还没容公子答话，又一口气说道：“先是乔叔在哨台上瞧见了您的大黑马，四蹄扬雪，就知道是二公子您回来了，又瞧见后边还跟了匹小黄马，想必是跟您的小厮，这就给夫人报了，可等了好一阵也没见过来，夫人老爷都急了，让我赶紧来叫一声，老爷说有要紧的事，要给二公子您说道呢。您这都到家门口了，待在这河边干什么呀？他可是新来的小厮？”

添书不乐意地打断她的话：“我看你这丫头真是话多，说了一半天都没停嘴，你不让公子说话，也不让自个儿喘口气？”

小丫头一听，双手一叉腰恨道：“你这小厮，二公子都没发话，你竟敢多嘴！真不懂规矩。”

添书急道：“谁不懂规矩？”

“好了好了，你们两个怎么刚见面就吵开了，连姓名都还没问呢。”公子摊开两手，说，“四海之内皆兄弟也，你们一个听茶，一个添书，今后在一起的日子少不了，得好好相处才是。”

添书嘟哝道：“是她先说我的。”

公子自去柳树下解开拴马绳，然后一骗腿跳上马，两腿一夹，黑马扬开蹄子飞奔而去。

添书急得大叫：“公子，您等等我！”他欲跳上黄马，不料慌张一跳，马却往前一蹿，他扑通一下摔坐在地，捂着屁股叫唤：“哎哟！”

听茶一旁哈哈大笑。

添书：“还笑还笑，都怪你这多嘴的丫头！”

听茶嗔道：“你再敢无理，小心我在老夫人面前说你三大箩坏话。你还不赶紧追马去！”

说着，两人一溜烟跑去。那公子的黑马早已风似的进了村庄，径直到了自家府邸门前。那门楣上方悬着一匾，上书“勤公府”，隶书清劲俊逸，两扇朱红大门半合。马蹄声刚落定，大门内闪出一条壮汉，却是管家乔叔，五短身材，豹头环眼，一见公子便喜上眉梢，两步蹽下台阶接过公子手上的缰绳，叫一声：“二公子，快请进！”

公子正是这勤公府主人王逖勤的二儿子王实甫，字德信，此时年方十九，自幼清峻颖悟，读书过目辄成诵，再也不忘。父亲逖勤将他送到邢台有名塾师董朴那里求学，不觉已有数年。这个冬天更是连日苦读，未曾归家。此时公子双手相拱，叫一声乔叔。乔叔是府上老管家，看着公子从小长大，笑道："恭喜二公子！"

公子不解："实甫何喜之有？"

乔叔道："公子见过老爷夫人便知道了。"

庭院里打扫得十分洁净，几株腊梅花苞依在，伸向天空的枝丫绽放着小小的花朵，一院芳香。公子快步走进后院，随着一声大叫："娘！娘！"屋里迎出一位仪态雍容、高鼻圆脸的夫人来，一双大眼微微凹陷，皮肤格外白皙，嘴里应道："德信我儿！"上前一把将跪倒在地的公子搂在怀里，娘儿俩自是一番亲热。

母亲阿夫人为阿鲁浑氏，长相跟究室村人不一样，一看就来自远方西域。阿夫人说话细声慢气，当下将儿子扶起来，上下端详着，柔声说道："这小半年未见，我儿又长大了。为娘在家好不思念，若不是你哥哥德清在身边，我早就着人唤你回家来了。"

"父亲和兄长呢？"实甫问道。

阿夫人道："老爷在书房已等候你多时，德清在酒坊那边忙活，你快去见过老爷。"

公子连声应道："孩儿这就去。"说着一边整理衣襟，将在母亲身旁的小儿态顿时化去，一脸恭肃地随乔叔去往书房。

这勤公府为三进大院，前院为客厅，接待宾客，家人共聚所用，两边侧屋住着仆人家丁，二进院为老爷夫人居住，东厢小院为实甫和兄长德清所住，西厢小院为老爷书房，三进院供奉着历代祖先，不得随便进入。公子跨进西院，那里也有一树红梅开得正艳，他正想驻足一看，忽听书房里一声咳嗽，不由得立即转身，先去门口垂首站立，叫一声："老爷！"然后禀道："德信回来了，前来给老爷请安。"

"进来吧。"

父亲王逖勤在屋内不无威严地应道。

究室王姓为方圆百里有名的鼎族，金初太宗时期（1123—1135），金政权刚建立不久，先祖王大用从黄河流域陕西一带跋山涉水来到易州究窒村，看中了这里的绿水长流，从此在究窒安家落户，生息繁衍，历经王国良、王作梅等五代。至王逖魁、王逖勤兄弟少年时，正值金末，天下大乱，盗贼四起，逖魁、逖勤兄弟自小习武，正直豪侠，为护家园与河内村张柔聚集乡里，相继起兵。后统占中山，举家南迁。

其后，金朝腐败不堪，宋朝皇帝昏庸无能，民不聊生，逖勤与兄长逖魁为求天下太平，追随成吉思汗西征。这王逖勤久经沙场，勇武过人，威震军中，得到大汗赏识；在西北征战之中，又恰逢奇缘，娶一阿鲁浑氏少女为妻，先后生下德清、德信。大元朝将立之时，世祖忽必烈赐予高官，逖勤却婉言谢绝，以身负旧伤辞官还乡。逖勤将家从中山迁回易州究窒，修建庄园，题为“勤公府”，平日里自在庄园里习字练武，也常有老友自四方来，相饮为乐。

究窒一带自从有了王家老爷把持，四下安宁，无论官府还是豪强均不敢进村相扰，就连一班蟊贼也绕道而行。村民们心悦诚服，私下里暗暗称道福气，但有这逖勤老爷在，村里每逢大小事情，都会找他做主，比那官府还要管用。

这时，公子实甫进得门去，但见老爷正弓腰俯案，执一管狼毫在宣纸上挥墨，兴致正浓地说道：“德信，你过来看看，为父这几字写得如何？”

公子走到案前，从父亲身旁瞧那纸上写的是“见贤思齐”，浑然天成，透着十足的劲道，不禁叫好。

王逖勤欣然问道：“好从何来？”

“这四字出自《论语》：‘见贤思齐焉，见不贤而内自省也。’父亲写它自有一番心思，德信见这字如发其声铿锵有力，非内省之功深厚而难以成就也。”

王逖勤听罢，畅快地大笑起来，他于笔架上放好那管狼毫，转身用力拍了拍儿子的肩膀，又着力推了一把，实甫身子一动不动。逖勤喜道：“嗯，看来你在董先生那里念书，还没有误了功夫。”

王逖勤是自幼习武之人，但也好读圣贤之书。他给儿子王实甫请的师父董朴是当朝大儒。董朴字太初，顺德人，又称龙冈先生，博才多学，自六经及孔、孟微言，但凡先儒开端阐幽者，莫不研极其旨而会通之，其心得往往有融贯之妙。逊勤一生佩服之人无几，尤对龙冈先生敬仰不已。董朴本不授人之子，但与逊勤却是多年之交情，终难拂情面，又见实甫颖悟过人，故三年前将他收为弟子。

王实甫从身边掏出一封书信，双手呈给逊勤："父亲，孩儿临行之时，董先生嘱将此信交给父亲。"

这信口被火漆封过，王逊勤接过信来，命乔叔打开，然后展读，王实甫一旁站立，只见父亲读着读着眉开眼笑，继而拍案称道："快哉快哉！"

王实甫不知父亲为何，先生交给他信时，他也不便问来。只听父亲说道："德信啊，龙冈先生在信中对你赞誉有加，在我看来，他并非溢美之人，看来德信你一定是听讲、作业、宣读都让先生甚为满意，他才会如此夸奖！"

王实甫心下释然："原来父亲是为此快哉！令儿子惭愧也。"

"这是其一。"王逊勤道，"还有其二，龙冈先生在这信中写道，他受朝中提刑按察使推荐，将为陕西知法官，像他这样品行端正学问高深的博学之士被重用，岂不令人快哉？"

王实甫好生吃惊："有这等事？却未曾听先生透露半句，难怪先生几次催我还乡。我只道先生莫不是多日研习而要小歇一时，原来是朝廷要重用先生。"

王逊勤在案上铺开那几页信纸，上下看道："俗语说真人不露相，龙冈先生岂能随口便道来，况且他心里犹豫多时，至今仍有不决之意，故不想让你们知晓。"他说着，在案前踱步，又道："不过依我之见，如今世祖皇帝贤明，大量起用汉人为官，像龙冈先生这样的栋梁之材能参与朝政，造福苍生，乃是天下之幸事，且不可拂了按察使的好意。"

正说着，乔叔在门外报道："夫人来了。"

王实甫赶紧迎到门口，只见母亲阿夫人带着听茶、添书一同走了进来。阿夫人道："老爷，您和德信只顾说话，他却是进门来连茶都未喝上一口。我这里将西夏那边带来的枸杞、红枣沏了香茶，老爷您和德信尝尝。”说着招呼听茶将沏好的香茶倒进盅里，端给老爷和公子。

王实甫道：“谢谢母亲。”两手正要接过，阿夫人又道：“慢着，你且先净了手再喝。”便叫人端来铜盆水，让实甫洗手。母亲素来喜好洁净，每天必有一次大净几次小净。

洗罢，夫人又让听茶摆上瓜果，几样府上做的点心，一样样的让实甫尝来。

王逖勤笑道：“德信，还是你母亲替你想得周全。”

阿夫人也笑道：“老爷的教训才是至关重要啊。”又说：“老爷，这是新来的小厮添书，是德信从董先生那边带过来的。添书你来见过老爷。”

添书忙上前拜倒在地：“添书给老爷叩头。”

王逖勤说：“快起来，在家里不需行大礼。你今年十几？”

添书道：“回老爷话，添书今年十六。”

王逖勤道：“嗯，董先生跟前的人不会窝囊。你好好跟着二公子，陪伴好他就是。好了，这会儿，我和夫人跟德信说几句话，你们都先退下吧。”

乔叔会意，将听茶和添书几个带出书房，且把门轻轻掩上。屋内，王逖勤坐在太师椅上，饮了几口枸杞茶，看看面前玉树临风的儿子，眼神添了慈爱，叫了一声：“德信。”

王实甫连忙应了一声，今日归家见到的父亲如此和颜悦色，跟往日说话的口气大不一样，让他略微有些惶惑。

从小到大，印象中的父亲就是严厉的，对他和哥哥所犯的过错从不迁就。有一次，他吃饭时和哥哥打闹，失手将饭碗打破，父亲将他们兄弟叫到书房一顿痛责：“须知一粥一饭来之不易，今日打碗，明日就要败家。若是这等败家之子，要你们作甚？”当下拿过家法，让他俩伸出手心，给哥哥德清五板，给他三板。板数虽然不多，但父亲是行伍之人，非一般人的劲道，板子下去，手心立马就肿了起来，好几天连筷子都没法拿。母亲一边抹泪，一边亲手给他们抹药，半月之后才消肿。从此以后，哥儿俩吃饭读书再也不敢东张西望，嬉笑打闹，而对父亲更是敬畏有加，平日连这书房也望而却步。

这时却听父亲说道：“德信，今日为父与你母亲，有一件大事要与你相商。”

王实甫忙道：“不知父亲母亲有何教诲？”

王逖勤道：“德信，你如今已近弱冠之年，可知该是谈婚娶亲的时候了？为父像你这般年纪，已在大汗帐下征战多时，也正是那段日子与你母亲有缘相识成婚，才有了你们兄弟。”

原来是为自己的婚姻大事，王实甫心头松了一口气。这件事已经不是第一次听父母论及，自打三年前他去往董先生那里求学，每次回家都会听到父母提起，但都只是说说而已。他正想说，自己年纪尚小，再等些时候不迟，但却听父亲说道：

“眼下有一门亲事与你十分相配，我和你母亲商议，趁着春暖花开，择一个吉日就把婚事订了吧。”

王实甫不禁大吃一惊：“父亲？”

王逖勤抬手止住他的话，继续说道：“这女子家世非同一般，她家已有心来提亲，算是看得起我们王家，王家自然不可怠慢。夫妻相配虽要看缘分，但门当户对，家庭可靠才是最重要的，更何况那姑娘与你年龄相当，长相俊秀，端庄贤淑，上她家提亲的王公贵族每日里不断，我和你母亲怕误了你的大事，前些日子就把这门亲事应承下了。”

王实甫忍不住噌地站了起来，脱口说道：“父亲不可！”

王逖勤沉下脸来：“嗯？怎么说话？”

母亲阿夫人在一旁也道：“德信，怎得如此造次？还不快给老爷赔礼？”

“请父亲恕我无礼。”王实甫躬身说道，“父亲，刚才是儿子一时冲动，不该顶撞父亲。”

王逖勤道：“好了，你明白就好。”

可王实甫却接着说道：“但父亲且请听儿子几句，婚姻乃终身大事，岂能毫不相识就应承下来，我连她姓甚名谁都不知晓呢！”

王逖勤不快道：“这些自然要告知于你。”他侧身对夫人道：“你把张家小姐的情形细细说与他听，看这不知好歹的东西还有什么话好说。”说完拿起一本颜真卿的《多宝塔碑》字帖看着，再也不加理会。夫人一旁拉过实甫，轻声告诉他，那女子是方圆数百里有名的河内庄园的张家小姐，名婉常，字素云，年方十七。老爷已吩咐乔叔托人看过八字，算得是极佳的郎才女貌，金玉良缘。

实甫听母亲说罢，并没有喜形于色，反倒一直皱着眉头。

夫人道："儿啊，你还有什么不称心的，这可是世人称羡的一桩婚事啊。"

实甫扯住阿夫人的衣袖，恳求道："母亲，说什么金玉良缘，我要的只是情投意合，那张家小姐再有名声，我却是素昧平生。请父亲母亲容我些时日，让儿子再读两年书，等有了些学问再论婚姻不迟。"

"一派胡言！"王逖勤扔下手中的字帖，生气地指着王实甫，"你这忤逆之子，刚刚龙冈先生还在信中夸你学业有成，我看你竟是徒有虚名，学无所用！你若敢不听父命，为父就将你赶出这勤公府门！"

第二回 易水醇

父子二人不欢而散，王实甫在父亲“你先给我退下！”的一声喝令之后，蔫蔫地退出书房，又转念一想，径直向自家酒坊奔去。

酒坊则是王家专造。王逖勤辞官归乡之后，家中甚为清贫，他在军中征战多年，并未挣下多少钱财，但少时得祖传酿酒秘方，一直牢记于心，回乡后即开了一酒坊，取塘溪河清甜之水，加之祖传秘方，居然酿出上好的酒来。不多时便广为人知，易州一带的好酒之人必到王家酒坊来沽酒，甚至大都城里的富豪也都纷纷闻讯而来，以至供不应求。几年之后，酒坊由小小的一间扩展为一座大院，雇了几十个帮工和伙计，前院开店，后院酿酒，世人都称王家塘溪酒坊，由实甫的兄长王实厚专为打理。

王实厚，字德清，年长实甫五岁，儿时随父母颠簸，成人后又多在乡间劳作，长得一副黑红脸膛，敦实身材，虽身着长衫，看上去也跟身后的伙计相差无几。这天他正在后院张罗，要将几缸酿好的酒送往京城大都，帮工们拿抬杠，系绳子，抬到挂好的马车上，只听身后一声：“哥哥！”

王实厚抬头一看，见兄弟王实甫跨过前后院的月亮门朝自己奔来，不禁惊喜交加："德信！你回来了？"

"哥哥！"王实甫到跟前与兄长见过礼，鼻子使劲地嗅着，"好香！好香！"直嚷道："快给我打一碗酒来，我要尝尝这新酿的易水杏花酒。"

且不待伙计拿过酒碗，他一眼瞟见院侧一旁敞开的酒缸，旁边还搁着一把木勺，便上前拿起就舀起一勺来，仰头喝了下去，咂咂嘴，大赞道："好酒！"

说罢又要操勺朝酒缸舀去，王实厚一把拉住："德信，你且悠着点儿，这满坊的酒还不够你喝的吗？快快，你给我先去那边坐下。"

满院的帮工伙计听说二公子来了，都跑来看热闹，王实厚朝他们叫道："有什么好看的，该干吗干吗！郝三，你招呼这辆车，让他们乘着天色赶紧上路。你们几个，把这缸散酒抬到前院店里去，我一会儿就来。"

叫郝三的伙计答应着，帮工们吆喝着抬酒。王实甫摁着大酒缸沿，说道："这新酿的酒真好喝，哥哥你让我再喝一勺。"

王实厚却不由分说，拉起实甫就走。穿过院子，到了后面一间僻静的厢房，房内一张大案，堆了一沓账本，一把大算盘，实厚平素就在此清理账目。实甫嘴里只管叫着："哥哥，你拉我到此作甚，我要喝酒呢！"

虽是简陋，倒也设有茶几小凳，王实厚将他摁在小凳上坐下，说："德信，我今天就让你喝个够。"就叫伙计取来一瓦壶酒，切了一盘酱过的牛肉，兄弟俩就着喝了起来。还没到半个时辰，王实甫已将那壶酒喝去大半，脸色酡红，嘴里滔滔不绝，从董先生那边说到今天回家，再说到父母给他的指令，不禁更是激动：

"哥哥，你得给我做主，我怎么能娶一个素不相识的女子？她张家即便再是位高权重，与我王实甫又有何相干？我一介读书人，为何要去攀龙附凤，卖身投靠这张家之门？"

王实厚一时不知如何相劝。在他面前，兄弟德信永远是一个未长大的少年，而他却像是久经沧桑，他温和地说："德信，父亲和母亲既然看中了这门亲事，自有他们的道理，你只管听从便是，不必太过焦虑。"

王实甫已有了七分醉意，拉住哥哥的手，大声说道："我王实甫这辈子难道就不能为自己相一个心爱之人？为什么非要由父母做主？”

“德信，你休得再胡言乱语，父亲这些时一直都在为你操心，全是为你的前程，我看你也得替父母着想。”王实厚说着，抢过实甫手中的酒杯，“你不能再喝了，真要喝醉了满嘴胡话，岂不让二老伤心？”

接着，他抱住实甫的双肩，突然说：“兄弟，你听我给你讲一个故事。”

王实甫瞪大双眼：“哥，你还当我是个孩子吗？”

“这个故事可不是说给孩子听的。”实厚摸了摸他的头，说，“你知道在咱们王家没来究室之前，这一带是什么样的吗？几十年前，就在咱爷爷那一辈儿，易州一带可是盗匪横行，流寇不断，老百姓没法活啊。”

“这我早听说过。”王实甫说，“要不咱爷爷也不会弃农从武。”

“是啊。”王实厚说，“就在河内那边村子里，有一个叫张柔的，自小为人慷慨，讲义气，他善骑射，以豪侠著称。金贞祐年间，河北盗起，张柔聚乡党，选壮士，结队伍以自卫，盗贼不敢犯。谁知有一个叫张信的，假冒张柔之名，将一个穷人家的女子强占为妻，这事被张柔知道之后，他逮住张信，当众抽了他一百鞭子，将那穷人家的女子放回了家，还给了那家十两银子。”

王实甫不觉叫了一声好。

“那张信怀恨在心，私下里结交了一伙歹徒，想法子要加害张柔，几次差点得手。但不久张信因为偷盗一家富豪被官府抓获，要被斩头，张柔知道之后，倒是认为张信虽有罪但罪不至死，那年月官逼民反，民不聊生，满地盗贼，若都论以死罪，百姓更是无几人能活。于是张柔亲自出面向官府说理，结果官府不得不免了张信死罪，天下人得知无不感慨，这张柔果然难得慷慨之人也。于是骁勇之士，多慕义从之。”

王实甫听得有趣，不禁问道：“哥哥，你说的这张柔，便是跟咱家爷爷一起抗金的张柔？”

王实厚点头：“咱爷爷和父亲就是那会儿跟随张柔的，他们一道随大汗远征，建功立业。你可知，这张柔大人正是父亲为你定亲的张家小姐的亲爷爷。”

实甫心头一震。

张柔的大名在易州定兴一带妇孺皆知，张氏家族人丁兴旺，河内村大部分人家都姓张，而且大都门户显贵，家庭殷实。他只道父亲所说的张婉常只是那大家族其中的一位小姐，却万没想到竟是这赫赫有名张柔大人的亲孙女。

之前在顺德，他也听龙冈先生说起过张大人的一些故事，老师语气中不无敬重。张柔早年时，经中都经略使苗道润承制而授予定兴县令，兼清州防御使，后来道润又加封张柔为昭毅大将军，遥领永定军节度使，权元帅左都监，行元帅府事。不料，苗道润一日被副将贾瑀所杀，这贾贼得意忘形，竟遣使者前往张将军府上，告曰："吾得除道润者，以君不助兵故也。"张柔气极，怒叱道："贾贼杀吾之所事，吾食贾贼之肉且未足快意，反以此言相戏，真是气死我也！"继而发檄文，会易州军誓为道润报仇。道润麾下一位姓何的将军从贾贼那里逃了出来，将道润生前所佩的金虎符献给了张柔。易州军更推张柔为中都留守，兼大兴府尹、本路经略史，行元帅事。

戊寅（1218），元军出紫荆口，张柔率所部逆战于狼牙岭，不料马失前蹄，被元军所获。元太祖爱他人才，劝他以降，还其旧职，得以便宜行事。张柔召集部曲，下雄、易、安诸州，攻破贾瑀于孔山，斩其头，剖其心祭道润。

金真定帅武仙会兵数万来攻，张柔以兵数百，出奇迎战，大破之。而后与金兵每战辄胜。壬辰（1232），从元睿宗伐金，围汴京，张柔率军于城西北，金兵屡出拒战，张柔单骑陷阵，出入数回，金人莫能支。"太宗四年（1232），张柔率军随睿宗伐金时对部将宣称：'我用兵以来，杀了许多人，其中有冤死的。自今以后，非与敌战，誓不滥杀无辜。'蒙军围攻汴京，柔率军攻城西北，单骑杀入敌阵中，四进四出，金军不能抵挡。金朝哀宗弃汴京自黄陵冈渡黄河，至沤麻冈，欲夺取卫州，张柔领兵合击，哀宗败走睢阳。金汴京守臣崔立开城投降。张柔入汴京不取金帛，只取史馆中之《金实录》及秘府图书；访求德高望重的金朝遗老和赵燕世族十余家，将他们卫送北归。张柔进围睢阳，金哀宗逃往汝南。汝南在张柔与宋将孟珙的夹攻下城破，哀宗自杀。汝南攻下后，蒙军下令屠杀城中居民，有一小校缚十人准备诛杀，其中一人相貌与众不同，张柔问知是状元王鹗，立即待之以礼。班师回朝，太宗历数张柔的战功在诸帅之上，赐他金虎符，升为军民万户。”①

中统元年（1260），世祖即位，诏班师，阿里不哥反，世祖北征，诏柔入卫，至庐朐河，分其兵三千五百卫京师。第二年，世祖返朝，封安肃公，命第八子弘略袭职。至元三年（1266），加荣禄大夫，判行工部事，城大都。至元五年（1268）六月卒，年七十九。赠推忠宣力翊运功臣。延祐五年（1318），加封汝南王，谥忠武。

回想起来，董朴先生每说及张柔，语气中必含敬意，王实甫从先生的讲述中其实早已知这位张柔大人生平，但感觉甚是遥远，不想如今父母论及婚姻之事，竟一下子与自己有了密切关联，心中不禁有一种说不出的震撼与惊诧。

哥哥王实厚叫伙计做了一盆醒酒汤，用碗盛了，端到他面前：“喝吧，这会子酒劲还没过去吧？”这醒酒汤里搁了嫩豆腐、冬笋、香菇、鸡蛋和葱姜，还有上好的保宁香醋，飘出一股诱人的香味儿。王实甫端在手上，忍不住咕嘟喝了一大口，立刻一伸舌头：“哇，好烫！”

“你看看你，这么大人了，还跟小时候一样，上来就是一大口，也不先尝尝。烫了嘴吧？”王实厚笑道。

“谁叫你让他们做得这么好喝。”王实甫吧嗒着嘴，心满意足地喝着汤。在哥哥面前他从来就最放松，父亲严厉，母亲虽慈爱温柔但也从不娇纵，只有哥哥什么都让着他，心里有了委屈，也都向哥哥抱怨。这会儿从兄长的眼神里，王实甫看出他对自己那份呵护中的快乐和自得，便越发像小时候那样，歪着头问道：“哥啊，你这汤里放了什么料，喝起来跟别人做的不一样？”

王实厚眨了眨眼，说：“可不是嘛，咱这汤里有一绝，那就是咱的酒啊。”

① 《白话二十四史》，谢圣明、黄立平著，中国华侨出版社。

“酒？”王实甫不解道，“这不是醒酒汤吗？”

“解铃还须系铃人呢，醒酒就得用酒来解。”王实厚道，“我让他们往这汤里加了一勺咱的易水杏花酒，味道醇香，自然与别处不一般，你喝出来了吗？”

“真有股子杏花味儿。”王实甫一口气喝下那碗汤，意犹未尽地说，“还能再喝一碗，不过，且打住吧。”他看看实厚，感慨道：“哥啊，这酒坊和勤公府上下全亏你打理，平日里你要照顾爹娘，还要照料生意，真是辛苦你了。”

“怎么突然又变得正经起来了？”王实厚道，“别这么长吁短叹的，哥哥我不像你是个读书人，打小跟着爹娘从西北那边过来，字没识得几个，能替家里做这些事，哥哥和你嫂子都很知足。”

“好久也未见嫂子，她都还好吗？”王实甫问。

“她挺好的。只是……”王实厚欲言又止，叹了一口气。王实甫忙问：“只是怎么了？”

王实厚道：“不说你也明白，你嫂子过门已经三年多了，可到现在还没生下一男半女，父亲虽然没说什么，但那脸上的颜色我也看得出来，娘私下里问过我好几次，我能说出个什么？你嫂子她背地里哭了好几回，死的心都有。”

哥嫂成婚的确已有好几年，至今未有生育，王实甫劝道：“这生儿育女之事，也不是着急就能够的，说不定是观音菩萨给你往后排着呢。哥哥跟嫂子千万不要往窄处想，尽着好的吃、好的喝，没准这三两月就有了。”

王实厚噗地笑出声来：“那敢情好。还是先说你的事吧，你看，父母操心为你办婚事，也是为了咱王家香火啊。父亲岁数也不小了，总不能眼看着儿子在跟前，却抱不上孙子。”他又说道：“你看那张家人丁真是兴旺，汝南王张柔一人就有十一个儿子。给你提亲的张小姐是他第八子弘略将军家的大小姐，那小姐还有两个哥哥一个弟弟，张玠、张瑾、张琰。”

王实厚说着说着，却见对面坐着的实甫眼神迷糊，肩膀歪斜头一垂，竟趴倒在桌上呼呼睡去，不禁摇头叹道：“咳，喝了醒酒汤，倒只管睡了。”说罢，拎过一件长衫盖在实甫的肩头，自去照料前院的活计。

等到日落黄昏，兄弟俩回到府上，还未进门就见乔叔神色紧张地迎上来：“二位公子如何此时才回？老爷旧伤犯了，夫人急作一团，我正要去请大公子您呢。”

实厚、实甫一听大惊。实厚一边急着往里走，一边责问乔叔：“为何不早些叫我？”

乔叔跟在身后：“老爷中午还好好的，没想到午歇那会儿突然犯了病，我早想过去请您来着，可老爷不让，说要先养养神。”

实厚道：“请过大夫了吗？”

“已经请俞大夫瞧过了，说倒是没什么大事，只是一时急火攻心，触犯了旧伤。嘱咐一定要好生养息，千万不能再发作。”乔叔说着拿眼看了看王实甫，小声说：“二公子，您这回见了老爷，可得小心说话才是。”

王实甫心想辩白，三人已穿过梅花正浓的庭院，来到后院屋门前，正是父母卧房，一时三人屏住气息，实厚朝屋里轻轻唤了一声：“父亲大人！”

丫头听茶应声掀开门帘，说：“公子来了！”回身朝屋里道：“夫人，二位公子都来了。”

阿夫人在里面回道：“快叫他们进来。”

王实甫跟在兄长身后进到屋里，只见父亲王逖勤躺卧在床，母亲阿夫人一旁侧坐，正用一方手帕在父亲脸上擦拭。那王逖勤捂着胸口，额头上冒出豆大的汗珠，脸色煞白。王实厚见状扑通跪倒在地，泣道：“不知父亲大人受罪，儿等来迟，罪不可恕。”

这王逖勤当年随大汗西征之时，曾在西夏中过一箭，正在前胸，当时险些丢了性命，幸遇奇人相救施以秘方膏药，才得以生还，但从此医嘱不得剧烈行动，也不可大喜大悲。此时王实甫见父亲颜面痛苦，不由得也心如刀绞，随兄长跪倒在地，说道：“父亲大人，都是德信不孝，惹父亲生气……”说着，不禁双泪长流。

王逖勤在床上摆摆手，示意阿夫人："让他们都起来。"

阿夫人收了手帕，对两个儿子说道："德清、德信，都快起来吧。"王实厚上前，让听茶揪过一方热汗巾，给父亲轻轻按摩额头，又问："俞大夫开过的药煎好了吗？"听茶连忙回道："煎好了，这里正温着呢。"

阿夫人道："已经喝过一回，这会子再喝上一回吧。"

听茶端过药碗，实厚接在手上，给父亲一勺勺地喂进嘴里。王实甫站在一旁低头无语，过了一会儿，他突然开口说道："父亲母亲，孩儿我应允了。"

王逖勤一口药呛在喉咙里，连声大咳不止。阿夫人忙给他拍着胸口，实厚也忙放下药碗，给父亲擦拭嘴角。王逖勤却推开他们的手，吃力地指着实甫问道："你，你说什么？"

王实甫看了看父亲苍白的脸，毅然说道："我说，孩儿我应允了。"

王逖勤又咳了两声，突然放声大笑："好一个德信，果然性情中人，是我的儿子！"

第三回 绕花身

回到究室三日之后，王实甫去往定兴镇上。一来父亲给董朴先生修书一封，要交递到顺德那方；二来镇上那日恰逢庙会，久未在家乡集市上游逛的王实甫早就心里痒痒。

儿时他常随哥哥身后，跟着父母去赶庙会，那集市上有许多好吃、好玩的东西，最爱的是郑字号的糖葫芦，又圆又大的山楂果子，裹在酥脆的糖汁里，咬得满嘴甜。还有翔云记的风筝，有扎小燕子、长蜈蚣的，有扎小蝴蝶、人儿的，拉着线和哥哥疯跑，沿着易水河边的杨树林，一跑就是二三里地。娘担心他们跑得太远，让乔叔追着喊叫，让他们回来。可父亲王逖勤却让他们只管跑去，说男人一双脚就是走天下的，不要怕他们跑远了。娘也只好由他们去。有时候玩到天黑还舍不得回，乔叔就赶着马车，不由分说挟拉着他们就往车里塞。哥哥听话，上车就不动弹了，可实甫还一个劲儿地往下蹦，急得乔叔叫小祖宗。

一晃，这些都已成往事，可王实甫还念着儿时的玩耍，叫哥哥也跟他一块儿去赶庙会，哥哥实厚说：“我倒是想去来着，可酒坊一大堆事哪走得开？去年酿的杏花酒都说喝着味道不错，京城大都那边的客商来了好几拨等着抬酒，我这会儿得把往年存下的酒从酒窖里倒腾出来一些，不能丢了客户。”又说：“你看这春天来了，杏花开得正好，又得着人采杏花，预备新酿杏花酒了。”

王实甫只好说：“哥哥辛苦，那我就自个儿去了。”唤过添书，将母亲阿夫人吩咐的两个食盒一担挑了，预备出门。

王实厚叹道：“却是母亲心细手巧，做的这美食，装在盒里香味儿都透出来了。”原来，那食盒里装有阿夫人亲手下厨油炸的馓子，头天就开始让人把面团揉好，亲手加了鸡蛋红糖，然后搓成细条泡在香油里，第二日一早将醒好的面条盘成圈，上好的清油在锅里烧热，炸出金黄的馓子来。这道美食是阿夫人自小从西夏那边学会的，王实甫兄弟俩都特别爱吃。逢年过节总少不了要炸出一大筐，送给至亲好友，可算是有心意的礼品。这回老爷王逖勤给董朴先生书信一封，感谢龙冈先生对儿子的教诲，同时也劝他早日进京为官。老爷写好书信，让实厚找出两瓶十年的杏花酒酿给董先生捎去，阿夫人一旁听说，且道那先生为德信多有操劳，也没什么稀罕物送给先生，便想亲手炸些馓子，请先生早晚做点心，或许还喜欢。王实甫拍手称道：“母亲说得是，先生他常是读书写字到深夜，每到夜里亥时都有些饥饿，会让师母给他添些小吃，这馓子岂不是正好。”

这下子，王实甫和添书出得府门，乔叔唤小厮将他们的马牵了过来，安置好食盒，两人骑了马直往定兴镇上而行。

才过几日，塘溪河两岸的杏花果然是开了不少，只见那一簇簇盛开时的杏花艳态娇姿，繁花丽色，胭脂万点，占尽春风。远看似红云朵朵，近看与垂柳混杂，柳叶吐绿杏花绽粉相互辉映。那一株株老杏树姿态苍劲，冠大枝垂，于水中形成倒影，与那柳树相比，又是一番趣味。

越往前行，路上的行人也越渐多了起来，有那坐轿的贵妇，也有挽臂而行的少年，三两成群，于河边嬉笑戏耍。王实甫骑在马上，兴致勃勃地叫添书快看。

添书仰着头道：“公子要我看甚？”

实甫提马鞭指他：“我看你这笨脑瓜子，只知道吃饭喝酒，这美景就在眼前，却道是看甚？你没瞧这杏花开得各有讲究，方才经过的路上那杏花含苞待放，朵朵艳红，这边洼地里却是颜色由浓转淡，‘道白非真白，言红不苦红。请君红白外，别眼看天工’。”

添书见他摇头晃脑地吟唱着，也跟着乐和起来，说：“公子不要以为我不懂，我听公子这诗吟得倒是真好，不如赶紧用笔写下来，一并给董先生带去，让他也知道公子您没有跟着他白学。”

王实甫斥道：“我把你这不长脑子的蠢材，活该揪到河里去洗洗，看能否晓事一些。这哪是我吟的诗，分明是宋代杨万里的‘咏杏五绝’。”

添书嘟着嘴道：“这我哪里去讨教来？”

王实甫说：“我平日里让你多读些书，你也没少坐在一旁听讲，那董先生每次给我授课，你不是也听来着？”

“这是哪儿跟哪儿？我可没听说过。董先生一天到晚讲孔子、《论语》，那杨万里又是谁？”添书说。

王实甫不禁笑了起来：“听听你这口气，那杨万里就是隔壁大爷成不成？好了，不跟你斗嘴了，咱们赶紧吧。”

说着一扬马鞭。

道上正并肩行着一辆马车，一匹枣红马儿拉着慢悠悠地走着，赶车男子将马鞭子窝在怀里，缩着头打盹，王实甫这一鞭子下去，“啪”的一声脆响，猝不及防的枣红马顿时受惊，马脖子向后一仰，前蹄高高上抬，然后撒开四蹄不择方向地狂奔起来。一转弯，赶车男子被甩在了道上，车篷里传出一声女子的惊叫：“哎呀！”

那受惊的枣红马毫不停顿地拉着车一路往前奔跑，车夫爬起来吓得大叫，车旁原跟着的两个丫头也连声惊叫：“小姐！小姐！”三人连哭带叫地跟着马车飞跑，但人哪里跑得过马，转眼那马就冲上了一道小土坡，眼看车身倾斜，马车即刻就要冲进道旁的河里。

正在这万分紧急之时，王实甫纵马从身后追来，飞身一把攥住了枣红马的缰绳，叫道：“吁——！”

枣红马不情愿地被勒住，但仍拧着一股劲想往前窜，王实甫夹紧胯下的大黑马，咬紧牙使出全身气力，左手死死拉住那枣红马的缰绳，嘴里不断：“吁！吁！”几番挣扎之后，枣红马才终于松下劲来，不甘地喷着响鼻，在原地刨着蹄子。

那两个丫头跟车夫飞跑过来，颤声叫道：“小姐，小姐？”

车篷内却无应答。两个丫头慌得就要去掀开门帘，里面传出一个女子的轻喝：“且慢！”

那声音清脆镇定，丫头和车夫不觉如释重负，王实甫也跟着吐了一口气，继而心生好奇。

只见这辆车好生雅致，车舆间金妆饰螭头、绣带、青幔，车篷四周用昂贵精美的丝绸装裹，窗牖上也是镶金嵌宝，一帘淡蓝色的绉纱遮挡，门帘上则绣着几枝牡丹，花瓣盛开，像是有浓香飘散。

正打量间，门帘微微一动，随着一声：“掀帘！”两个丫头忙不迭地左右伸手，将那帘子掀过头顶，实甫一见好不吃惊，车篷内却是端坐着一个服饰华丽的女子。

那女子看上去年不过二十，生得粉面若花，黑云两鬓，白雪分齿，虽是刚受过惊吓，却并不显张皇狼狈，衣衫恰似刚整理过，一双丹凤眼不怒而含威，两手放于膝前，那姿态端庄矜持，宛如坐于厅堂之上。

她一眼瞧见骑在马上的王实甫，又见他手上还勒着枣红马的缰绳，便微微低头，算是这厢有礼，开口说道：“敢问公子，适才是公子出手相救？”

王实甫跳下马来，扔了缰绳给添书，向车上女子拱手道：“岂敢言相救？刚才是小生扬鞭催马，让小姐的马受了惊，实在是罪过罪过。”

车夫跟着嚷起来：“可不是，本来走得好好的，从哪儿冒出来的这人，劈头一鞭子，你这不是故意的吗？”那两个丫头也一旁撇着嘴道：“就是就是，你还不快给小姐赔罪。”

添书一旁急了：“嘿，怎么说话的？咱们公子不要命地救了你们小姐，反倒讹上咱们了？不讲理了是不是？”那车夫蛮横地指着添书：“谁不讲理了？难道不是你们公子惊了咱们马吗？你们也不瞧瞧这是谁家的车，再胡咧咧让人把你们给绑起来。”正喧闹着，只听车内小姐一声：“住嘴！”

车夫和丫头顿时噤声。

小姐指着车夫喝道："你这不知轻重的奴才！适才明明是你没拉紧缰绳，才让马受惊乱跑，若不是这位公子出手相救，岂不是早已酿成大祸？还不赶快给公子叩头谢恩？"

车夫跪倒在地，连连给王实甫磕头讨饶。王实甫忙道："快快起来。小姐仁慈，不计小生过错，小生已感激不尽，岂敢多言？"又说："小姐也是前往定兴庙会的吧？前面的路已无多远，赶车的你这回可把车给赶好了，不要再出差池。"

小姐道："这位公子手上受了伤，你们却不赶紧想个法子？"

这一说，王实甫才看自己的左手，果然是勒出了一道紫红的凹痕，刚才毫无察觉，此时一听小姐所言，竟立刻感觉疼痛，不禁吸溜了两下。那小姐唤过丫头，从车上锦盒里取出一个绿色小瓶，里面却是膏药，让剜出一小坨给实甫抹在手上，立即觉出一股清凉，那痛不觉消去。王实甫正要道谢，丫头又拿过一方白绸汗巾，说是小姐吩咐，要给他包扎起来。

王实甫忙道："区区小事，何劳如此？"执意不肯包扎，那小姐坐在车上也不再言语，又教丫头拿出十两银子，递给王实甫。

王实甫忍不住冷笑："果然是有钱的人家！"

却不再答话，眼睛看也不看那银子，遂一步跳上黑马，扬鞭而去。添书在他身后，朝那一帮人翻了个白眼，也跳上马追着去了。

到得定兴城慈云阁前，离得不远处便是站赤[①]。实甫将马拴了，吩咐添书取下食盒，将父亲王逖勤的书信一并交给了站赤的提领。提领即交付往顺德而去的驿丁，说来得正好，当下便有一人正要准备出站，这就送往南边去。

且说元代时均设有驿站，朝廷有令，凡站赤，陆地则以马以牛，或以驴，或以车；水路则以舟。其给驿传玺书，谓之铺马圣旨。遇军务之

① 站赤：元制站赤者，驿传之译名也。盖以通达边情，布宣号令，古人所谓置邮而传命，未有重于此者焉。

急，则又以金字圆符为信，银字者次之。内则掌之天府，外则国人之为长官者主之。其官有驿令，有提领，又置脱脱禾孙于关会之地，以司辨诘，皆总之于通政院及中书兵部。若混乱之时，站户阙乏逃亡，则又以时签补，且加赈恤焉。于是四方往来之使，止则有馆舍，顿则有供帐，饥渴则有饮食，而梯航毕达，海宇会同，元代之天下，一时竟盛况空前，视前代所以为极盛也。

元代时，对驿站的管理甚为严格，太宗元年（1229）十一月，敕：“诸牛铺马站，每一百户置汉车一十具。各站俱置米仓，站户每年一牌内纳米一石，令百户一人掌之。北使臣每日支肉一斤、面一斤、米一升、酒一瓶。”

太宗四年（1232）五月，谕随路官员并站赤人等：“使臣无牌面文字，始给马之驿官及元差官，皆罪之。有文字牌面，而不给驿马者，亦论罪。若系军情急速，及送纳颜色、丝线、酒食、米粟、缎匹、鹰隼，但系御用诸物，虽无牌面文字，亦验数应付车牛。”

这实甫的父亲王逖勤是享有金虎符的有功之臣，因此无论何时有物件交由驿站递送，都十分通达。

实甫将父亲写给董先生的书信和物品一并交送，与定兴驿站提领交代完毕，又见那驿丁随即出了站赤，才放心朝大街走去。添书道：“公子，咱们赶紧赶庙会去吧。”

王实甫走出驿站大门一看，集市上人来人往，吆喝声不绝于耳，但奇怪的是自己先前急于想逛庙会的兴致却没了。他看了看日头，对添书说道：“事已办了，你把马牵过来，咱们回究窒去。”

添书大为不解：“公子您不是说要好好逛一逛的吗？您看那边卖吃食的，驴肉火烧、羊杂碎汤，香味儿都飘过来了。您不去瞧瞧？”说着他使劲地咽着唾沫，揉着肚子说：“都出来大半天了，我这肚子早就饿得前胸贴着后背，公子难道您就不饿？”

王实甫没好气地说：“看你这副模样，前辈子准是个饿鬼，别在这儿丢人现眼。走吧走吧，去那边看看。”添书欢天喜地应道：“哎哎。”前边一路小跑着，绕过慈云阁，那庙会上果然热闹喧腾，王实甫拿出点碎银子，让添书买了几套烧饼，以及酱好的牛肉驴肉，说："这回行了，家走吧。"

添书不敢再多言语，只好跟着上马，两人一路返回。出了定兴城，又到了杏花盛开的河边，王实甫眼见那杏花飘落，如纷飞的白雪，不禁若有所思，便朝水边吟道："一陂春水绕花身，花影妖娆各占春。纵被春风吹作雪，绝胜南陌碾成尘。"添书在身后叫道："公子又吟了一首诗，这回我可记下来了，回家给夫人说去，她一准给我赏钱。"

王实甫道："哼，你只管跟夫人要赏钱去。"

添书又说了几句，见公子只是不甚理睬，便探头到实甫跟前说："我看公子这会儿心神不定，莫不是还想着先前那小姐？她美若天仙，何不请夫人做主，寻那小姐家里提亲去？"

王实甫一听恼道："我把你这横竖不知的蠢材，掀到河里喂王八去！再敢胡说八道，定饶不了你！"添书嚷道："不敢不敢！"又小声道："跟公子逗笑，何必生气呢？"

这实甫当真有些恼怒，因不想路上惊了那小姐马车，原打算一天的好玩耍也没了兴致。又想方才见到那小姐的车马，心里着实有些吃惊。

元时服色、器皿、帐幕、车舆鞍辔等都有严格规定，皇帝诏曰："比年以来，所在士民，靡丽相尚，尊卑混淆，僭礼费财，朕所不取。贵贱有章，益明国制，俭奢中节，可阜民财。"命中书省定立服色等第于后：蒙古人不在禁限，及见当怯薛诸色人等，亦不在禁限，惟不许服龙凤纹。龙谓五爪二角者。职官除龙凤纹外，一品、二品服浑金花，三品服金答子，四品、五品服云袖带襕，六品、七品服六花，八品、九品服四花。职事散官从一高。系腰，五品以下许用银，并减铁。命妇衣服，一品至三品服浑金，四品、五品服金答子，六品以下惟服销金，并金纱答子。首饰，一品至三品许用金珠宝玉，四品、五品用金玉珍珠，六品以下用金，惟耳环用珠玉。同籍不限亲疏，期亲虽别籍，并出嫁同。器皿，谓茶酒器。除钑造龙凤纹不得使用外，一品至三品许用金玉，四品、五品惟台盏用金，六品以下台盏用镀金，余并用银。帐幕，除不得用赭黄龙凤纹外，一品至三品许用金花刺绣纱罗，四品、五品用刺绣纱罗，六品以下用素纱罗。

车舆，除不得用龙凤纹外，一品至三品许用间金妆饰银螭头、绣带、青幔，四品、五品用素狮头、绣带、青幔，六品至九品用素云头、素带、青幔。鞍辔，一品许饰以金玉，二品、三品饰以金，四品、五品饰以银，六品以下并饰以鍮石铜铁。内外有出身，考满应入流，见役人员服用，与九品同。庶人除不得服赭黄，惟许服暗花纻丝䌷绫罗毛毳，帽笠不许饰用金玉，靴不得裁制花样。首饰许用翠花，并金钗锞各一事，惟耳环用金珠碧甸，余并用银。酒器许用银壶瓶台盏盂镟，余并禁止。帐幕用纱绢，不得赭黄，车舆黑油，齐头平顶皂幔。

诸色目人，除行营帐外，其余并与庶人同。诸职官致仕，与见任同。解降者，依应得品级。不叙者，与庶人同。父祖有官，既没年深，非犯除名外不叙之限，其命妇及子孙与见任同。诸乐艺人等服用，与庶人同。凡承应装扮之人物，不拘上例。皂隶公使人，惟许服䌷绢。[①]

王实甫跟随董朴先生读书，对这些礼俗和朝廷规定已有所知，先生曰:“君子应知其可为与不可为也。”但见那小姐车舆装金裹银，显然是在三品以上官宦之家，她端坐车上不怒而威，且还像打发讨饭的一样，居然施舍他十两银子，这让他感觉受辱，却是一口气不知向何处发去。

① 《元史·乐服》，明·宋濂等撰，中华书局。

第四回

鞣鞨宝

回到勤公府，乔叔一干人正在大门前换灯笼，这还是春节时挂上的，年早已过完，乔叔吩咐小厮下了灯笼，预备打理干净收拾起来，又有两人拿抹布擦拭着朱红大门，显得明净锃亮的。正忙活着，见实甫和添书到了跟前，乔叔不禁问道：“公子这就回来了？不是要好生逛一回的吗？”

实甫道：“逛过了。添书还给你带了一套驴肉火烧。”没等乔叔答话，他已大步流星往府里走去，这添书在身后叫道：“公子，我拴好马就来。”添书见实甫走进庭院，却往乔叔耳边道：“乔叔，您知道今儿在路上我们遇到了什么吗？”

于是如此这般给乔叔念叨了一回，乔叔听着连声叹道：“这可算得是化险为夷，幸亏公子他自幼练过武功，否则怎会拉得住那狂奔的大马？”又问是谁家的马车。添书摇头说：“我看那马车非同一般，倒是想问来着，可公子他没问，我也没敢插嘴。”

两人正说着，听茶急步从府里走到大门前，叫着：“添书！添书你这小厮还在这儿胡咧咧什么呀？夫人叫你过去问话呢。”

添书一听，忙不迭地跳上台阶，说着：“好姐姐，夫人叫我何事？”

听茶道：“老爷夫人叫你好生侍候公子，你倒是心宽地阔的，夫人要问你公子手上的伤是怎么来的？”

添书急得扯着喉咙：“这个可跟我不相干。”听茶说：“你别跟我说，快到夫人面前回话就是。”两人一边说，一边就到了“禔身堂”，正是夫人的居所，进得堂去，却不见公子实甫，只有夫人坐在堂前。添书上前去叩了头，夫人正色道：“我让你好好陪着公子，今日里他却如何带伤而归？”原来方才实甫回家给母亲请安，阿夫人一眼瞧见他的左手青紫，接过茶碗时抬举不得，惊得忙问他究竟，王实甫支吾说是为采杏花在树上蹭的。阿夫人自是不信，将实甫打发去见老爷，唤添书来问个明白。

添书委屈道：“夫人有所不知，我和公子骑着马在路上走得好好的，是那路上有一位小姐的车马受了惊，直朝河里冲去，公子他危急之时出手相救受的伤。”便又将事情原委说了一遍，阿夫人惊道：“原来如此。”

夫人不由得一番叹息，又道：“添书你新来乍到，要多长一些见识，二公子他从小性情有些散漫，你是他贴身的小厮，要多一些提醒，万不可撺掇着公子，去做那不可做的事。”

添书垂头道：“夫人的话，添书谨记在心，绝不敢疏忽。”

夫人又细声道：“这件事不要报给老爷，老爷他近日刚刚身子好些，切不可再急火攻心。”又对听茶说：“你们两个都记住了。”

听茶和添书鸡啄米似的点头。

添书突然想起：“公子他每日里可是晨读晚习，片刻也没有闲着，即便走在路上也吟诗呢，今日就吟了一首好诗。”他回想着：“记得是什么春水绕花身，花影妖娆各占春……哎呀，还有两句忘了，我还一路背来着。”他咧嘴小声补了一句：“我还给公子说，回家背给夫人听，好讨赏钱。”

夫人笑道：“你只要好生侍候着公子，赏钱总归有的。”说着让听茶从钱盒里取了十文钱，又说：“昨日河内村那边送来的果子，让乔叔分些给小厮们吃吧。”添书把钱揣到怀里，千恩万谢地退了下去。听茶在门口小声恨道：“就会讨便宜。”添书也不答话，乐呵呵地一溜烟跑了。

那边王实甫去给老爷回话，给董朴先生的信已经送去，且还从站赤捎回一封当朝二品官阿剌罕的信。阿剌罕时任江西行省左丞，他家也为阿鲁浑人，与王逖勤家却是有着姻亲。阿鲁浑人本在西域，后降蒙古军，随其征战到了中原，但在朝中为官者并不多见，阿剌罕转任南北，历仕地方，其父一代札马剌罕曾任大名路达鲁花赤，其子易不剌金也为朝廷所用。阿剌罕一家与王逖勤、王逖魁兄弟交往已有多年，且将族中女子嫁给了王逖勤，更是来往密切。王实甫按中原称谓，将阿剌罕称为阿舅。

自从实甫那日当面应允亲事，王逖勤心情大好，身子骨恢复如初，每天早晚打一趟太极，面色红润，这时见了实甫带回的书信，不禁说道：“德信啊，为父将实情告之于你，你的这桩婚事正是你阿舅阿剌罕亲口提及，眼下他正为江西行省左丞，张家大人弘略近日将回定兴省亲，你阿舅阿剌罕嘱择其良辰，可将你与张家小姐的婚事办理妥当。”

实甫心里虽有千语万言，但看父亲喜气洋洋，竟是半句话也难以启齿，只有默默点头。王逖勤见儿子神情并不爽快，不由得微微沉下脸来，说道：“婚姻乃人生之大事，你纵读万卷书，也必先为人子。想当年为父像你这般年纪，正在沙场上你死我活，多少好儿男头一日还活蹦乱跳，第二日就战死沙场，哪里还敢奢望娶妻婚配？后来稍得安定，你阿舅他们见为父勇猛忠诚，便主动说合，要将你母亲许配于我，为父当时可是欣喜若狂，感激不尽啊！哪像你这般得了幸运，反倒像是谁人欠了你似的。”

父亲王逖勤平素言语不多，这时却感慨万端，着实也让王实甫心下惶惑，他思忖良久，只好说道：“父亲大恩大德，儿子一一铭记在心，只是初次听得此事，不知如何是好罢了，父亲和阿舅既然已定，儿子听从便是。”

王逖勤听罢笑逐颜开，上前来拉住实甫的手，实甫左手护疼闪到一边，父亲倒是未曾觉察，说道：“德信你自幼才华过人，为父将这王家的希望都寄予你了。”实甫道：“父亲，德信这次回到家里，见哥哥将酒坊和家里打理得十分齐整，哥哥的能耐远在德信之上也。”

逖勤叹道："你哥哥为人忠厚，料理家务倒是一把好手，只是从小随我吃苦颠沛，未曾读书，又岂能入仕？如今皇上兴儒学，重人才，德信你正是恰逢其时啊。等到将媳妇接过门来，你更可以一心专读圣贤书，待挣得一官半职，也不枉为父半生鏖战，终可告慰我王家祖先了。"

不久，王逖勤让夫人备下聘礼，千两黄金十匹锦缎，更有一物尤其稀罕，阿夫人从珍藏的密室中取出交于实甫，其色绀碧，质地坚密，似玉而冷，状如小花。实甫捧在手上只觉珍贵，却辨识不得。阿夫人道："这便是所谓'靺鞨宝'，出自昆仑玄圃中，常人不可得，是咱们阿鲁浑氏的传家之物也。"实甫惊道："如此珍贵之物，怎能送入他家？还是母亲收藏着为好。"

阿夫人道："儿啊，这张家小姐岂是外人？她若是收下这聘礼，将来还不得回到王家？我和你父亲一片真心待她，为的是你们百年好合。"

实甫在母亲面前说话，从小就自在随意得多，执意道："这实在是使不得。母亲若非要如此，我就不去了。"阿夫人经不住他一番说辞，无奈只好说道："这玉虽然珍贵，毕竟也只是身外之物，何必计较？但吾儿既然固执，娘我也不勉强了。"便从宝盒中另取了一支白玉宝簪："这支簪子也是我的陪嫁之物，也算稀罕，德信你就拿它去吧。"王实甫这才允了。

按习俗，下聘礼本应男方父母亲自上门，但王实甫却一再劝阻，说父亲身体欠佳，母亲又不是十分通晓当地语言，都不必亲自前去，既然两家早已说定，他与哥哥实厚前去送上聘礼就好。父亲王逖勤见德信虽然年方十九，但处事自有主意，倒感欣慰。

这婚姻之事，古称六礼，即纳采、问名、纳吉、纳征、请期、亲迎。其中纳征，即男家将聘礼送往女家，又称纳币、大聘、过大礼等。王逖勤嘱咐实厚，下聘之日，便是商定婚期之时，在张家人面前切莫含糊，张家若有何要求，尽量答应就是。

择好吉日，大公子王实厚着人挑着礼盒，与王实甫去往河内张家，出得勤公府门，下聘的队伍便招来前街后巷的人观看。这聘礼准备得齐整，均以双数取"好事成双"之意，有那成担的喜字聘饼，是从京城大都请来的师傅特地制作的；有那渤海的海味发菜八式：鲍鱼、蚝豉、元贝、冬菇、虾米、鱿鱼、海参、鱼翅鱼肚，是着人快马从北镇医巫闾山的海边送来的；有那三牲两对鸡，两雄两雌，大鱼、牛肉；上好的四京果：龙眼、荔枝、核桃、花生；冰糖、橘饼、冬瓜糖、金枣四色糖；茶叶、芝麻、莲子、百合、青缕、扁柏、槟榔两对、红豆、绿豆、红枣，还有那红豆绳、利市、聘金、饰金、龙凤烛和一副对联。

这一行数十挑担子浩浩荡荡沿着塘溪河而行，前后小孩子追着要糖吃，郝三不时拿出些散给小儿们，谁想越发引来一拨拨的孩儿。一路走去，人们奔走相告，前方早有人围着等候，看的看热闹，讨的讨糖食，拉扯着走了半日还未走出十里地。

王实甫和添书骑马在前，在一棵老杏树下等候多时，早就不耐烦，好不容易等到王实厚一行到得跟前，实甫一把拉住说："哥哥，谁让你弄来这些礼盒，倒像是去做买卖似的。"王实厚笑道："这你还不懂？一方水土一方风俗，并非是咱们有意而为，京城大都以南的地方都兴这些礼俗，今儿是去张大人家订下弟弟你的终身大事，还不得把礼都备足了。"

"哥哥的好意我明白，但我的心思哥哥却不知道。"王实甫说，"这婚事本是为了让父亲开心，再弄这些劳什子，我实在懒得理会，由着你们去好了。"说着他掉转马头，一副要往回转的架势，王实厚急得一把拉住缰绳："你往哪儿去？快别使小性子，开弓没有回头箭，还不赶紧跟我走。"

王实甫说："我回顺德读书去，董先生那里还等着我呢。"

实厚跺脚道："德信！你真想把父亲的身子气坏不成？"

一听此话，王实甫顿时松了胳臂，由着实厚拉过马头，随他而行。

转眼不觉来到河内村口，王实厚唤了一声实甫，说："前面就是了，你打起精神来，咱们这就进村去。"

一句话未了，嘚嘚嘚一阵马蹄声响，如敲着鼓点，迅疾到了耳边，只见村头扬起一阵尘土，两匹高头大马飞奔到跟前，送聘礼的队伍慌得四下里躲闪，有那挑果子的歪倒了担子，龙眼、荔枝、核桃、花生滚了一地。待那飞尘落定，眼前出现两个戴盔披甲的少年，他们骑在马上，捏着缰绳，任由那马在人前来回晃荡。

王实甫心中好不气恼，大喝道："哪来的狂徒？竟敢挡路！"

两个少年对望一眼，哈哈大笑起来。他俩煞是英俊：一个方脸，年龄稍长，穿一件银袍；一个脸稍圆的小少年穿一件红袍。腰间各系着一把宝剑。两人瞪眼将王实甫上下打量了一番，那方脸的开口问道："你可是那王实甫？"

这日，母亲阿夫人特意命实甫换了新做的衣衫，却是一件江南织成的乳白色绫缎裁剪的，绫上织着同色的竹叶儿，实甫穿着不肥不瘦，风吹过时，那竹叶儿竟像飞了起来似的。他挺胸骑在马上，与那两个少年比肩，冷笑道："在下正是王实甫，二位有何见教？为何要挡住我们的去路？"

穿红袍的小少年高叫道："挡的就是你！"

银袍少年道："实不相瞒，我叫张瑾，他叫张琰，是你们要去的张府上的。"

大哥王实厚在一旁听得，忙打马上前，拱手一礼道："原来是二位小公子，幸会。今日我和实甫奉父母之命，前来府上呈送聘礼，此事已在前日禀告过府上老爷，且请二位公子再去禀报一声，就说我们兄弟给张大人叩头来了……"

话音未落，那红袍小公子张琰打马冲到王实厚跟前，喝道："我张家大门岂是尔等轻易进得的？你们既然今日到得跟前，公子我也不加阻拦，只是有一样却不肯答应。"王实厚是个实诚人，没看那小公子脸色一直是怒气冲冲，却好言问道："公子所言是哪样不肯答应？"

"却是我这腰间宝剑不肯答应！"红袍小公子张琰叫着，便从腰间一把抽出宝剑，杀气腾腾直逼王实厚而来。惊得添书、郝三一干人失声惊叫，说时迟那时快，只听"砰"的一声，一个人从一旁跳出，他伸长手臂不知用何物生生挡住了张琰的宝剑。

那张琰在马上被这一挡，眼看身子一歪似乎要摔倒在地，却又在一眨眼工夫收回了宝剑，依然稳坐于马上，但心里吃了一惊。

那人却是五短身材的乔叔，他手举一根桑木扁担，缓缓收回手臂，将扁担杵在了地上。

王实厚也受了一惊，半晌未缓过劲来。王实甫却看得清楚，这张家兄弟分明是想与他们为难，便策马上前道："我兄弟与你二人往日无冤近日无仇，你们既在这里拦住去路，究竟是何道理，不如打开窗户说亮话，不必绕弯子。"

银袍公子张瑾骑在马上抱拳为礼，说："那咱们就说痛快的吧。早就听说你王实甫饱读诗书，满腹经纶，只是我张家府上自老太公以来世代征战，建功疆场，论的是英雄豪杰，看不得酸溜溜的文人。谁要想娶咱张家的小姐，先得过了我们兄弟设下的三关，若不然且请打道回府。"

王实甫心里哼了一声，倒是巴不得没了这门亲事，自由自在地回究室村去，可这两个少年的满脸骄横却又让他恼恨不已，便没好气地问道："何为三关？"

银袍公子张瑾道："骑马、射箭、摔跤，你任选一样，跟我们兄弟比试比试，若是你赢了，我们绝不再与你为难。"乔叔听罢，在一旁道："我家公子本是读书人，比武的事让我们代公子舞弄一回……"王实厚也在旁边说道："咱们王家祖上也是征战沙场的豪杰，有的是陪二位公子戏耍的高手，跟前来的这些人，你们可以随便点……"

银袍公子往地下啐了一口，正色道："我们只知今日来送聘礼的是王实甫，要比也要跟他王实甫比，谁有工夫陪你们戏耍？"那红袍公子张琰已好生不耐烦，口里叫着实甫的名号，嘘道："看来你也就是一个背书袋子的，不敢比就趁早回家吧。哥哥不用再跟他们啰唆，将这帮人赶得远远的就是。"

说着一扬马鞭，那马踢蹬着碗大的蹄子，就要踩向那一溜礼盒，王实甫见状，怒喝道："且慢！"

他将马拦在红袍公子的马前："我倒想问问，今日所为是你们老爷发话，还是你们擅自行事？若是你们老爷的意思，我看大可不必，我王实甫从来就没有觍着脸非要娶你们家小姐……"

王实厚在一旁急叫道："德信你……"

王实甫也不理会哥哥的阻拦，顾自说道："你们这就去回你们老爷，有本事到沙场上去使，我王实甫不想奉陪。"说着就要掉转马头而去。

那银袍少年气得叫道："放肆！你休得提我们老爷！今日之事只是我们兄弟所为，与老爷无关！你要再敢对我们老爷不恭，我这就取了你的性命！"

王实甫未曾听他说完，俯身就从乔叔手里夺过那根桑木扁担，拦腰就朝那银袍少年扫去，那公子眼明手快，扭身一躲，扁担正扫在了他骑的马屁股上，那马一声嘶鸣，扬起四蹄就朝王实甫踏将过来。王实甫也不躲闪，却就近一伸手就拎住了那银袍少年前胸的衣襟，那公子想去腰间抽剑，却施展不开。

两匹马纠缠在一起，原地打转。

红袍少年急得嗷嗷直叫，王实厚和乔叔几人也不知如何是好。正在不可开交之时，几匹快马从村里疾驰而来，领头的高声叫道："住手！都快快住手！"

来人正是张家大公子张玠，随后几个小厮也连连叫道："公子们快快住手！"张玠跳下马来，对王实厚拱手行礼，道："我是张府张玠，前来迎迟，请二位公子见谅。请快快随我进府，我家老爷夫人已等候多时。"

说着又仰首对银袍、红袍两人喝道："你二人胆大包天，竟敢阻拦贵客，还不赶紧下马请罪。"张瑾、张琰两人虽面有怨色，但也不敢言语，只得骗腿下马，垂手而立。

王实厚这时忙上前说道："大公子不必责怪两位小公子，他们也只是在此玩耍而已，并无伤大雅。我们这就随公子到府上拜谒老爷夫人。"说着，就转身叫实甫，谁知实甫却没了踪影。

第五回 掩香闺

乔叔指着远处的河堤说："德信公子已上了河堤。"

原来就在哥哥与张家公子说话之际，王实甫已掉头而去。他心中一腔怒火，张家公子骄横跋扈，不可一世，若不是哥哥在前阻拦，他定要与他们拼个你死我活，哪还有心思再往他张府磕头行礼。

实厚见他打马远去，知道他的脾性，定是一时叫不回转。眼看时辰不早，只好叫乔叔、郝三一行挑起礼盒，随了张家大公子张玠行到庄里，拜见张府老爷张弘略。

张弘略声名赫赫，本是常年在外忙于公事，这次为了女儿的婚事特意从大都赶回定兴，本来满怀欣喜地等候王家来下聘礼，却得知二子张瑾、三子张琰在村头拦住王家来客，寻衅滋事，不禁大怒。当即叫家丁取出家法，将张瑾、张琰拉到后院，一人二十大板。

大公子张玠见板子下去，兄弟俩的屁股顿时皮开肉绽，忙跪下求情。张弘略恨道："这两个不知天高地厚的奴才，差点坏了你妹妹的大事。这门亲事可是由阿剌罕大人保媒，阿大人与王家有着姻亲，父子二人都深得世祖皇帝宠信。阿大人与我在江西共事，有意撮合这门亲事，正是我张家求之不得啊。"

张弘略其时也正在江西供职，为行省右丞。从父亲张柔到九弟弘范，张家子弟无一不受到重用，但张弘略内心深知，朝廷内外对他们张家父子的攻击从来没有停歇，时常有人在皇帝面前说他们的坏话，父亲张柔曾因此身陷囹圄，他和弘范也常有危机。

这时，张玠小声道："弟弟他们虽然言语莽撞，但幸好未曾伤及王公子半根汗毛，倒是那王公子心高气傲，我赶去赔礼，他却扭头就走了。"

张弘略听罢更是恼怒："都是你们惹下的事端。"直叫再加二十大板，正在这时，张夫人闻声赶了过来，慌得拉住张弘略的袖子，连声叫："老爷，不能再打了，他二人尚未成年，若是打坏了身子，老爷日后又如何指着儿子们随您上阵拼杀？"说着就是一阵悲泣。张弘略这才摆摆手，家人见势立刻收了板子，几个小厮忙不迭地扶起两位公子，过来给父亲磕头谢恩。

先前一派英姿风流的两个少年，此时双腿均血迹斑斑，站立不稳，但到底将门虎子，咬紧牙关一声不吭。张弘略心里又恨又怜，斥责道："你二人本该好生习武学艺，却是本事未见长进，反倒无事生非，差点给我惹下大祸。此时我还要见客，等闲下再来收拾你们。"

张弘略带人到前厅见王实厚一行，只见那王实厚长相敦实，一脸忠厚，厅里厅外摆满了聘礼挑盒，那管家的嬷嬷清点完毕，上前来喜眉笑眼地禀告："老爷、夫人，这王大人果然是殷实人家、礼数周到，办下的聘礼除了别人家常有的金银珠宝，连这些个物件都置办下了。"说着，就指点那礼盒里的东西，香炮镯金，香是无骨透脚青；炮是大鞭炮和大火炮；镯是龙凤成对喜镯；金是上好的糯米、砂糖，给女家做汤圆，取其圆满、甜蜜美满之意。

王实厚见张弘略脸露笑意，又呈上一个锦盒："老爷、夫人，这是我母亲特意给张小姐备的一件礼物。"张弘略示意夫人接过，夫人打开来，轻轻叫了一声，只见那锦盒里躺着一支白玉宝簪，通体晶莹透彻，润泽无瑕，夫人爱不释手，说道："我也算见过些物件，却没见过玉和雕工都这么齐整的。"

王实厚道："这支簪子本是我母亲的陪嫁之物，的确也算稀罕之物。"

张弘略叹道："早闻阿夫人自西夏而来，千里携带实属不易，怎就给了小女，可见你家老爷夫人心地宽厚。"说着话，厨下早就备了酒菜，张弘略忙吩咐请客人入席。

张家老爷、夫人虽没见到王实甫，但也装作不知，只嘱给王实厚斟酒。王实厚便将出门时父亲的叮嘱说了出来，问能否定下婚期，不想张大人听来，正中下怀，当即招来门下一师爷掐过日子，说五月初八吉祥，可行嫁娶大婚之礼。

王实甫打马回家，心中好一阵烦躁。添书跟在他身后，见他脸色不快，也不敢多言语，随他回到究室村。

阿夫人正吩咐厨下做一道小菜，却是椿树芽炒鸡蛋，村里人常吃的家常菜。但王家做法又有不同，初春的天气便采了来，用海盐腌在小瓦缸里，随时要吃就取出一些，切成碎末，加上青蒜和鸡蛋，大火炒香。老爷王逖勤自小就爱吃，阿夫人来此之后，也尝到了味道，时常让厨娘做来。阿夫人说："德信兄弟二人去了这半日，也不知事情办得如何？怕是也该回来了，听茶你只听大门前有动静，就赶紧报来。"听茶笑道："人说儿行千里母担忧，夫人您这是儿行十里也挂牵，就没个心宽的时候。"

夫人也笑道："我看你这张巧嘴，将来要找个婆家，谁能说得过你去？"听茶说："我才不找婆家呢，横竖就守着夫人。"夫人和听茶正说笑着，却见实甫走了进来，听茶不禁叫道："二公子，您这就回来了？大公子呢？"

阿夫人忙问，聘礼送到没有？张府老爷、夫人如何说话？王实甫一问三摇头，阿夫人道："儿啊，你怎么了？"

王实甫脱口说道："娘，这门亲事算了吧。"

阿夫人急了："此话怎讲？早晨出门时不好好的吗？怎么变了卦？"

实甫道："娘，您先别急，等我哥回来让他给我爹说去。"

阿夫人道："你先跟娘说明白，到底是怎么回事？你爹的脾气你不是不知道，可不能让他又气出病来。"

王实甫气恼地说:“他们张家太欺负人了!”

于是,他将路上遇到张家兄弟拦截的经过说了一遍,阿夫人听得大吃一惊,又得知后来张家大公子赶去阻止才松了一口气,不禁埋怨道:“儿啊,既然他家大公子已经出面赔礼,你为何不随你大哥去往张府,自个儿就跑回来了呢?”又连忙叮嘱听茶,去给门口的人说,这会儿二公子回来,不要去报给老爷。

听茶答应去了。阿夫人一把拉过实甫,摸着他的脸颊,细声说道:“儿啊,我知道你受了委屈,但这门亲事是你阿舅与你父亲商量定的,他们都是为了你好,也是为了王家,你不要由着性子来。”

母亲的手暖暖的,从他脸上滑过,阿夫人一番话说得实甫的怨气去了多半。他知道在母亲心里,他还是个未长大的孩子,但其实他早已不是环绕母亲膝下的小儿了。他不再多言,他不能伤了母亲的心。

当晚,大哥王实厚带着乔叔一行从河内村回到了究室村王府,实厚喝多了,几乎是被乔叔从马上抱下来的,几人搀扶着,实厚咧着大嘴直笑,叫道:“德信、德信,你的婚期定下来了!”

一时间,满府上下都知道二公子的婚期定在了五月初八。唯有王实甫躲进了他的书房充耳不闻,他手捧一本老子的《道德经》,默读着:“曲则全,枉则直,洼则盈,敝则新,少则得,多则惑。是以圣人抱一为天下式。不自见,故明;不自是,故彰;不自伐,故有功;不自矜,故长。夫唯不争,故天下莫能与之争。”

这段话让实甫无尽遐想,委曲便会保全,屈枉便会直伸;低洼便会充盈,陈旧便会更新;少取便会获得,贪多便会迷惑。有道的人坚守这一原则作为天下事理的范式。不自我表扬,反能显明;不自以为是,反能是非彰明;不自我夸耀,反能得有功劳;不自我矜持,所以才能长久。正因为不与人争,所以遍天下没有人能与他争。所谓“委曲求全”不是空话。读着读着,白天所经历的事情渐渐淡去,他心平气和地进入了梦乡。

就在这年的五月初八,王实甫与张家小姐婉常的婚礼在定兴究室村勤公府举行。从河内张府那边来的送亲队伍长长的，拉了半里地，张家三位公子骑着高头大马，护送着张婉常的绣轿，威风八面地一直来到勤公府。老爷王逖勤和阿夫人迎来宾客，稳坐高堂，伯父王逖魁及夫人携全家，定兴县令、有名商绅及究窑村邻里乡亲纷纷前来道贺，围坐一堂，人声沸扬，一片喜气。

张府给女儿的陪嫁摆满了勤公府的前厅后院，除了秘不示人的珠宝，嫁妆也随了当地的习俗，大名府一带流行的礼品：梳子、尺子、压钱箱、如意秤、镜子、都斗等一应俱全。懂事的嬷嬷悄悄附在阿夫人耳边说："这梳子是一梳梳到底，二梳白发齐眉，三梳子孙满堂，梳子有结发之意，指夫妇一生相爱相守，白头偕老。压钱箱以表示女方家境富裕，也是日后给小姐收藏心爱珍品之物的。如意秤是指望今后的日子称心如意，镜子指的是圆满，都斗本是量粮食的家什，希望男家财富雄厚、家境富裕，女儿嫁过去之后世世代代丰衣足食。"

阿夫人一听，也道是张家用心良苦，且看着那一担担嫁妆，竟然还有剪刀、算盘和绣花鞋，更不知其意，那嬷嬷且说："这也是婚礼少不了的，剪刀作剪裁之用，剪不完的绫罗绸缎、前程锦绣，您看这算盘，可是十成的黄金，将来咱们王府财源广茂啊。"

"那这绣花鞋呢？"阿夫人问，那礼担里摆放了十双不同花色的绣花鞋，鞋面上有的绣着牡丹，有的绣着凤凰，有的绣着桃花，每一双都惹人喜爱，且还有男子的鞋，绣着白云、青竹。嬷嬷说："夫人有所不知，这鞋与偕同音，正是夫妻相亲相爱，白头偕老啊。"

张家小姐身着红衫，蒙着盖头，在丫环搀扶之下，从大轿里走出，一步步来到厅前，那一派雍容华贵惊艳全场。王实甫也身着红袍，头戴礼帽，更显得唇红齿白，一表人才。弦乐高奏，一对新人先拜天地，再拜高堂，夫妻对拜。王逖勤和夫人眼看这一对新人行礼，不禁十分欣慰，笑容满面地点头不止。在亲友们的一片庆贺声中，王实甫和张家大小姐被送入了洞房。

王实甫虽说心里对这桩婚事暗暗有些不情不愿，但此时的气氛也深深地感染了他，又转念一想，眼前这个女子已将是陪伴自己一生的妻子，可他与她还素不相识，这让他说不出是好奇还是无奈。

自从那日定下婚期之后，王府上下好些日子的忙碌，实甫被指令搬出原先居住的屋子，到父母的侧房里住了些时。新房经过一番打理，重新粉了墙壁，换了纱帘，特意请大名府手艺好的匠人描画了门楣窗棂，屋里屋外焕然一新。

大红灯烛下，新娘端坐于床，王实甫在一旁饮过醒酒茶，时辰已到半夜，他还未曾去揭开新娘的盖头。随着时间一点点过去，他竟然越来越不敢上前，害怕揭开的那一瞬间会带来失望。

那女子就如一尊端然娴雅的雕塑，双手放在膝上一动也不动，王实甫多少次偷眼望去，女子竟一直如此。真是好定力，他心中不由得生出怜惜，起身倒了一杯茶，从盖头下递到她的手边，说："渴了吧？"

女子肩头微微一颤，她抬起手来接过茶水，缩到盖头底下，无声地喝了，又无声地将茶盅递出来。王实甫一手接过，转身欲走开，身后突然响起女子的声音："相公！"

王实甫心里一震，这是他有生以来，第一次被叫作相公，这意味着坐在床上的这个女子对他的依赖和信任，意味着她是他的妻子，他是她的丈夫。他站定了，不知是向前还是走开。

"相公，请把盖头揭了吧。"女子再一次开口，声音温柔却带着不可否定的语气。

红烛已烧去大半，透过窗前的纱帘，隐约可见天空星月清朗，已是夜半三更，王实甫走到床前，也不说话，霍地一把揭开了大红盖头。

就在那一刻，他惊呆了，不敢相信自己的眼睛。

烛光下，只见眼前的女子灿如云霞，一双丹凤眼抬眼看熠熠生辉，低垂时流光四溢，分明是绝色佳人，却又端庄典雅，即便在王实甫的注视下，也只略显娇羞并不失态。王实甫心中怦怦直跳，欣喜若狂，他兴奋地说道："你……你就是那日所见之人？"

女子莞尔一笑，道："妾身张婉常，为相公之妻也。"

王实甫道："那日在易水河边，可是你坐在那马车上？"

他仔细地打量她，那天惊鸿一瞥，但深记得她生得粉面若花，黑云两鬓，白雪分齿，虽是受过惊吓却一双丹凤眼不怒而含威，恰似此刻两手放于膝前，端然而坐。

“就是你。”他忘情地一把抱住她，“婉常，你就是婉常？为什么不早些让我知道。”

婉常在他怀里，这时才羞红了脸庞，低声道：“婉常只见过相公一面，何以告诉相公？”王实甫亲了她的脸蛋，一股沁人的馨香透过他的嘴唇，一直渗到心里，他心花怒放：“婉常，我要知道今天娶的是你，又何必……”

“相公何必什么？”婉常抬头看他，浅笑道。

王实甫道：“咳，我原先只知道张家小姐，却不知张家小姐就是你。那日去你们张家下聘礼，被你的两个兄弟阻拦，我一气之下扭头回到家来，只想罢了这桩婚事，现在想起来，不免好生后怕。”

婉常道：“只怪我两个兄弟太过鲁莽，让相公受了委屈。”

“要早知道娶的就是河边碰见的女子，我早就恳求爹娘给我们办婚事了……”灯光下，王实甫越看她越是妙不可言，忍不住伸手要替她解了衣衫，婉常柔声道：“相公，待妾身自己更衣。”

良辰美景，两人浓情蜜意，自是一夜佳话。

第六回 呈祥瑞

阿夫人本来对实甫婚事心有担忧，她深知实甫骨子里桀骜不驯，只怕他夫妻不合，闹出些别扭。却不承想新婚二日早起，婉常随着实甫一早就来给二老请安，只见媳妇面色绯红，二人眉眼之间尽是甜蜜。阿夫人又见媳妇虽来自大户人家，陪嫁中不知有多少金银首饰，头上戴的却是自己送的那支白玉宝簪，显然是想表明对婆婆的尊重，不由得更加欣慰，直叫："老爷、老爷，看这一对好儿女，真是喜煞人了。"

王逖勤也是乐得哈哈直笑，说道："德信啊，你爷爷在天有灵，庇佑我王家子孙后代，今日娶得婉常进门，是我王家的福分。德清，你让乔叔看好时辰，全家祭拜祖先。"

实厚连忙答应。

下午未时，实厚一切准备停当，王逖勤和夫人在前，实厚和妻子在后，实甫、婉常相随，来到家中上厅，那里已安放好供桌，摆着王氏家谱、祖先像和牌位。香炉前的供品有羊、鱼、肉等五碗菜，黄油炒黄米面，核桃酥、芙蓉糕五色点心，枣糕、馍馍五碗饭。素蜡檀香，十分静肃，王逖勤烧三炷香，先行叩拜，献上一杯酒，两侧厢鸣锣击鼓弦乐齐奏，全家大小依次磕头行礼。

闻说朝廷内世祖皇帝尤重祭祀，满朝文武及乡野之间也争而效仿，这王逖勤时逢儿子大婚，更是不忘祖先，祭事隆重。厅两侧设有乐工，编钟处其左，编磬处其右，巢笙、箫、竽、籥、篪、埙、长笛挨次排列。协律郎二人，掌和律吕，以合阴阳之声。文之以宫、商、角、徵、羽，凡乐作，王逖勤领全家俯伏于地，以笏示照烛，照烛举偃以示堂下。

王实甫深通音律，于那乐声中洞悉天地之音，不觉合目而思入神。正在沉静之中，却被婉常扯动衣袖，睁眼一看，只听父亲对祖先牌位叩首道："列祖列宗在上，王逖勤率儿等在此叩首，吾儿王实甫，字德信，昨日与张家小姐婉常结为夫妇，今日来拜祭祖先。王氏子孙人在究窒志在四方，求告祖先多多保佑人丁兴旺，福寿安康！"如此云云，王实甫微微侧身瞟了一眼婉常，只见她一脸虔诚，目不斜视，只是专心祈祷。

不觉又是一月有余，实甫与婉常欢娱恩爱，白日里也读书习字，到夜间两人鱼水相交，道不尽人间春色。实甫将朱庆馀那首《闺意献张水部》写来给婉常，笑她新婚二日恰似这位新妇："洞房昨夜停红烛，待晓堂前拜舅姑。妆罢低声问夫婿，画眉深浅入时无？"婉常笑道："相公，这诗看似写的是一位新妇，其实倒另有题为《近试上张水部》，可见唐代应进士科举的士子心意，那朱庆馀向名人张籍行卷，以求其提携。临考试前，以新妇自比心情忐忑也。"

王实甫哪有不知这诗的由来，但听婉常说出，不由赞道："看来娘子读书不少，知之甚多。"婉常道："相公过奖，平日里家父带着哥哥弟弟练兵习武，只留我一人随母亲在家守候，无事胡乱读了些诗文，相公且莫见笑。"

王实甫笑道："越女新妆出镜心，自知明艳更沉吟。齐纨未足时人贵，一曲菱歌敌万金。"婉常听来莞尔一笑，懂得是丈夫对自己的夸奖。这诗且是那张籍的《酬朱庆馀》，他在诗中回答了那位应考前的士子，将朱庆馀比作一位采菱姑娘，相貌既美，歌喉又好，因此必然受到人们的赞赏，暗示他不必为这次考试担心。朱庆馀本是越州人，越州多出美女，张籍将他比为越女。朱庆馀的赠诗写得好，张籍也回答得妙，可谓珠联璧合，为诗坛佳话。

实甫与婉常也是一对一答，情投意合。

正说着，那婉常突然正色道：“相公，我俩恩爱已有多日，不知相公将作何打算？”

王实甫奇怪地问道：“什么打算？”

婉常道：“相公，那唐朝士子朱庆馀一首诗，问的是自己的前程，今日我要问的是相公你的前程。”

一语惊醒梦中人。自从春天回到究室，王实甫已多日未曾听到想到此类话题了。先生董朴已应朝廷之召，去往江西为官，王实甫也乐得不去读那些圣贤书，父亲虽也不时过问他的学业，但毕竟父亲不是打小就读书的人，只能问个皮毛。这会儿，实甫不禁笑道：“娘子倒有一番心思，居然问起了我的前程？你说我该如何？”

他本是一句玩笑话，嘴里说着，手就伸了过来，要将婉常揽在怀里，却不想婉常用胳臂轻轻推开了他：“相公，婉常是说正经的呢。”实甫有些愕然，想想又嬉笑道：“好吧，那我洗耳恭听，娘子有何高见？”

婉常说：“妾身早就听说相公是极其聪慧之人，读书过目不忘，且文章锦绣。”王实甫听得愉悦，且又听婉常道：“可自从与相公成亲之后，方知相公每日里读书甚少，想来是婉常打扰了相公，心下多有不安。几日前就想告知相公，前程万万不可耽误。”

王实甫见她言语认真，俊俏的脸上柳眉轻锁，不觉又爱又敬，忍不住一把抱过来就朝脸上亲，说：“什么前程不前程，有了你，我还要那前程作甚？”婉常任他亲了一回，却又说道：“相公，妾身听说那董朴先生是当今世上少有的大儒，相公何不追随他去？”

王实甫道：“董先生已应朝廷之召去江西为官，我去何为？”

婉常道：“家父也在江西，与董先生分别为官，也可称为同僚，你若去岂不是正好？你可在家父手下谋职，还可继续向董先生求学问道。”

王实甫听她一说，心中略感惊异：“娘子，实在惭愧，我自己也未曾有过如此周到的谋划。可娘子此言错也，岳丈为官，我堂堂男子岂能仰他鼻息，寄人篱下？此举断然不可。”

婉常见他神情昂然，便道："相公这一说，倒让婉常又添了几分敬重，可一寸光阴一寸金，相公要早拿主意，有所为才是，万不可因贪恋儿女之欢而耽误了大好前程。"如此这般又说了一番，王实甫几度想亲近于她，都被婉常正色拒之，只好悻悻作罢。

这一天竟然与往日的欢爱不同，王实甫心里有了些芥蒂。

连日里，王逊勤和夫人喜不自禁，庆幸家门兴旺，娶回了一个好媳妇。婉常知书达礼，虽是名门闺秀却无娇柔高傲，做事得体大方，勤公府上下无不夸奖，就连看门的小厮、园子里的花工、厨下的嬷嬷都夸二少奶奶的好。

大喜成亲的那几日，婉常给婆婆禀告之后，从自己的陪嫁里拿出一些钱给了府里的仆人红包，或一串或两串，总没有空的，又让陪嫁的丫头翠屏和兴儿把成挑的糕点分给大家品尝。据说张家做点心的师傅原来是元大都宫廷里的厨子，因为年纪大了发回老家，就被张府的管家请了去，带出一班徒弟，做的清一色宫廷好点心，莲子糕、芝麻卷、金糕、小豆凉糕，各式各样的又甜又香，十分讲究。

添书逢人就说："二少奶奶长得俊又能干，每天早早地起来，守着厨房给二公子做好吃的，你们没见把二公子都给吃胖了。"

听茶在一旁说："我看二公子倒是没胖，有些人却胖了。你别不承认，二少奶奶给二公子做的点心大半都是你给吃了。"

添书得意地说："我没不承认，二公子吃不完让给我吃两口，我还能不吃？不像有些人心里想吃，嘴上却一个劲地说不，假模假式的。"听茶急了，跺着脚叫道："你说谁呢？我告二少奶奶去。"一旁乔叔走来，说道："你二人只顾在这里闲话，二公子他们都到老爷房里去了，还不赶紧过去伺候。"

添书和听茶撒腿就往上房跑去，还没到门口，就听老爷王逊勤大声说道："贤媳言之有理。"

又听二少奶奶张婉常说道："老爷多次教诲，好男儿当齐家治国平天下，相公他已在家多日，切不可再耽误。听说当今皇上讲儒学，用汉人，相公他多年之所学正可派上用场，因此儿媳已为相公备好行李，打算禀告父母，送相公前去大都一试。”

连日来，婉常多次劝说王实甫，岳父张弘略给朝廷写了推荐信，但实甫坚决不肯借岳父之名谋取官位。婉常又说：“既是相公不肯用家父之名，公公的名分总可以用的，他老人家也指望儿子能出人头地，相公你读书多年，何不一用？”

实甫心里暗暗奇怪，新婚夫妻本在男欢女爱浓处，但这张婉常并不贪恋，却一个劲劝他不要沉浸在温柔乡里。实甫多少有些不快，但妻子句句都在理上，他即便满心不情愿，也说不出反驳的话来，只好依了她，去请父亲给阿舅写一封推荐信。这天夫妻俩一同来给老爷夫人请安，婉常便说起此事，老爷王逖勤听罢哈哈大笑，扶案而起，夸赞道：“好好，好啊！德信啊，你媳妇一心为你的前程，真是难得。”又道：“我看实甫你自成亲之后，性格也变得乖巧了。那董朴先生曾说你性子执拗，说话刚直，不喜看人脸色，他多次提醒，你却是很少理会，殊不知今日让媳妇给变了许多，我要是说与你那先生听，岂不是气煞他也？”

当下王逖勤笑着，叫人准备好纸笔，挥毫写下了一封给阿剌罕的儿子易不剌金的书信，易不剌金为世祖皇帝贴身护卫，常见天颜，信中写道，次子王实甫已与张家小姐成亲，求学多年，现请方便之时荐于朝廷，用其所长云云。

王逖勤要与儿子们好好喝上一盅。厨房安排了酒席，恰好村上的庄户从塘溪河里打来一筐鲜鱼，乔叔让厨子将鱼儿煎得焦黄，又做得一罐鱼汤。听茶带着几人将酒菜摆上桌，然后走出来坐到回廊下，添书打那里走过，便道：“这天都快黑了，你坐在这里发呆，是想数天上飞过的鸟儿吗？”

听茶啐了一口，道：“我打你这个没长脑袋的东西！你刚才没听说二公子马上要出门了吗？”添书摇头晃脑地说：“是啊，我也要跟着他走了。这些日子都快把我给憋坏了，每日里在这院里端茶倒水研墨，连骑马都没得机会……”

听茶说：“你只图快活，没见这一家子在一处多好啊，眨眼又都分别了。”添书说：“瞧你说的，二少奶奶还劝着二公子出门呢。”听茶说：“我就不明白，那功名顶什么用？又不缺吃不缺喝的，努劲儿往外跑，就能抱回座金山来？”

添书说：“要不你就是个丫头命，连这都不懂，二少奶奶她是名门闺秀，怎能嫁一个白衣秀才？二公子他必须挣一个功名回来，这家子才能过得高兴。”

听茶哼了一声，站起身来说：“我懒得跟你在这儿嚼舌根子。”添书朝着她的背影说：“你别生气了，我这次跟二公子出去给你买朵好看的绒花回来。”

听茶远远地说：“谁稀罕？”

这添书一回头，不料猛地撞在一个人身上，正要开口叫骂，抬头一看却是王实甫，吓得伸了舌头，叫了声：“二公子，您怎么站在这里？”

王实甫在席上喝得七分醉了，出来小解，偏偏听见回廊下添书和听茶在那里说话，又无意中听见他二人说到这功名之事，不禁动了自己的心思，竟也站着在那里发呆。

添书知道实甫待仆人随和，有时还跟着一起疯闹，因此素来也不惧他，这时便问：“二公子您总算要出门了，到底哪天呀？”

王实甫没好气地说：“我这儿还没盘算好呢，你着哪门子急？老实干你的活，小心乔叔他们收拾你。”

添书凑上来笑道：“乔叔不敢，我是您跟前的人，他平日对我可好呢。”实甫一听跺跺脚说：“你敢打着我的幌子装大尾巴鹰，我饶不了你。”说着一扬手，添书吱溜一下就跑开了，一边说：“二公子，您还是回去喝酒吧，我让厨房烧醒酒汤去。”

第七回 灵椿坊

一片秋色之中，王实甫带着添书来到了元大都。

小时候他曾随父亲来过，依稀有些记忆。

这座城市曾由北方女真建立的金朝定为五个都城之一，东为辽阳府，西为大同府，南为开封府，北为大定府，中为大兴府，即元大都靠南一带。元世祖忽必烈一二六〇年登基之后，以元上都为都城，但上都位置偏北，对控制中原不利，因此世祖皇帝在解决了与其弟阿里不哥的汗位之争后，一二六四年后迁都至燕京地区。

尚存的金中都故城历经金朝末年的战争，宫殿多被拆毁焚毁，城中的供水来源莲花河水系严重不足。一二一五年蒙古军队攻占金中都后改名为燕京（今北京市）。一二六四年八月，忽必烈下诏改燕京为中都，定为陪都。一二六七年决定迁都位于中原的中都，一二七二年，将中都改名为大都（突厥语称汗八里，帝都之意），而将上都作为了陪都。

王实甫按照父亲说的地址，找到了灵椿坊一座府第，门前有护卫看守，添书上前通报，护卫让拿信函来看过，进去片刻之后，里面急匆匆出来一个白净面皮的中年男子，见了王实甫就连忙拱手作礼，连声道：“不知是勤公府上二公子远道而来，有失远迎，快请进。”

这人却是阿剌罕府上的管家杨更，他一边将王实甫主仆二人安置在一处厢房住下，一边令仆人打点饭菜，说是接风。饭后又沏了香茶，一一道来。原来这府第是阿剌罕在京城的官邸，但阿大人一直在外地为官，连家眷都带了去，府上只有儿子易不剌金一家，另外留了杨管家和一帮仆人。易不剌金平时都在宫中，隔三差五才回家一趟，也没个准儿。

王实甫一听不免有些怅然，不知何时才能见到易不剌金。杨更能说会道，见王实甫人地生疏，便说："二公子您不用着急，阿大人早就托人带信来，说二公子您来了，要好好照顾您。易不剌金统领不定什么时候回来，您不如趁着有点闲工夫，各处走走看看。"

添书一旁拍手叫好："就是就是，如今天下的人都想来看元大都，咱们既然来了，还不得好好逛逛。"

王实甫瞪了他一眼，添书却暗中给杨管家使眼色，杨更笑道："不瞒二公子，小的杨家在燕京四代人了，这京城里外的事没有不知道的，二公子若是想逛，小的一定好好奉陪。"

杨更又说："早年小的杨家从东北那边过来，在金中都大兴那边做点粮食生意。到了小的父亲那一辈儿，尽遇到打仗，打来打去的，一把火把杨家的铺子也给烧没了。后来蒙古军队来了，这世祖皇帝把都城建到了燕京，开始皇上也连个宫殿都没有，就住于城外的金代离宫——大宁宫内。至元四年才开始造新宫殿。"说到这里，他问道："二公子，您知道是哪一位设计的这都城吗？"

王实甫早听先生董朴说过，知道是中书省官员刘秉忠，听杨更这一问，便故意摇头："我们在那定兴住着，哪会知道这京城里的事。"

杨更喝了一口茶，摇头晃脑地说道："要说这营建都城的总管，却是那刘大人刘秉忠，负责设计新宫殿的是也黑迭儿大人，他是位阿拉伯人。还有大都水监，则是那郭守敬大人，专治元大都至通州的运河，他把京郊西北各泉引到了通惠河，眼下的京城再也不缺水了。"

王实甫听他说得津津有味，不觉也听得入迷。连着几日，便果真在大都城里逛开了。

元大都一片崭新气象，开放式的街巷，按照方位将街道分为五十坊：福田坊、阜财坊、金城坊、玉铉坊、保大坊、灵椿坊、丹桂坊、明时坊、凤池坊、安富坊、怀远坊、太平坊、大同坊、文德坊、穆清坊、五福坊、泰亨坊、八政坊、湛露坊、乐善坊等。只见那一个个坊间皆以街道为界线，虽有坊门，但无坊墙，街道规划整齐，经纬分明，相对的城门之间都有大道相通，笔直走向，直达城根。若登城站在城门上，朝正前方远望，便可看见对面城墙的城门。城内街道两侧是各种商店货摊，整个城市四方形，如同一块棋盘。

添书跟在实甫身后，兴高采烈地从早逛到晚，说："二公子，这大都虽然大，但却迷不了路，东南西北都是直的，怎么也能找回家去。"王实甫说："逛了这几日，你倒是记着几个地名没？"

添书说："当然记得了，阿大人家就在灵椿坊，离着新建的宫殿不远。二公子，不知那易将军何时能回来，早些领着您去见皇上，让我也跟着沾沾光，进宫去瞧瞧。"

王实甫说："糊涂东西，皇上是随便什么人都能见的？我看悬，再过两日如果还没信儿，咱们不如先回定兴吧。"一语未了，添书忙道："二公子，您可别这么说，您要就这么回去，我可倒了霉了。"王实甫奇怪地问："我自要回去，关你何事？"

添书吞吞吐吐地说："临出门时，二少奶奶特意叮嘱过，切不可撺掇二公子做那没出息的事。要是她知道我答应就这么跟您回去，她说不定会将我赶出勤公府。"王实甫一听心中来气，恼上脸来，悻悻地说："怎么叫没出息的事？"

添书道："您想啊，二少奶奶就指望您这回能挣到个功名，要是咱们连人都未见着，岂不是没出息？"

王实甫气得踹过一脚，被添书躲过了，嘴里讨饶道："二公子，算是我多嘴好不？"

虽然对婉常私下叮嘱添书的事有些不快，但新婚燕尔的甜蜜却浓浓地占据着心头。这一次与妻子离别，对于年方二十的王实甫来说，白日还好，到了夜里免不了牵肠挂肚，信笔写下："纱窗日落渐黄昏，金屋无人见泪痕。寂寞空庭春欲晚，梨花满地不开门。”却是那唐代刘方平的一首《春怨》。

写完又揉作一团，自嘲道，婉常一个妇道人家都没有多愁善感，自己倒成了怨妇？又想，正如添书所言，如果此时回家，婉常心里失望不说，父亲母亲那里更是难以交代。如此一琢磨，王实甫索性把心放下了，家里的事情一概不再去想。

管家杨更每日里安排些好饭食，又拿出些银两，说是阿大人吩咐让二公子零花。王实甫也不客气，带着添书在大都城里逛了个遍。杨更说，大都城南面三门、北面二门，从那丽正门北穿过皇城正中的崇天门及大明门，就到了皇宫中的大明殿、延春门、延春阁、清宁宫、厚载门，直抵中心阁的中轴线上，亦有一条宽阔的御道。

易不剌金统领每日就在那一带巡查。

京城大都的大小街道都有一定规制，大街二十四步阔，小街十二步阔，三百八十四条火巷，二十九条弄堂，如那千步廊街、丁字街、十字街、钟楼街、半边街、棋盘街。在南北向的主干大道的东西两侧，平列着许多东西向的胡同，胡同宽约六七米。好奇心忒重的添书一边逛，一边一个个数来，相邻两城门区间，元大都光熙门至东北隅有东西向胡同二十二条，崇仁门至齐化门间东西向胡同也是平列的二十二条。添书惊讶地说：“二公子，您看这两座城门内的胡同都是二十二条，刘秉忠大人，还有那也什么大人真是用了心思。”

王实甫说：“也黑迭儿大人。”

添书说：“对，也黑迭儿大人，我回头要见了他，得夸夸他。二公子您想想，要是您日后的儿子孙子来这里逛，得多有趣啊。”

实甫好笑，道：“这元大都的胡同都是有规矩的，先别等我的儿子孙子来，你这会儿就边看边琢磨吧。”

王实甫最爱逛的是积水潭，从南方来的漕运船都停泊在此，钟楼之东南转角街市俱是针铺，西斜街临海子，多是歌台酒馆，还有一座望湖亭，只见好些服饰华丽的官人贵妇来往于此，有的坐船，有的沿海散步，游赏观海。积水潭北岸是一条斜街，一路铺排着米市、面市、缎子

（绸缎）市、皮帽市、鹅鸭市、珠子市、沙剌（珍宝）市、柴炭市、铁器市，还有羊市、马市、牛市、骆驼市、驴骡市、穷汉市。穷汉市即人市，可买卖奴隶。

添书不爱看那个，拉着王实甫往前走，到了和义门、顺承门、安贞门外有各色果市，添书在那些小摊前手舞足蹈，嘴一直没停。再往前，中书省前有文籍市、纸札市，恰是王实甫流连忘返的地方，他一站就是好半天，添书大胆催了好几次，招来一头雾水。实甫从那里挑了几沓宣纸，添书扛着回到灵椿坊，实甫把门关起来独自临帖，他跟父亲一样，也喜欢颜真卿的雄秀遒劲，饶有筋骨，也有锋芒。同时也喜欢王羲之的俊朗潇洒，天质自然。他左右比较，其乐无穷，写着写着出神入化，完全忘却了周围的一切。

这日正写着，添书在门外请用饭，他也未加理会。直到杨更到门前说："二公子，易不剌金公子回来了，正在厅里等您呢。"实甫才连忙丢了笔。

起身来到前厅，那里站着一个年约二十岁、高挑身材的男子，长着一双鹰眼，有些凹陷的眼眶，黑亮眼珠，身着窄袖紫罗公服，白纱中单，白罗方心曲领，腰佩铜环和铜束带，头戴展角幞头，涂金荔枝带，脚蹬赤革履，白绫袜，显得虎虎生威。王实甫心下明白，此人便是表兄易不剌金，忙躬身行礼："易不剌金统领在上，受实甫一礼。"

易不剌金双手扶住实甫，还礼道："你我兄弟，何必客气？"

又说："早知德信你前日从定兴来，理当在此恭候，但宫中事务缠身，多有失礼。今日稍得一会儿闲空，连衣裳都没来得及换，就急忙出宫来了。二公子快请坐，咱们喝酒说话。"

实甫见他说话痛快，心里不由得一喜，道："公子现在宫中为皇上宿卫，一定是昼夜忙碌，且为小弟专门赶回家来，实不敢当。"

来大都之前，父亲王逖勤曾给实甫讲了一些当今朝廷内的情形，也曾说到易不剌金在朝中任宿卫一事，实甫只道是侍卫而已，王逖勤却说："你有所不知，当今宿卫军可不是一般人能当的。"大元帝国的军队主要有宿卫诸军、镇戍诸军和屯田诸军这三大部分，中央禁军即称为宿卫军，宿卫军又分皇帝亲自掌握的“怯薛军”和由枢密院统领的侍卫亲军。怯薛是番直宿卫的意思，太祖圣武皇帝成吉思汗当年把自己的亲从编为怯薛军，是他最信任的军队，英勇善战，天下无敌。全军分为四怯薛，以四位元勋为怯薛长，世领其职，四位怯薛长按规定时间轮番带兵更直宿卫。世祖皇帝忽必烈建立元朝后，保留了四怯薛军，又从各地抽调精锐，建立前、后、左、右、中五卫亲军，作为中央禁军，直接隶属于枢密院，设亲军都指挥使统领，编组为皇帝的护卫军和京城防守军。又签发各族丁壮组成二十一卫亲军，驻守京城附近的“腹里①”地区，这二十一军还分出一些专职军队，如专供大朝会用的围宿军、大祭祀用的仪仗军、巡幸护驾的扈从军、守卫皇帝财富的看守军、夜间巡逻的巡逻军、保护漕运的镇遏军、修治城隍的工役军，以及负责征讨的由西夏降军组成的河西唐兀军和钦察部组成的钦察军等。

这易不剌金为皇帝的护卫军已有三年，在朝中的阿鲁浑人并不多，但因其祖上及父亲阿剌罕几代都曾建立功勋，故得重用，去年已升为护卫军的副统领，少不得年轻气盛。但眼下见王实甫人才俊秀，出言不凡，再加上父亲阿剌罕几次吩咐，言语中还算谦和。

杨更在一旁殷勤侍候，上来大盘酱好的牛肉、烧鱼，又为二人倒满美酒，且说：“这杏花酒是德信公子从定兴带来的，公子您尝尝。”易不剌金性情豪爽，也不谦让，一仰脖喝了个满杯，啧啧赞道：“好酒！”三杯之后，他兴致勃发，拍着实甫的肩说道：“你我两家世代相交，已是姻亲，如今你想为朝廷效力，为兄当然要替你在皇上面前美言，只是性急不得，那四方来的士子住满了京城的旅店，都等着一官半职呢。”

实甫听罢，却搁下酒杯说：“父命难违，实甫给统领添烦了！若是有缘，实甫当感激不尽；若是多有不便，统领千万不必为难，实甫回乡再行读书，日后有机会再来叨扰。”

---

① 腹里：元代中书省直辖地区，称作“腹里”，包括河北、山东、山西，以及河南和内蒙古的一部分，由中书省直接管辖，不属于任何行省。“行中书省”的全称为“某某等处行中书省”，简称“某某行中书省”或“某某行省”。

易不剌金诧异道："听你的口气倒是要打退堂鼓？怨不得家父在信中说你才高八斗，心高气傲，看来的确如此。"王实甫一听，忙起身俯首道："岂敢岂敢，德信只是不想相强于统领而已。"

不料那易不剌金也是一条好汉，见的人多了，瞧不起那奴颜婢膝、一心谄媚的，今日见了这王实甫举止谈吐，倒像一股清风，让他心生好感，当即说道："德信你不可退却，我既受命，定当努力再三，你只管安心在此居住，且等我的消息。"

实甫被他一番话说得好生感激，随他一气喝得大醉，还直叫拿酒来。当晚尽欢才各自歇息。

次日早起，易不剌金已不见人影，管家杨更说凌晨就进了宫，要侍候皇帝早朝。

王实甫又接着在京城逛游，临帖习字，又在旧书摊上买得一些杂书，夜晚秉烛把读。不觉日子飞快，转眼又一个月，却也没见易不剌金再回来。添书先沉不住气，背地里跟王实甫嘀咕，啥时回定兴去。王实甫笑道："没来时你催着要出门，既来了又问啥时回去，我这回可是不走了。"说着，低头又看手中的那本《太平广记》。添书一旁再唠叨，他只是点头却不答话。添书仗着实甫待他随和，说道："没见读书这么痴迷的，二少奶奶指望您求官来着，您尽在这儿读书了。"

说来也怪，只要有书读，实甫把恋家的心思也搁置起来，每天不急不躁地读书习字，在这灵椿坊的阿舅府上倒也过得自在。

易不剌金虽为宿卫副统领，但毕竟年轻，先是想在枢密院事大人面前推荐王实甫，但一直找不到说话的机会，不是人多眼杂，就是匆匆而过，枢密院事大人见了他点点头，并不驻足停留。易不剌金只好另去找宿卫军统领，想推荐王实甫进入宿卫队，统领问明实甫家世，倒先是应允了，但到了副知事拔都儿那里，却遭到反对。拔都儿对王家多有了解，但说："王逖勤兄弟虽于朝廷有功，但并不是蒙古人，不宜选拔成宿卫。"

易不剌金一时愤愤不平，当晚打马回到府上，告知于王实甫。实甫听罢，倒觉释然："统领为了实甫不遗余力，在下感激不尽，表兄恩德将铭记在心，并回家转告家父家母，来日再行相报。我们在此打扰多时，正好收拾行李，明日便回定兴去。"

易不剌金也只好点头，称以后再寻找时机。

可就在王实甫预备回家的那日，阿府门前突然来一侍卫，传信道："御史中丞张文谦大人召见王实甫。"

王实甫吃了一惊。易不剌金也有些意外，他素来与这张大人少有来往，但有一日在宫中，百官侍奉世祖皇帝下朝之后，张文谦大人经过易不剌金面前，直接问道："听说你父亲推荐定兴一才子王实甫，可有此事？"这张文谦字仲卿，邢州沙河人。幼聪敏，善记诵，与太保刘秉忠同学，秉忠荐文谦可用，世祖召见，应对称旨，命掌王府书记，日见信任。世祖征大理时，国主高祥拒命，杀信使遁去。世祖怒，将屠其城。文谦与秉忠、姚枢谏曰："杀使拒命者高祥尔，非民之罪，请宥之。"由是大理之民赖以全活。至元十三年（1276），迁御史中丞。

易不剌金听张大人发问，喜出望外，早闻张大人家风廉洁，唯藏书数万卷，尤以引荐人材为己任，时论益以是多之，正为皇帝器重，在官场上可谓一言九鼎。易不剌金忙把父亲阿剌罕为王实甫写的推荐信奉上，张文谦看过书信，却不置可否。易不剌金以为他只是随口一问，没想到这没过几日便亲自召见王实甫。

王实甫应召来到张府。这张家门第显赫，庭院深深，却无想象中的金碧辉煌，只觉四下里鸦雀无声，院里几棵老榆树上，一群鸟儿见人来，"噗"地飞过。一个老管家将心怀忐忑的王实甫领进后院书房，只听屋里啪啪直响，似棋子拍打在棋盘上的声音。王实甫放缓了脚步，对管家道："张大人正在与人博弈，不便打扰，我先在此等候一时。"

管家却笑道："不妨事，公子只管进去就是。"

实甫只得硬着头皮迈过门槛，低头行礼，尊称道："张大人在上，晚生王实甫拜见大人。"只听那边有人说道："过来坐下。"说着"啪"地又走了一棋。实甫抬起头来，不觉好生奇怪，原来房内一铺暖炕，炕桌上摆了一盘围棋，棋盘前却只坐了一人。

原来这张文谦在独自走棋。

只见他年纪已过知非之年[1]，生得须眉堂堂，面目清癯。见实甫进来，他抬头看了一眼，仍手捏棋子，对着棋盘道："饱食终日，无所用心，难矣哉！不有博弈者乎？为之，犹贤乎已。"

停了停，他又抬眼看了看王实甫，微笑道："你以为如何？"

但见张文谦两眼炯炯地盯着自己，王实甫不得不答，他想了想，便大胆说道："回大人，《论语·阳货》中子曰：饱食终日，无所用心，难矣哉！不有博弈者乎？为之，犹贤乎已。说的是一些人整天吃得饱饱的，一点也不肯动脑筋，这样的人真是无聊啊！不如下棋游戏，也比一点不动脑筋好。孟子也称人之有道也，饱食，暖衣，逸居而无教，则近于禽兽。孔孟之圣贤之道也，皆要芸芸众生有所学、所思、所为也。"

那张文谦听来面无表情，王实甫见他不言语，便又继续说道："而庄子却借广成子的口说：不看不听，清静无为，不劳动身体，不费心思，就可以长生不老。多用心智，乃是祸害的根源。《庄子·在宥》中曰：人大喜邪，毗于阳；大怒邪，毗于阴。阴阳并毗，四时不至，寒暑之和不成，其反伤人之形乎！使人喜怒失位，居处无常，思虑不自得，中道不成章。意思是说人们过度欢欣，定会损伤阳气；人们过度愤怒，定会损伤阴气。阴与阳相侵害，四时就不会顺应而至，寒暑也就不会调和形成，这恐怕反倒会伤害自身吧！使人喜怒失却常态，居处没有定规，考虑问题不得要领，办什么事都半途失去章法，于是天下就开始出现种种不平……"

那张文谦手里捏着棋子，看似一心都在棋盘上，但每到实甫停嘴，他又抬抬下巴，意思让往下说，勾起王实甫在董朴先生学堂里辩论的劲头，只顾侃侃而谈。

"好棋！"

只听"啪"的一声，张文谦喜形于色地将一颗棋子拍在棋盘上。

---

① 知非之年：五十岁。《淮南子·原道训》："伯玉年五十，而有四十九年非。"说春秋卫国有个伯玉，不断反省自己，到五十岁时知道了以前四十九年中的错误，后世因而用"知非"代称五十岁。

王实甫的话被打断。沉默中只见张文谦左右端详着棋盘，仿佛所有的注意力都在那小小的棋盘上。王实甫耐心地等待着，也不便问话，觉得眼前的光景真难熬。

就在他正想张嘴告辞时，张文谦突然抬起头来，说了一句："王实甫，山西冀宁路崞州缺一县令，你去如何？"

第八回 双丝网

从京城回定兴的路比来时似乎近了许多，早起从大都城内灵椿坊打马出府，临近定兴究窒村时，夕阳正红。

这回添书的马跑得快，冲进勤公府便大声嚷叫着先报了喜，全家人都闻声迎了出来。王实甫正要给老爷夫人磕头，王逖勤一把拉住他，乐呵呵地说："德信，你现在是官身了，可不能随便磕头，快随为父进来。"又叫实厚赶紧备好易水杏花酒，全家人好好庆贺。

母亲阿夫人用手帕捂着嘴，却掩不住满脸笑意，说道："老爷，你先让德信洗漱一番。"说着示意身后的媳妇张婉常上前。

那婉常早在王实甫的眼里，只是不便先招呼妻子。几月不见，婉常倒是丰润了，她身穿一件淡黄狐皮小袄，系一条洒金长裙，肩头圆润，露出半截白白的脖颈。她一直站在婆婆身后，但早就感觉到丈夫火辣辣的目光，脸儿不禁羞得通红，这时也不拿眼看他，只是低首言道："相公，回屋净净手吧。"

那神态比当初新婚时更多了些娇羞，却是王实甫喜欢的，他见父母有意回避，便上来拉住了婉常的手："走，咱们一块回房去。"婉常想挣脱开，实甫却使了七分气力，婉常抽不回手来，低声嗔道："相公何来？

当着这些人，好没意思。”

添书与听茶笑道：“我们可什么也没看见。”

王实甫也不答话，只是拉着那只润滑柔软的手儿，进得屋去，抱着婉常就亲了一口，说道：“想死我了。”婉常再不挣扎，任由他亲了好一阵，软软的身子贴着实甫，两人亲热不够。

勤公府内杏花轩已摆好家宴，席间，大哥王实厚早已叫乔叔几个斟满美酒，见实甫与婉常姗姗而来，笑道：“德信，爹娘早已就座，就等你们二人。”嫂子刘氏也跟着笑道：“你二人再不来，这桌上的菜都凉了，小两口得先说说私房话？”婉常拉一把刘氏的袖子，羞道：“嫂子，平日里我可没得罪您。”

王逖勤见一家人其乐融融，哈哈大笑道：“多日没这么高兴了，借祖上的福荫，德信这回去大都得了功名，成了官身，可喜可贺！来，先干了这杯！”

大家一起举起杯中的美酒，婉常面前却只是一个空杯，实甫怪道：“乔叔，怎么忘了给二少奶奶斟酒？”乔叔一边站着，微笑不语。实甫正欲再叫乔叔，婉常扯了扯他的袖子。坐在上首的阿夫人笑道：“德信啊，你先喝了这杯，为娘再告诉你一个喜讯。”

众人都笑意盈盈看着实甫，实甫便将那杯酒一饮而尽，阿夫人才朗声说道：“儿啊，你要当父亲啦！”

王实甫霍地站了起来，差点把酒杯碰翻在地，他惊喜交加：“母亲，这是真的？”阿夫人指着婉常说：“你且问你的媳妇去。”婉常娇嗔地叫了一声：“娘！”又瞥一眼实甫，那目光胜过千言万语。

王实甫高兴得不知所措，直叫：“乔叔，给我拿大碗来，倒酒来！父亲，我要当爹了，您要当爷爷了！”乔叔应着，要去给他拿青花大瓷碗，婉常一旁阻拦：“相公不可过量。”王实甫道：“人生难得几回醉，父亲刚才已经说过，今儿咱们要一醉方休，我得陪着父亲、大哥喝个痛快的。”

王逖勤也道：“难得高兴，今儿就拿碗喝吧，只此一回，下不为例。”阿夫人道：“儿啊，一碗就够了，你一路奔波回到家里连口气都没喘，切不可糟蹋了身子。”

席上说得热乎，大哥王实厚和刘氏却一时没有言语，脸上讪讪的。婉常看出来，便对刘氏说：“嫂子，我看你也是个不喝酒的，不如咱们叫厨房做一个红枣姜丝汤来，母亲、嫂子都喝上一碗。”

刘氏勉强笑道：“我到晚间都不怎么吃东西，这时看着德信回来，就着高兴随便吃一口就是了。”婉常道：“这天气转凉，嫂子你多喝点热汤暖暖脾胃。”说着，招手叫丫环翠屏过来，贴着耳朵说了几句，翠屏点头，转身去了。阿夫人见婉常与刘氏小声说话，隔着桌子笑道：“你妯娌两个说什么呢？没瞧他们爷儿仨都快喝醉了。”

一会儿，厨房做好了红枣姜丝汤，阿夫人喝了两口，称道：“这味道又甜又香，暖在了心里。从前没少喝，只是没这回的味道好。”翠屏一边道：“这红枣是二少奶奶从娘家那边带过来的，还有上好的冰糖。”阿夫人道：“原来如此。”又叫刘氏：“我看她一片好意，全是为了你，你得多喝上一碗才是。”刘氏诺诺地应着，也喝下一碗，脸上的气色竟红润起来。

这边喝汤，父亲和王实甫却已经喝下三大碗酒，还连连叫着乔叔倒酒。大哥王实厚苦着脸劝道：“德信，你和父亲都不能再喝了。”实甫却不听，王实厚心里着急，一时脱口说道：“父亲，今天虽是弟弟双喜临门，父亲您也得给我这当哥哥的一个面子。”王逖勤听罢此话，脸色一变，突然老泪纵横，瘫坐在椅子上，一时间不知悲从何来。

实厚、实甫兄弟二人慌了手脚，忙上前搀扶，乔叔几个也急忙凑到跟前，要将王逖勤抬回屋去。阿夫人却道：“不妨事的，让老爷先在此歇息片刻，再慢慢回屋。听茶，你先回房去将那醒酒的香片沏上一壶。”阿夫人知道老爷的心思，眼见实甫得了功名，婉常又有了身孕，可实厚夫妻至今未有子嗣，也是乐极生悲。

这夜，实甫和哥哥将喝得大醉的父亲扶回房去，眼见仆人将父亲擦洗侍候上床，酣然入睡，才听从母亲吩咐各自回房歇息。

王实甫走回自己房里，没进门就闻得一股幽香，顿时想起原是婉常身上常有的味道，又多出一丝清馨，不由得让人神清气爽。跨进门去，叫了一声娘子！婉常在灯下见他进来，忙和翠屏、兴儿迎上，替他脱了长袍，换了短衫，又端过铜盆手巾，让他净洗。

等他放下手巾，翠屏和兴儿轻轻退下。这边婉常端过一杯香茶，叫了一声："相公。"

灯光下，王实甫见那婉常又是一番撩人的身段，屋子里暖和，她只穿了一件贴身的薄裙，披了件齐膝的外氅，两只袖子耷拉着，神态妩媚。王实甫接过香茶一口喝尽，举手将婉常下巴抬起，故意板着脸说："我回家这半日，娘子却是正眼都没瞧我一下，这回你得好好瞧瞧。"婉常扑进他怀里，嗔道："相公就会说笑，人家已经让你亲过好一阵了，怎说没有正眼瞧你？"实甫说："那是我亲你，这回你得亲亲我。"婉常道："别闹了，相公你也该歇着了。"

王实甫将婉常扶到床上，说："好好，娘子现在有孕在身，我可得好好侍候你。"两人说笑一阵，婉常道："相公你没见方才大哥和嫂子的脸色，他二人一直心中有些不快呢。"

王实甫叹道："你真是个细心之人，嫂子一直未孕，大哥和全家都是块心病。"他拍了一下自己的脑袋："刚才我只顾了高兴，却把这一茬给忘了，都怪我粗心，明天我得给大哥赔不是。"

婉常忙道："相公不必，你要赔不是，不更给大哥心里添堵吗？前些日子，我已让娘家哥哥着人请了一位老中医，来给嫂子把过脉，给她开了药方，现正吃着药呢。但看过些时有没有动静。"

听婉常这么一说，实甫又是一些惊喜："娘子，没想到我没在家，你跟爹娘，还有哥嫂处处都做得周全，倒让我王实甫无话可说啊。"

婉常在他怀里贴紧了，柔声道："相公，只要你高兴，婉常就心安了。"又道："这烛该灭了吧？"

王实甫一口将灯烛吹灭，二人别离三月之久，此番亲热胜过新婚，但婉常已是有孕之身，实甫自是百般小心体贴，柔情蜜意都在不言之中。

转眼就该去冀宁路崞州赴任，王实甫面对娇妻多有不舍，每夜抚摸着婉常渐渐隆起的肚皮，感觉里面小脚的踢蹬，又是新鲜又是兴奋，他在妻子耳边念道："梁上有双燕，翩翩雄与雌。衔泥两椽间，一巢生四儿。娘子，你我夫妻将来也生下一个又一个吧？"

婉常道："只要相公愿意，妾身又有何不可？"实甫道："只是让你受苦了，我看你时常呕吐，吃得又少，这些时都消瘦了许多。"婉常道："女子怀孕大都如此，眼下比最初那一两月好受多了，相公不必为我担心。倒是相公马上要去崞州，千里迢迢，不知有多少辛苦等着相公呢。"

实甫说："那张大人刚给朝廷禀告过了，并没有催着我去赴任，还说如果家中父母年事已高，过了这个冬季，明年春上再去赴任也不迟。"婉常却道："相公难道未曾听说，而今世祖皇帝天下大统，求职者众，你既已得官职，不可耽搁也。"又从床上坐起，披衣说道："地方为行中书省，职同中央中书省，掌国庶务，统郡县，镇边鄙，与都省为表里，凡钱粮、兵甲、屯种、漕运、军国重事，无不领之。每省丞相一员，从一品；右丞一员，左丞一员，正二品，家父即为江西右丞正二品，丞相或置或不置，尤慎于择人，故往往缺焉。"

王实甫惊道："婉常你一女流之辈，何以得知这许多官场形状？"婉常端坐床沿，说道："家父常对哥哥弟弟说及这些，我在一旁也听了大概，母亲偶尔也笑言，婉常将来嫁一夫婿，正好将这些告之于他，让他也能行走于官场，谋得功名封妻荫子。如今看来，岂不是说着了？"说得口渴，起来要喝水，实甫忙抢着起身，一摸茶壶还是温的，便倒了一碗递给婉常。

实甫扶着婉常的碗沿，说："慢慢喝，别呛着了。"

婉常喝罢抿抿嘴，笑道："相公倒的茶倒格外甜。"实甫说道："唉，官宦之家的子弟自小不得戏耍，我看那究窐村里的儿童，每日里河里打滚，草甸上撒泼，自由自在，可你那哥哥兄弟却是得练武读书，连你也不得空闲。"

婉常也叹道："相公你四岁读《论语》，五岁写字，七岁可作诗，十年寒窗也多有不易，因此，如今满腹诗书若不用，岂不可惜？"

王实甫拉起妻子的手，说："我这不是听了娘子的话，将去山西履职了吗？"

婉常回身看着实甫，道："山西属腹里，为朝廷看重，至元三年（1266）之后，六千户之上者为上县，二千户之上者为中县，不及二千户者为下县。这崞州为上县，秩从六品，相公你一下子就从布衣而为朝廷六品官，当多加珍重。婉常若不是已有孕在身，定当随相公前往崞州，侍候相公安心从政才是。"

王实甫心中暗暗惊诧，他在京城待了好几个月，也没有婉常将这官场秩序弄得这般清楚。

他却不知妻子张婉常为了他的前程煞费苦心，多次回到娘家与父母相商，对眼下的为官之道有心弄个明白，婉常她天性聪慧，小时也读得圣贤之书，许多事一听就心中了然。这会儿与实甫谈起来，自然头头是道。

枕席之上，妻子语重心长，王实甫满怀儿女柔情倒不知如何是好了，暗想自己一须眉男子，却不如这女子胸怀远大，不禁自惭形秽，叹道："婉常，你每每开口都叫我好生惭愧，罢罢罢，我后日启程就是。"

其实，婉常心里何尝不想夫君多留几天，但嘴上却仍是说："燕雀戏藩柴，安识鸿鹄游。自古以来，好男儿志在天下，相公只管放心前去赴任，家中有爹娘，还有大哥，自当护好家园。"

王实甫欲言又止，心里有些话却没敢对婉常说。

从相识到结为夫妻，他对怀里的这个女子渐渐熟悉又始终觉得有些陌生，时而感到她的美妙，又时而感到她有一种说不出的威严，就如最初在易水河见面的那一刻，这女子撞击着他的心，让他割舍不得，却又不敢过多地亲昵。他内心深处希望她更温柔一些，小鸟依人，不要动辄说出一番又一番道理，跟爹娘的话差不多，甚至比他们说得更让人无法反驳。

婉常让翠屏和兴儿给他收拾衣物行李，塞外寒冷，三九寒冬就要来到，便将父母给她的陪嫁中的一张虎皮找了出来，放进实甫的衣箱。婉常又察看添书整理的书箱，从中挑出一些，倒从家中的藏书里取《易官义》《周礼》《礼记》放了进去。添书瞧着，忍不住上前小声说道："二少奶奶，二公子平素不让我们动他的书……"

婉常像是没有听见，却一本本将那些书整理齐，叠放在书箱里，这才转身对添书说道："你可记得老爷夫人曾对你说过的话吗？"

添书摸头，说："小的不知道二少奶奶指的哪些话。"

婉常正色道："看来我还得教给你才是。公子这回前去为官，身边只有你是体己的人，你若好，公子自然会更好，你若有个不是之处，公子他断不会脸上有光，因此添书你不仅要好自为之，而且公子若有疏忽之处，你也要谏之约之，不能听之任之。"

大冬天的，添书头上冒出大汗，嘴里唯唯诺诺，心里诚惶诚恐，再也不敢有半句多言。正惶惑着，不想婉常却从柜里取出两串铜钱，递到添书手里，说："这钱不多，一串捎给你家父母，一串留在自个儿身边，想吃什么果子就买，别馋着。"

一语未了，添书的眼泪叭叭地掉下来，扑通一声跪下，连连磕头道："二少奶奶，小的哪有家来？从生下来就没见过爹娘的面，爷爷奶奶把我养到了八岁，他二老病的病，残的残，再也养不下去，是董大人将我从人市上买回董府，后来又让我跟了二公子。董大人和二公子对小的恩重如山，没想到又遇上二少奶奶您这贵人。从今往后，王府就是我再造的爹娘，小的定会死心塌地侍奉二公子和二少奶奶，这就是小的一生最大的福分。"

婉常听来也不由得心中悲悯，忙说："也曾听说前些年兵荒马乱，多少家破人亡的，没承想你也是一个苦人儿。但好不容易活了下来，就得好好活出人样，切不可废了去。"

添书说："二少奶奶的话，小的都记下了。"

前院乔叔传话来，让添书去给公子遛马，添书便给婉常行了礼，退出房门。刚走过庭院，正碰见听茶给夫人端银耳汤，差点没撞得杯盘飞起来。听茶怒道："你这没长眼睛的，什么追得你失魂落魄的？"转眼发现添书眼睛红红的，便问："你怎么哭了？二公子揍你了？"

添书说："谁哭了？二公子何时打过我？"他回首一看无人，吐了吐舌头说:“姐姐哪里知道，二少奶奶早晚是这王府当家的主儿，那说话的气势，刚才教训我半天，我大气都没敢出一口。”

听茶哼了一声:“原来是个怕主子的奴才。你又没做亏心事，怕她说什么？”添书慌忙去掩她的嘴:“你可小声点儿。二少奶奶是好人，还给了我两串铜钱呢。”说着一拍怀里，果然鼓鼓囊囊的，添书说:“上次我买给你的绒花，你戴着真好看，这回我有了钱，再给你买个带银的手镯怎么样？”

听茶嘴上说:“我才不稀罕呢。”脸上却显出笑模样，却说:“二公子这一两天就要启程，你也别只顾着给主子收拾衣裳，那边天冷，把你自个儿的衣服带足了。”添书一听脸上笑开了花，道:“好姐姐，有你这句话，比穿什么都暖和。”

听茶道:“你这贫嘴。”

乔叔在前院叫道:“添书你咋还不快来？”只听大黑马一个劲地咴咴直叫，不耐烦似的。添书应道:“这就来了。”又骂那马:“你急什么？再过两天有你跑的。”

第九回 普济桥

至元十九年（1282）底，王实甫就任崞州[①] 县尹，秩从六品。自定兴连日兼程，往西北而去，一路风雪，行走十分艰难，翻过五台山，走了半个多月才到了崞州地面。

这天走过一座石桥，听当地人称作普济桥，桥身用行錾石和雕刻石砌成，桥的两边雕有石狮头，还有故事人物、蛟龙出水的浮雕，典雅古朴，精巧别致。王实甫顾不得远途劳累，跳下马来兴奋地赞道："真乃神工也。"添书见他桥上桥下看了好一阵，便催促道："公子，您就是这方的主子了，还怕将来少得了看它？走了这些天，手脚都快冻裂了，还不赶紧进城去找到您那衙门，看是个什么情形？"

正说着，迎面来个挑炭的黑脸汉子，王实甫便问他："这位大哥，是往城里去的吗？敢问这桥建了有多少年了？"

---

① 崞州：又称崞县、崞阳，今山西境内。崞阳城最早建于晋怀帝永嘉四年（310），立城邑但未有县名。隋开皇五年（585）为石城县，属代州。至大业二年（606）正式始称崞县，仍属代州。唐贞观初，崞县属河东道代州管，五代后一直沿袭崞县至金初，为河东北路代州管。元太祖十四年（1219）升为崞州，属冀宁路。至元三年（1266）属太原府。

挑炭的汉子见他说话和气，便歇下担子来，说："官人问这桥的年头，俺也说不明白，反正听我爷爷那辈的人说金朝时候就建起了。"王实甫见他一脸黢黑，冻皴的双手也尽是黑垢，便又问道："你这炭是要去街市上卖吗？多少钱一担？"

汉子一声冷笑："哪有卖的？这是要送往县衙里的，论什么钱？"王实甫吃惊道："送到县衙？没人给钱？"汉子挑起担子，也不再多话，叹了口气，往桥那头走去。

王实甫和添书也随后跳上马，但那汉子竟然前面走着走着，一拐弯不见了。王实甫寻思，也不知汉子说的真假，或许他也并非往县衙而去。

胯下的马儿紧跑了片刻，就到了县城边上，只见那城墙建得颇为雄伟，听人说城周四里十三步，墙高四丈，池深三丈，筑有城门四座。西头有一座扶苏庙，秦朝时期，秦太子扶苏和大将军蒙恬率军在此筑城戍边抗击匈奴，却遭到奸臣陷害含冤死去，后来有人在此建造了扶苏庙，还种下了几株楸树柏树，历代享有祭祀，魏孝文帝"遣有司谕祭"，唐太宗李世民敕封"柏枝大王"，并令尉迟恭督工扩建庙院，到北宋建隆年间改称"柏枝神祠"。那树历久弥坚，柏树被称为一对鸳鸯柏，楸树为一对龙凤巨楸，树龄更为悠长。

看天色将晚，王实甫携添书匆匆拜过扶苏庙，从南边景明门进得城去，倒也繁华，虽是冰雪覆盖，街市上仍十分热闹，但又不时见到路边的残雪里躺着乞讨的老者和小儿，令人顿生悲凉。

王实甫几次下马来，叫添书将带的一些干馍掰了散给这些乞丐。不料，竟有一些讨吃的小儿随后跟来，添书驱赶不开，一直跟到了衙门口。那里站着几个衙役，见一群人闹哄哄地到了跟前，立马凶神恶煞地扑过来挥鞭就抽。

破衣烂衫的小儿们惊叫着四散跑开，有脚下慢的被抽个正着，破棉袄绽出一堆烂花，口里哀哀直叫。一个瘦弱不堪的小儿跑在最后，被一个衙役揪住，扬起鞭子就要狠抽，不料那衙役却突然怪叫一声，胳臂也垂了下去，随后他捂住肩膀，大怒道："谁瞎了眼，竟敢抽我？"

定睛一看，面前站着的却是一个相貌俊美的公子，手里正握着一根马鞭，冷眼看着他。这衙役暴跳如雷：“哪来的秀才，竟敢在衙门跟前造反？”举鞭就要抽过去，添书上前一把夺过，大声喝道：“大胆狗才，还不快给县尹大人跪下！”

衙役们闻声大惊，面面相觑似信非信。

“县尹？哪来的县尹？”街市上早有些围观的百姓也纷纷相互探问，见那身着白衫的年轻公子抬腿就要跨进县衙大门，衙役们一个个眼睁睁地看着，想阻拦却又不敢上前。

突然间，有一个领头的衙役叫道：“达鲁花赤大人到了！”众衙役闻声纷纷跪倒在地。

一阵疾风似的马蹄声中，一群如狼似虎的兵丁策马而来，中间簇拥着一个身高体壮的蒙古官人。跪倒在地的衙役们齐声叫道：“小的们给达鲁花赤大人问安！”那蒙古官人却毫不理会，一双鹰眼老远便瞄准了王实甫，到跟前翻身下马将缰绳一丢，立即有人接过，他高声叫道：“莫不是王大人到此？”

王实甫在衙门口站定，回身一看此人气度不凡，便上前应道：“在下正是王实甫，您就是本县的达鲁花赤？”

“我叫撒吉思，正是崞州的达鲁花赤。”蒙古官人声若洪钟，上前拍打着王实甫的肩膀，说，“前两天接到太原路的关文，得知王大人要来此上任，我等已恭候多时。”

达鲁花赤，又作“达噜噶齐”，蒙古语意为“掌印者”，是蒙古帝国至元朝的一种职官称谓，为成吉思汗早先在各城设置。达鲁花赤也就是督官，为军政、民政和司法官员，以《大札撒》为根本，结合当地的惯例行使统治，在元朝的各级地方政府里面，均设有达鲁花赤一职，掌握地方行政和军事实权，是地方各级的最高长官。元朝中央政府里也有某些部门设置达鲁花赤官职，一般由蒙古人或色目人担任，达鲁花赤后来成为长官或首长的通称。

这崞州县设达鲁花赤一员，尹一员，丞一员，簿一员，尉一员，典史二员。尉主捕盗之事，别有印。另有巡检司秩九品，巡检一员。

王实甫虽为县尹，按序却应在达鲁花赤之下，便立即躬身行礼：“实甫见过撒吉思大人，方才不知是大人前来，失礼失礼！”

这撒吉思倒也爽快，连说不必多礼。又问了实甫路上的行程，两下寒暄了一番。撒吉思又将身后一位剽悍的随从叫过来，说：“这是我的外甥秃忽鲁，现任崞州的县尉。”

王实甫抬眼一看，却是有些心惊，那秃忽鲁长着一个大脑袋，身子像一块石板，摇摆着走上前来，双手抱拳微微一躬，算是行了见面礼，眼神却带着傲慢，没有半句言语。撒吉思在一旁道：“秃忽鲁他只会说蒙古语，王县尹多多见谅。”接着又道：“我已着人在蒙古包里设下了接风宴，请王县尹赏光。”

县衙旁边不远的草地上，扎着一顶顶白色毡布的蒙古包，环绕着中间最大的一顶，正是达鲁花赤撒吉思的家。蒙古包里摆设得富丽堂皇，俨然一座小小的宫殿，珠光宝气，应有尽有。撒吉思家族的先辈跟随世祖皇帝征战多年，族中男丁几乎都有官职，上至朝廷，下至州县。撒吉思已在崞州担任达鲁花赤好几年，他一直住在这蒙古包里，说比瓦房住着舒服得多，透气敞亮，尤其是夜里躺在毡房的垫子上，能贴近大地，听到草地上小虫子细碎的声音，闻到青草的气息，多美的事情。撒吉思一边用雪亮的小刀片着羊肉，一边惬意地发着感慨。

王实甫也随他盘腿坐在蒙古包的地毡上，喝着银碗里的烈酒，一路上的乏顿在这烈酒的催逼下从周身毛孔里散发出来。蒙古包外的天空飘着鹅毛似的雪花，包内却是暖意融融，他也效仿撒吉思脱去了棉袍，撸起袖子就着烈酒啃了一块又一块羊排。这情景让他想起儿时跟随母亲回到西北遇到的酒宴，在那些场合里，平日温和的母亲会变得豪爽起来，跟族人一起赛马、射箭、抢羊，仿佛回到了她的少女时光。实甫喜欢母亲的温和，更喜欢母亲的豪爽，那些场面深深地留在他儿时的记忆里。酒劲上来，他忍不住对撒吉思说起这些，刚又饮下一大碗酒的撒吉思抹了抹嘴唇，含糊不清地说：“我知道，我知道。你的父亲、母亲，还有你的岳父……”他伸了伸大拇指，说：“都了不起！”

他又拍了拍胸脯，说：“我信任你！……虽然，你不是蒙古人。”撒吉思一边喝酒，一边说起王实甫的岳父张弘略，还有张弘略的弟弟张弘范，他对他们的了解似乎比王实甫还要多。

说起当年灭金四年之后，大片土地已属蒙古，但在襄阳，元军与南宋军队酣战了六年。围困襄阳的元军，来自山东李璮旧部，之前安定其兵变后，收编了其部众，这些人多为勇狠骄悍之辈，很难管制，世祖皇帝忽必烈下旨由张弘范来统率这支军队。其后，张弘范向攻城总指挥伯颜献计，以水陆夹攻隔绝襄阳对樊城的撑持，血战之后樊城被攻破，襄阳守将吕文焕投诚，宋元交兵对峙的场面从此改变，南宋政权节节败退。

元代水军沿襄阳而下，经汉水抵长江，直扑南宋国都临安，之后的焦山之战，南宋不敌全线溃败。一二七九年正月，元代水军以张弘范为统帅，防御崖山，南宋气数绝尽。张家兄弟在元朝初建时期举足轻重，满朝文武无人不知，撒吉思也将他们视为英雄。

说到此处，撒吉思凑到王实甫耳边问道：“听说张弘范大人贵体欠安，不知近日可好？”

王实甫一时不知如何回答，他虽与张婉常结为夫妻，但与张家人来往并不甚多，就连婉常的哥哥和两个弟弟自定亲之日设下关卡，有过几番争斗之后，后来见面也素不多言。婉常的叔叔张弘范一直带兵在外，实甫与婉常婚后尚未得见，但也曾听说他近年来常患伤疾，婉常的父亲张弘略还从家乡请了名医前去诊治，也不知有无疗效。

与撒吉思初次见面，也不便深谈，王实甫便只是摇了摇头，说道：“弘范大人常年在外，亲戚间也不知其详也。”

撒吉思道：“若是方便处，请代问两位张大人好！”

王实甫点头称谢，不再多言。

当晚几人喝得烂醉，方才起身准备各自回营。不想刚走出蒙古包，却听得旁边有人在撕扯叫喊：“你们说给些吃食，不给也就罢了，怎么反倒打人？”王实甫心下诧异，正要过去看个究竟，撒吉思却道：“县尹不必过问，由秃忽鲁他们处置即可。你一路鞍马劳顿，我已着人在县衙旁安排下一处宅院，你自去歇息。”

实甫听罢，只好转身欲走，但那边声音越加高起来，且夹着惨叫，实甫忍耐不下，也顾不得许多，径直大步走了过去。昏暗的夜色中，借得地上冰雪的一点反光，只见几个兵丁正围着一个男子撕打，那惨叫声正是这男子发出的。王实甫连忙叫了一声：“住手！”

兵丁们见是他，便垂下手来。实甫上前道：“你们几人何事在这里揪扯？”一看那秃忽鲁也站在跟前，满脸一副不想多说的样子，转眼间却照准那男子身上又是一脚。男子一声哀叫侧身倒在地上，脸正对着王实甫，实甫一见好生吃惊，这人正是白天在普济桥见到的挑炭汉子。他弯腰扶起男子，问道：“他们为何打你？”

鼻青脸肿的男子也认出他来，流泪道：“回爷的话，我几十里地挑了炭来，肚里又饥身上又寒，知道不会得半文钱，只是想讨口吃食便回家转，但半天都无人搭理，就叫着问了几句，这几位爷说我叫得不该，上来就是一顿拳脚。一家老小都指望着我，如今我这身子是怎么拖得回去……”说着，竟号啕大哭起来。秃忽鲁见状，上来又要给他一脚，王实甫一把推开，怒道：“放肆！你们要了人家的炭不给钱倒也罢了，怎么反倒欺侮于他？”

秃忽鲁瞪圆双眼，攥紧拳头想要发威，他站在王实甫跟前，足足高过一头，但王实甫却半步也不退让，厉声喝道：“你身为县尉，本当护卫一方太平，如何反倒欺侮百姓，是何道理？”

正在这时，撒吉思走来，喝住秃忽鲁：“王县尹刚到此地，你竟敢造次！还不赶快给我退下。”转身又对王实甫道：“区区小事，县尹何必动怒？”说着，叫人将蒙古包里的羊肉和炊饼拿出一些来，塞在那挑炭男子的怀里，催着他赶紧走开。男子一时挣扎不起，王实甫叫添书扶着他，说道：“这天色已是太晚，让他先跟随我们去吧，明日里再作道理。”

撒吉思也不再多说，脸色却有些不快。秃忽鲁凑近，用蒙古语说了一通，撒吉思竖起眉毛吼了两句，说的也是蒙古语，像是训斥的意思，秃忽鲁不敢再言语，弓腰退到了他的身后。

第十回 端正好

转眼又到了春天，塞外春意迟，但阳光之下仍有了暖意，兵丁和衙役们将棉袍都换成了夹衣，早晚在县衙门前的校场上操练。撒吉思练武更是勤奋，说是祖宗留下的规矩，三更过后便起床练习拳脚，这一日下来都精神饱满。秃忽鲁领着他的一队兵丁，日日操练马上的功夫，王实甫坐在县衙内，便听得马嘶人叫，刀戈相撞，一片喊杀声。

这日早起，王实甫也活动了一下身子，在衙门里办了些公文，便想去见撒吉思。出得衙门，正巧遇见撒吉思骑马经过，便叫了一声达鲁花赤，躬身行礼道："好几日不见，在下正想去拜会达鲁花赤。"

撒吉思也不下马，说："县尹有什么事吗？"

王实甫说："达鲁花赤，请您下马来，在下有几句话要对您说。"

撒吉思勉强下马，将马鞭扔给侍从，问道："有什么话你赶紧说，我还要带着秃忽鲁他们到后山狩猎去。"

自从那日初来乍到，为一个挑炭男子的无端挨打，实甫与撒吉思的外甥秃忽鲁有些龃龉之后，撒吉思明里没说什么，但见了实甫再没有最初的亲热，也不再请实甫到他的蒙古包里喝酒。

王实甫只当作不知道撒吉思的不快，却说："达鲁花赤大人，春天正是万物复苏之时，那山里的动物也都准备怀胎产子，这时狩猎恐怕不是季节吧？”

撒吉思脸上渐渐堆积起阴云。

王实甫又说：“达鲁花赤大人，您对下属要求每日练武，在下觉得自然是在理之事，但百姓安康、丰衣足食更是我等应促成的愿景啊。实甫到崞阳以来，走访了一些乡村，见到的人户多在饥寒之中，这的确令人寝食不安。我思谋多日，想赶着春天的季节，从内地弄来一些良种，让百姓们好生栽种，争取今年有个好收成。”

没等王实甫把话说完，撒吉思皱着眉头说道：“县尹此言差矣！我二人虽然身为此地父母官，要保证一方百姓的安康，但最要紧的是效忠朝廷，随时备战，只要圣上一声召唤，我等将立刻金戈铁马奔赴战场。当年若没有我蒙古铁骑武艺高强英勇善战，又哪有今日江山？”他瞟了一眼王实甫：“县尹又怎能到此做官？”

王实甫听来，很不以为然，忍不住说：“哎，我等在此为官，理应富民强县，教化子民，才是对朝廷最大的效忠。若不顾百姓疾苦，又何以为官？”

撒吉思更是没有好气：“县尹为朝廷命官，首先想到的是要为圣上效劳，而非到此施以妇人之仁，博得那些穷人的拥戴，只不过是个人虚荣而已，于我大元朝又有何益？”

一语未了，实甫耐不住气愤，他一介读书人，老师董朴教导说，君子知无不言，言无不尽，便毫不客气地说道：“达鲁花赤大人此言更是差矣！舟所以比人君，水所以比黎庶，水能载舟，亦能覆舟，历代朝廷若不将黎民百姓的疾苦视作大事，必将招致灭亡，宋朝几百年繁华，到最后落得如此下场，就是例证。”

撒吉思脸上一阵青一阵白，两只眼睛里的怒火恨不得要喷射出来，突然间他仰起脖子狂笑不止，笑罢翻身上马，用鞭子指着王实甫斥道：“要说宋朝灭亡，就是被你们这样的文人给糟践的，你们只知道花鸟虫鱼、风花雪月，哪懂得万里江山要靠大汗和世祖皇帝这样的英雄豪杰带领千军万马刀枪拼杀，血流成河才换来的？罢罢罢，若不是看在张大人的分上，就凭你刚才的话，就可定你一个反叛，此刻我就一刀斩你于马下，你信还是不信？”

他道是一番话定会吓软了王实甫，不料话音未落，一直站立于衙门前的王实甫却一个“白鹤亮翅”跃身而起，一手就攥住了他的马鞭。

撒吉思大吃一惊。

还未回过神来，王实甫又使出“赤蛇出洞”一伸一缩，反手将马鞭绕了几圈，轻轻用力一扯，撒吉思便被扯到了马下。

眼看就要摔一个狗啃泥，撒吉思到底身手不凡，刚刚着地就一个“鹞子翻身”站了起来，伸手扑向王实甫。没想到实甫闪身而过，瞬间竟从他的正面到了背后，朝着他的膝弯就是一脚，撒吉思腿一软，身不由已跌倒在地。

不远处，正在练武的秃忽鲁等人见状，挥着蒙古刀飞奔而来，刹那间将王实甫团团围住。秃忽鲁怒目圆睁，不由分说冲上前来，照着王实甫就要一刀砍去。

撒吉思飞身扑过去握住了他的手臂，喝道：“大胆！”秃忽鲁用蒙古语一个劲地叫喊，撒吉思夺过他手中的刀，说：“王县尹正在与我比武，你们想干什么？”

秃忽鲁一听，半信半疑地瞪向王实甫，王实甫迎着他的目光，却是一脸淡定。

撒吉思又喝道：“你们一个个还愣着干什么，赶紧练武去。今天王县尹赢了，该他请客宰羊，你们大碗喝酒大块吃肉。”

众衙役和兵丁们欢叫起来。撒吉思拍拍身上的土，对王实甫说道：“走吧，咱们进蒙古包喝茶去。”

王实甫抖抖衣衫，说：“好哇，喝茶去。”

一旁的添书擦去脸上的冷汗，跟在他们身后走进蒙古包。只听撒吉思爽朗地说道：“王实甫，我当你只是个读书人，想吓唬吓唬你，没想到你骨头挺硬，竟然还使出一身好功夫。哈哈，我喜欢！如果你是个孱包软蛋，我也就一鞭子下去，再也不会搭理你了。”

王实甫笑道：“看来我跟达鲁花赤大人是不打不相识啊，我这人喜欢的也是英雄。”

仆人端来刚从炉子上熬煮的奶茶，热气腾腾地飘出一股浓浓的奶香，撒吉思举起满满的奶茶碗，说以茶代酒，愿与王实甫从此交好。实甫见他眼神里一片真诚，便也谦让道：“实甫不该年轻气盛，刚才实在太过鲁莽，多有得罪，愿听从达鲁花赤大人责罚。”

撒吉思豪爽道：“什么达鲁花赤，你我从此就是兄弟，只管叫我撒吉思好了。我问你，你在哪里学的功夫，身手如此轻巧？用你们汉人的话来说，就是那个四两拨千斤。我若要与你比硬功夫，你可能不是我的对手，但若比轻功，看来我还真不如你。”

实甫听他说得实在，便道：“兄长见笑！实甫年幼读书，也跟随父亲习武，父亲本是行伍出身，就是母亲也会得一些功夫，家里人没少了练功，因此会得一二。”

接着，把父亲跟随成吉思汗伐金，母亲是阿鲁浑人的经历说了一遍，撒吉思听罢，说：“难怪如此，原来是将门虎子，有幸有幸，今日输在你的手下也不算委屈。”却又说道：“不过实不相瞒，若不是我曾经负过箭伤，也不会让你轻易就拉下马来。”

实甫忙问：“哦，兄长伤在何处？”撒吉思撩起长袍，指着左腹下方说：“已是多年了，每到春天便会有些隐痛。咳，不说它了。”又连声大叫：“拿酒来！”

实甫神色惶然，起身双手过头，行礼道：“实甫不知兄长身有伤疾，居然冒犯，真是罪过！”撒吉思一把扶起王实甫：“兄弟这是从何说起？若不是我一番气话惹恼兄弟，何至于此？这都是我自找的，与兄弟无干，更何况你并不知我身上有伤，何罪之有？”

两人复又坐下，仆人托上一个大牛皮壶，却是草原上的烈酒，实甫尝过，如烈焰穿胸，便叫好酒！又说：“兄长可知，实甫的家乡定兴也酿得好酒，尤其那杏花酒，滋味甘美无比。”

撒吉思兴致盎然：“何时也让我尝一尝。”

实甫道：“那是自然。家父早年也曾负过箭伤，偶有复发，请良医调得一服箭疮膏，常年使用效果甚好。稍后我给家人修书一封，请他们为兄长也配制些膏药，看看好使不？”

撒吉思一听大喜过望：“只听说京城一带名医甚多，早就想去寻访，不想令尊也有一箭之痛，我与你真是缘分不浅。来来，先以这杯酒，敬了令尊大人。”

那盛酒的器具不比实甫家里的小巧酒盅，却是酿银嵌珠的大碗，仆人给他们俩倒满酒，看上去一碗酒足有半斤。王实甫打量着，婉言道：“我先代家父谢过。今日得遇兄长厚爱，不仅未怪罪实甫的唐突，还将我视为兄弟，德信不得不敬告兄长一句话。”

撒吉思问道：“兄弟想说什么？”

王实甫说道：“我从家父那里得知，但凡负过箭伤之人，有三忌：一忌大悲大喜；二忌焦躁烦怒；三忌饮酒过量。今日所经历之事已让兄长情绪多变，此刻再饮大酒定对贵体不利，这碗酒断然不可再喝。”

撒吉思慨然放下酒碗，长叹道：“唉！我撒吉思多年听惯了奉承，从未听人说过一个不字，如今身边终于有个人敢管着我了。好，听你的，不喝就不喝。”

王实甫却举起自己面前的大碗，恭敬地说道：“兄长可不喝，实甫则代家父饮了这酒，谢了。”说完，一口气将满碗酒喝得干净。

撒吉思赞道：“痛快！好兄弟，我撒吉思虽然是个粗莽之人，识不得几个汉字，但却是一个认理的，你书读得多，今后这县州的公事，就都听你的。”

王实甫道：“岂敢岂敢！实甫年少无知，还请兄长多多指教才是。”

撒吉思爽快地笑起来：“这美酒祭了长生天吧！”他站起身来，虔诚地用中指蘸了银碗里的酒洒向天和地，再抹到自己额前，然后走到蒙古包门前，把银碗里的酒全部抛向了草原，叫道：“苍天在上，饮了这碗美酒吧！”

那添书相跟着，此时才把一颗心放回了原处，直叫阿弥陀佛。

夜里侍候王实甫歇息时，添书不禁说道：“二公子，今天可真把我吓坏了，眼见那秃忽鲁的刀都举到了您头顶上，我的心都跳到喉咙眼来了！”

王实甫一边更衣一边说："我谅他也不敢。再说了，我又不是个呆子，他真要砍下来，我还不知道躲闪？瞧你这点胆子。"

添书嘟哝着："他们人多势众，您就我一个书童，要真跟他们打起来，不得让他们剁成肉泥？"

窗外一轮明月，星星闪烁，王实甫走到窗前，对着无边的夜空，说："添书你给我记好了，人活一口气，就是死，也不能做软骨头。这崞州地面的百姓苦不堪言，我怎能麻木不仁，视而不见？我得想法儿说服撒吉思，免去一些苛捐杂税，让利于民，劝农扶农。"

添书收拾着屋子里的东西，说："二公子，这些日子您把家里带来的一点银子都散给了穷人，现在想添置个桌椅板凳都没钱，还说什么劝农扶农？"

他们所住的小院原本是一个土财主的别院，三间平房加一间厢房，旁边还有个马厩。后来这家人经商发了财，在朔州那边另置了大宅院，就把这小院便宜卖给了县衙，也算是半卖半送。王实甫没来之前，堆放着秃忽鲁和兵丁们闲置的马鞍皮革、破刀乱枪，听说要来新县尹，撒吉思才叫他们腾挪出来。平房里也就给实甫添了一张床、一张桌子和一些炊具，添书唠叨自己连个睡觉的床都没有，只是铺些麦草胡乱垫了被褥，跟讨饭的差不多。

王实甫笑道："我看春天来了，天气一日比一日暖和，你要不怕夜里狐狸精摸到你跟前，一口把你吃了，就把你那屋里的门板下了，岂不正好铺一张床。"

添书没好气地说："二公子，您若再这么调笑我，我就给二奶奶捎封信去，说您在这里跟人打架，差点把命都弄没了，我看她一定会连夜就往这里赶。"

王实甫叹气道："你别拿二奶奶说事，她这会儿怀着孩子，算起来也快生产了，哪还顾得上往这里赶？"便问身边还有多少银子，添书从衣箱里取出钱布袋，一手拎着捋到尾，啪嗒掉出几个铜钱来，他一边在地上拾摸，一边苦着脸说："哪还有银子？这几个都是好不容易存下的。"

"那你可藏好了，别让老鼠拖到洞里去，要不然回头我告诉你二奶奶，说你偷着出去买油饼吃了。”王实甫一边和添书说笑，一边卷好被卧，说，“快去睡吧，要嫌冷，你就把这火盆端了去。”

添书想起：“哎，二公子，说起火盆，那送炭的袁黑子昨儿晌午又给咱们送了些炭来，我要给他钱，他死活不肯收，说咱们是他的大恩人，感谢都来不及呢。我只好塞给他一包馒头，好歹让他带走了。”

王实甫看了看火盆中正烧得红通通的炭，说：“下次不可，哪有烧人家炭不给钱的？得想法儿将钱付给他。”

添书答应着。王实甫叹道：“卖炭翁，伐薪烧炭南山中。满面尘灰烟火色，两鬓苍苍十指黑。卖炭得钱何所营？身上衣裳口中食。可怜身上衣正单，心忧炭贱愿天寒。夜来城外一尺雪，晓驾炭车辗冰辙。牛困人饥日已高，市南门外泥中歇……”

添书听着，问道：“二公子，这写的是那袁黑子吗？”

王实甫半晌无语，双手抱膝坐在床上脸色怆然，添书凑上前去一瞧，惊道：“二公子，您流泪了？”

王实甫低头抹去眼泪，说：“你别一惊一乍的行吗？这诗可是唐朝诗人白居易所写，诗中情景竟然与当下如此相似，那些可怜的烧炭翁岂止袁黑子一人，好叫人心酸。”他跳下床来，在屋里来回踱步，愤然道：“我王实甫为官一方，要不为民做主，将那些不公道的贪腐陋习去掉，枉为县尹！”

添书取了薄袄披在王实甫肩上，说：“二公子，您还是早些歇息吧。依我看，忧国忧民的事不是一件两件，得慢慢来。”

王实甫感慨道：“添书没有白随董朴先生，也会提忧国忧民了。可你这口气像个七老八十的老太公，既然关系国计民生，就应当时不我待，慢慢到何时？”

添书用火钳给燃烧的红炭蒙上一层厚厚的火灰，盖住了火苗，拍拍手说：“好好，这会儿时不我待的事，是您赶紧歇着吧。”

可当晚，小院的灯光很久才熄，王实甫披衣在灯下写了书信两封，一封给家里的父母妻子，另一封则是给老师董朴，请教为官之道，也道出心里的好些困惑。

第十一回 梧桐雨

王实甫每天一早就去往县衙，有案断案，无案则走访乡间。

一天上午，两个乡下农人气咻咻地揪扯着来到县衙，一个打破了头，一个摔折了腿，两人相互对骂，恨不得要吞吃了对方。王实甫过细一问，原来为的是争水。一条水渠打这两家田里经过，前面这家挖泥堵了渠道，想多往自家田里灌些水，后面这家不干，便厮打起来，一直扯到衙门里。

王实甫听来并无大事，一个不该堵水，另一个不该先动手，双方均有责任，罚钱两串，用于修扩水渠。今后两家轮换浇水，逢单前家，逢双后家，双方若有争斗罚劳工半年，修桥补路。

断完此案，双方都心服口服，跪谢县尹。

王实甫坐在堂上说："你们都好好回去种地吧，再过些时你们可到县衙来领些良种，多产些粮食养活家口。古人以和为贵，和气才能生财，你们两家田地相邻，日后要相互帮衬才是。"

两人都说："大人说得是，小的都记住了。"

正说着，添书手里攥着一个袋子跑进县衙来，兴奋得满脸通红，在大堂一侧直朝王实甫比画。

王实甫皱着眉，只当没看见。等那两人退出衙门，才掉脸对添书道：“你那里张牙舞爪地干什么？不知道正在办公事吗？”

添书几步跳到跟前，叫道：“二公子大喜了！快给喜钱吧！”

王实甫先是一怔，再看添书手中提的却是驿站送信的白布袋子，心下明白了几分，忙问：“快说，喜从何来？”添书蹦了个高，嚷道：“二公子，那送信的运种子的马队早到衙门跟前了！一路传了话来，二奶奶她生了个小少爷，母子平安！”

王实甫也不由得忘形地蹦了起来，乐道：“好啊好啊！我有儿子啦！我王实甫有儿子啦！”

堂前的几个衙役也跟着捂嘴直乐。王实甫语无伦次地嚷着：“添书添书，你别傻站着，快把咱们的那些铜钱拿去给送信运粮的人，对对，全都给他们，全都给他们。”

添书笑道：“二公子，您那几个铜板哪够啊，我这儿早替您给了。”

王实甫奇怪，问添书哪儿来的钱，添书说二少奶奶又捎来一些银子，刚才他在门口已做主给了喜钱。站赤还送来一封二少奶奶的书信，王实甫连忙抓过来，开了信口的火漆，一眼便见婉常娟秀的字迹：“夫君如面，三月初六日辰时，妾身诞下一男，母子平安，夫君留言为儿取名王金，爹娘皆喜之不尽也。嫂嫂也已有孕五月，王家添丁进口，一切安好。夫君信中所嘱之事均已请大哥办妥，运来小麦良种千斤，另顺便捎来金疮膏两盒，再若有需办之事，尽管吩咐。且请夫君安心为官，多多保重为盼。妻婉常书。”

实甫将那信看了好几遍，舍不得放下，心里直是感念妻子的贤能。转念道：“那些良种都卸下来了吗？”

添书说都卸在了他们住的小院里。王实甫说：“走，看看去。”

小院一间平房里，果然堆着从定兴运来的一袋袋小麦良种，这是实甫托大哥从究室、河内一些村落挑选而来的，颗粒饱满，王实甫一把抓在手里，细细地看着。门口突然传来撒吉思的大嗓门：“兄弟大喜！大喜啊！”

王实甫忙迎了出去，只见达鲁花赤撒吉思领着一帮人兴冲冲地拥进门来，道：“德信兄弟，今天该宰羊庆贺啦！”

王实甫拱手道：“实甫得一犬子，如何惊动了达鲁花赤大人和各位？”

撒吉思道：“哎，你我兄弟，你的儿子就是我的大侄子，怎么不得好好庆贺？秃忽鲁，你让他们把羊牵过来，咱们乐乐和和地给王县尹办喜宴。”

那秃忽鲁一旁站着，脸上的肌肉紧紧的，没个笑颜，只是点了点头，便往门口走去。王实甫连忙叫住：“县尉且慢！”又对撒吉思说：“达鲁花赤大人，我正要向您禀告，前些时托人从河套那边买来的小麦种子早已到了，还有从定兴家乡挑选的种子今日也已经到了，得赶紧分发下去，让农户们栽种。”

撒吉思看见平房里堆积如山的麻袋，有些意外：“你弄来这么多种子？”王实甫说：“我是想不同地方的种子都拿来试一试，看哪种适合咱们崞州的土地。”

撒吉思不以为意地一挥手，说：“咳，咱们只管守住江山，种地是农户的事，兄弟你管得太宽。”又对秃忽鲁道：“我让你把羊牵过来，咋还不动弹？”

秃忽鲁气呼呼地说着蒙古语，实甫听出一二，意思是人家又不稀罕，你非得牵什么羊？

王实甫一时心中焦急。他知道从骨子里他与撒吉思的想法大相径庭，可自古以来民以食为天，多年战乱之后建起的大元朝百废待兴，大量土地荒芜，百姓流离失所，民不聊生。相比之下，元大都附近，包括实甫家乡定兴一带还算得以温饱，但崞州这里的民生状况让他心惊不已。虽然战事已停，四方百姓陆续返回家园，但缺衣少粮，连起码的耕种都难以为继。按崞州一带的气候，本应在每年九月种下冬小麦，来年四五月即可收割，但如今田野里却很少见到麦苗，一问都是因为没有种子。

“如果此时再不种下春麦，今年又将颗粒无收，崞州一方百姓如何过活？”王实甫忧心忡忡地说，“撒吉思兄长，我看宰羊庆贺一事暂且不提，你我不如带着良种到后山一带转转，有那能干的农户，请让他们先种起来，只要有人带头就好办了。”

说着，他转身从添书身边取出一个小包裹，递给撒吉思：“哦，这是我让家人捎来的金疮膏药，兄长你试试看，若是有效，再让他们捎来。”

撒吉思本打算今日让众弟兄痛快一回，但一腔兴致被王实甫给搅没了，心中好生不爽，但看着这药膏，不由得又有几分感激，只好点头说道：“好吧，我答应过你，崞阳的公事由你说了算，你说到农户家分种子就分种子吧。”

王实甫喜道：“那好，一年之计在于春，今日正是后山庙会，咱们把种子带上，先到那里去转一转。”

接连在山地平原赶了几场庙会，农人们见县尹和达鲁花赤亲自来到地角田边，分发麦种，鼓励种地，还承诺秋收时，产量高的农户将会得到奖赏，并免去一年的税赋。农人们一听，士气大涨，崞阳街上再也见不到游逛的闲汉，一个个都回家种地去了。

一天，添书又取回一个装信的布袋，王实甫打开一看，却是大哥实厚的来信，告知婉常的九叔张弘范大人十日前在南方病逝，他已代表实甫和婉常前往河内张家悼念。

这消息不知怎么很快传到达鲁花赤撒吉思那里，这位七尺高的蒙古汉子难过地说：“我一生敬重的将军都是蒙古人，只有张将军是唯一的汉人，我父亲曾跟随他征战南方，说他相貌出众，不仅擅长骑射而且擅使长矛，文武双全，还写得诗词歌赋。圣上对张将军十分器重，曾特意在内殿为他设过御宴洗尘。可惜张将军长期征战，加之水土不服，染上了恶疾，圣上为他从各地请来名医，竟然还是回天无力……将军正是年富力强之时，真是天妒英才啊！”

实甫听撒吉思一番话发自肺腑，忙代表妻子婉常表示谢意。

张家对他来说，除了婉常，其他人都只是一个个传说，他甚至不如眼前的撒吉思对他们的了解。

随后婉常也来了一封书信，写道：叔叔逝前留下遗言，叮嘱丧事从简，决不可铺张招摇。因此父亲张弘略只派了她哥哥张玠代表家人前往南方吊唁。世祖皇帝下了御旨，追封张弘范为淮阳王，还给了张家很多赏赐。

王实甫将信锁入书箱，皇帝对张家封赠一事，他对谁也没有提及。

这年，王实甫致力劝农帮农，多次鼓动达鲁花赤撒吉思，让民生成为衙门的主要话题。

从河套和定兴购来的小麦种子如期播了下去，就连卖炭的袁黑子也欣喜万分地拿到种子，种上了十多亩地。眼见麦苗一天天绿生生地长起来，农户们脸上都挂满了笑容。这一带原本都有好些种地的高手，一看县尹和达鲁花赤骑着马亲自察看和鼓励，都按捺不住纷纷各显身手，不仅种上了麦子、豆子，还在房前屋后点栽了瓜果蔬菜，人勤地丰，不到半年光景，崞阳大地呈现出一派生气勃勃的景象。

秋天到了，田野里一片金黄，老人们都感慨这满地麦香，真是多年都未曾闻到啊！他们在地头田边搭起一座座小神庙，烧香祈祷，撒吉思骑在马上，从田野之间经过，便问同行的王实甫，那些汉人在拜什么？

王实甫回道："兄长有所不知，这汉人有信佛教的，有信道教的，有单敬观音菩萨的，这田头搭的小庙供的是土地爷，老百姓没有别的奢望，只求风调雨顺，有个好收成，祈望年年好光景，岁岁有平安。"

撒吉思听来哈哈大笑："好好敬吧，愿苍天保佑我们大元朝人丁兴旺，江山永固。"

王实甫趁机说到一件事："兄长您说得对，我看咱们崞州还可建一座文庙，可供百姓祭祀，也可讲经、教学。"

撒吉思不解："这刚刚有了些吃食，人们才缓过劲来，哪有钱又修什么文庙？"

王实甫说："兄长可曾听说，世祖皇帝已准备在元大都兴建孔庙、国子监，并责令刘秉忠大人、郭守敬大人设计打造。崞阳这地方虽然不大，但也需教化风尚。"

撒吉思说："可不是，我看这地方刁民不少，动不动就打得头破血流，你死我活，秃忽鲁他们没少抓人，县衙的号子都关满了，他跟我说了好几次，想再建一个监狱。"

实甫摇头不止："自古以来，穷山恶水出刁民。仓廪实而知礼节，衣食足则知荣辱，对百姓的治理不能光靠威吓关押，一要百姓富足，二要百姓知书达礼，建监狱不如建文庙。今年在您的督办之下，百姓眼见有了一个丰收之年，正好顺势而为，建上一座文庙，供奉圣贤祖先，释疑解惑，教书育人，净化一方风气，岂不是好？兄长，请您三思而行。"

撒吉思盯着王实甫说："兄弟你年纪轻轻的，竟有满肚子学问，出口成章，让人佩服啊。"

撒吉思言辞诚恳，这蒙古汉子一旦将人认作朋友，就会热情相待，让王实甫感动有加，便说："兄台过奖，实甫哪有什么学问，只不过把先生的教诲拿来卖弄罢了。"那撒吉思一听王实甫的老师是那大名鼎鼎的董朴，越发起敬，说："董大人时常被圣上所召见，要将他封为太子太傅，难怪县尹你也满腹经纶。你说这建文庙一事，我看可以筹划。"

王实甫高兴极了，一把拉住撒吉思的双手，叫了一声达鲁花赤大人，又叫了一声兄长。撒吉思说："我不过是同意了你要做的事，又没替你做什么，就把你高兴成了这样？"

王实甫说："兄弟我不过一介书生，来到这塞外为官，人地生疏，若不是撒吉思大哥你多方照应，我何以为继？可能早就卷铺盖回定兴了，我心里一直感激不尽呢。"

两人骑马走向衙门外的校场，说着话，和风吹拂，秋色宜人，撒吉思说："上次你从家乡带来的药真有奇效，我用过几次，伤口竟然不再隐痛，你看，弯腰下去轻松多了。"王实甫道："真是太好了。不日我再写书信，让内人再捎些来。"

正说着，身后一阵马蹄声响，似一阵狂风卷过，扬起呛鼻的尘土，伴随着一阵阵狂笑。回头一看，却是秃忽鲁带着一行骑兵飞驰而过，一个骑士在马上摁着一只半死的羊儿，他身旁的骑士伸手抢夺，骑士打马狂奔，几人拉扯着羊儿一路飞奔而去。

王实甫不无担忧地看着远去的烟尘："前面离街市不远，人烟稠密，他们这样骑马，难道不怕惊吓到行人？"

撒吉思也道："呵呵，这些野汉子，把叼羊的本事玩到街市上来了，看我不抽烂他们的屁股！”嘴上虽这样说着，脸上却带着笑容，并不十分在意。

王实甫见他心情颇好，便欲言又止。

元朝初建之时，蒙古军官之中自恃有功，横行乡里、胡作非为的事件屡屡发生，世人敢怒而不敢言，常是忍气吞声，纵有冤屈，也没处说去。这些社会民情被地方官员瞒上欺下，从不上报，但实甫早有所闻，有时则愤慨不已。

他本想提醒撒吉思，让秃忽鲁等人的行为有所收敛，但一想到好不容易二人有了交情，为了今后的共事，话到嘴边他又吞了回去。

第十二回　黄花地

几日之后，撒吉思去往太原府办理公事，归来时，老远就见秃忽鲁一行等候在路口。

撒吉思回到大顶蒙古包，小夫人笑吟吟地迎了出来，替撒吉思接了长袍和帽子，仆人端上滚烫的奶茶，撒吉思叫一旁侍立的秃忽鲁也喝上一碗。秃忽鲁却扑通一声跪倒在毡子上，用蒙古语叫了一声："阿舅！"

撒吉思早看出他脸色不对，怒道："别像个娘儿们一样磨磨叽叽，发生了什么事？"

原来，秃忽鲁和他的兵丁们隔日一小酒，三日一大酒，清醒时在校场上练武，醉酒时就骑着马满街疯跑，吓得路人无不躲闪。昨日庙会上，秃忽鲁几人又在酒楼里喝得大醉，然后骑马掠过街市，不料夜色之中，一个三岁小儿手提花灯穿街而过，爹妈在身后拉扯不及，小儿正撞在了马蹄上，当即被踩踏个半死。

那户人家是开铁匠铺的，当下一个老人提把铁锤抢出门来，照着马蹄就砸，秃忽鲁的手下哪容得他，竟然照着老人一顿乱棒。说到这里，秃忽鲁不敢再往下说。撒吉思铁青着脸，吼道："后来呢？"

秃忽鲁跪在地上，哭丧着脸嗫嚅道："今早着人打听，人已死了。"

撒吉思揪住他的袍领：“老人孩子都死了？”

秃忽鲁叫道：“阿舅，不是我的错，没想到那孩子突然穿过街去，没想到老头那么不经打……”

没等他把话说完，撒吉思照着他的脸就是重重的一耳光，打得他一下子歪倒在地，接着又是几脚踹过去，秃忽鲁也不躲闪，只叫：“阿舅！阿舅！”

小夫人在一旁吓得声音哆嗦：“大人息怒！”

撒吉思将方才小夫人捧到跟前的木盘一脚踢翻，奶茶壶和茶碗翻滚在地，又浓又白的奶茶顺着地毡直流，他又一把将壁上挂着的长剑抓到手里，唰地拔出长剑。

那剑锋闪着雪亮的光，小夫人吓得连声尖叫。

秃忽鲁一看不好，抱着撒吉思的大腿就叫饶命。撒吉思一把推开他，长剑直指着他的额头，震怒道：“你这狗奴才！给我惹了多少事，今日还留着你做什么？与其有一日让别人杀你，不如今日就结果了你的性命！”说着就要举剑朝他砍去，秃忽鲁情急之中高叫起来：“额吉呀，你快来救我——！额吉救命——！”

那几声额吉叫得格外恓惶，撒吉思的胳臂不由得一抖，他猛地跌坐在垫子上，一手拄着剑，一手捂着脸，久久不动。

秃忽鲁的额吉正是撒吉思的亲姐姐。父母一直到处征战，撒吉思从小是跟着姐姐在马背上长大的，姐姐比他年长三岁，年幼的姐弟二人常常饥一顿饱一顿，他每次饥饿难耐时，是姐姐到处给他找来吃的，有时候一把炒面、几颗大豆，有时候就是姐姐在荒原里找来的野果。姐姐嫁的男人也是一个四处征战的军人，婚后没几年就战死在沙场，年轻的姐姐成了寡妇，带着唯一的儿子秃忽鲁再也没有嫁人。

撒吉思捂着脸，眼泪从指缝间流下来，姐姐前些年病重临危之时把儿子托付给了他，他算得上是尽心尽力，可秃忽鲁不争气，惹下这人命关天的大祸，让他如何处置？

撒吉思沉浸在难过之中，睁开眼来，却见蒙古包内黑压压地跪了一片将士，他们不知何时进来的，一个个伏在地上，最前面的是秃忽鲁的副手，跟随他多年的武士八丹。

这些将士多年来出生入死，那八丹的一只耳朵在战场上被敌军一刀削去，平日里所有的军士无不敬他惧他。八丹此时昂起头来，恳求道："撒吉思大人，昨日伤人的确并非故意。只是小的们多喝了几杯，控不住马的缰绳，没料想那小儿无人看管，自己穿过街市，撞在了秃忽鲁的马蹄上，后来那老者又用铁锤来砸我们的马腿，小的们哪忍得下气来？那马是我们蒙古人的兄弟，宁可他砸我们也不能砸了马……"

撒吉思气恼地指着八丹："住嘴！平日里说过你们无数次，可你们仗着有些功劳，无法无天，如今还在这儿狡辩，我看你们怎么收拾？"

蒙古包外突然有人叫道："王县尹来了！"

王实甫穿着官袍，大步走进蒙古包，他身后跟着四个衙役，个个脸色肃然，撒吉思一看就知道他为何而来，颓然坐下，说："县尹你来得真快！"

王实甫行礼说道："达鲁花赤大人，人命关天，实甫不得不迅速前来。今日凌晨时分，崞阳城内铁匠之子在衙门前敲鼓鸣冤，在下即刻赶到县衙开堂询问，现特来向大人禀告详情。"

撒吉思无力地摆手道："你不用说了，我已知情，犯事的秃忽鲁就在跟前，你让衙役们锁了走吧。"

"大人！"那八丹跪步朝前，拧着脖子高声叫道，"大人！昨日之事并非秃忽鲁一人所为，我等当时都在场，要杀要剐我们大伙一起。"

跪在地上的几十人都纷纷响应："我等愿跟县尉一起受罚！"

撒吉思一时无言。王实甫冷笑道："你们是想聚众抗法吗？大元朝法令由世祖皇帝亲定，纵酒、斗殴、夺人性命，轻则鞭笞四十，重则剁去手足，再重则斩头并罚银，无银者以家产充公。一条条一款款定得分明，秃忽鲁、八丹你们本为执法之人，却知法犯法，大庭广众之下伤害人命，成何道理？达鲁花赤大人刚才已经吩咐，所涉案犯先行一并收监，随后再听审理。衙役们！"

蒙古包内外的一干衙役冲了上来，提着绳索就要捆那秃忽鲁。八丹一跃而起，怒目裂眦："谁敢动！"他趁撒吉思不防，夺过他手中那把雪亮的长剑，直指王实甫的胸膛："你想伤我等性命，我先宰了你！"

撒吉思跺足吼道："八丹，你给我放下剑来！你要伤了县尹，我亲手将你剁成肉酱！"

那剑在王实甫胸前微微直颤，实甫脸不变色，厉声道："八丹，你要是听从达鲁花赤的话，即刻放下剑来，我将力争保你不死，你若不肯听从，后果由你自负！"

突然，一直跪在地上的秃忽鲁用蒙古语大喊一声："你们都别说了，我赔命就是。"他猛地纵跳起身，夺过八丹手中的剑，就朝脖子上抹去！

王实甫看得分明，他一个后踢腿凌空而起，端端踢中秃忽鲁的手臂，只听当啷一声，那剑从秃忽鲁手中飞起，将先前滚翻在地的奶茶壶"唰"地削成两半，然后直插在地。

众人一片惊呼。王实甫收势，朝衙役们喝道："还等什么？"

衙役们一哄而上，趁势按住了秃忽鲁和八丹，他二人气焰已消，也不再挣扎，任由人绑去。

秃忽鲁、八丹等人被拘之后，王实甫着人仔细寻访盘查，当是证据确凿，责任分明，因看他们立有战功，且供认不讳，经与苦主铁匠之子相商，愿以家产变卖赔付一百两纹银，免去二人死刑。秃忽鲁被摘去县尉一职，杖责八十，永不录用，流放西域河西沙州；八丹为同犯，杖责六十，永不录用，流放西域库布其。随从几人也都分别受到责罚。

一时间，县城内外的百姓奔走相告，都道是总算来了青天大老爷，世间有了公道。本来各地民怨甚多，这会子崞州县尹敢把滋事的军官逮进牢房并杖责流放，不由得一传十、十传百，太原府其间派特使专程过问，又将此事奏报了朝廷。御史台本发话重判，秃忽鲁二人一度性命难保，是王实甫秉公酌情，多方周旋，最终以过失杀人定罪，报经太原府，才免去了二人死刑。

撒吉思一直黯然托病，直到宣判流放那日才露面，与太原府特使、王实甫一道升堂。几月关押之后，秃忽鲁和八丹的大块头像是小了一圈，脸上胡子拉碴，一顿杖责下来，血水顺着双腿直流，衙役们将他们架上大堂，两人站立不起，只有趴在地上，将牙关咬碎。

王实甫堂上说道："本官今日奉朝廷之命，对秃忽鲁、八丹等人一案予以宣判，尔等服还是不服？"

秃忽鲁和八丹沉默不语。

王实甫道："看来你二人还是心中不服，殊不知尔等自恃有功为所欲为已多时，骄纵跋扈终将惹起祸端。你们可曾想到，那苦主铁匠一家眨眼间家破人亡，情状惨不忍睹。本官那日曾去到苦主家，见他家老妪卧于病榻，已是奄奄一息，这老妪自老伴和孙子惨死之后便晕厥不醒，如今怕也是性命难保。那铁匠夫妻本是一对忠厚之人，只知道抚母悲泣，这家人就因为尔等的放荡而祸从天降，无辜受难，你们难道还不知罪？"

听罢堂上王实甫一番话，在场的人无不动容，秃忽鲁和八丹也道："小的们知罪了。"

八丹诉道："大人，只有一件事情还望大人恩准。我与秃忽鲁同在沙场厮杀多年，生死与共，既是流放，请大人将我二人流放同一去处，往后若是谁先死在异乡，也好帮忙找个掩埋的地方……"说到这里，秃忽鲁和八丹都忍不住大放悲声。

撒吉思坐在堂上，也暗自老泪长流。王实甫看在眼里，便对太原特使道："下官以为八丹的话情有可原，请特使报太原府恩准。"特使点头。

宣判毕，衙役们将秃忽鲁二人架下堂去。撒吉思也踉跄着起身，王实甫上前一把扶住他，开口道："达鲁花赤大人、特使大人请留步。下官还有几句话要说。"

特使问："县尹还有何事？"

"二位大人在上，为官者功在勤政，威在律己，本官平素对县尉等人行为看在眼里，却少有管教，可谓督管不严而酿成人命之案。实甫应引咎辞职，并将全年薪俸上交国库以自罚。"说罢，他双手取下头顶的官帽，端端正正地放于案上。

特使吃惊道："王县尹，你言重了！"

撒吉思这些时日变得苍老许多，一旁长叹道："要说引咎辞职，应该是我，轮不到你。唉，几十年征战落下一身伤病，本想老来得个清闲，不承想这个不争气的外甥给我惹下祸端，让我脸面尽失，哪还有心情为官？今日你不说，明日我也要上报朝廷，辞了这达鲁花赤，回草原放我的牛羊去。”

王实甫本是真心自罚，没想到引起撒吉思一片伤感，只好在特使的劝说下，收回辞呈，也恳求撒吉思不要多虑，继续为官。

他二人经过这一番折腾，算是知己知彼，接下来又在一起共事了三年。

三年间，实甫在崞阳四处游说、东拼西凑，好歹说动城里的几位富商，在坊间得了一些捐资，搭建起文庙。他亲自参与设计，待得大殿落成，只见那建筑气势恢弘、规制完备，计有大成殿、东西廊房、戟门、棂星门坊、敬一亭、小石林亭、泮宫坊、德配天地坊、道冠古今坊、金声玉振坊。文庙内还建有崇圣祠、名宦祠、乡贤祠、尊经阁、文昌祠、乐楼、魁星楼、忠义祠、明伦堂、节孝祠、讲堂、儒学大门等百楹建筑，可谓是星罗棋布，构设精巧。

崞阳城内外无不称道，前往文庙敬香、求学、听讲的人趋之若鹜。眼见得崞阳的风气也有了好转，可王实甫还没来得及高兴，却听说有人往太原府告了他的状，说他利用职权，专营私利，阳奉阴违，博取名声，等等。太原府几次来人查询，实甫应对不堪，一气之下，禀告撒吉思要回乡省亲，撒吉思一口应允。

第十三回 白雁行

三年间，实甫只回乡探了一次亲，曾在家里小住半月。父亲母亲自是欢喜不尽，实甫与兄长实厚更是无话不谈，尤其看到兄嫂也有了儿子，取名王绅，与自己的儿子王金每日一起戏耍，天伦之乐让人陶醉不已。

私下里，实甫几度与婉常戏言，夫妻恩爱相守，全家老小共享天伦，居家的闲适着实使人眷恋啊。婉常却总是巧言相驳，说："大丈夫志在四海，官人若是嫌任上寂寞，为妻愿携儿与你同行。"

实甫连道不可，心想娇妻弱子，哪受得了塞外的清寒。他宁可独守寂寞，也不能让婉常母子跟着受苦。但每经烦琐公务，与添书回到清冷小院之时，不由得回望家乡。

正是盛夏时节，易水河两岸瓜果飘香，眼见得又踏上究室村的土地，那长途行走的大黑马也似乎闻到了熟悉的味道，甩开了一路的疲乏，欢实地奔跑起来。添书骑马紧追其后，口里叫道："二公子，您等一等！"

添书的叫声恍如昨日，让他想起几年前的光景，结婚、求官、为官，这一场场经历将他磨炼，自己都觉得仿佛变了一个人似的。可这一回到家乡，心情马上又回到了顽皮的童年。他跳下马，脱去身上的长袍，光着两腿牵着黑马蹚进河水，朝黑马撩起一道道水花，说道："好兄弟，咱们来洗个痛快。"黑马似乎听懂了他的话，歪倒进河水里打着滚儿，欢快地咴儿咴儿直叫。

实甫又仰头叫添书："快把你的马也牵下来洗洗，这些天一路上暴土扬尘的，你看那马鬃都打了结。"

添书咕哝道："这到了家门口，还不快进家门去，偏在这里洗什么？"嘴里说着，无奈也只好牵马到了河边。实甫道："你把马看好了。"说完，从河堤上扑通一声就跳了下去，水面上的波纹渐渐平静，却没见人冒上来。

惊得添书大叫："二公子，二公子！"

他急得直蹦："二公子！您可别吓我！您要淹了水我可咋办？"他四下张望，周围也没见人来，慌得他就往水里摸去，没想到双腿一下被什么扯住，吱溜一下就滑倒了。添书不会水，两只手直扑腾："救命啊！水里有鬼呀！"

王实甫呼地从水里钻了出来，满脸带着水花，他朝眼睛上抹了一把，笑道："你这胆小鬼！就知道瞎叫喊！"

添书浑身透湿地坐在水里叫道："二公子，您吓坏我了！我从来没见您玩过水，谁知道您是个水猫子呢？"

王实甫张开双臂在河里尽情地畅游。

小时候每到夏天，乔叔就领着他和哥哥到河里玩水，乔叔好水性，能潜到水底一口气钻到河对岸，还能单手举着几十斤的石头游过河去。他和哥哥跟在乔叔身后，也成了浪里白条。母亲有时不放心，但父亲却说，男人就得这样，多练些本事。因此实甫从小冬练三九，夏练三伏，骑马蹚水，练功习武从未间断，虽然每日读书，但并非四体不勤五谷不分、肩不能扛手不能提的秀才。

添书见他鱼儿一般游得自在，不禁十分羡慕，也想扑到水里试试，但手脚却不听使唤，连呛了几口水。王实甫忙游过去，一把拎起他来，说："没事儿，再呛得几回就学会了。"

添书张着两只手，袖管往下直滴水，说：“二公子您还笑，这样子怎么往家走？”王实甫一边在树下穿着衣裳，一边逗趣道：“这又有何不可？你是怕那听茶说不好看吧？”

这话说到了添书心里，他一下子跳到河滩上：“嘿嘿，二公子休要说笑，人家要是听见了，还当我在二公子面前说了什么。”

实甫说：“你二人说了什么体己话？倘若你和听茶真有心思，我就告诉二奶奶给你们撮合撮合。”

添书一听喜不自禁，口里直叫活菩萨，说：“二公子就是我命中的贵人，我这儿先给您磕个头吧。”

实甫笑道：“难得有情人，何乐而不为？”

两人说笑着跨上马，转眼进了究室村。

勤公府里就像过节一般喜气洋洋，王逖勤和阿夫人前日已从站赤收到实甫书信，得知他近日返家，早就备好了家宴，不时到大门前张望，等着实甫回家。

这时已近黄昏，大门口突然一阵喧闹，阿夫人和婉常立刻从屋里迎了出来，果然见王实甫和添书进得院来，夫人一看惊道：“你二人身上怎么湿淋淋的？路上掉进了河里？”

实甫笑道：“娘，刚才在河里玩了一阵，不妨事的。”

阿夫人和婉常哭笑不得，阿夫人说：“看你都已做了父亲，自己还是个孩子。”

婉常牵着的孩儿王金已有两岁多，刚在满院子乱跑，被他娘拉过来，仍想乱窜，一下子撞在了王实甫身上，仰头就叫了声：“爹爹！”

王实甫心里乐开了花，孩儿竟然记得他的模样，张口就能叫爹，着实喜煞人也。他抱起孩子，吧吧地亲着小脸，亲也亲不够。婉常道：“官人快放下他来吧，看你的湿衣把金儿身上都弄湿了。”

王府家人一般都在后院吃饭，只有逢年过节，或是来了贵客，才在前厅摆下宴席，实甫远道归来，王逖勤特意吩咐在前厅摆设家宴，可谓郑重。这里实甫换过衣衫，与婉常牵着金儿来到前厅，王逖勤、阿夫人由哥哥王实厚、刘氏陪着，都已在前厅端坐。王实甫上前给父亲磕头请安，又给大哥请安。

实厚忙与他双手相握，说："兄弟，大哥本想去县上迎你，却被些杂事缠住了，真是失礼。"

实甫且说："哥哥说哪里话来？家中父母全靠你照顾，田庄和酒坊一应事务也都靠哥哥你料理，实甫每每思虑起，好不惭愧也。"

老爷王逖勤笑吟吟地说道："德信远道回来，一路辛苦，你兄弟二人不必多礼了，快快就座吧。"

全家人围坐一堂，院里的桂花树下还摆了好几桌，请来了究窒村的乡绅邻里，勤公府的管家、看院的头领、掌事的嬷嬷也都坐上了酒席。王逖勤看看环坐于身旁的儿孙，又看看四周的乡邻，满面笑容地端起酒盅说道："各位，勤公府今日得以门庭兴旺，全靠祖先的阴德，也靠众乡邻的帮衬，我先敬各位一杯！"众人纷纷应和，也都跟着喝尽杯中酒，称道："王老爷教子有方，多福多寿！我等也跟着沾些吉祥喜气！"

正喝着，大门前来了个花白胡子的老头，肩上背着个长布袋子，身后跟了三四个少年男女，笑呵呵地说："我等是唱曲儿的，从前村过来，听说府上正摆酒宴，故来凑个热闹，给各位老爷夫人唱上一曲，讨个吃喝。"家丁拦着不让进，老头却一个劲求情，说只唱一曲就走。乔叔过来说："我家老爷素来好清静，没工夫听你们唱。拿些酒菜来，你们提着走吧。"

王实甫正给几位年长的乡党敬酒，却远远地听见了，心里想听那曲子，便对阿夫人说："娘，那些人虽是乡间游走的艺人，也有唱得好的，要不您听一听？"

阿夫人点头，问王逖勤："老爷，让那唱曲的来添个热闹可好？"

王逖勤半生在战场上见多了刀光剑影，如今求的就是一个太平宁静，不爱喧闹。今日宴请究窒村的乡邻，也是因实甫在外为官几年，乡间有些传闻，说是王家二公子当了官却不知究竟，便有意约请四周的乡绅，让实甫给他们挨个敬酒，算是一个交代。这时见夫人想听曲儿，便勉强道："夫人若是想听，就叫他们来唱一回吧。"

那门前老头一听，顿时堆起满脸笑，忙不迭地吆喝那几个小子丫头，就在桂花树下找了张凳子坐下，从布袋里拎出一把胡琴，两个年少的男子一个吹笛，一个打副鼓板，两个丫头一时间便有板有眼地唱了起来："〔正宫·端正好〕下瑶台，离蓬岛，趁西风鹤翅飘摇。蓬头垢面无人晓，就里藏玄妙。"

又唱："〔滚绣球〕我身穿着百衲袍，腰缠着碌簌绦，头直上丫髻三角，任东西散诞逍遥，抄化的酒一壶饭一瓢。困来时醉眠芳草，煞强如极品随朝。把似你受惊受怕将家私办，争如我无辱无荣将道德学，行满功高。"

那一声声抑扬顿挫，让酒席间说话的人都住了嘴，全都放下筷子侧耳倾听，只觉得曲声悠扬，那笛声吹得这院里一阵清凉。

婉常却暗自皱了眉头，悄悄地叫了乔叔来，说了几句。

乔叔过去让停了鼓板，说："也唱过一会儿了，先赏你们一碗茶和点心，喝完了再接着唱。"背地里却叫过老头，到一边回廊下问道："你们这都是唱的什么曲儿？什么困来时醉眠芳草，煞强如极品随朝，你不知道这勤公府有人在朝中为官吗？"

老头吓得忙跪了下来，连声道："小的们唱的是元曲中最老的《马丹阳度脱刘行首》，只因这曲儿唱了多年，徒弟们也都唱得熟了，才敢唱给老爷夫人们听……"

乔叔说："去换一个吧，唱个喜庆点儿的。"老头说："小的知道了。"乔叔说："唱得好给赏钱，唱得不好赶紧走人。"

老头鸡啄米似的点头。正说着，王实甫走过来问道："怎么回事？唱得好好的停了？"

乔叔连忙说是二少奶奶的吩咐，这唱词有些不合王家。王实甫刚才听那曲儿中唱到"受惊受怕将家私办，争如无辱无荣将道德学"，不免勾起心事，想到自己在山西崞阳任上奉公行事，也算是勤勉努力，但也经历了多少受惊受怕，正觉得这曲儿唱到心里去了，却又有什么不合？

乔叔见他不言语，便问："二公子，您累了吧？"

王实甫摇头，却说："我看他们唱得不错，叫他们接着唱吧。"

乔叔答应着，让老头一班人唱了一出《墙头马上》。那戏唱的是公子裴少俊与李家小姐一见钟情，私下相好，在裴家花园匿居七年，后被裴父发现，李小姐被赶出裴家。后裴公子考中状元，奉父命去迎娶自幼定亲之女，却正是李家小姐。最终裴父向李家赔礼，夫妻喜得团圆，皆大欢喜。

老头一班人虽然衣着破烂，但唱功了得，尤其是唱公子小姐的小厮和丫头金石玉声，满院子宾客听得摇头晃脑，全忘了桌上的美酒佳肴。王实甫自幼便识得音律，将那乡间传唱的元曲记得八九，知道这《墙头马上》正是那鼎鼎大名的白朴所作，敬佩之心油然而生。等这老头一班人唱完，便即刻让添书拿来一锭二两重的银子，当众给了赏钱。

引得宾客席间叫好："二公子出手大方！好施舍！"

又唱了一曲，不觉已是夜深，大哥王实厚道："父亲，母亲，您二位不可贪凉，时辰不早，我看今晚德信回家，各位也已尽兴，还是请二老歇息去吧。"刘氏、婉常也连声称是。众宾客也都纷纷道谢告辞，只有实甫意犹未尽。

大家都各自安歇，实甫和婉常也回到了自己的宅院，丫环翠屏早已将床上被褥铺好，兴儿盛来一碗银耳莲米汤，叫声："二公子请用。"实甫席间喝了不少酒，正是有些口渴，接过碗来用小勺一喝，却是温甜可口，满嘴糯香，便夸道："这银耳汤熬得正好。"

兴儿抿嘴一笑："二公子，奴婢可不敢抢了二少奶奶的功劳，这银耳汤是二少奶奶亲手熬煮的，只怕俺们拿不准火候。"

婉常正由翠屏帮着摘那头上的金钗髻花，听得兴儿说话，回头道："多嘴，自去收拾你的吧。"兴儿答应着，给实甫端来铜盆温水，实甫道："你二人歇着去吧。"

翠屏、兴儿退下。实甫见那婉常坐于梳妆台前，一张俊脸像是丰润了些，那伸出的手儿十指尖尖，却也柔嫩饱满，心里不由得生起柔情万端，便朝婉常走了过去。帮婉常摘去发髻上的一朵绸花，抽去金钗，那黑瀑似的青丝立刻顺肩而下，实甫一把将妻子揽在怀里，说道："娘子，你在家里受累了。”

婉常温顺地伏在他的胸前，说道：“妾身哪来受累一说？倒是官人远在千里之外操劳辛苦，婉常却是不能替官人分忧，昼夜好叫人挂牵呢。”

实甫道：“我这不是好好的吗？”又问：“金儿在那厢已睡了？”婉常道：“金儿今天见你回来，可是又蹦又跳，吃得比平素还多，奶娘说天色晚了，不敢让他吃撑了肚子，哄着抱着让他回屋睡觉去了。”实甫笑道：“今儿他一见我就叫爹爹，真个是喜煞人也。”

婉常得意道：“还不是为娘的每天早晚教的，总给他说爹爹会读书，爹爹会骑马，因此金儿他总吵着要找爹爹。”

实甫搂紧了怀里的妻子，说：“娘子真是一个贤德的妇人。”二人上床歇息，久别重逢更是道不尽的恩爱。一番亲热之后，实甫才感觉身子又累又乏，倒头就想睡去，却听婉常附在他耳边说道：“官人，有句话不知当讲不当讲？”

实甫睡眼蒙眬中含糊说道：“讲。”

只听婉常在枕上说：“官人身为朝廷命官，言行举止当谨慎才是，今日你回家途中赤身裸体在河中戏耍，似多有不雅，今晚我看来了那唱曲的，官人听得如醉如痴，也似多有不妥，那些曲子原本是坊间下九流谋生的玩意儿，登不得大雅之堂……”

“够了。”实甫听着听着好不耐烦，忍不住打断了婉常的话，方才心里的柔情蜜意，顷刻间化为一腔恼怒，“娘子你怎么这些个不雅不妥？我既不是那大学士，也不是那二品官，爱的就是这乡间自在，有何不可？”

婉常见他突然发怒，那话里还暗讽着张家的官品，心下不禁好生委屈，便道：“婉常也是为了官人前程，好歹提醒两句而已，官人何必如此动气？”

王实甫说：“罢罢罢，时辰已过半夜，还是赶紧安歇吧。”说完，也不再理会婉常，背过身子就睡了。婉常也不便再多言，只是两眼望着他的脊背，把未说完的话吞回肚里。

一夜无话，两人却都未曾睡得安稳。

第十四回 碧云天

不觉过去两月，实甫每日早晚到父母身边说话，然后陪着金儿读书下棋，或带着金儿去大哥王实厚的塘溪酒坊里闲坐，一副悠然模样，也不曾提及何时回到山西任上。

婉常心中纳闷，但自从回来的那晚夫妻两人有些言语不合，婉常便对实甫说话加了小心，不敢明里问他，只一日暗地里给婆婆阿夫人说：“母亲，官人这次回来，我看有些蹊跷，他表面上若无其事，但却像是有些心事。”

阿夫人说：“媳妇你是不是多虑了？”又说：“你看我，只盼着他在家里多住些日子，也没朝别的想。媳妇你是个知事的，夫妻间有什么心事旁人哪里看得出来？你揣摸德信他是为何？”

婉常摇头，说：“我也猜不出。”就把那晚有些龃龉的事说了几句，阿夫人道：“咳，德信他虽读得四书五经，但性子散漫，从小喜欢听曲儿，连老爷也由着他。他既然不高兴，你以后不要为此事再去烦他就是。”

婉常低头应道：“母亲说得是，媳妇一时多嘴，以后当记住了。”又说：“只是官人他回来已有好些日子，却从不提回山西，让人有些奇怪。”阿夫人笑道：“男人家的事情他心里自然有数，媳妇你不必担心，到时候他会有打算。”

婉常点头。

阿夫人叫听茶沏了热茶，两人喝着，婉常这里带来了一个食盒，装了河内娘家那边送来的豆面窝窝，用新下的豆子做的，小巧玲珑，点了红枣，阿夫人尝了一个，连声说香。夫人拉过婉常的手，爱抚道：“自从你过了门，王府上下谁不夸你？还有，若不是你给你嫂子找来那奇药方，她怎么会就有了宝贝儿子？我和老爷常念叨，要好生感谢张家大人，给了我们王家一个天下难得的好媳妇。”

婉常脸泛红晕，却是欲言又止的样子。

阿夫人察觉得，便问道：“媳妇有什么事吗？”婉常羞道：“媳妇好像又有了。”

阿夫人又惊又喜：“你又有了身孕？”

婉常轻轻点头，说：“这几日直是没有胃口，吐了好几次，以为是吃坏了东西，后来一想不是跟怀金儿时一样吗？再则身上该来的时候也早过了，八成是又有了。”

阿夫人喜得连声直叫：“听茶！听茶！”

听茶急忙从房外跑进来，一看两人神色喜悦，道：“夫人叫得急，我当是热茶烫了手呢。”

阿夫人道：“你快去给厨房招呼，给二少奶奶单做些菜。”又问婉常这会儿想吃什么，赶紧说来。又笑呵呵地说：“我得现在就去告诉老爷，让他高兴高兴。”

听茶得知原来是二少奶奶身上有了喜，也欢喜不过，随着夫人去到老爷房里，出来就跟翠屏、兴儿一干人说了，不一会儿，勤公府上下便知。

只有王实甫浑然不觉，他午后叫了添书，领着金儿去了村里的庙会，逛到夕阳西下才回返。金儿在前面蹦跳，王实甫悠悠荡荡地跟在身后，刚走到府门前，就见家丁们一个个喜眉笑眼，称道：“二公子添福！”

王实甫听来奇怪。

刚到自家小院跟前，翠屏就迎上来说：“二少奶奶在老爷夫人那边说话呢，让二公子回来也去那里。”添书一听高兴，说：“保不齐老爷那边又备下了好酒宴，等着咱们呢。”金儿手里拿着一串糖葫芦，说：“爹爹，我不吃肉，就吃爹爹买的糖葫芦。”

实甫听儿子一口一个爹爹，心里像化开了糖，金儿每天都黏着他，连母亲婉常跟前也去得少了。走进老爷房里，却见一屋子人喜气洋洋的，桌上果然摆满了酒菜，见实甫进来，听茶忙过来接应，道：“二公子，您总算是回来了，老爷夫人都等得着急，直叫我去请您，我说谁知添书这不醒事的又给撺掇到何处去了，我上哪儿寻去？”

阿夫人嗔道：“看你这么多话！德信你快挨着你媳妇坐下，给她把酒盅子撤了，是谁给二少奶奶添了酒？”实甫见母亲招呼着，父亲不吭声却满脸笑吟吟的，便道：“母亲，今天又不过节，摆上这些酒作甚？”众人都笑了起来，唯有婉常垂着头，含羞不语。

阿夫人指着实甫道：“我看你真是个糊涂丈夫，自己做下的事却不明白，你媳妇又要给俺们王家添喜了。”

王实甫乍一听不知就里，却看众人都嘻嘻直笑，又独有婉常一言不发，便不禁小声问道：“你果真有了？”婉常不看他，嘴角似笑非笑。王实甫一下子喜从天降，站起来便给婉常作了个揖：“多谢娘子！”

大家都笑了起来。

阿夫人道：“媳妇你不知道，老爷和我让德信从小惯坏了性子，平日里他可是从不轻易给人作揖行礼的，今日这般，可见他把你当作了大大的功臣。”说着，拉起他们二人的手，轻轻拍着，似有许多言语都在其中。

王逖勤也道：“夫人说得是，德信你在家可要多用些时间，好好陪伴婉常。我和你母亲本来近日商量想让婉常随着你去山西，夫妻间也有个照应，但如今她已有孕在身，看来还是只有你单身前往了。”

王实甫正待说话，恰巧大哥实厚夫妇也应命而来，全家人便坐下用餐。

这晚厨下做了从塘溪河里新捕的鱼虾，菜园刚摘的豆角、南瓜，自家磨的豆腐，一股股清香飘溢在厅堂里。王逖勤吃得高兴，说道：“我就爱吃这塘溪河里的鱼虾，即便去到西域、江淮，尝遍了南北美食，还是觉得老家的小鱼小虾有味道。京城有几位大人多次要请我去大都走走，我说你们不妨到定兴来尝尝河鲜，还有杏花酒。哈哈。”

大哥实厚和刘氏也听说婉常有了喜，忙又给老爷斟满杯中酒，双手敬奉，说：“父亲说得是，走遍天下还是家乡的水甜。这杯酒我敬父亲母亲、弟弟弟妹，若不是婉常弟妹请来良方，我们哪里敢指望膝下有了绅儿？”说着，他一连喝了两杯。

自从得子，王实厚的黑红脸膛上总是带着笑容，家里的大小事情干得更欢，接着又说：“今日得知弟妹又有了身孕，真乃是我王家的幸事。老爷曾说，当年我们王家先祖从黄河陕西一带跋山涉水来到易州究窒村，安家落户，生息繁衍，历经五代到了伯父王逖魁和父亲这一辈，不知经历了多少战乱，几起几落，如今盼的就是门庭荣耀人丁兴旺啊。但愿王家从此多有子嗣，子子孙孙无穷匮也。”

他说着拉实甫又饮了一杯。实甫道：“大哥言之有理。只是要说劳苦功高，当敬大哥才是。”兄弟一番谦让，老爷王逖勤也叫了声好，说大家同饮，便也喝干了杯中酒。

实甫却不坐下，给老爷夫人和大哥又斟满酒，然后开口说道：“父亲母亲在上，今日大家都在，实甫也有一事向父亲母亲禀告。”

王逖勤说：“哦？还有什么好事？”

实甫说：“儿已回乡两月，有心向老爷讨教。”王逖勤道：“有什么话快说就是，今儿倒见你多了斯文。”

实甫笑了一下，说：“我是怕父亲母亲听来不悦，所以要多说两句。”王逖勤催促他快说，实甫这才道：“父亲，德信在山西任县尹三年，虽然未曾建立大功大业，但也算有些政绩，为百姓做得一些善事，颇得好评。可无奈世风不古，官场险恶，钩心斗角，我王实甫志不在此，考虑再三不如辞官还乡。”

婉常先惊叫一声：“官人！”

王逖勤和阿夫人听罢也大吃一惊，王逖勤欠起身子，逼问道：“你说什么？”

王实甫未曾开口前，心里略有忐忑，但既已把话说开，反而平静下来，便不慌不忙地回道："回父亲母亲，我想辞了这县官，既可仍随龙冈先生读书习文，又可常侍奉于父母膝前，岂不乐哉？回乡之前，我已向崞阳的达鲁花赤撒吉思表明辞官之意，但未得撒吉思大人应允，他好意留我，我也一时不愿拂他的情面，因此算是告假还乡。如今两月假期已到，事不宜迟，孩儿我正打算写一封辞职信，明日就寄往山西太原府。"

满屋子人一片惊愕，方才还欢声笑语，顷刻间变得四下沉寂，只有绅儿和金儿两个不懂事的孩子吃饱了饭，在厅前嬉闹，跑进跑出，阿夫人忙小声叫听茶将他二人领出屋去，交给奶娘。

王逖勤早已放下筷子，盯着实甫闷声问道："你是否在山西有了作奸犯科之事？"

实甫道："父亲此话从何说起？孩儿我岂是伤天害理之人？"

王逖勤又问道："那你可曾贪赃枉法，收受人家贿赂？"实甫急道："父亲，这又从哪里说起？我可是一身清白两袖清风，您看我这身上的衣衫都是婉常她寄往山西的，这几年若不是她暗中贴补些银两，我和添书好几次都差点要喝西北风。"

侍立一旁的添书忍不住插嘴："老爷夫人，小的本不该多嘴，可小的时刻跟随二公子，不得不说句实情。二公子在崞阳为官，那里的百姓都称他为青天大老爷，为了替百姓做主，二公子差点把命都搭进去了，几年的薪酬也都贴给了那个穷衙门。要我说，这个穷官辞了也罢，明日上元大都去当个有钱有势的官……"

王实甫喝道："你给我住嘴！平日惯坏了你，在老爷夫人面前也敢胡说八道！"

王逖勤手指着王实甫，怒道："看你给这书童都说了些什么？这话要让朝廷里有些人知道，砍了你的头也未可知。我问你，你既然官做得好好的，为何要不明不白地辞去？是对上司不满还是跟同僚有了成见？是受不了仕途辛苦，还是担不起一方责任？"

实甫见父亲生气，不敢再多说。王逖勤不愧从军为官多年，虽告老还乡一派悠闲，但却还是门道清楚，他指着实甫好一顿训斥："你正当青春年少报效国家之时，却一心贪恋安逸，说什么辞官不做，分明是自甘堕落。你，你真是气煞我也……"

他说着跌坐在椅子上，慌得席间一干人七嘴八舌直叫老爷。阿夫人叫乔叔立即取出丸子药来，让王逖勤吃了下去。一片忙乱着，婉常神色肃然地叫了一声："父亲、母亲！"

众人都不由得朝她看去。

实甫见老爷发怒，正手足无措，这时听婉常开口，不知她将要说些什么，不禁满脸诧异。

只听婉常道："古人云，君子当修身、齐家、治国、平天下，官人他饱读诗书初展才华，如老爷所言，眼下正是为国效力之时。无奈官人在外风餐露宿已有数载，又因家事多有牵挂，因此才萌生辞官还乡之意。婉常理当为官人免除后顾之忧，愿携金儿陪伴官人前往山西。"

众人听来无不吃惊。

王实甫欲待反驳，但当着父亲母亲的面，却也无法开口。婉常又道："父亲母亲和勤公府一应事务，就拜托大哥大嫂照应了。"说罢，离席向实厚夫妇屈膝行礼。刘氏一把扶住："妹妹，这哪担待得起？"

王逖勤与夫人四目相对，随后叹道："德信你是前世修来的福分，今生能娶来婉常这样的女子为妻。我看你还有什么话好说？"

王实甫只有缄默无语。

夫妻二人回到西厢小院，仍是一路沉默。实甫知道婉常所做的一切都是为了他，但还是忍不住一肚子闷气。

回到屋里，婉常要给他宽衣解带时，他开口埋怨道："你怎么事先也未曾与我商量，就对父亲母亲说要随我一道去山西的打算？"

婉常似乎心里早有准备，反倒是一边给他宽衣，一边劝慰道："官人，我要早说出来，你定会一百个反对，不如就此而已。再说相夫教子理应是为妻的本分，即使官人顾及长途跋涉辛苦、寓所寒酸简陋而不让婉常相随，婉常也不可只顾安逸失了本分，理当尽力而为才是。"

王实甫气恼地说："你倒是有主意。"

婉常替他换了内衣，眼波如水："难道有何不妥？"

眼前这个面如满月又如此善解人意的女人，让王实甫心里五味杂陈，从开始的亲昵喜爱，变得又敬又爱，并添了些许陌生，令他不知是喜还是忧。妻子显然一心为他着想，但却并未随合他的心思，反倒要约束于他。王实甫感觉出这一点，不能不心存郁闷。

婉常她冰雪聪明，分明知道实甫心高气傲，所以再不轻易在他面前流露什么，只是坚定不移做她认为该做的事，这更让王实甫暗中气恼。

他想发火，但一想到婉常又已身怀有孕，火气也就烟消云散，无奈只有叹一口气，躺倒在床，可睁着两眼却怎么也难以入睡。婉常在他身旁柔声道："官人，还在生我的气吗？"

妻子身上的一股馨香钻到实甫的鼻子里，他没有回答，假装睡去。心里却仍在倒海翻江，父亲说得对，今生有福娶了婉常这么好的女子，只有好生体贴才是。可妻子要打消他辞官的念头，催促他返回任上，他若是坚持不去，一意孤行，定会让她失望，也定会招来全家人的反对，父亲肯定又会发怒而犯病，罪莫大焉。

如果执意辞了官，前程又将如何？

左思右想不得要领，但妻子的怀孕毕竟是一件喜事，一时冲淡了王实甫辞官的念头。

正是仲夏时节，白天闷热难当，只有早晚风爽，在家里又住了两日，王实甫成天徘徊在西厢小院的葡萄架下，手拿着一卷书，却也看不进去。金儿年幼不懂大人心情，只知道一会儿叫一声爹爹，要去赶庙会，要去河里捕小虾。婉常则不时在屋里呼唤儿子，说道："金儿快来，看为娘给你收拾衣服，过几日跟着爹爹到山西去，金儿就可以成天都跟爹爹在一起了。"

金儿拍着小手欢跳着，说："哦！金儿要跟着爹爹出门了！我去告诉绅儿，让他也跟我们一起去。"

婉常说："绅儿有伯父伯母管着他呢，不能跟咱们去。金儿你好好听话，告诉爹爹，你要跟他一块儿骑大马，去山西。"金儿兴奋地跑出房门，在树荫下拽住王实甫的衣袖，学舌道：“爹爹，我要跟你一块儿骑大马，去山西。”

王实甫知道婉常是有意说给他听，只好摸摸金儿的小脸，说：“好，好，你娘说去就去呗。”金儿高兴地蹦起来：“噢噢，我要跟爹爹去山西啰！”婉常在屋里听得分明，不禁偷偷一笑。

婉常在衣柜里翻弄衣裙，吩咐翠屏和兴儿这两日赶紧收拾，带上四季的衣帽鞋袜，只等王实甫身体平稳了就启程。陪嫁丫头翠屏年长些，懂事地说：“小姐安排得没错，一家人就得在一起过日子。可那听茶姐姐知道二公子和添书又要走，昨儿背着人悄悄抹眼泪呢。”

婉常搁下手里的衣衫，若有所思。一会儿王实甫回到屋里，问：“在做什么呢？”婉常说：“官人，正要叫你一起到母亲那里请安，给她将这件皮毛带去。”

实甫见是一张毛色细软、上好的羊羔皮，便说：“这大夏天的，给母亲拿它做什么？”

婉常道：“我们这一出门，也不知何时才能回来。这件羊羔皮挡寒，母亲过冬时正用得着。”翠屏一旁说：“这是河内那边的夫人专给小姐的，小姐又送了这边的夫人，可见多么孝敬。”

王实甫也不由得道：“娘子倒真是心细。”

婉常微笑道：“难得官人夸奖。”

王实甫口气温和地叫了一声娘子，说：“你前几日不是说要去岳父大人府上拜望吗？我看明日一早趁着天气凉爽，咱们带着金儿前去走一趟。”

婉常喜道：“官人说得是，明儿去再好不过。”

次日一早，夫妻早早起来梳洗。婉常平日只穿些家常衣裳，这时换了件淡粉色吉贝锦曳地长袍，别致的左衽，镶边的窄袖口，脚蹬一双白色皮靴。她从屏风后边闪将出来，实甫不觉眼前一亮。

婉常见他痴痴地看着自己，娇嗔道：“官人！为何这样看着我，难道模样丑得官人连话都说不出吗？”

实甫对婉常左看右看，叹道："好久没见你这样打扮，真个是衣裳光彩照暮春，白靴着地轻无尘啊。"翠屏和兴儿在一旁收拾东西，捂了嘴直乐。婉常红了脸儿，说："这又是哪里学来的疯话，且拿回家里来学说。"心里却是荡开了一碗蜜水。

平日实甫与妻子远隔千里，回到家来的这些天，夫妻间倒像有些生疏，今日见实甫这般多情，婉常好生欢喜，也只想还他十分的温柔，当下一双眼睛不觉含情脉脉，一时任由实甫握着手儿，两人依偎在一起。两个丫头知趣，见状一扯衣袖，轻手轻脚地闪出门去。

实甫搂住婉常的香肩，说："娘子你是千金之躯，沉鱼落雁之貌，可惜跟了我王实甫一介书生，给不了你王公贵族的荣华富贵，只是一般油盐柴米，还要奉老教子，连件好衣裳也没的时辰穿，真个是太委屈你了。"

婉常笑道："谁又能时时戴那固姑冠？"

这固姑冠指的是元朝贵夫人常戴的一种冠帽，也叫固罟，上宽下窄，好像一个倒过来的瓷花瓶，通常用铁丝和桦木制成骨架，外用皮、绒、绢等裱糊，再加上金箔珠花等饰物，走起路来，冠上珠串摇摇晃晃，冠顶翎枝迎风抖动。皇后、妃子、大臣妻子必戴，有诗为证："双柳垂鬟别样梳，醉来马上倩人扶。江南有眼何曾见，争卷珠帘看固姑。"[①]这种女冠与蒙古族生活习俗有关，游牧生活，骑马行走在荒原上，冠体高耸，易于辨认。可那冠长约三尺，顶在头上，行动起来却是多有不便，只是庄重的场合才戴着以显富贵。

婉常这一说，王实甫也不禁笑了起来，说："你若真这么想，我倒心安了些。"

当下两人带着金儿，添书、翠屏和兴儿相跟着，一行车马去到河内村张府，拜见岳父张弘略。张大人此时称病在家，已休养多时。之前至元十六年（1279）时，自东海迁至江西宣慰使，逢饶州盗起，弘略见饶州与南康只隔一湖，此寇不灭当犯江西全境，则带兵直捣巢穴，生擒贼

① 蒋平仲:《山房随笔》引聂碧窗《咏北妇》。

首，斩于市，余党溃散。张弘略下令："不操兵者，皆为平民，余无所问。"其后便以疾归亳。有好事者打探，有许多贵臣子在江南买田宅乐而忘返，弘略为何不在江南？张弘略道："自己处事，要想明白，我自有道理，宁可称疾家居。"

见婉常和实甫夫妇带着金儿来到张府，张弘略十分高兴。他正盘坐高榻之上，手头拿着一卷其弟张弘范的诗稿，阅读良久，见面便说："德信你来得正好，早就听说你是一个懂诗的学士，这里有婉常的九叔留下的词，你看写得如何？"又道："我是一介武夫，对此恰是一窍不通，正想请教。"

实甫接过诗稿，看了几首，心里真有万般诧异，又有好些隐隐的感动，然后说道："岳父大人过谦。实甫常听家父说起，过世的老泰山曾将学问品行皆为天下有名的郝经先生请到家中，在张府设馆教书，岳父大人您和九叔均为郝经先生之弟子，乃文武兼具，实甫岂敢在岳父大人面前要弄大刀。但我看这词句雅致，心神悠长，没想到九叔他统军十万，却有如此柔情。"

说着，他读起手上的诗稿，却是张弘范的一首《越调·天净沙·梅梢月》："黄昏低映梅枝，照人两处相思，那的是愁肠断时。弯弯何以？浑如宫样眉儿。　　西风落叶长安，夕阳老雁关山，今古别离最难。故人何处？玉箫明月空闲。"

读罢，一时寂然。

张弘略叹道："我今天才从德信你的吟诵中，觉出他这些词不一样的滋味。我想你们九叔有灵得知，定会稍感欣慰。"话里却带着感伤，又道："想当年，我父亲虽然常年征战，但却极喜收集各类书籍，专在府上修建了藏书楼，请来郝经先生设馆授业，郝先生家道贫寒，来到张府后，见到数以万计藏书喜出望外，他尽得观览，自称眼界更为开阔，学识也日渐精进。我和弘范作为郝先生之弟子，也不胜荣幸之至啊。"

王实甫此时极恭谨地点头称是。

郝经为元初著名大儒，出生于金末乱世，金正大八年（1231），随父母避难于河南鲁山，次年，蒙古兵锋南下，郝经又随父母北渡，徙居顺天（今北京），其父靠教授生徒勉强维持一家六口人的生计。郝经十二岁“始知学”，就读于铁佛寺僧张仲安之南堂凡五年，他“以兴复斯文，道济天下为己任。读书则专治六经，潜心伊洛之学，涉猎诸史子集”[①]。元宪宗二年（1252），忽必烈开府于金莲川，郝经受到举荐，忽必烈遣使两次召见，后随使奉诏北上。元宪宗六年（1256）正月，忽必烈向郝经问以经国安民之道和帝王当行之事，郝经“援引二帝三王治道以对，且告以亲亲而仁民，仁民而爱物之义”，忽必烈喜溢不倦，自后连日引对论事，甚器重之，且命条奏引欲言者。郝经上《立国规模》三十余条。忽必烈又问当今急务，郝经举天下蠹民害政之尤者十一条上之，切中时弊，忽必烈皆以为善，有些虽未立即实行，但后来元朝建立后，凡更张制度，采纳了郝经很多建议。

王实甫曾听董朴先生言道，郝经之为人，尚气节，为学思致用，便说道：“听说郝经先生在张府教书期间，还结识了金朝遗老元好问和理学大师赵复，元好问遂相与论作诗作文法，郝经先生赞赏元好问的学问和为人，称其为一代宗匠，并执弟子礼。郝经又多次拜见赵复，与他交游论道，岳父大人想必也曾亲眼目睹？”

一番话说得张弘略兴致勃发，他走下高榻，请王实甫去看府内的藏书楼，说道：“看来你那龙冈先生果然授业精细，连这元好问和赵复的逸事也能道出一二。要说当年我和九弟跟随先生之时，的确常听他们谈笑风生，先生字伯常，赵复对他十分欣赏，称‘江左为学读书如伯常者甚多，然似吾伯常挺然一气立于天地之间者，盖亦鲜矣’，可见郝经在他心中的地位。”

婉常见他二人谈兴正浓，便领着金儿去到后院看望母亲。最初嫁给实甫时，张家兄弟多有干扰，眼下也都偃旗息鼓，各忙各的去了，偌大的张府上下，平时只有张夫人和媳妇们，这下见婉常回到家来，自是欣喜交加。娘儿们拉着手有说不完的话，金儿更是活蹦乱跳，被宠溺得无比欢实，一会儿钻到姥姥的怀里，一会儿又跳到婉常跟前。张夫人喜得

① 《元史·卷一百五十七·列传第四十四》。

眯了双眼，直叫赶紧收拾屋子，让他们一家三口多住几天。

婉常却道：“母亲有所不知，这次女儿回来是与父亲母亲道别的。”

张夫人大惊：“此话怎讲？”

婉常道：“相公他假期已满，即日将再赴崞阳，婉常这次带着金儿也要一同前往。”

张夫人更是吃惊，已知她身怀有孕，便直是摇头：“我看使不得，那路途遥远，塞外风寒，你如今的身子怎禁得起？”婉常哂道：“母亲，当年父亲征战之时，您也曾随军鞍前马后，如今天下太平，怎么女儿反倒不能随行？”

张夫人道：“此一时彼一时也。”

婉常又劝说了一番，叫母亲放心。张夫人叹道：“我也说你不过。你既是执意要去，一定要多加小心，不可处处逞强。婉常你虽是女子，但打小就自有主意，切勿在女婿面前也要占了上风，德信是读书之人，骨子里自有脾性，你可要好生将就才是。”

婉常从母亲张夫人的话里听出道理，点头道：“女儿谨记母亲教诲。”

第十五回 枫树林

这年夏末，王实甫携妻去往山西崞阳，路途遥远，但走过青山绿水，风景无限，使得婉常和金儿心情愉悦，坐在马车上，母子俩从小窗里指点着山水景色，说个没完。

随行的添书和丫头听茶、兴儿更是兴奋不已。

婉常将身边的丫头翠屏换作了听茶。临行之前，她听了王实甫的话，有意撮合听茶和添书之事，便在阿夫人跟前说，毕竟听茶年龄稍大些，出门在外更加知道如何行事，如果夫人肯让听茶一道前行，就让翠屏留下来侍候夫人。阿夫人虽然对听茶多有不舍，但想到婉常带着金儿多一个帮手，便应允了。

这翠屏自小跟随婉常，在张府里长大，见婉常一家出得门去，止不住哭了。婉常说道："你看你，掉的哪门子眼泪？如今跟了夫人，不知又要学会多少本事，换了旁人高兴还来不及呢。"翠屏这才破涕为笑。王实甫听后叹道："这婉常，连丫头的心都能拢住，为什么不投胎做个男人，也好做官去。"

添书私下里对婉常千恩万谢，听茶虽也有七分的心意，但却佯装不知，添书说什么她都故意爱搭不理，只是叫着兴儿，专心照料婉常和金儿。

王实甫和添书骑马，另套了一挂三匹马拉的大车，由府上的车夫赵五赶着，婉常带着孩儿和两个丫头坐在车上。王实甫不时叮嘱赵五，不要急着赶路，车要驾得稳，遇到路途不平的山路，实甫就让赵五停下车来，先和添书将前面的路况打探一番，才让马车随后而行。

婉常在车上听得分明，心里暗自欢喜，想道："再好不过夫唱妇随，只要跟官人朝夕相伴，即便吃些苦又算得了什么？"

一路走走停停，日行夜宿，不觉离开定兴已有好几日。这天过了正午，车行至太行山间，怪石嶙峋，奇峰陡峭，天空突然飘过一团团乌云，当头的太阳一眨眼被阴云遮盖，山林之间更是黑了天色，白日倒像是到了夜间。忽然间咔嚓一个闪电，接着一声惊雷，吓得金儿一声尖叫扎进婉常怀里。

金儿叫道："娘，我好害怕。"婉常抱住儿子："不怕，娘和你爹爹都在这里。"

听茶也忙道："金儿少爷不怕，天上雷公只打坏人，俺们没做坏事，不用怕。"

话未说完，又是一声炸雷响起，连那拉车的头马也受了惊，扬起蹄子嘶鸣起来，车随着摇晃，像是要歪倒下去。王实甫忙叫赵五拉紧缰绳，把车赶到旁边林子里去。就在那马车颠来倒去之时，坐在车上的婉常只觉一阵腹痛，下身一热，心里暗叫不好，且也一时不好声张，只捂着肚子叫听茶把金儿抱紧了。

大车好不容易在一处林子里停了下来，先前大雨如注，王实甫身上已淋得透湿，这会儿躲到大树下，好歹雨小了些。实甫过来掀起车帘，却见坐在车上的婉常脸色蜡黄，两手捂着下腹，慌忙问道："夫人你怎么了？可是有什么不适？"婉常勉强道："腹中好生疼痛。"

实甫和听茶、兴儿都惊慌起来，那兴儿失口说道："莫不是要小产？"听茶啪地给她一巴掌："让你胡说！"兴儿呜呜地哭起来，王实甫喝道："你们都别吵闹了，我和添书去看看四周有无人家，你们好生侍候着二少奶奶，千万不要有什么闪失。"

王实甫吩咐添书赶紧到前面路上打探，自己顺着树林寻去。雨虽小了些，树梢落下残留的雨水，人和马走过一触动便哗地浇落在身上。王实甫牵着马穿过密林，心里又急又忧，真不该依了婉常，让她带着身孕千里之行，如今在这山道上前不靠村后不着店，该如何是好？

不料钻出茂密的树林之后，拐过一个山角，竟然见丛林前方冒出一处农舍的土墙茅顶，实甫心中一喜，急忙拍马疾行，转眼到了那茅屋跟前，那茅屋看似破旧但廊柱却很结实，一扇木门虚掩着。王实甫正要开口叫唤，屋侧一棵大枫树下突然蹿出一条大狗，不声不响地朝他猛扑过来。实甫扭身往旁边一闪，等狗扑过，照准狗屁股就是一脚。那狗这才汪地叫了一声，发疯似的张开大嘴，咆哮着兜头就朝他扑来。这一扑来势凶狠，王实甫心中本来焦急，偏遇见这恶狗，岂不是找死，他从腰间抽出剑来，举手就要朝狗砍去。

大枫树的枝丫间突然跳下一个人影，一把长刀挡住了他的剑。

定睛一看，却是一个年少的青衣男子，束一个发髻在头顶，斜插一根玉簪，脸庞清秀，但双眉倒竖，嗓音低沉地斥道："哪里来的歹徒，竟敢上门打狗？"实甫也自知有些理亏，便收回剑去，双手打拱说道："抱歉抱歉！方才是我一时性急，本来是有事想敲门请教主人来着，没想到这狗猛不丁蹿了出来。"

"哼，你这一说倒像是有理了？"青衣男子道，"这山野偏僻之地，无故闯来之人不是匪便是贼，今儿你要不道个明白，休想走出这枫树林。"说着他拦住王实甫的马头，半步也不让。

王实甫不禁焦躁起来："你这人真是岂有此理！我已经向你赔过礼了，你还想怎的？"

青衣男子道："给我赔礼不算，你得给我的狗赔礼才是。"一语未了，王实甫怒从心起，上前一把想推向青衣男子，不料那人脚下生根，纹丝不动，反倒回手一掌击向他胸前，实甫一手架住，两人打斗起来。

一时间飞沙走石，撞得树叶雪片似的飘落。这青衣男子看上去身子单薄，却原来是练过武功的高手，王实甫暗暗吃惊。他本来心中有事，且又无防备，几招过后就落了下风。但他立刻抖擞精神，决不能在这荒僻山野里输给一个无名少年，便随即使上了家传的意拳。

那是由祖父一辈传下来的功夫，父亲王逖勤自小教他练成，运用丹田之力，如荷叶露珠，猴儿通灵，心到意到劲到。

刚才过于急躁，要摆脱这青衣男子还得以柔制胜。想到此，他不时变换意拳的招数，忽前忽后，左右出击，让那人摸不清门道，渐渐有些措手不及。实甫看准火候跳后一步，吸足天地之气运到全身，然后发力一拳，到了那青衣男子面前他转为一推，逼得那人踉跄后退了好几步。青衣男子面色羞恼，举刀就朝实甫砍去。

正在此时，茅屋里走出一个拄拐的白发老者，叫道："赛儿住手！"

王实甫见他拿刀砍来，早已闪在一边，那青衣男子还欲举刀再砍，突听"梆"的一声，他手上一软，长刀掉落在地。青衣男子捂手怨道："爷爷！您为何不帮我，还要将我的刀打落？"

实甫一眼发现，一颗硬如铁石的核桃滚落在地，想来正是那白发老者击打过来的，心中不禁顿生感激，正要上前道谢，那老者朝他问道："敢问这位公子，何事来到这山野之间？"

王实甫忙躬身行礼，回道："在下王实甫，携家眷从定兴前往山西崞阳，路经此地不想遇到暴雨，内人身子突感不适，在下急着寻医问药，情急之中多有冒犯，请老伯和这位公子见谅。还想向老伯打听，这附近何处有看病的大夫？"

那青衣男子本来气哼哼地站在一旁，意犹未平，一听他要寻医问药，却立马插嘴道："你早说啊！我爷爷他就是大夫。"

王实甫不禁喜出望外，急忙上前恭请道："在下有眼不识泰山，请老伯出手相救则个。"老者一听那婉常的病情，挥了挥袍袖道："事不宜迟。赛儿，你快进屋去取出我的药箱，我们这就前去看看。"

青衣男子口里应着，飞快地跑进屋去，转眼取出一个檀木药箱，扶着老者便跟随王实甫而行。穿过密匝匝的树林，远远听得添书一连声高叫："二公子，二公子——！"实甫朝那边应了一声，添书一会儿从树林里钻了过来，急赤白脸地说："二公子您可回来了！让我一阵好找。"

王实甫吓出一身冷汗："你二少奶奶她？"

添书说:“二少奶奶这会儿平躺在车上，我半天见您不来，怕您遇了强盗，又怕这山上有老虎……”王实甫呸了一口，说:“你说些什么？”添书又说:“我到前面村子打听来着，说这方圆几十里有一位名医李思田，就在东边住着。”王实甫听罢，一看身旁的白发老者，忽然悟道:“名医李思田，莫不就是老伯您？”

老者只管走路，那青衣男子叱道:“闲话少说，病人在哪里？”

王实甫也顾不得与他计较，急忙引路到了停靠的车马前，赵五正守着车，听茶和兴儿一个抱着金儿，一个照护着婉常，都眼巴巴地候着，一见王实甫带了人来，如同见了救星。

白发老者挽起衣袖，上车去给婉常拿过一阵脉，吐出两字:“是了。”王实甫一颗心悬得老高，急着问:“老先生，怎么叫是了？内人和胎儿到底怎么样了？”

老者下得车来，拐杖在大雨过后的湿地上画出一个字，王实甫低头看是个“气”字。老者说:“夫人想是一路辛苦，因而动了胎气，待老朽给她开些汤药，服下去看看如何。”实甫又担心地问:“老先生，您的药能保住胎儿吗？”老者道:“顺天理，尽人事，行医的人从来不敢打保票，就看这孩儿与公子是否有缘了。不过，即使这药下去有些功效，夫人也至少得将息三五日之后才能动弹。”

王实甫思忖，这大山之中哪里寻得养息的地方，说:“得将息三五日？”

那老者大概看出王实甫的为难，便道:“公子若不嫌弃老朽寒舍简陋，可将就住上几天再作打算。”青衣男子在一旁不满地叫了声:“爷爷！”他将老者拉到一旁，小声说:“爷爷不是常说不要与官宦富人来往吗？这帮人车马豪华，穿金戴银，难道您还看不出来？”

老者却道:“行医之道在于治病救人，不论贫富皆为性命也，眼下这一家子困于此地，我们若不出手相救，那妇人及她腹中的胎儿十有八九难逃厄运。”

青衣男子听罢收住话头，一脸不情愿地缄口不语。王实甫一旁隐约听得些，忙一再打拱行礼，称道:“老先生真是菩萨心肠，在下感激不尽，这里有些银两，先请老先生收下，日后再当厚报。”说着便让添书从车上的箱子里取出一锭五十两的纹银，双手递给老者。

却不料老者看了看银子，一声冷笑：“我见公子面相不俗，不料却也是个俗人。”王实甫道：“老先生何出此言？实甫虽然读书不多，但仁义礼信还是懂得一些，知恩图报方为君子也。”

老者面容清奇，叹道：“老朽今日所为，并非图公子钱财，公子你知恩知德，也可将银子先收起来，待夫人的病治好再论不迟。走吧，时辰不早了。赛儿，你前面给他们带路。”

实甫听那老者言语得理，只好先放下银子，赶紧让赵五赶着大车，一行人紧随而去。

夜晚，王实甫和婉常歇息在那茅屋里。

先进得屋来才看清原是上下两层，屋里还有一个做饭的婆婆和一个小丫头。李老先生叫赛儿和丫头腾出茅屋里的三间房，拿出些被褥枕头，让王实甫和婉常住了大间，看似简陋，却床铺干净，粗布大被褥十分暖和，屋里还透着一股茅草的清香。听茶和兴儿带着金儿睡在他们隔壁，添书和赵五睡在侧面的厢房。

茅屋里家具简洁，但桌上摆放的几件瓷器却显出十分贵气，实甫房里的一个玉壶春瓶端庄典雅、雍容华贵，不用细看便知出自宋代北方的钧窑。那钧窑为皇家所有，工匠技艺高超，虽然瓷胎以灰或浅灰色为主，釉色却千变万化，海棠红、玫瑰紫，灿如晚霞，即使在夜间，似乎也在闪闪发光。

婉常喝过李老先生的汤药，又进了些饭食，气色已大有好转，到晚间，下身带红也渐渐止住了。王实甫看着怀中的妻子，又是心疼又是叹息，说：“你看看这番遭罪，早就劝你不要跟我去山西，可你偏要。”

婉常偎在他怀里，脸色平静且还含着一丝甜蜜，说：“婉常半点也不后悔这趟行走，只是让官人为我担忧了。方才听说这李老先生四代名医，我看喝过他的药，腹中的孩儿会听懂我们的话，好生养息，再也不会出什么差错了。”

王实甫不好再埋怨，说：“是啊，如果不是遇上这位隐居深山的名医，真是凶险难料。”便道：“快睡吧，累了好几天，你好好歇息。”吹灭灯，婉常在他身边安然睡去，可实甫在黑夜中却睁着两眼一时怎么也睡不着。想白天经历了好几次惊吓，尤其那青衣男子举着长刀砍向头顶的一刹那，倒真有些后怕，但奇怪的是，自己对那叫作赛儿的男子却恨不起来，虽然那人一直脸色冰冷，但看得出并不是一个恶人。夜色中，他又一次打量那些看起来不凡的瓷器，猜想那爷孙二人定非寻常百姓，却如何单家独户住在这深山之中，难道是有意避人耳目？

半夜方才入睡，醒来已是天色大亮，王实甫忙披衣起床。走到茅屋门前，见李赛儿浑身带着山间的雾气自外而归，便迎上去招呼道：“起得这么早？”李赛儿眼睛却不看他，也不答话，手提长刀大步从他身边擦过，看样子是去外边练功了。

王实甫朝他身后说了一声：“谢谢你了。”

李赛儿站住脚，却不回头，问道：“谢什么？”

王实甫道：“谢谢你亲自为我内人熬药。”昨日里原是听茶准备熬药，恰巧被李赛儿看见，板着脸说她熬得不对，有几味药要先放，另外几味得后放，说着干脆自己动起手来，取出一小泥罐，将药先泡了会子，再置于炭炉上，扇子扇起大火烧开，接着用小火慢慢熬煮。李赛儿在炉前守了近一个时辰才熬好了药汤，亲手倒在小碗里，让听茶端给了婉常。

这会儿听王实甫说谢谢，李赛儿只在鼻子里哼了一声，说：“你不用谢我，我只是怕你们把药给糟蹋了。”

王实甫见他板着面孔，忍不住说：“咳，你这么年纪轻轻的，干吗老是这么大的火气？其实我早看出来，你这人虽然恶言厉色，但心肠还是蛮好的。”李赛儿猛地回过头来，瞪着王实甫道：“用不着你来夸我。你还是好生照护好你家病人，早些康复上路吧。”

王实甫看着李赛儿，一时无话可答。李赛儿又没好气地抢白道：“看什么看？我脸上难道有字吗？”说完扭头就走了。李老先生这时出现在楼口，缓缓走下楼梯，对实甫道：“公子不必在意，我这个孙子久居山间，独来独往惯了，不会与人说话，请公子见谅。”

王实甫忙道：“哪里哪里。我们一家在此多有打扰，在下心里倒实在过意不去呢。”

几天过去，李赛儿仍不给王实甫好脸色，倒是有时跟添书、听茶几个说说笑笑。这一日李老先生给婉常把过脉，说脉象已经沉稳，腹中的胎儿已恢复平静，稳稳坐在宫中，看来似无大碍了。王实甫不禁千恩万谢，请他坐下说话。李老先生便叫小丫头沏了茶来，实甫端详着手中的青瓷茶碗，夸道：“真是好器物也。”李老先生问道：“公子有什么讲究？”实甫被他一问，不由得道：“我看这茶碗釉面开出如网的断纹，如丝如缕，美哉天成，定是出自哥窑烧制，乃前朝宫中所用之器。”

李老先生听罢脸上神色一震，悠悠说道：“看来公子对瓷器倒有些研究。”实甫饮了一口茶，摇头道：“在下其实知之不多，只是在岳丈府上见过一些，偶尔听得只言片语，略知一二而已。”

李老先生问道：“敢问岳丈大人尊姓大名？何方人氏？”

王实甫犹豫片刻，说：“实不相瞒，在下岳丈在朝中为官，姓张名弘略。”李老先生霍地站了起来，实甫惊异道：“您这是？”老先生却问：“可是与那张弘范为一家兄弟的张弘略？”实甫道：“正是。老伯您难道与他们相识？”

老先生顿顿手中的拐杖，苦笑道：“老朽哪里认得他们？张弘范、张弘略都身为当朝高官，老朽乃深山老翁平头百姓，何以与他们这种人相识？”实甫见老者脸色大变，且语气中带有气恨，料定其中有故，知不便再多问。老者果然也不再多说，勉强坐了会儿，竟拂袖而去。这天连那粗使的做饭婆婆和丫头都变了脸色，胡乱蒸了些窝头南瓜，就算打发了王实甫他们。

婉常吃得不多，倒也不曾理会。夜间，王实甫听得楼上爷孙二人像是争吵起来，随后那李赛儿脚步重重地下得楼来，在王实甫的房门前停了片刻，一跺脚走了。王实甫听得心惊，悄悄坐起，提剑走到门边聆听了一阵。婉常疑道：“官人，外面是什么动静？”

王实甫回到床上，轻声安抚婉常：“没什么，只是那李赛儿脾气不好，像是与他爷爷有什么争执，不关我们的事。”婉常道：“想是我们一家住在这里，平白给他们爷孙添了烦恼。官人，眼下妾身已平安无事，不如明儿就动身走吧。”王实甫握住她的手，说道：“这一去又得颠沛多日，不知你是否经得住？”

婉常道：“只要在官人身边，就是遇到天大的事，婉常也能挺得过去。官人放心，翻过这山去，路就平坦了，曾听父亲大人说过，大同西京十分繁华，我也正想前去看看呢。”

王实甫听她说话，比在家时多了好些温柔，倒是患难之中见真情，心中也不由得添了对妻子的疼爱，便说道：“夫人说得是，久居别人家多有不便，既然你感觉身子已无大碍，那我们就趁着天气好，明儿一早就上路。”

婉常说：“再好不过。赶明儿还给家里捎封信去，省得让爹娘挂牵。”王实甫沉思道：“来的那日我已让添书去镇上驿站给家里捎了书信，这会子他们肯定已经收到信了。”夫妻俩说了大半夜，快到天明时，才合眼睡了一会儿，赶早起来，就叫过添书、听茶几个，收拾东西准备启程。

正预备去向主人告辞，门外突然车马辚辚，好生喧哗，李家的大狗汪汪直叫，添书跑到外面一瞧，立刻欢叫道：“乔叔！乔叔带人来了！”果然响起乔叔的声音：“二公子，我们来了！”

王实甫和婉常惊讶地迎出门去，果然见是管家乔叔跳下马来，身后还跟着四个骑马的家丁，个个虎背熊腰，都是身有武功的高手，护着一辆马车。乔叔拱手道：“二公子、二少奶奶，府上老爷前日午间收到你们的信，当下便吩咐我请来大夫，又带了些南北杂货、软硬吃食，日夜兼程，一并送了过来。”说着，一家丁掀开那车帘，叫道：“大夫，快请下车吧。”又道：“大夫在车上睡得正打呼噜。”

乔叔道：“二公子，快让大夫给二少奶奶瞧瞧吧。”

王实甫忙道：“没想到如此惊动父亲！二少奶奶倒已安然无事，我们正要准备动身呢。”婉常也在一旁说道：“乔叔你们各位辛苦，快请下马歇歇。”

乔叔打量婉常，惊道：“二少奶奶这就好了？老爷夫人还叫我们一定要请最好的医生，星夜赶来，您这就真的没事了？”

王实甫和婉常便将遇到这家李老先生的经过说了一遍，又说：“李老先生原是一方名医，一服药下去就见了效，真让我们感激不尽呢。”说着就带乔叔进屋来，想拜见李老先生。

楼下却无人，他们也不便贸然上楼，只在楼梯前站定，实甫对着楼上高声叫道：“李老伯，实甫和内人今天告别贵舍，请求一见。”半晌，楼上传来老者苍哑的声音：“不必了。你我萍水相逢，机缘巧合，既然夫人贵体康复，就请上路吧，恕不远送。”

王实甫望着那空荡荡的楼梯，心中好生不是滋味，便又叫道：“李老伯，实甫一家在此打扰多日，蒙老伯您妙手回春，今日老家来人，专程带些礼物相谢于老伯，不成敬意，请老伯笑纳。”

只听老者冷笑道：“老朽已是耄耋之人，世间俗物于我又有何用？老朽只需这山间泉水、林间草木度命即可，休要将一些俗物污了老朽这间茅屋。”

乔叔本来已从车马的行李中取出一盘金银，恭敬地捧在手上，此时听到那老者不屑之言，不由得纳闷，嘀咕道：“这老翁也有些不知好歹，他可知公子和二少奶奶何许人也？”话音未落，从那楼上的栏杆旁飞下一个人影，直扑乔叔。王实甫道声不好，刚一把护住婉常，乔叔手中的盘子便已飞上了天，盘中的金银珠宝随之四散。门外的家丁们闻声一拥而进，齐齐扑向那人影，那影子却像是蜻蜓不可捉摸，一瞬间飞到了门外，在枫树下站定，却是那青衣男子李赛儿。

他怒睁双眼，拔刀指向一起拥出的乔叔和众家丁：“你们来呀，看谁有本事从我这刀下经过？”

勤公府来的家丁每日练武，听他这么一说，个个火冒三丈，攥拳就要上前，王实甫喝道：“都给我站住！”他拉过乔叔，躬身朝李赛儿言道：“公子！您且请止怒，今儿是我们的不是，我代他们给您和李老伯赔礼了。”李赛儿道：“哼，你无需赔礼，我这会儿就给你们算个总账，一笔了清。”说着他提刀飞跃而起，一转身就将正在拾捡地上金银的家丁踢翻，乔叔哪里忍得，从车上拔出常使的哨棍，呼啸舞过，枫树叶唰唰落了满地。

眼看一场恶斗就要开始，屋里传来李老伯的呼喊："赛儿！赛儿不可造次！"那叫声中带着难言的忧伤。

李赛儿一听，如同被抽了筋似的，又一次软下胳臂，转而朝王实甫深剜了一眼，一咬牙移步枫林之间，一时不见了踪影。

王实甫走进茅屋，站在楼梯前再三恳求，欲见李老先生一面，但老者只是不肯再露面，只听他说道："公子不必多言，赶紧走吧，夜长梦多，就此别过。"言毕再也不肯发声，任凭王实甫千呼万唤，就如石沉大海。

乔叔和家丁们想上楼去看个究竟，王实甫拦住他们，心里只是惘然。

第十六回 西风紧

王实甫虽然心中多有不解，但无奈之下，也只好带着婉常一行离开了枫树林，前往崞阳。回首见那茅屋，在一片雾霭中渐渐消失，他心想等下回路过，一定要再来探望这爷孙俩，一则答谢，二则弄清心中的谜团。

一路有乔叔照应，往后的几日再没遇到麻烦，平安地到达崞阳。王实甫将家人安顿下，即去见达鲁花赤撒吉思。

初秋的阳光下，蒙古帐篷的木顶竟然似金子一般闪着光芒，撒吉思早已闻讯，见王实甫进得帐来，迎上来笑道：“我正要叫人备马去看县尹，不料你倒先来了。”又说：“县尹这次将夫人也偕带来了，看来是要安心在崞阳安营扎寨？”

王实甫以笑作答。

帐篷的漆桌上，摆满了酒肉，撒吉思的小夫人殷勤地给王实甫倒满奶茶。几月不见，撒吉思似乎更苍老了些，眼神里含着一丝苍凉，他吩咐人要去王实甫的住处将县尹夫人请来。王实甫多谢道：“内人她不善饮酒，且有孕在身，稍等歇息几日之后再来府上拜望。”撒吉思点头，说：“那咱俩多日未见，今天要好好喝上一回。”

王实甫不再客套，两人坐在地毡上喝开了草原上的马奶酒，先是寒暄一番，王实甫便说：“在下这次回乡探望父母，耽误多日，衙门公务已多有疏忽，不知最近县里有什么要紧的公事，还请达鲁花赤大人指教！”

撒吉思苦笑一声，说：“县尹不必多虑，这边塞之地只要一方平安，哪还有什么大事？古来崞阳为兵家必争，又为西京防卫之地，我圣祖成吉思汗权杖所抵之后，才结束了多年的征战，如今大元朝已建多年，我等守疆护土就是。”

王实甫从他的话里又一次听出，撒吉思和他的部属多年来只重防务不重民生，心中不免难以苟同，但一时不想再与他争辩。他又从撒吉思的话里，听出他只想早些解甲归田，回到草原上过安生日子的意思，他知道自从那年秃忽鲁和八丹出事之后，撒吉思的心情就没有痛快过。

喝过三杯酒，王实甫取出从家乡给撒吉思带来的金疮药膏，便起身告辞。撒吉思也不再留他，说：“哦，还有一事要告诉你，太原府在你走之后，新派来一个县尉，叫孛南奚，接替了秃忽鲁的位置，明日让他来拜见你。”

从撒吉思那里辞别之后，王实甫直奔衙门。积压多时的一些公文和诉状一摞摞堆放在案上，早已积满了灰尘，他刚一伸手触动，顿时尘土扬起，直呛鼻子。添书唤来衙役，几个人赶紧擦拭桌椅，王实甫则顾不得脏乱，便将那些公文一件件仔细读来。

读到天色将晚，才把一摞子看完，其中有两件引起他的注意：一件是崞阳城里的商户投状，告近日来常有盗贼出现，夜里偷窃不说，白日甚至在街市繁华处抢劫，得手后即骑着快马飞奔而去，令商户们叫苦不迭。另一件是崞阳城西的农户们投状，告近日有人不断砍伐崞阳城外方圆数十里的树木，砍倒后即放火焚烧，无人敢上前过问。

第二日，王实甫叫来钱谷、刑名两位师爷，责问道：“本县回乡探亲期间，尔等为何不理公务？这些诉状在案上堆积如山，积满灰尘，难道你们都未曾收看？”两位师爷见实甫声色俱厉，连忙跪倒在地，道：“启禀县尹，这些诉状确已多日，当时就曾呈报给达鲁花赤大人，可他让我们带了回来，说不许再动。因此小的们就放在县尹的案上，没敢再动。”

王实甫问：“达鲁花赤大人看过没有？”

那两位师爷对视了一眼，支吾道：“小的们不敢乱说。”

王实甫说：“有什么话赶紧道来，否则本县尹要判你们一个渎职罪，先打四十大板。”两个师爷吓得磕头不已，那刑名抢先道：“县尹大人，小的们不是不想说，是早就忍了好些日子了，只是县尹没有回来，我们也无处说去。”那钱谷道：“是啊，县尹大人您走了不久，就新来了一位县尉，撒吉思大人一直称身体有所不适，极少料理政务，县里的大小事情都是这县尉在主张。”

王实甫已从撒吉思那里得知这县尉叫孛南奚，可回到崞阳这两日，那县尉并没来衙门见他，便问：“县尉近日在何处？”

那刑名面有难色地说：“小的们也不知去向，但听说……”

“听说什么？”王实甫斥道，“你二人说话吞吞吐吐，究竟有何难言之处？”

钱谷说：“县尹大人息怒，小的们实在是不敢信口开河，怕的是酿成大祸。”王实甫奇怪地问：“看你们说来蹊跷，有什么为难之事会酿成大祸？今日若不说明白，本县就判你们一个瞒上欺下之罪。”

钱谷这才道：“县尹有所不知，那孛南奚县尉到任不久，就从县衙账上支取了好些银子，说要去办理公务。后来才得知，原来他雇了好些人在县西一带砍伐树木，这些时候一直没有停歇。”

王实甫大为震惊，案上的诉状有几十份都是为这砍树之事，却都不敢提砍树之人，原来全是县尉所为，怪不得撒吉思将诉状也压在这里，不加过问。崞阳一带本来天干风燥，三年以来，他一直到处游说，劝农栽树种草，好不容易有了些景象，这新来乍到的孛南奚为何反倒要将树一一砍去？王实甫当下叫添书备马，要去城西一带看看。

添书走到他身边，小声说：“二公子，二少奶奶还在家里等着您呢。”王实甫道：“你让人去给二少奶奶说一声，城外事情紧急，我们出去一趟就回来。”又对两个师爷道：“你们俩也跟着。”

他说着，大步流星往外走去。

出得崞阳西城门，果然见大地上一派萧瑟。王实甫清楚地记得就在几个月前，这城外草木葱茏，鸟语花香，成群牛羊在草丛中安闲徘徊，可眼下的情景却是让人触目惊心，绿油油的草地变成了一片焦土，一片片倒下的树木，有的正在焚烧，有的已化为灰烬。

就在前边一个冒着黑烟的火堆旁，几个衣衫破烂的孩子从灰烬里扒拉出一只烧得像黑炭的野兔，拉拉扯扯地争抢着。一见有人骑着高头大马而来，孩子们停止了打闹，一个个傻站着，把目光投向了马队。王实甫勒住马，也呆呆地看着他们，只觉得自己像在一个噩梦之中。

若不是亲眼所见，他真是难以想象，他施政三年多的地方，会一时变成这副模样。这难道真是那县尉孛南奚下令砍的？他这样做究竟为何？

钱谷、刑名两位师爷一路上告诉他，新县尉孛南奚下令将城门外方圆数十里的草木一概砍伐干净，连草都不能留一根，说是为了防守崞阳，如果有敌人前来侵犯，即使远在城楼几十里之外，也能一览无余，看得清清楚楚，及早做好应敌准备，可以万无一失。

王实甫听来气愤不已，又觉啼笑皆非。

绕着城墙走了半日，只见一路草木狼藉，就像是刚经过一场殊死的厮杀，王实甫越看越愤怒，他只想立刻就找到孛南奚，当面问个究竟。可一直到暮色渐浓，也未寻到他。

添书眼见天色已晚，催马赶到王实甫的马前，小声说道："二公子，咱们该回去了吧？二少奶奶刚来此地，家里缺油少盐的……"

王实甫一边说："我知道了。"一边又驱马走上一个小山坡，朝四周打量了许久，满目荒凉让他痛彻心扉，不禁咬紧牙关恨道："真是岂有此理！"

回到县城已近子时，街上静悄悄的。替小院守门的是那袁黑子，上次回定兴之前，添书将他找来看家，袁黑子十分尽责，即使院子里空无所有，他也早晚守着。主人一回来，他更是精神抖擞，听到敲门声，立马从侧房出来打开了大门，迎着王实甫轻声道："县尹大人回来了，夫人他们都已睡下。”

王实甫轻轻推开房门，床前留着一盏纱罩小灯，晕黄的光亮映照着床前，他一眼看见婉常平放在床脚的绣花鞋，心头不禁一热，有妻子相伴的感觉，果然好过了冰冷的孤独。刚要蹑手蹑脚走过去，却听婉常在帐中柔声问道：“官人，你回来了？”王实甫惊道：“娘子你还没睡？”

婉常推开被子欠身坐起，王实甫忙过去扶着她，说：“夜已深，你还起来作甚？”婉常道：“你奔波了一整天，回到家总要喝碗热汤水才是。这家里我看缺的东西太多，夜间让听茶好歹做了一碗胡辣汤，还温在那锅里，我去叫她给你盛上一碗来。”

王实甫忙道：“不必了。我和添书几个已经在路上找了些吃食，汤留着明儿再喝吧。”

婉常说：“官人出城踏看到深夜，莫不是出了什么大事？”王实甫说：“娘子只管好生安歇，无需担心。我这里写上几行文字，也就歇着。”

眼见妻子日渐隆起的肚子，王实甫心里怜爱交加，但这时也顾不上与她多说，只叫她早些安歇，自己却坐在桌前拨亮灯烛，铺开纸张奋笔疾书起来。

婉常诧异地披衣下床，俯身看了看他所写的文字，不觉惊道：“官人，你这是……”

王实甫不由得愤然说道：“唉！崞阳新来的县尉孛南奚大肆焚烧草木，以致城外满目焦土，一片荒凉，比兵马厮杀过的战场还要惨烈。眼看严冬将至，方圆数十里百姓流离失所，将何处为家，何以为生？特报请太原府，以待严查。”

他不免将白天所见的情形叙述了一通，婉常听罢，蹙着眉头久久不语，半晌道：“官人，我想那新来的县尉虽然行为乖张，胆大妄为，但绝非他一人的主张，官人若不将这事情的来龙去脉先弄清楚就上书太原府，恐怕到时候陷于被动。”

实甫不以为然地说：“娘子不必多虑，既然我为崞阳县尹，自然要对这一方福祉担当，眼下大量树木被砍，土地荒芜已成事实，若再不及时制止，后患无穷。”

说罢俯头继续书写。

这晚，夫妇俩都未曾合眼，一个在灯下痛陈民情，一个在床上忧心忡忡。

第二日一早，王实甫便让添书将这封文书交给了传递铺驿。元时对文书转交也有严格应制，随处官司均设有传递铺驿，每铺置铺丁五人。“各处县官，置文簿一道付铺，遇有转递文字，当传铺所即注名件到铺时刻，及所辖转递人姓名，置簿，令转送人取下铺押字交收时刻还铺。本县官司时复照刷，稽滞者治罪。其文字，本县官司绢袋封记，以牌书号。其牌长五寸，阔一寸五分，以绿油黄字书号。若系边关急速公事，用匣子封锁，于上重别题号，及写某处文字，发遣时刻，以凭照勘迟速。其匣子长一尺，阔四寸，高三寸，用黑油红字书号。已上牌匣俱系营造小尺，上以千字文为号，仍将本管地境、置立铺驿卓望地名，递相传报。铺兵一昼夜行四百里。各路总管府委有俸正官一员，每季亲行提点。州县亦委有俸末职正官，上下半月照刷。如有怠慢，初犯事轻者笞四十，赎铜，再犯罚俸一月，三犯者决。总管府提点官比总管减一等，仍科三十，初犯赎铜，再犯罚俸半月，三犯者决。铺兵铺司，痛行断罪。

“凡有递转文字到，铺司随即分明附籍，速令当该铺兵，裹以软绢包袱，更用油绢卷缚，夹版束系，赍小回历一本，作急走递，到下铺交割附历讫，于回历上令铺司验到铺时刻，并文字总计角数，及有无开拆、磨擦损坏，或乱行批写字样，如此附写一行，铺司画字，回还。若有违犯，易为挨问。随路铺兵，不许雇人领替，须要本户少壮人力正身应役。每铺安置十二时轮子一枚、红绰楔一座，并牌额及上司行下、诸路申上铺历二本。每遇夜，常明灯烛。其铺兵每名备夹版、铃攀各一付，缨枪一，软绢包袱一，油绢三尺，蓑衣一领，回历一本。各处往来文字，先用净检纸封裹于上，更用厚夹纸印信封皮。各路承发文字人吏，每日逐旋发放，及将承发到文字，验视有无开拆、磨擦损坏、批写字样，分朗附簿。

“凡铺卒皆腰革带，悬铃，持枪，挟雨衣，赍文书以行。夜则持炬火，道狭则车马者，负荷者，闻铃避诸旁，夜亦以惊虎狼也。响及所之铺，则铺人出以俟其至。囊板以护文书不破碎、不襞积，折小漆绢以御雨雪，不使濡湿之。及各铺得之，则又展转递去。”①

王实甫亲眼见那铺卒将封好的文书用软绢包好系紧，并提着缨枪上路，这才回转身来。

他转而去见达鲁花赤，殊不知撒吉思听完他所说的事情毫不惊讶，倒说：“县尹太过焦虑，这防守城池土地的事本是县尉的职责，我们只管督促，不必干预。”

王实甫慨然道：“达鲁花赤所言，在下难以苟同。曾有人以为官作有一副对联，云：得一官不荣，失一官不辱，勿说一官无用，地方全靠一官；吃百姓之饭，穿百姓之衣，莫道百姓可欺，自己也是百姓。在下昨日在城外见到大片草原化作焦土，百姓妇孺流离失所，怎能不忧心如焚？”

撒吉思问：“那依你该怎的？”

王实甫道：“依在下之见，应马上将那县尉孛南奚召来，命他立即停止焚烧草木，并将以往所烧的地方仔细统计，被损房屋居所想法着人修复，让流民能在入冬之前有安身之处。明春之时大力发动百姓补种树苗青草，并免去一年税赋。”

如此这般，撒吉思听罢微微点头：“那就按你说的办吧。”又叹道：“我撒吉思一生征战，杀敌无数，到老来却治不好这小小县域，岂不是窝囊废一个？罢罢，我还是早些卸了这达鲁花赤吧。”

不止一次听撒吉思发出这样的感慨，实甫又待劝慰，但撒吉思却苦笑道：“我知道你想说什么。德信你我共事几年，我深知你学问深厚，一心为民，本想陪你在任上多干些年，无奈年事已高啊。”

撒吉思当即派人去唤那县尉孛南奚，但王实甫在县衙等到傍晚，也未见那人登门。一连多日均是如此，实甫心中又急又气，正要亲自去寻访时，孛南奚大摇大摆地来到了县衙。

---

①（民国）柯劭忞：《新元史》卷一〇一《志第六八·兵四》。

这人三十多岁年纪，身材高大，长着一双鹰眼，傲视着王实甫，道："我便是孛南奚，听说县尹四处找我，可有何事？"

王实甫听他出言不逊，也不客气，直说："你来得有些迟了，县尉本在达鲁花赤和县尹管辖之下，可本县回到崞阳，再三召你来见，你却三番五次推托，是何道理？"

孛南奚的父辈也是立有大功的蒙古将军，他自恃家族荣耀，根本未将王实甫放在眼里，朝天笑道："县尹不知孛南奚过往，某心中自有大汗圣上旨令，忠心报效便是，哪管许多繁文缛节？"

王实甫冷笑道："你可不听达鲁花赤和县尹之令，可大汗圣上又何时让你焚烧草木，不顾百姓死活？你倒说来。"

孛南奚傲慢地说："我自有道理。"

王实甫也道："实不相瞒，本县已将此事禀报了太原府，且听上方如何处置。"孛南奚却并不惊慌，也不加争辩，竟然拂袖扬长而去。

倒把王实甫气得跌坐在椅子上。

一月之后，太原府派来了一位特使。这本是在王实甫的盼望之中，但在衙门里相见之后，那特使却不阴不阳，只说携带了府里的文书，将当众宣读。

待达鲁花赤撒吉思、县尉孛南奚等人都到场之后，特使展开油绢卷缚的文书，宣读道："太原府有令，崞阳达鲁花赤撒吉思年及六旬，精力衰耗，例应致仕，加散官一等，令致仕。命孛南奚接任崞阳达鲁花赤一职，县尉一职另着他人……"

王实甫的头"嗡"的一下，他不敢相信自己的耳朵，但眼前那孛南奚一脸得意洋洋，却是千真万确。他激愤地想，难道他字字泣血的文书非但没有得到上司的认同，反倒让孛南奚成了有功之臣？

特使宣读完毕，即着人备马欲走。王实甫叫道："特使请留步。在下有话想要请教一二。"

那特使勉强站住脚，侧过身子道："王县尹不必多言。"

王实甫气愤地上前说道："大人，在下还未曾开口，大人为何便叫我不必多言？”特使道：“你是想说你前日给太原府上报之事吧？这个早已知情，今日宣布孛南奚为崞阳达鲁花赤，亦可算是回复，难道县尹你还不曾理会？”

犹如一盆冰水从头泼下，王实甫身心凉透，他这些日子一直奔走于乡间，劝说村民们返回家园，重整土地，路上受了风寒，这会儿忍不住连声咳嗽，但仍坚持说道：“大人，为官若不敬天地，重民生，将会天怒人怨，恳望特使三思，并请太原府下令不得再行砍伐树木，破坏草原。”

特使不耐烦地打断他的话，说：“实言相告，县尹你回乡多日，先前也曾有人往太原府写了状子，告你擅用职权，专营私利，阳奉阴违，博取名声，太原府未曾多加追究，只因看你初始为官，年轻无知，再有撒吉思达鲁花赤为你一再美言，方才按住不提。王县尹你当好自为之，且休要擅权妄为，惹是生非，否则即使再有人替你说话，也不好交差啊。”

特使说完扬长而去。

王实甫站在堂前气得目瞪口呆，他万万没想到自己一腔热血，为民生也是为一方富足平安，却遭到这一番奚落。他欲往前追那特使去，却连日劳顿身染风寒，几步踉跄竟要栽倒在地。旁边的撒吉思眼疾手快，将他一把扶住，对衙役们叫道：“你们一个个瞎了眼吗？还不快把县尹扶回去。”

那孛南奚却声色俱厉地站在堂前喝道：“衙役们听令，给我立即上马前往城外，将那些设障的刁民赶开，将方圆三十里地面上的遮挡之物一一清理干净。”

衙役们左右为难，不知如何是好。

撒吉思喝道：“孛南奚，你不要太过分了。你所说城防之事我本由着你，但你将百姓赶得无立足之地，小心我拿鞭子抽你。这事我看到此为止。”

撒吉思曾与孛南奚的父亲一道出生入死，孛南奚在撒吉思面前不得不退让三分，当下撒吉思又说：“我在战场上厮杀的时候，你还只是跟在马屁股后面跑的小崽子，你要再敢胡来，我饶不了你。”

孛南奚无法与撒吉思理论，只好掉头离去。撒吉思转身问王实甫："县尹，你不要紧吧？"

王实甫摇头，感激地说："撒吉思大哥，你在我心里永远是崞阳的达鲁花赤，你我一起共事几年，总算为崞阳百姓做了些事情，实甫没齿难忘。太原府袒护孛南奚的作为，我不能就此罢休，定要问个明白，他若是一意孤行，我就一直告到朝廷。"

撒吉思担心地说："德信，你这样做风险太大。如今皇上虽然圣明，可你岳丈张家的张弘范大人去世之后，朝中对他的诋毁颇为盛行，就连皇上也信了几分，听说还要对他……"他说着欲言又止。

王实甫对这些也早有所闻，但他未曾想到会对自己也形成十分不妙的处境，他凛然说道："我王实甫不想仰仗岳父家的功德，但也不畏惧受岳父家之牵连，在崞阳为官本该我一人做事一人当，我当如孟子所言：立天下之正位，行天下之大道也。"

撒吉思听罢，感佩不已。

第十七回 霜林醉

这年冬天，王实甫不顾撒吉思的好心劝告，也顾不得妻子婉常的担心提醒，再次上书太原府，痛陈崞阳现状，期待有所改变。

眼看鹅毛大雪纷纷而下，他的心情也更加纷乱，恩师董朴先生几番来信，谈到朝政复杂做官不易，先生几次受到世祖皇帝的召见和重用，但先生却先后婉辞，只想图一方清净。先生的心情王实甫如今算是理会的。他何尝不想也辞官而去，就在那易水河边做一个自在的人？但身到此地，也是欲罢不能，一想到那些满面焦黑的百姓、在荒野中流浪的孩子，他就忧愤不已。只恨自己一介书生，纵然是身为县尹，却也一腔抱负伸展不开。

已是严寒冬季，那孛南奚焚烧草木的荒唐之举总算是暂时停止，他和他的兵丁们坐在蒙古包里成天吃肉喝酒，也不到衙门里走动。王实甫再次写好文书，准备送往太原府之时，婉常却在一个大雪漫天的日子里，突然发作了。

一番紧张的等待之后，婉常又给他生下了一个儿子。

小宅院里一片忙碌，听茶和添书、兴儿一干人都喜笑颜开，连看门的袁黑子脸上也都布满了笑容。听茶乐呵呵地说：“二少奶奶又生了一个小少爷，老爷夫人要是知道了，不知会有多高兴呢。”

添书在一旁道：“就是，就是。二公子，要不等二少奶奶满月，咱们再回定兴一趟吧，让老爷夫人抱抱小孙子。”

听茶嗔道：“就你瞎吵吵，你没看这冰天雪地的，车马能走得了吗？”又说：“二公子，您看这孩子朝着您笑呢。”

他们围在婉常床前，高兴地说笑。王实甫心中也为孩子的到来充满喜悦，他抱起襁褓中的儿子，只见这孩子生得天庭圆满，四肢健壮，沉吟一阵道：“我看，就叫他王结吧。”结为坚硬、牢固之意，实甫显然希望儿子坚定毅然，正如他眼下的心情。他看着床上的婉常，婉常含笑点头。

这个寒冷的冬天，王实甫没有能够等来太原府的佳音，虽然他几次三番上书，言辞恳切，为的是来年春天好让百姓安心务农，种树养草，以谋生计，但始终没有人搭理他。幸亏眼前有美妻娇儿，另一番生活的乐趣在塞外的小宅院里荡漾。

撒吉思领人提着羊腿来到他家看望，眼见院子里打理得干净利落，丫头书童俊秀能干，婉常更是惊若天人，不由得感慨道：“德信老弟啊，你守着这好日子不安心享乐，非要跟太原府较什么真？想那孛南奚，也不过是一时气盛，你不理他，他也没法奈何你，老弟不必与他计较。再说了，他要是敢动你一根汗毛，我撒吉思就要他的脑袋。”

看着眼前这个豪爽的蒙古人，王实甫心里几分感激又有几分歉疚，他叫了一声撒吉思大哥，说：“从我来到崞阳，你就时时处处帮着我，那秃忽鲁和八丹跟随你多年，可因为犯了事，在我的主张下被流放西域，你非但没有计较，还这么一心帮我，实甫真不知说什么是好。”

“德信，草原上的谚语说得好，老鹰总比麻雀飞得高，我撒吉思就是草原上的苍鹰，决不会蝇营狗苟，只要我眼里看着是正直的事，我当然会帮。”他说着，一把撸起长袍的袖子，露出赤裸的胳膊，只见伤痕累累，一道道紫色的伤疤让人触目惊心，“老弟你看，我这些伤都是当年在战场上被一刀刀砍的，我撒吉思已经死过好多回，还有什么可在乎的？”

王实甫说道：“我知道，大哥不贪恋金钱权势，只认草原上的理。

我王实甫能与你共事，真是三生有幸。”他大叫：“拿酒来。”添书捧出一罐从家乡定兴带来的杏花酒，当下打开，一股浓烈的清香顿时四处散开，撒吉思耸了耸鼻子，深吸了一口气：“好香！”

实甫说道：“这是家里大哥亲手酿造的杏花酒，百里之外的京城常有人去定兴购买，也算是小有名气呢。”撒吉思喜道：“快斟酒来。”

两人在一小屋里坐下，就着几碟小菜饮开了。一个时辰不到，罐子见底，撒吉思索性抱起来吮得一滴不剩。正喝得高兴，突然窗外“嗖”的一声响，一支箭射在了窗棂上，正在他二人相坐的头顶上方，隔着窗户，只见那箭头插进木棂，尚在微微地颤动。

两人惊起，王实甫一把拉开房门，北风呼地迎面扑来，他厉声喝道：“谁人放箭？”却是风声萧萧，雪花飘舞，墙头一片雪白，并不见人的踪迹。袁黑子和添书几个闻声急忙从各自屋里跑了出来，王实甫一把从窗棂上拔出箭来，撒吉思随在身后，只见那箭头锐利，入木足有寸余，弓箭手的臂力一定非同寻常。

王实甫察看了一会儿，问道：“撒大人，崞阳一带的弓箭手可都在县衙入册？”

原来，元时各郡邑均设有弓箭手以防盗。内而京师，有南北两城兵马司，外而诸路府所辖州县，设县尉司、巡检司、捕盗所，皆置巡军弓手，而其数则有多寡之不同。职巡逻，专捕获，若是官府有纲运及流徙者至，则执兵仗导送，以转相授受。除此之外不干其他事务，示专其职焉。世祖中统五年（1264），随州府驿路设置巡马及马步弓手，验民户多寡，定立额数。除本管头目外，本处长官兼充提控官。

撒吉思原为达鲁花赤，当地弓箭手都由他管，他从拔下的箭头断定，此箭一定是官府的弓箭手所射。而眼下孛南奚为崞阳的达鲁花赤，难道是他指使人所为？撒吉思沉下脸道：“我这就找他去！”

王实甫却一手拦住他，平静地说：“撒吉思大哥，这箭是冲着实甫来的，还是我自己前去问个究竟。”旋即，他让添书拉出大黑马，跳上马背，拍马而去。

正是午后时分，虽然大雪纷飞，县城里也仍有三三两两的行人，街边的店铺半掩着门，边避风雪边做生意。王实甫打马奔过长街，马蹄敲在冻硬的路面上，溅起一路雪花。他直奔孛南奚所住的宅院，到了门口也不待人通报，推开守门的兵丁就冲了进去。

那孛南奚也是身怀绝技之人，在屋里听得动静异常，立刻从酒桌旁纵身而起，操起一把长刀就闪将出来，却见王实甫昂然立在当院，不由得几声冷笑："县尹不去衙门办公，到我这里来作甚？"

王实甫来得匆忙，身上只穿了一件单薄的棉袍，他将袍子的下摆掖在腰间，好似一身短打，看上去不像个文官倒像个卖柴火的，他两眼直视孛南奚，举起手中的箭问道："如果我没有猜错的话，是你指使弓箭手将箭射到了我的院子里。"

没想到，孛南奚一双鹰眼盯着王实甫，毫不含糊地说："不错，正是我的命令。"

王实甫大怒："你丧心病狂！"

孛南奚却说："这只是一个警告！王实甫，你身为县尹，可知当朝夜禁之法？一更三点，钟声绝，禁人行；五更三点，钟声动，才听人行。你家院子最近夜里常有人出入，违例多次，弓箭手本当将出入之人射杀于街头，是本官网开一面，留尔等性命。先以此箭警告，若再敢有人违禁，定当立射决。"

王实甫一时气冲心头，怒道："当朝夜禁谁人不知？有公事急速及丧病产育之类，并不在此限。孛南奚，你明知我家内人刚生小儿，请医送药常在不时之间，你却拿朝廷禁令威吓于人，岂不是虎狼之心？"

孛南奚怪笑道："县尹夫人产子？你又没有向我呈报，我从何而知？可我倒是听说你将那刁民袁黑子收在门下，视为亲信，常让其呼朋唤友，又是何居心？莫不是有心聚众起事，对抗朝廷？"

王实甫一听此言，哪里还按捺得住，提拳就朝孛南奚扑去，他使的是最擅长的家传意拳，运足丹田之力，孛南奚仗着手中有刀，并未将王实甫放在眼里，却没料到那拳带着一股劲风眨眼就逼到眼前，让他大吃一惊，而就在他闪念之间，手中的长刀竟然被王实甫的胳膊扫过，啪地落到了地上。

两人同时朝刀抢去，孛南奚离得近，一步上前就抓住了刀柄，转手紧握，朝王实甫头上就砍。王实甫偏头闪过，拳随心走，心念拳法，身形灵敏。孛南奚凶狠地连砍几刀，却根本难以近身，心中不禁越发吃惊，万没想到王实甫一个文官居然还有如此武功。孛南奚心神不定之际，那刀法也就显出更多的败势，王实甫却是越打越勇，几个回合下来，将孛南奚逼到了墙角。

院子里早就围上一群兵丁，初见他们动手，一个是县尹，一个是达鲁花赤，都只敢一边张望，谁也不敢出手。但这时见孛南奚被逼到死角，一个蒙古兵丁大叫道："达鲁花赤的勇士们，快动手吧！"

随着他的喊叫，观望的兵丁们一个个跳将起来，转眼间将王实甫团团围住，有的举棒，有的挥刀，凶神恶煞地逼近，像是要把他生吞活剥。

就在这时，一声呼啸从头顶响起，一条长鞭突然抽了过来，就像一条大蟒蛇将那些刀枪棍棒席卷而过，随着又一鞭鞭抽在那些兵丁的背上，顿时响起一片鬼哭狼嚎。王实甫回头一看，却见撒吉思手提一根乌黑的长鞭，一脸怒气地站在院子里白雪覆盖的井台上。

王实甫叫了一声："大哥！"

众兵丁都四散开去，孛南奚脸色灰暗地握着长刀，倚着墙角站了起来。撒吉思跳下井台，鞭子指着他斥责道："孛南奚，是我看在你父亲的分上，好意推荐你为本县达鲁花赤，你却一意孤行，胆大妄为，还竟敢让弓箭手射向县尹家，简直是狗胆包天！"

孛南奚恨道："撒吉思，你已经不是本县的达鲁花赤，休要再管闲事。当朝有令，州县城池相离远处，其间五七十里，所有村店及二十户以上者，设立巡防弓手，合用器仗，必须完备，令本县长官提调。我令弓箭手正当巡防，弓箭手对违禁者施以警告，有何不是？"

撒吉思骂道："王县尹家有产妇，请医拿药，夜间不过几次进出，并未违禁，你却故意为难，威吓县尹，真是丧尽天良，我今日便要你尝尝鞭子的滋味。"他一鞭抽向孛南奚，也只是使了三分力气，但那鞭子落下之处，袍袖开花，瞬间便现出一条鲜红的血印。

撒吉思又道:“你说我不是本县的达鲁花赤，可我还是朝廷的散官，高于你这不知好歹的东西，在这塞外边城，我要不管你，又有何人来教训你？”说着又是一鞭，抽在了孛南奚另一条胳膊上，同样是袍袖开花，露出血印。孛南奚此时倒也不敢还手，双手抱着胳膊，眼睛里直冒火。撒吉思举鞭还要再抽，王实甫将他的鞭子一把抓住，叫道:“大哥！不要再抽了。”

撒吉思这才收了鞭子，目光将院里的兵丁们扫视一遍，喝道:“谁是朝县尹家射箭的弓箭手？”

兵丁们一个个哭丧着脸直摇头。

元时凡村店、关津渡口，必当设立店舍弓手去处。若无村店去处，或五七十里，则创立聚落店舍。及每一百户内取中户一名充役，这充役就是军站人匠、打捕鹰房、斡脱、窑冶、弓箭诸等。其充役的这一户的税银，于其他九十九户内均摊。

若当地有失盗，则勒令当该弓手，定立三限盘捉，每限为一月。如限内不获，其捕盗官、弓手停俸两月。当时除上都、中都已有巡军，其所辖州县合设弓手，多于本路包银等户选强壮者。

这弓箭手在元朝颇受重视，御史台言:“诸路宜选年壮娴熟弓马之人，以备巡捕之职。弓手数少者，亦宜增置。除捕盗防转，不得别行差占。”京城内分南北两城兵马司，各主捕盗之任，南城三十二处，弓手一千四百名;北城一十七处，弓手七百九十五名。各地捕贼巡马，先令执持闷棍以行，后因贼众多有弓箭，反致巡军被伤。便议给各路弓箭十副，府州七副，司县五副，各令置备防盗。

后来，江南一些地方有奏请，曰:各处弓手仗着技艺高超，有那居心不良者，往往致害人命。没想到眼下崞阳便是如此。

撒吉思见众兵丁无人回话，便将目光又投向了孛南奚，喝道:“你身为本县达鲁花赤，应当以护县卫民为职责，却做出这等下作之事，你既承认是你派弓箭手射向县尹家，今日便随我去往太原府说个明白。”

他大步走到孛南奚跟前，一把揪住他的脖领就往外拽。孛南奚本已是气得满脸猪肝色，眼中满含杀机，这下见撒吉思伸手过来，便将身子往下一缩，右手从靴子里拔出一把雪亮的匕首，转身就朝撒吉思胸前刺去。王实甫一旁看得分明，也来不及叫喊，飞身上前一脚踢向孛南奚的手臂。

那匕首随着手臂被踢翻划过孛南奚自己的脸颊，随后脱落在地。王实甫踢起匕首攥在手上，孛南奚恨道："王实甫，你竟敢诱惑撒吉思结党营私，陷害本达鲁花赤。"他拍打着胸脯："你要有本事就朝我这儿来，你这个杂种！"

随着他声嘶力竭的喊叫，只见一道血光冲天而起，围看的兵丁们一时不知所措，突然有人惊叫起来："达鲁花赤，你的脸……"那靠墙站着的孛南奚听得有人叫，下意识地朝脸摸了一把。这一摸不打紧，半张脸皮竟然一下子耷拉下来，嘴也豁开了，露出满嘴大牙。孛南奚满手是血，他莫名其妙地左右看了看，突然两眼一翻白，身子歪倒下去。

这一场争斗惊动了太原府，王实甫被传唤至府堂前，受到知府狠狠的责难。但随之撒吉思也赶到太原府，诉说了前因后果，证明王县尹确是为民着想，孛南奚不仅焚烧草原森林，而且暗中忌恨县尹并处心积虑试图加害，县尹前去质询之时，孛南奚出手伤人，险些坏了他撒吉思的性命。

太原知府本想重责王实甫，见撒吉思据理力争，便只好罢了。太原府早就收到过王实甫的文书，对孛南奚焚烧森林之事也早已知情，但却不置可否。

孛南奚气势汹汹，极想置王实甫于牢狱之中，他看上去面目骇人，其实只是受了点外伤，淌了满脸血，并无大碍，用过一些草药之后，半边脸皮重新长合，只留下些疙疙瘩瘩。

太原知府对王实甫和孛南奚二人一番教训，说既然同在一县为官，理应相互帮衬，为朝廷恪尽职守，岂能相互争斗，岂不让百姓笑话？罚扣二人两月俸禄。

王实甫见这太原知府五十大板各打一半，不理是非，也不对孛南奚滥用职权、加害于人给予惩罚，便当堂申诉道："知府大人，在下多次上书，报告崞阳城外草木被毁，百姓流离失所，知府大人明镜高悬，为何不加判断？”

那太原知府恼道：“王县尹你过于褊狭，本府本不想就此事多说，但你一再计较，本府只好告诉你，孛南奚所为虽然有些过激，但也不无道理，崞阳一带地处要塞，民生固然不可忽略，但保疆护土历来更为要紧，纵使损伤些草木，为舍小取大，保我大元朝固若金汤也是理所应当的。”又说城外烧荒的做法并非只有崞阳，元朝边关多有采取此法的，何必大惊小怪？

王实甫又一次感到如一盆冰水浇到头上，他从头到脚都凉透了。当夜写出一份辞呈，第二日一早便亲手呈交到太原府台前。

那太原知府见是一份请辞县尹的辞呈，不禁冷笑道：“王县尹果然脾气不小，久传你自仗略有才华，在坊间卖弄文墨，眼下难道是要辞官不做，专去弄那风花雪月，吟诗作赋不成？”

王实甫见那知府居高临下，言语之中多有不屑，便道：“人各有志，无需多言，但请留此存照，批复就是。”知府恼道：“这朝廷之命官非同儿戏，不是你想来就来，想走就走。你既有辞呈，本官待要报请朝廷，等到回复才能定夺，你休得自以为是，擅自行为，否则休要说王法无情。”

那知府色厉内荏，其实也只是吓唬一番而已。他也知道王实甫家世背景非同一般，但张弘范元帅已经去世，且朝中对他的议论颇为不利，不止一次有人在世祖皇帝面前上奏，说起张弘范生前的种种不是，大有兴师问罪之意。虽然世祖皇帝并未准奏，但也一时未曾给予明确批驳，倒张之流似得默许，便更为活跃，又将这股风指向了王实甫的岳父张弘略。这太原知府在官场上厮混多年，暗中与京城官员有好些交际，早有人将这些朝中八卦传到了耳朵里，并得知举荐王实甫的张文谦大人因病去世，故而敢在他面前吹胡子瞪眼。

不想那王实甫听罢他的话，却是面容淡定，于堂前举起双手将官帽摘下，露出一头绾在脑后的黑发，他仰仰头，然后掸了掸官帽顶子，将它轻轻置于大堂之上，便一抖袍袖转身而去。满堂人瞠目结舌，知府朝着王实甫的背影拍案道："大胆狂徒！"

王实甫一脸轻松地回到崞阳家中，连声叫："拿酒来！拿酒来！"添书随在身后，却是一脸沮丧。门前的袁黑子见状不妙，小声问添书出了何事，添书说二公子他把县官给辞了。

袁黑子大惊："县尹他把官辞了？"顿时呆立在当院，一动也不动。听茶从屋里出来，叫着："你们怎么都傻站在这里？二公子不是叫拿酒吗？屋里二少奶奶都听见了，问是有什么好事呢！"

一看二人脸色不对，听茶忙从台阶上几步蹽到院里，问："怎么了，出了什么事吗？"

袁黑子呆呆地说："县尹他把官辞了！"

听茶先是一愣，继而却笑了起来："这样儿倒好，我们都可以回定兴去了。"添书没好气地说："你还笑，可知道老爷夫人，还有二少奶奶的心思，他们都指望着二公子有个好前程，这下好，又回到一布衣了……"

只听"咚"的一声，那袁黑子双膝跪在了当院，朝天呼道："苍天啊！你开开眼吧！王县尹不能走啊！"他连放悲声，添书忙拉扯他，正在侧屋洗漱更衣的王实甫也闪出门来，惊道："老袁，你这是做什么？"

袁黑子跪泣道："县尹啊，只有您知道我们崞阳百姓的苦啊！早些年官兵们打来打去，这朝败了那朝来，可有几人管过我们老百姓的死活？官兵把我们的牛羊粮食抢走了，草原森林烧没了，还不放过我们，一年四季跟我们要这要那，那日我送炭到县衙，若不是碰上县尹您，我险些送了性命。这几年有了县尹您给小的们做主，崞阳的百姓才过了几天好日子，您这要是一走，我们可怎么活？"他说着，又忍不住一阵悲号。

"谁在那里吵吵？"兴儿从屋里掀开厚厚的棉布帘，伸头朝院子里打探，见是袁黑子跪在王实甫跟前，忙问，"二公子，二少奶奶问何事吵吵呢？"

王实甫一听，忙回道："我这就来。"转身扶起袁黑子，说道："老袁你快起来，我王实甫一人所为微不足道，但人间正道总归长存，且多多保重！回头待我们走后，你可将这院里的家具变卖些钱，带回家与老婆孩子安心度日……”

屋里突然扑通一声，随后只听兴儿惊叫道：“二少奶奶，二少奶奶！”

王实甫闻声大惊，忙朝屋里跑去，一掀帘子，只见婉常直挺挺地躺在地上，脸色煞白。他慌得一把抱起妻子，贴着她的脸，感觉到她温温的气息从耳边吹过，心里才稍稍松了一下，忙将她抱到床上，手掐住婉常的人中，一忽儿，婉常悠悠地出了口长气，王实甫轻声叫唤：“娘子，娘子！”

婉常慢慢睁开眼来，听茶叫了一声阿弥陀佛。兴儿道：“二少奶奶，您可把我们吓坏了。”

王实甫握住婉常的手，叫道：“娘子，你好些了吗？”

那婉常明明听见，却将头在枕上扭向一边，眼里流出两行泪来。王实甫见状又惊又疼，问：“娘子，你这是怎么了？心里有何事？”

婉常道：“官人做下的好事，却来问我？”

王实甫不解。婉常支撑着坐起，道：“方才你们在院子里的话我都听见了，你果然是不听我劝，竟然执意辞了官去？”

王实甫一听竟是为自己辞官一事，心中有些释然，幸亏婉常不是真得了什么疾病，但又不觉有些气恼：“娘子，你这是何苦？你刚生了结儿，只管好生养息才是，何必为此事操心多虑？再说为夫辞官之念早就对你说过，并非一时兴起，何至于如此烦恼？”

婉常素来端庄，但此时却顾不得披头散发一脸泪水，坐在床头怨道：“不说平日爹娘如何告诫，只说婉常为官人做过多少打算，眼看你在这崞阳任期已过三年，说不定即刻就会有升迁，你却倒好，不加考虑就负气辞职，将一个好端端的前程给葬送掉，你让我如何不伤心？我看你又如何回去见爹娘？”

王实甫一直耐着性子听着，但终于按捺不住，恼道：“够了，要早知你这样渴求功名，又何必随我王实甫？”

第十八回 斗鹌鹑

虽然遭到婉常的坚决反对、软磨硬泡，但王实甫还是没听妻子的劝告，去把搁置在太原府公堂上的官帽求回来，夫妻俩从此少了话语，相互僵持着。

至元二十三年（1286），王实甫带着婉常和不满半岁的二儿子王结，领着添书、听茶、兴儿等一行人离开了他为官四年的崞阳，回到了定兴。

老爷王逖勤和阿夫人早已从婉常的书信中得知大半，对王实甫辞官一事多有不快，但见到襁褓中的二孙子王结，胖嘟嘟的脸蛋上两只眼睛漆黑有神，滴溜溜地盯着人，又不觉开怀大笑。那孩子也不怯生，被阿夫人一把抱过，咯咯直笑，喜得阿夫人连声赞道："真是我那亲亲的孙儿也，喜煞人啦。"

一家人团聚的欢欣冲淡了王实甫辞官的阴影。王实甫一个劲儿给父母请安问候，只说远离父母，心中多有不安，趁此机会在家里侍亲奉老，并多读些诗书，或者再去向董朴先生求教，来日方长，等等。王逖勤和阿夫人也就不再多加责怪。

恰如那鸟儿归了山林，鱼儿游动于熟悉的河水，王实甫回到家乡，再次享受难得的安逸。他找出一卷卷爱读的书稿，或是在书房闷头读书习字，或是去到黄金台上、易水河边踏游，一路吟诗作赋，好不快哉。有好几回在乡间遇到锣鼓喧天、乐声悠扬的社戏，扮戏的角儿们粉墨登场，在那村头搭就的土戏台上一演就是一天，王实甫也随处找个坐的地方，不管是小板凳还是石头、土块，痴迷地一直看到散场。

添书等得不耐烦，嘀咕道："二少奶奶说过好多次，不许带您看这些杂剧，您就是不听，害得俺回去挨骂。"

王实甫也不加理会，只盯着台上的人儿，听着那唱段，不时叫好，添书在一旁只有唉声叹气。

不觉过去半年。

一日，王实甫又夹一卷书来到河边，看着看着困倦起来，倒头便睡在树下。那添书也乐得清闲，爬到树上去掏鸟蛋。快到黄昏时分，听茶来唤："二公子，二公子，府上来人了，老爷请您赶紧回府。"王实甫问是何人，听茶说："京城大都来的，那名字我乍一听，也叫不过来。"

勤公府门前站立了一队陌生的兵丁，把守着大门两旁，一个个衣着华丽，一看就来自宫廷。实甫走过时拿眼一瞟，突然觉得有一个年轻后生好些面熟，待要细看，那兵丁却恭敬地低下头去。

乔叔迎上来说道："二公子，您让人一顿好找，家里来客人啦，正在老爷房里说话呢，您还不赶快去拜见。"

王实甫三步两步来到老爷书房跟前，听得屋里正在说笑，却听大哥王实厚说："表弟你好不容易来了，可不得多住几天？俺们塘溪王家的杏花酒，可是京城里的人最爱喝的酒！"一人笑答道："表兄所言极是，今天就好生陪着姑丈喝上几盅。德信表弟怎么还不见回来？"

王实甫一听那人声音，心中大喜，闯进门去就大叫一声："易不剌金表兄！"

坐在父亲跟前的果然是当朝二品官阿剌罕的儿子易不剌金，几年未见，他已从朝廷宿卫军副统领升为统领，此次是奉世祖皇帝之命，前往保定府应一门差事，途经定兴，顺道来勤公府拜会王逖勤姑丈一家。当下见了王实甫，好一番亲热。

几人坐定后，易不剌金又谦恭地说道："家父刚从江西回到大都休假半月，一直很想念姑丈您，几次想来定兴看看，但皇上给他派了不少事务，说是休假，也只是在家里办理公事而已。”

王逖勤笑道：“阿剌罕大人如今仍是朝廷重臣，哪有闲工夫四处游走。我一个闲散之人，倒是应该去大都看望他才是。只是近二年来，这腰腿更不如从前，若去了，只会给你们添些烦恼。”说着，他朝一旁坐着的王实厚说：“德清啊，你明日代我进京，前去拜望阿剌罕大人。”

王实厚忙起身应道：“是，父亲。”

王实甫也随之说道：“父亲，我也跟大哥一起去。”

王逖勤瞥了一眼王实甫，脸色略微一沉，说：“德信啊，听说你自辞官回得家来，成天东游西荡，不问前程倒也罢了，只管听那没用的小曲儿，是何道理？”阿夫人在一旁扯了扯老爷的衣摆，王逖勤却说道：“夫人你不用遮挡，这易不剌金贤侄不是外人，我就得当着他的面教训教训德信。”

这些天，王逖勤也是忍耐多时，这会儿借题发挥，把对王实甫的失望吐露出来，全家人都不由得面色尴尬。实甫却并不在意，对易不剌金微微一笑，他知道父亲一顿发泄之后，反倒轻松了。自他回来以后，全家人都非常忌讳辞官这个话题，这下子捅破，大家都觉得像是卸掉了一个包袱。

易不剌金见气氛有些莫名其妙，忙赔笑道：“姑丈不必生气，德清他在崞阳为官四年，也有风声传到朝中，说他在那里勤政廉洁，颇得民心，如今既然回到定兴，再从长计议就是。”

王实甫看着易不剌金，心里暗暗感激。

王逖勤听罢，不由得道：“有贤侄这句话，我心里多少宽慰些。”当日摆下酒宴，一干人喝得十分酣畅。王逖勤不忘叮嘱乔叔：“别让贤侄带来的兵丁们饿着，快叫家丁替了他们，让他们也坐下吃喝。”

王实甫这时突然想起门前见到有一个兵丁，似曾相识，便问那易不剌金：“表兄，那些兵丁可都是宫中的卫士？”

易不剌金点头，脸上现出些得意：“他们都是从军队中百里挑一选出来的，个个武艺高强。”王实甫道：“哦，还真想见识见识，何不请他们明日一早在黄金台上比试比试，勤公府上的家丁正想拜师学艺呢。”

王逖勤沉下脸来，道：“放肆！你表兄身负重任，哪能与尔等一起游戏？”

易不剌金拱手道：“姑丈言重了，若是能与勤公府上的高手比试练武，当是一件快事，只是我要尽早赶回宫中复命，三更之后就将启程，只能等以后有便利时候再来讨教了。”

当夜三更，马厩里一阵细碎声响，那马都是上等的骏骑，经过严格调教，走动起来如轻风掠过，一时间被牵至府外，轻装束身的侍卫们闪电一般跳上马背，没等王实甫看得明白，转瞬之间就消失得无影无踪。远去的土路上，只留下一串串模糊的马蹄印。

送行的王实甫站在路口，心里一阵怅惘，昨夜里他蓦然想起，门前见到的那张面熟的脸，原来酷似枫树林里的李赛儿。这一想，让他不觉心潮涌动，再也无法安睡。

那青衣男子，虽然从来没给过王实甫好脸色，一直横刀竖眉恶言相向，但王实甫却似乎怎么也恨不起来，相反倒觉得有几分说不出的可爱。他猜想，难道那李赛儿入宫做了侍卫？凭他的武功，倒是完全担当得起，可他和爷爷李思田隐匿深山，似乎对当朝皇帝有着深深的怨恨，为何甘愿进宫去守护？

他想着，自己摇摇头，天下相貌相似的人多的是，哪能就会是那青衣男子呢？

几日之后，王实甫带着父母和大哥备下的丰盛礼物，定兴草甸上肥壮的牛羊和美酒，还有农庄种下的瓜果蔬菜、小米红豆等，要去元大都阿府上。

本当受父命的王实厚，那日见实甫有心想去，便说：“德信，我这里一大堆事情要打理，既然你乐意去大都，我就禀过父亲，让你前去看望阿舅大人最好。”

忠厚的大哥王实厚跟王实甫站在一起，不像是兄弟，倒有些像是父子，这些年勤公府里外全靠他支撑，他成天忙碌在酒坊、农庄里，甚至有时还亲自动手跟伙计们一起干活，手背上青筋毕露，脸上又添了好些皱纹。王实甫心疼大哥，点头说："实甫知道大哥辛苦，却帮不上忙，真是惭愧。"

王实厚说："瞧你说的，只要一家人和气平安，我当大哥的就是受点累，心里也高兴，比什么都值。"

禀过父亲王逖勤，那日父亲已将王实甫一顿教训，这会儿便说："德信，你哥哥既然让你去，你去时别只顾游逛，要多向阿舅大人请教，早晚总该有个前程，别白白耽误了工夫。"

走的那日一早，车马都在门前备好，添书兴高采烈地催着上路，听茶在一旁没好气地说："这主子还没发话，你着的哪门子急？"

王实甫在门口站了好一阵，指望婉常出来说话，但却是久等不来。听茶明白他的心思，进去了一会儿又出来，说："二公子，二少奶奶说，您赶紧启程吧，她这会儿要守着给小少爷喂奶，出不得门去。要您路上小心，记得早晚加衣服，别着了风寒。"

王实甫听罢点点头，也不回话，转身就走，心里一片荒凉。

婉常自从那天在崞阳昏倒在地，醒来之后便再也没了笑脸，成天价全部心思只在围着两个孩子，跟孩子一块儿时她有说有笑，可只要一见王实甫出现，就变了脸色。王实甫问她什么就回什么，却等不来第二句话。实甫几次三番想趁着床上歇息的工夫，把婉常的心暖过来，但即使夫妻间做些亲热的事情，婉常也决非往日，身上一直冷冰冰的，任由他一个做丈夫的行事，她那里却没有反应。

几次之后，王实甫浑身的热火劲儿也就慢慢消退，再也燃不起什么欲望。这回他主动要去元大都，也是在家里待得发闷，只想躲开婉常，出去散散心。有时候心里大有不解，这婉常为何把官宦仕途看得重如千钧？难不成她投错了胎，应当她来做一个男人，好生蹬跶一番，说不定会继承了她张家的衣钵。

一路想着出了定兴县城，通往京城大都的官道上，车马络绎不绝，有从京城到南边来采购货物的，也有从保定、洛阳、开封各地进京办事的。王实甫一行赶着大车，还赶着牛羊，从定兴到京城二百多里地，紧赶慢赶走了两天。好在路途平坦，第三天中午进了京城，渐渐进入人烟稠密的街市，赶来的牛羊大概头一次见到这么多人，不由得乱叫，王实甫连忙下马，叫添书几人看紧那群羊，别让牲口跑散了。

不过，元大都的街市上什么都有，还有不少商人赶着成群的骆驼、牦牛，若无其事地行走着。添书兴奋地东张西望，说："公子，这回咱们得在京城住上一阵儿了吧？"

沿路看去，京城这几年来大有变化。

至元二十三年（1286）时，大都的大内宫殿、宫城城墙、太液池西岸的太子府（隆福宫）、中书省、枢密院、御史台等官署，以及都城城墙、金水河、钟鼓楼、大护国仁王寺、大圣寿万安寺等重要建筑陆续竣工。年前，宫中发布了令旧城（金中都故城）居民迁入新都的诏书："诏旧城居民之迁京城者，以资高及居职者为先，仍定制以地八亩为一份，其地过八亩或力不能作室者，皆不得冒据，听民作室。"

在那前后，有四十万至五十万居民陆续自金中都故城迁入大都。在此期间还逐步完成了宫内各处便殿、社稷坛、通惠河河道、漕粮仓库等建筑工程。元大都的营建工作至此基本完毕，之后元朝各帝陆续又有添建，如孔庙、国子监、郊祭坛庙和佛寺等，但对元大都总体布局从没有变动。

走过钟鼓楼，添书指着前边叫道："公子，灵椿坊到了，前面就是阿大人的府上。"门前早已有人迎了过来，将车马安顿好，管家杨更颠颠地从府里跑出来，叫道："德信公子来了！真是难得的贵客！"

王实甫下马就问候阿大人，想马上拜见他。杨更却连声说："真是不凑巧，前儿宫里传了话来，召阿大人进宫去，只因南方又有骚乱，皇上着阿大人星夜兼程赶回江西，可能还要带兵前往福建呢。昨儿一早阿大人就带人走了。"

王实甫道："这么不凑巧？"又问："那易不剌金统领呢？"

杨更说："易不剌金公子也进宫好几天了，临走时交代，说勤公府上的公子要是来了，让俺们一定要好生侍候，他一有空子就回来看望。"

正说着，几个家丁在身后嚷道："哎，哎，羊，羊跑了……"

一看却是赶来的那群羊正在院子里乱窜，领头的那只大羊跑过来，一头顶在杨更的肚子上，差点将他撞倒在地。王实甫哈哈大笑起来，添书道："公子您还笑，这杨总管的衣服都被扯破了。"

王实甫扶起杨更，道："不妨事，明儿我们去到大都的缎子市给杨总管挑上一套好料子。"杨更忙不迭地说道："岂敢岂敢？"他扑打着身上的土，喜眉笑眼地说："二公子这一来，我们这府上立马添了喜庆，平日里也听不到个声响，悄没声儿的，您这一来多热闹啊。"

又吩咐家丁，叫快把王公子他们的行李拿到房里去，那房间早已备好，原是王实甫头几年住过的，新挂了上等纱料的床帏和窗户帘子，换了新被褥。王实甫拉过杨更，往他手里塞了二两银子，杨更先是不收，几番推拉，又听王实甫说每次来都添了不少麻烦，这也只是心意，不必客气，等等，便就揣进了怀里。

随后，那杨更脚下越发走起风来，嘴里不停地吆喝，让下人们各自忙活。

添书看在眼里，私下说："二公子，我看您这几年县尹没有白当。"王实甫问："怎么？"添书嬉笑道："会了些人情世故，跟早先在董朴先生那里读书时可大不一样。"王实甫叹道："是啊，人活在世上，难免随波逐流，学会些平常事理，只是不要伤了根本。想当年，听从龙冈先生教诲数年，却从未想到为他老人家送上一份薄礼，每次都是爹娘他们先头备好了，可我却没往心里去。现在想起来，却是我的失礼。"说到此，竟坐在桌前发起呆来。

添书这边打开行李，收拾了一阵，转脸看王实甫仍坐在那里默默无语，不禁奇怪："二公子，二公子！您在想啥呢？"

王实甫回过神来，说："没想什么。"

其实方才提起龙冈先生，让他不由得想到辞官之前，他给先生写了封书信，原以为先生自己也曾多次婉言谢绝皇上的委任，一定会支持他的辞呈，但先生却一直到现在也没有回信。依照先生的性格，莫非是对他的做法不以为然，因此不想加以回复？每想到此，心中便好生不安。

吃饭间，虽然杨更吩咐厨房做了一桌美味，但王实甫却只是尝尝。

杨更看出他胃口不佳，便在一旁说道："二公子，您既然来到京城，就只管安心住下，易不刺金统领早晚就会回来，您要是觉得闷，小的先给您找个好玩的去处转转。"

添书一听插嘴道："杨总管，是哪个好玩的地儿？"

王实甫叱道："就你多事。"

杨更道："我看公子是个喜爱戏曲诗文的儒雅之人，可知这京城里有好些个名角儿，唱的那曲儿可是世上难寻，又有一班专写曲儿的文人墨客，也都是京城坊间大名鼎鼎的人物，不知公子可曾相识？"

王实甫一听，不禁放下碗筷，专心问道："是哪些人物，你倒是说来听听？"

杨更说："不急，公子您先吃着，回头咱们慢慢细聊。"王实甫却道："你这是吊起了我们的胃口，且只说个开头，岂不让人急死。"杨更笑起来，便就着旁边一张椅子坐下，凑过脸来道："公子有所不知，这些年京城里的人，无论达官富豪，还是那平民百姓，都爱听那有一人写的曲儿。"

"你说的可是那关汉卿？"王实甫道。

杨更道："正是。"

王实甫来了兴致，站起身来念念有词："子规啼，不如归，道是春归人未归。几日添憔悴，虚飘飘柳絮飞。一春鱼雁无消息，则见双燕斗衔泥。"

杨更听着，歪头一想，说："公子念的可是汉卿先生的《大德歌》？"

实甫点头，他指了指添书："你收拾的行李中，可曾把关先生的那卷诗稿带来？"添书撇嘴道："本来行李就够沉的了，公子偏还要带上这本书那本书的。"实甫待要生气，添书却又说："咳，我就是少带几件衣服，也得把您要的书都带上呀。"说着，从刚收拾的抽屉里掏出一卷册子来，纸张略有些发黄，双手递过来说："瞧，可是这个宝贝？"

王实甫喜形于色，忙拿过来翻看着，点头说："嗯，正是它。这册子还是上次来大都时，在智乐坊那边的书摊上寻摸来的，要了我二十贯钱。"添书道："要我说十贯也就够了，您当时还直说便宜，便宜。"王实甫道:“你知道什么?满天下都知道关先生的戏文写得妙，好不容易有这刻印的册子，别说二十贯，就是给他二十两银子，也是值得的。”

当下杨更听了，不禁拍手笑开来，说:“我正愁公子住在这儿嫌闷得慌呢，您既然是仰慕关先生，我找人儿时带您去见见如何?”

王实甫喜道:“此话当真?”

杨更起身说道:“咳，这还有假?我在这京城过了大半辈子，上下还能不认得几个人儿?这有一个跟着关先生跑事儿的正是我打小的邻居，他也好一口戏曲，您说想见见关先生，不就是一句话的事?”

王实甫说:“既然如此，明儿咱们就去。”杨更笑道:“公子不必性急，我先着人打探一下，听说关先生有时候还外出行医，不知近日在家不?”王实甫一听有理，便叮嘱杨更早些去打探明白。

杨更点头:“二公子吩咐的事儿，我明儿就办。”

第十九回 宣圣庙

过了两日，杨更派去的小厮回话，说关先生已从平谷那边行医回来，要去拜会就是明日便好。王实甫一听正合心意，便预备第二日早起，便与杨更去智乐坊那边。

但没承想到了夜间，易不剌金却突然几乘快马回到了府上，他仍是一套宫中打扮，行色匆匆地见了王实甫就说："勤公姑丈所托之事，哪敢怠慢？你且跟我进宫去，正好有个机会，没准儿就是表弟你的出头之日。"

实甫一惊，不知表兄所指何事。

易不剌金也不待细说，却让杨更拿出一套宫中侍卫的衣服，让王实甫换了，说："你只管跟我走，咱们到了宫里再说。这两日宫中繁忙，我出宫也只有一个时辰的工夫，稍后便会有人查询。"

原来三日之后却是世祖皇帝于宣圣庙春奠之时，皇帝要亲自携百官前往，宫中为准备此次祭奠已是日夜忙碌。

这宣圣庙，由太祖始置于燕京，诏加号先圣曰大成至圣文宣王。至元十年（1273）三月时，中书省命春秋释奠，执事官各公服如其品，陪位诸儒襕带唐巾行礼。诏春秋释奠于先圣，以颜子、曾子、子思、孟子配享。封孟子父为邾国公，母为邾国宣献夫人。又以许衡从祀，以先儒周敦颐、程颢、程颐、张载、邵雍、司马光、朱熹、张栻、吕祖谦从祀。后又以汉儒董仲舒从祀。齐国公叔梁纥加封启圣王，鲁国太夫人颜氏启圣王夫人；颜子，兖国复圣公；曾子，郕国宗圣公；子思，沂国述圣公；孟子，邹国亚圣公；河南伯程颢，豫国公；伊阳伯程颐，洛国公。

这春秋释奠乃朝廷大事，皇帝要亲自前往宣圣庙，易不剌金作为皇帝身边的侍卫统领，自然是责任重大，要负责皇帝出行的全部安全。这几日他正在宫中训练侍卫，恰巧有一贴身侍卫的老父亲去世，只好告假还家，易不剌金则想到王实甫虽然是一介文人，但也从小习武，不如趁此机会先补一个宿卫，说不定有机会面见皇帝得到赏识。

“要说，贴身侍卫见到皇上的机会可是每天都有，但能说上话却是极为不易，有的人在宫中当了一二十年的侍卫，皇上连正眼都没瞧过一眼，更别想跟皇上说话了。”当晚，易不剌金把王实甫带进宫去，让他住到了自己跟前的侧屋，又与他促膝交谈，“但看人的运气如何，也有那命好的，皇上拿眼一瞅，不知怎么就瞧顺了眼，一问是哪儿来的，再看看身上的功夫，立马就给了赏赐，说不定还赏个官儿做做。”

建立元朝之前的蒙古汗国由成吉思汗实行领主分封制，将全国牧民按地区编为十、百、千、万户，各设长以统领。万户长、千户长都是开国功臣，由成吉思汗任命，占有不等的封地和封户。封户平时畜牧生产，缴纳赋税，战时由领主率领，随大汗出征。这种领主分封制实质是军政合一。成吉思汗的私人财产和宫廷事务分属于四个斡耳朵，斡耳朵是宫帐的意思，由成吉思汗四个妻妾分别管理和继承。成吉思汗的亲军称怯薛军，怯薛是“番直宿卫”的意思，也就是宿卫军。

宿卫军成员称怯薛歹，长官称怯薛长，除保卫大汗外，还负责大汗的日常生活，并兼办公事，处理国务。怯薛军中为大汗主管文书的官员称必阇赤，意为“书史”，也可以参谋国事。司法官称扎鲁忽赤，为断事官。

元朝建立之后，中国得以统一，国家规模超过汉、唐，蒙古汗国官制已不适应形势，忽必烈听从刘秉忠等人的建议，对历代中原王朝官制，特别是金朝官制多有借鉴，形成了颇具特色的元朝官制。元朝中央最重要的机构是中书省、枢密院和御史台。

中书省是由蒙古汗国时侍卫官必阇赤演化而来，又称都省，为管理全国政务的最高行政机构。中书省名誉上的长官是中书令，由皇太子兼任，称“行中书令”或“领中书令”，但并不常设，元代只有四个皇太子兼任此职，而且“首居重器，未尝事事”（《秋涧集》卷八四），“名虽如是，实则未闻”（《青崖集》卷四）。实际上中书省的长官是右丞相和左丞相，总领省事，裁夺庶政。元制尚右，右丞相地位高于左丞相。平章政事是丞相的副贰，左右丞、参知政事为执政官，统称宰执。又有参议中书省事，掌管左、右司文牍，并可参决军国重事。左、右司，各设郎中、员外郎、都事等官。中书省统领六部。六部皆设尚书、侍郎、郎中、员外郎等。六部职掌与宋朝相仿，惟兵部不掌军政，只负责邮传屯牧。

枢密院是最高统军机构。除怯薛外，“天下兵甲机密之务，凡宫禁宿卫、边庭军翼、征讨戍守、简阅差遣、举功转官、节制调度，无不由之”（《元史·百官志二》）。最高长官枢密使，也不常设，实际上的长官是知枢密院事，下设同知枢密院事、枢密副使、佥枢密院事、同佥枢密院事、院判、参议等官。

元朝军队分宿卫（戍卫京师）和镇戍（镇守全国各地）两大系统。宿卫军又分怯薛和五卫亲军。怯薛军入元后仍然保留，处于功勋军的地位，设怯薛长，归皇帝亲自统辖。怯薛待遇优厚，元朝高级军政官员多出身于怯薛。所以，官员以怯薛出身者最显贵。五（左、右、中、前、后）卫亲军是中央常备军，各设都指挥使、副都指挥使等官，由枢密院管辖。镇戍军也由枢密院调动，有蒙古军、探马赤军、汉军、新附军，其编制为万户府、千户所、百户所、牌子四级，分别由万户、千户、百户、牌子头统率。各级军官都是世袭，地位高于文官。

御史台是最高监察机构。忽必烈曾说：“中书朕左手，枢密朕右手，御史台是朕医两手的。”（《草木子·杂制篇》）设官有御史大夫、御史中丞、侍御史、治书侍御史。元代御史台地位高于唐、宋，一改以往以低品位官员监察高品位官员的传统。御史台直属机构有殿中司和内察院。殿中司设殿中侍御史，主管检查朝廷礼仪、考核京官。内察院设监察御史，主管刺探举报各种违法之事，有一定独立性，称作天子的耳目之司。元朝还在江南、陕西分设行御史台。御史台（内台或总台）与江南行台（南台）、陕西行台（西台）分辖二十二道，腹里与河南、辽阳二行省八道隶内台，江浙、江西、湖广三行省十道隶于南台，陕西、甘肃、四川、云南四行省四道隶于西台。每道设肃政廉访司（初设时称提刑按察司），置使、副使、佥事、经历等员。廉访官分临所管道监察，称为分司，每年八月至次年四月出巡，监察地方官吏，复审案件。[①]

元代御史台可以自选从总台到肃政廉访司的官员，当然得奏请皇帝批准，但这在历朝监察官的设置上绝无仅有。

这宿卫一般都是良家子弟，还有不少家世显赫，想着法儿把儿子送进宫来，就是为了谋一个远大前程，更是特别指望能入了皇帝的眼，一步登天。

听易不剌金说了好一阵，王实甫竟有些犯困，他对这些官场上的制式毫无兴趣。他打量着这屋子里简单的桌椅陈设，墙上就挂着一把长剑，床上也就是单薄的一枕一被，便笑道："我看表兄你舍了府上的娇妻幼子，在宫中日夜辛劳，担惊受怕，这官不做也罢，何苦来？"

易不剌金见自己说了半天，王实甫却一脸不以为意，便道："你看你，好端端的前程偏不当回事，有多少人求之不得，你却在说笑。若不是勤公姑丈亲口托嘱，我易不剌金才不会管你这档子闲事。"

王实甫听他气恼，便说："我方才的话只是玩笑，表兄不必在意。表兄几次三番为实甫谋划，我岂能不知好歹？只是人各有志，我在崞阳几年光景，也算是阅尽民间苦难，尽我微薄之力，无奈人微言轻，纵有千般雄心壮志又将如何？所以不如于诗文里寻些乐趣。"说着，便问有无酒水，这宫中凉津津的夜晚，只有喝点酒或许才能避了寒去。

易不剌金没好气地说："宿卫哪能随便饮酒？你是想找死不成？"

---

① 《元史·百官志二》，明·宋濂等撰，中华书局。

说着，又劝了王实甫一回。

这易不剌金的心里其实也是为阿鲁浑人着想，这个族群人本来就不多，在朝中为官的更是寥寥无几。从前跟随太祖灭金的军队中倒是有一些骁将为阿鲁浑人，但如今都一个个老去，他们的子弟多为平庸之辈，即使家有万贯也守不出三代。作为阿鲁浑人，易不剌金在朝中常感势单力薄，非常希望能有一两个帮手，也弄出一点气候。王实甫的母亲为正宗的阿鲁浑贵族后裔，他家世优越，又才华过人，还有张弘略为岳父，只要找准机会就能青云直上，岂能随便错过？

“好吧，我听你的就是。”王实甫说，“哪怕借此机会看一眼皇上的龙颜，也是一件有趣的事。”

易不剌金听他口出此言，脸色一变，急忙过去关了房门，回身小声怒道：“德信！这可是大元朝的宫殿之中，哪容得你信口开河，胡言乱语？窗外有人要是听见，密报上去，你我的脑袋就要搬家。”王实甫奇怪地问：“我说错什么了吗？”易不剌金竖起手指，轻声嘘了一下，意思让他不要再多说。王实甫便不再言语，低头叹道：“早知如此，何必进宫？”

这时，他突然想起一事，便将易不剌金拉到跟前，小声问道：“你手下的宿卫，可有一个叫作李赛儿的？”

易不剌金摇头：“没听说有此人？何故问起？”

王实甫自言自语道：“一定是我看走了眼。”他想了想说道：“表兄，我跟你进宫来，原本也只是权宜之计，却没有长久待在宫里的心思，等到过了这春祭，你就让我回去吧。”

易不剌金无奈地叹道：“你只管想好就是，我也不勉强你。只是勤公姑丈那里，你自己得有一个交代，不是我易不剌金和家父不替你们王家帮忙。”

仲春初八，黎明尚未到来，宫中已经是灯火通明，侍候皇帝更衣的太监捧着龙袍列队站在寝宫门前，宿卫们分散站立于宫殿四周。虽是仲春天气，但凌晨的寒意依然，不时有北风吹过，更激起周身发凉。三更刚过，世祖皇帝传旨，立刻前往宣圣庙。

一时间，鼓乐齐奏，宫门大开，前后有宿卫和太监开道护驾，一路声势浩大。大都百姓早闻皇帝春祭，街道两旁从半夜时分就挤满了等候观看圣驾的人，一个个伸着脖子，眼巴巴地朝皇宫的方向守望着，一会儿听得鼓乐声响，顿时挤涌起来，叫道：“皇上来了！皇上来了！”骑马的宿卫手执马鞭，将那挤在前头的人往后赶，不断吼道：“退后，退后！”有那不知深浅的仍然埋着头往前挤，那鞭子就追着头顶而来，唰唰跟风吹过一般，挨了鞭子的还不明白是怎么回事，嘴上忍不住叫喊：“哎哟，我的个妈也！”

易不剌金统领骑着高头大马，紧跟在皇帝的御车旁边，另有八个英俊冷面的年轻宿卫官紧随御车两侧，他们左手握着缰绳，右手捏着插在腰间的刀把，双眼警惕地扫视着周围。大都城南面三门、北面二门，从丽正门北穿皇城正中的崇天门及大明门、大明殿、延春门、延春阁、清宁宫、厚载门，直抵中心阁的中轴线上，有一条宽阔的御道（今北京景山公园为延春阁、厚载门遗址）宽达二十八米，世祖皇帝忽必烈此时正是沿着这条御道而行。紧随在圣驾御车后面的是忽必烈的两个孙子，也就是真金太子的长子甘麻剌与三子铁穆耳，他们都骑在马上，甘麻剌看上去少年老成，脸色沉郁，铁穆耳则显得意气风发，连胯下的骏马也一个劲地朝前直蹿。

王实甫被易不剌金安排在圣驾的车旁，他知道这是表兄的一番苦心，希望能有机会被皇帝注意。他内心却并不以为然，但借此机会能亲眼见到当今的皇子皇孙，甚至皇帝，也是难得的际遇。昨夜临睡之前，易不剌金又特别给他讲了一些宫中的事情，让他定要多加小心。前些日子，皇帝忽必烈曾大为震怒，差点杀了皇太子。

皇太子真金为世祖皇帝忽必烈的嫡子，原封为燕王，于至元十年（1273）二月被立为皇太子，兼中书令。就在那年春天，经财务宰相卢世荣重新起用的阿合马余党——答即古阿散等，找到了一个搞垮皇太子真金的绝好机会。

在此以前，南台御史曾封章上言：“帝春秋高，宜禅位于皇太子，皇后不宜外预。”太子真金深知父皇忽必烈不愿禅位，闻知此事后大为恐惧，御史台因此秘藏其章而不发。但此事为答即古阿散等得知，遂故意于忽必烈前奏请，要收内外百司吏案，以大索天下埋没钞粮为名，而实欲揭露此事，乃悉拘封御史台吏案。

御史台都事尚文将事情原委急忙告知中书右丞相安童和御史大夫玉昔帖木儿，决定留秘章不与；次日，答即古阿散乃上告忽必烈，命大宗正薛彻干取其章。在这万分危急时刻，尚文就献计于安童及玉昔帖木儿二位“大根脚”人物，以“先计夺谋”法抢先至忽必烈前陈述事情经过。不出所料，忽必烈听到居然有人要他提前让位给太子，当即大发雷霆，厉声责问道：“汝等无罪耶？”

丞相安童带头认罪说：“臣等无所逃罪，但此辈名载刑书，此举动摇人心，宜选重臣为之长，庶靖纷扰。”毕竟安童在忽必烈心中地位非同一般，经他再三解释，忽必烈的怒气才稍解。

虽然如此，真金太子还是忧惧成疾，躺在床上动弹不得，就连这春祭也不能前往了。

此时，骑在马上代替皇太子前去祭祀的是甘麻剌，他是真金太子的长子，作为嫡长孙，自然是皇位最佳的继承人。甘麻剌与弟弟铁穆耳皆由真金太子妃伯蓝也怯赤（又名阔阔真）所生，自小由忽必烈皇后察必抚养长大，封晋王，长期在漠北任方面主帅。前些日子，因父亲真金太子患病，甘麻剌特地请奏世祖皇帝恩准，回到大都探望父亲，并参加春祭。

在大都的街上行走了不到半个时辰，圣驾和随行的队伍来到了宣圣庙。众臣簇拥之下，忽必烈昂然走向祭坛，他看上去十分威武，身穿天子冕服，这冕服制以漆纱，上覆曰綖，青表朱里，綖之四周匝以云龙，冠之口围萦以珍珠，綖之前后旒各十二，以珍珠为之，綖之左右系黈纩二，系以玄紞，承以玉瑱，纩色黄，络以珠。头上戴着一顶高耸的皇冠，由珠云龙网结，通翠柳调珠，簪以玉为之，横贯于冠。綖上横一条天河带，左右至地，由珠钿窠网结，翠柳朱丝组二，属诸笄，为璎珞。

众人皆低头，王实甫则偷眼看去，只见忽必烈走到祭坛前，祭师告曰：“维至元二十二年月日，皇帝敬遣众臣等，致祭于大成至圣文宣王。”忽必烈接过祭师手中的祝板，默默站立，然后将一丈八尺的素绢呈于祭坛之前。

元代皇家祭祀十分讲究，有着严格的规范，仿照唐代礼仪，其牲齐器皿之数，牲用牛一、羊五、豖五，壶尊实三酒，皆有上尊，设堂下。盥洗位，在阼阶之东。用竹编织成的笾十个，用以盛放果实、干肉；高脚盘似的俎豆十个，专放从南方运来的新鲜荔枝、龙眼；簠簋各二，盛放黍稷稻粱；另有祭器登三，铏三，俎三，有毛血豆，正配位同。凡铜之器共六百八十有一，宣和爵坫一，豆二百四十有八，簠簋各一百一十有五，登六，牺尊、象尊各六，山尊二，壶尊六，著尊、太尊各二，罍二，洗二。龙杓二十七，坫二十八，爵一百一十有八。竹木之器共三百八十有四，笾二百四十有八，篚三，俎一百三十有三。陶器三尊，两个古瓶，一尊香炉。笾巾二百四十有八，簠簋巾二百四十有八，俎巾一百三十有三，黄巾蒙单十。

其乐登歌。其日用春秋二仲月上丁，有故改用中丁。

祭祀前，皇帝与众大臣未曾来临，四周已作了详尽的检查。其释奠之仪，三献官、监祭官各具公服，诣省牲所阼阶，东西向立，以北为上。少顷，引赞者引三献官、监祭官巡牲一匝，北向立，以西为上。俟礼牲者折身曰“充”，赞者曰“告充”毕，礼牲者又折身曰“腯”，赞者曰“告腯”毕，赞者复引三献官、监祭官诣神厨，视涤溉毕，还斋所，释服。释奠，是日丑前五刻，初献官及两庑分奠官二员，各具公服于幕次，诸执事者具儒服，先于神门外西序东向立，以北为上。明赞、承传赞先诣殿庭前再拜毕，明赞升露阶东南隅西向立，承传赞立于神门阶东南隅西向立。掌仪先引诸执事者各司其事，引赞者引初献官、两庑分奠官点视陈设。引赞者进前曰“请点视陈设”。至阶，曰“升阶”，至殿檐下，曰“诣大成至圣文宣王神位前”，至位，曰“北向立”。点视毕，曰“诣兖国公神位前”。至位，曰“东向立”。点视毕，曰“诣邹国公神位前”。至位，曰“西向立”。点视毕，曰“诣东从祀神位前”。至位，曰“东向立”。点视毕，曰“诣西从祀神位前”。至位，曰“西向立”。点视毕，曰“诣酒尊所”，曰“西向立”。点视毕，曰“诣三献爵洗位”。至阶，曰“降阶”，至位，曰“北向立”。点视毕，曰“诣三献官盥洗位”。至位，曰“北向立”。点视毕，曰“请就次”。

司钟者击钟，初献以下各服其服，齐班于幕次。

掌仪点视班齐，明赞唱曰“典乐官以乐工进，就位”，迎神之曲九奏。乐止，明赞唱曰“初献官以下皆再拜”，承传赞曰“鞠躬，拜，兴，拜，兴，平身”。

明赞唱曰“诸执事者各司其事”。俟执事者立定，明赞唱曰“初献官奠币”。引赞者进前曰“请诣盥洗位”。盥洗之乐作，至位，曰“北向立”。搢笏，盥手，帨手，出笏，乐止。

俟立定，分别由礼馔官进俎，奉俎之乐作，乃进俎，乐止，进俎毕，亚献官行礼、分献官行礼、两庑分奠官行礼，明赞唱曰“圆揖”。礼毕，退复位，引赞者各引献官诣幕次更衣。[①]

忽必烈躬身祭拜，众臣跪拜，王实甫随宿卫列队一旁，看这一场场繁复的祭祀，从清晨已近中午。他们站立着跟一根根石柱似的，一动也不能动。

但非常奇怪的是，王实甫总觉得自己背后有一双眼睛盯着，这使他浑身发燥。他暗暗扭转脖子，小心地朝后看去，身后是跟他一样站立的紫衣宿卫，因为穿戴得一模一样，又都微低着头，几乎分不清谁是谁。他不敢细看，但他可以确定，就在那些人中间，有一个人在不时地盯着自己。

他抓准时机，就在又一次感到背上发热，如芒刺扎身时，他猛然回头，一下子逮住了那双目光，他差点失声叫了出来：“李赛儿！”

那人立刻将头埋了下去，只将头顶对着前方，王实甫无法闪动，也无法出声。大臣们排队从他们面前一一走过，中书右丞相安童和御史大夫玉昔帖木儿，财务宰相卢世荣、答即古阿散等，他们之间互不对视，

① 《元史·卷七十六·祭祀》，明·宋濂等撰，中华书局。

直朝前去，但行走之间分明可感觉相互的敌意。

这场祭祀直到午时才结束。

忽必烈世祖皇帝登车回宫，众臣相随，宿卫们护卫着圣驾，肃穆威武。王实甫头一次感受到皇家祭祀的庄重盛大，心里震撼不已，但又想到藏在队伍中的李赛儿，为什么一个劲地躲闪，难道是有什么不可告人之处？

他看着前面的圣驾，联想到李赛儿的爷爷那些奇怪的话，不禁突然一惊。他停住脚，想从队伍里找到李赛儿，可他这一站，行走的宿卫队伍便跟着停滞不前，易不剌金立刻打马过来，低声斥道："你们为何站立？找死吗？"

他一眼发现是王实甫站在那里，烦道："怎么是你？"王实甫本想将李赛儿可能图谋不轨之事告知，却又吞了回去，说："我突然有些肚子疼，站了这么半天，还不让人寻个方便？"

易不剌金看看前后，无奈地说："我看你是娇生惯养的主儿，好吧，那边巷子里就有个茅厕，你快去快回，紧跑几步追上来。要不然，关了宫门你可就进不来了。"

王实甫心想，真要关了宫门可不正好，反正自己也不想在那宫里多待，看过了皇帝祭祀，也听了祭祀的神乐，已心满意足。可是那李赛儿是怎么回事？让他好生不解，他一边想一边对着易不剌金点头，说："我知道了，我这就快去快回。"

第二十回 雁南飞

春寒料峭，大都城里，昨夜刮过半宵北风，清晨又起得早，王实甫随着宿卫队站了这半日，还真觉得有些受罪。

本来想借着上茅房离开皇宫，但左思右想，还是一路小跑追上宿卫队回到了宫中。易不剌金自以为看出了他的心思，嘲笑道："你还是回来了？我还当你真是个不恋官场的清高文人，看来还是没忘了勤公的话，还是要图个一官半职吧？"

王实甫只是笑笑。他随易不剌金到住的房间里，烧了一个火炉，宫中的小太监负责加炭，王实甫叫再多加几块，火苗熊熊地燃起来，周身暖烘烘的，便问："统领，那些住在侧房里的宿卫也都点了炉子吧？"易不剌金脱去身上的袍子，摇头道："哪有啊，他们几十人住在一处，睡的是大炕，天黑前会加一把柴火，冷不了。那么多人挤着，身上的热气也似炉子了。再说，宿卫们不能睡得太沉，稍微冻着点儿容易醒，一有动静立马就能跳下炕来。"

王实甫拍打着身上的棉袍，说："我想去他们那儿看看。"

易不剌金诧异道："有什么好看的？"

王实甫说："你不是说凡是进宫来当宿卫的，都是良家子弟，大都还是些官家出身，不如多交几个朋友，以后在江湖上也能用得着。”

易不刺金有些疑惑地说：“你还有这心思？”他想想说：“你要去就自己去吧。我还得去御史那里复命。记住不要走远了，这宫中不是城里的街市，不可以随便乱窜。”

王实甫应允着，一溜烟而去。

这几日每天操练，他对宫中的地形已大概了解，一路走来，心中不由得感慨太傅刘秉忠在世时的精心设计，这宫殿巍峨大气，尽显帝国气象。

在他心中，除了老师董朴，便对刘秉忠、郭守敬两位前辈最为敬重。董朴先生也曾多次对他讲到刘大人，言辞之间极为恭敬。刘大人出生于邢州，当年由高僧海云法师推荐给了忽必烈皇帝，那时皇帝二十七岁，刘秉忠二十六岁，君臣都正当英年。刘秉忠熟读《易经》与《经世书》，于天文、地理、律历、占卜无不精通，天下事了如指掌，忽必烈重视人才，不拘一格，见他谈吐不凡，便多次垂询于他。刘秉忠深得元世祖宠信，两次跟随征伐，曾谏言力劝元世祖勿滥杀无辜，以至每克一城都没有妄戮百姓。刘秉忠还为世祖皇帝设计了一系列政治制度，就连蒙元的国号“大元”都由他建议而定。

刘秉忠亲手设计了元大都的营建，设定前朝、后市、左祖、右社之制，为后来的北京奠定了雏形，从一二六七年开始，经过十多年的建造，元大都形成近一百平方里的规模，城墙周长达二十八公里，成为世界上最大的城市。

在设计建造元大都期间，张柔、段祯等主持监工。

至元十一年（1274）正月，大都宫阙建成。当年八月，刘秉忠忽然无疾而终。元世祖闻耗惊悼，对群臣说道：“秉忠为朕尽忠三十余年，小心谨慎，不避艰险，言无隐情，其学问之深，惟朕知之。”

而令王实甫感佩的不仅是刘公的韬略，还有他的诗词歌赋，刘公自号藏春散人，每以吟咏自适，著有《木兰花慢·混一后赋》，每每读来，实甫都不禁心绪激荡。

望乾坤浩荡，曾际会，好风云。想汉鼎初成，唐基始建，生物如春。东风吹遍原野，但无言、红绿自纷纷。花月流连醉客，江山憔悴醒人。　　龙蛇一曲一还伸，未信丧斯文。复上古淳风，先王大典，不贵经纶。天君几时挥手，倒银河、直下洗嚣尘？鼓舞五华鸑鷟，讴歌一角麒麟。

然而，想到刘秉忠大人这首词，又眼瞧着这红墙宫阁，王实甫心里却生起一阵阵悲凉。如今元朝江山看似稳定，但已非当初建都之时朝廷大量起用人才，求贤若渴，当下宫中钩心斗角，宫外争权夺利之势日渐猖獗，就连皇太子都已忧惧成疾，可谓虎狼遍地，处处是刀剑相逼。他低首想到自己，虽有父亲和岳父竭力想法推荐，又有易不刺金好意相助，但要面见皇帝谈何容易？况且平心而论，要论文韬武略、治国理政，自己哪得刘秉忠大人的一二，就是见了皇帝，又能说出几番道理？

罢了，几年的县尹生涯已让他深感郁闷，前途一片渺茫，还不如学刘秉忠大人早年归隐于山林寺院，做一个散淡之人，倘若刘大人一直藏于民间，又怎会正值壮年就仙逝？

王实甫一路心思，不觉来到靠着宫墙的一溜低矮的侧房前，看样子像是宿卫们的住处，他蓦然想起自己要寻找的那个人，便放下思绪，朝着一扇半开的屋门走了进去。里面光线暗淡，一步跨进去还没看清，就听一个人喝道："谁？"

在宫中已有数日，王实甫便道："是我。"

定睛一看，面前站着一宿卫打扮的男子，那人倒认出了他，问："你不是易统领跟前的红人吗？怎么到俺们这地方来了？"王实甫看屋内并无旁人，便从怀里掏出一串铜钱递到那人手里："哥哥喝茶。"那人嘴里推辞道："这算什么？"手上却接了过去，接着便问："有什么要帮忙的，只管说来，哥哥我在宫中好歹也三年了，什么没见过？"

王实甫道："没别的事，只跟您打听一个人。"说着，就把李赛儿的名字说了出来，那人却摇头，说："断无此人。"王实甫猜想那李赛儿一定是换了名字，便比画着说："个子比我要矮，面目清秀，这腮边有一颗痣。”

这一说，那人脸色大变，道：“莫不是付思？”转脸朝炕角看了一眼，那靠着最里边的角落，一卷紫花被卧叠得齐整，不像旁边乱扯着些衣物，那人努努嘴低声道：“原先他就住在那儿。”

王实甫一惊：“你道原先？难道他已不在此？”

那人走到门口，朝外边看了看，回身说道：“我看你也不像是个多事的，就对你说了吧。这付思今儿一早跟着去宣圣庙，回来的半道上竟溜了号，方才一清人，谁也不知他的去向，已经报给了副统领，正着人四处寻找，若查出点别的事，弄不好还要捉拿于他呢。”

王实甫暗自惊讶，这付思难道就是李赛儿，在宣圣庙时发现已被他认出，所以跑了？他究竟怀着什么心思，想干什么勾当？

正揣摩着，那人且问道：“你与付思相识？”王实甫忙摇头，说：“不，我要找的那人姓李。外面一位老乡说他也在宫中，托我进来打听打听，看来他并没有在此。”

说着转身就要走，那人却叫住他，从炕角的席子下摸出一个小包，说：“我跟付思还算有些交往，他前日曾对我说，如果有人来找他，他却不在，就把这东西交给来找他的人。”

一边说就把小包塞到王实甫手里，并将他推出房门，然后说道：“你也不用再说什么，我只道你找的不是付思，是那个什么李赛儿，行了吧？”

看来是个见过事情的，那人心里似乎明镜一般。王实甫揣着那个小包，飞快地离开了宫墙边的侧房。他一路疾走，回到易不剌金的屋子，正好没有人，他赶紧关上门打开了那个小布包。

却是三枚石头箭镞，一枚枚锋利无比，磨得三棱形，手摸上去都得小心，稍有不慎就会刺破了皮似的。王实甫拿在手上一看，忽然想起在崞阳时，有人朝他的窗户射出的那一箭，拔出的箭头恰恰也是这三棱形的石箭镞。

难道当年射出那一箭的竟然是李赛儿？

他与李赛儿仅仅只在枫林坡一次交往，虽然彼此没能好好相处，但他感觉得出，那李赛儿并非恶人，何至于跟了李南奚，来加害于他？又如何也来到这宫中？这李赛儿一定有什么隐情，他猜想会有人找他，留下这些箭镞，分明是告诉来人，他心中有仇有恨？

在宫中前后待了不足半月，但像是过了好几年，王实甫终于走出那层层叠叠的宫墙，回头看去，不觉吐了一口长气。

他总算得到易不剌金准许，辞去这宿卫的差事。易不剌金说：“本想借机为你再谋个一官半职，你既然无心在此，也只好随你去吧。可你算白干了这些时，一文钱的赏钱都没有。”

王实甫说：“我倒没指望赏钱。”

易不剌金苦笑道：“我知道你不在乎这个。现在宫中开销甚大，皇上给大臣们的赏钱都还要朝国库里支取，为了这些个事，管钱的和管事的没少吵架。我们这些宿卫仗着家里不缺钱，也都没计较过。”

王实甫想了想，说：“不过，如果家父问起，还得烦请表兄替我美言几句，能否就说弟还在宫中当差。”

易不剌金说：“既然如此，你不如先不要辞去宫中的差事，我向统领禀告，就说你家中父亲近日小恙，需要回家看望则个。想那统领知道你和张大人家的关系，不会为难于你。”

王实甫虽然不太情愿，但易不剌金一片好意，再说表兄这样做，也免了父亲王逖勤询问起来的为难，便点头称谢。又说：“表兄，我其实还想在京城住上些日子，少不得还要在府上叨扰几日。”

易不剌金说：“说什么叨扰？你我都是阿鲁浑人，在这京城又有几家能走动？别说你住上几日，就是把家搬了来都是巴不得的事。你只管住好了，若是把弟媳他们娘几个都请了来，岂不更好？”

王实甫道：“家父家母早晚都要看着这孙子们在跟前，心里才熨帖，怕是不肯让他们轻易走动。”易不剌金点头称是，叹道：“相比之下，勤公姑丈比起家父来，可是自在多了。”

易不剌金的父亲阿剌罕前些时从江西回到大都休假，还没几天，又偏偏福建一带产生骚动，皇帝钦点，命他立即前去剿乱，他不得不即刻告别儿孙千里迢迢而行。这易不剌金也是一年四季皆在宫中为差，偌大一座府邸只有一班女眷和仆人住着。王实甫这会儿便说：“是啊，阿舅大人辛苦多年，到如今你们一家人也难得团聚。我看表兄你不如早日恳请皇上另作任用，这样可以不必日夜守候在宫里。”

易不剌金深思道：“你哪里知道朝廷的深浅，自从刘秉忠大人去世之后，皇上信任的郭守敬大人便更遭忌恨，不知有多少人在背后说他的坏话，恨不得早日将他拉下马来。我们这些为官的阿鲁浑人，背后也不知被多少双眼睛盯着，想挑出些毛病，如果不是我在宫中当了这些年的副统领，皇上几次当朝夸我勤勉，我父子二人早就被他们盘算出局了。出局还是事小，怕是还逃不了性命之忧。”

王实甫没少听易不剌金说到朝廷内外的一些事情，见他忧心忡忡，活得辛苦，虽然只大了自己两三岁，但却因长期睡眠不足，脸色发青，腮边的胡须也常常顾不得修剪，猛一看，倒像是已年过四十。不禁心存怜惜，说：“实甫多亏表兄指教，你在宫中多多保重。”

告别易不剌金，王实甫出得宫来，又回到了灵椿坊阿府，添书在那里已等候多日，一见他喜得直蹦：“二公子，您可回来了！把我都等得愁死了，今儿要是再没您的信儿，我可就回定兴了。”

王实甫一边换了衣服，一边打量他，说：“我看你白白胖胖的，定是没少吃这府上的鱼肉，还说什么愁死了？你倒告诉我，这些日子都干了些什么？你没给人家杨管家添乱吧？”

添书噘着嘴道：“公子说话可是冤枉好人！哼，您自个儿拿去看吧。”说着将桌上一摞子书推到王实甫跟前。“这都是那个关老爷子的，我在明时坊，就是太史院东那边，还有靠着海子的斜街凤池坊、安富坊、文德坊、国子学和宣圣庙那边的书摊转了个遍，凡是有关老爷子名儿的，我都给他买了下来。”

王实甫一听，不禁喜出望外，忙捧起书来，一本一本地翻看，《窦娥冤》《救风尘》《望江亭》，还有《拜月亭》《单刀会》《调风月》《蝴蝶梦》《鲁斋郎》……他一下子看入了迷，半天捧着书站在那里一动也不动。添书将手伸到他眼皮底下，叫道：“二公子！二公子！”

王实甫从书上转过目光，问道：“做什么？”

添书道："您得把书钱给我呀，我这儿把私房钱全都掏出来了，哪儿够哇，又跟人家杨管家借了二两银子。"

王实甫笑道："好好，我这就给你。只是你回去不要跟二少奶奶学舌，要是你多嘴，我下次再也不带你出门。"

说着，打开一个锁着的木箱，原是从定兴带出来的，箱子扣着一把铜锁，出门前，婉常替他把钥匙拴在包袱里的一个小盒子里，不冷不热地说："给你备了些银两，既然是去京城，想你总有花钱的去处。"王实甫那时正要说些感激的话，却又听婉常背过脸去说道："只不过别去那些花街柳巷，白白地糟践了银子，还坏了身子。"顿时把王实甫气得血直往头上涌，恨道："如此说话，怎么以前就没看出你来？"

婉常也嗔道："此话又怎讲？没看出我什么来？"王实甫也不想与她多说，转身就走开了，心里其实是想，怎么这女人一结婚有了男人，尤其是生了孩子，就跟变了个人似的，再也少见从前的温柔大气，反倒是处处存着心眼儿，一开口话里就藏着机锋，跟要吵架似的，弄得他兴趣索然。现在虽然离了婉常，但一想到回去之后，没准儿她会跟添书问这问那，心里就真的有些别扭。

那添书得了银子，不觉喜笑颜开，说道："公子放心，我还不知道该说什么不该说什么？"

王实甫道："嘁！我这儿也没什么不可告人之处，只是你二少奶奶不喜欢这些人的书，当是闲杂玩意，咱们不跟她理论而已。"

添书应和着："对对，俗话说得好，好男不跟女斗，二公子您也犯不着跟二少奶奶斗嘴……"王实甫道："你给我住嘴，你还真来劲了！你快一边儿去，让我独自待会儿。"

那晚就着一盏油灯，把灯花剪短，拨得亮亮的，王实甫一气读完了关汉卿的杂剧《窦娥冤》《蝴蝶梦》，动情处不觉拍案叫好，又忍不住站起来在屋里来回踱步，情不能已。"我是个蒸不烂、煮不熟、捶不扁、炒不爆、响当当一粒铜豌豆，恁子弟每谁教你钻入他锄不断、斫不下、解不开、顿不脱、慢腾腾千层锦套头。"他不断回味着关汉卿的词句，自言自语道："这种人物，怎能不前去拜会？"

第二十一回 玉京会

第二日早起，王实甫唤过添书，前去请教管家杨更，不知上次打探得关先生在家，今日能去否？杨更说，前半个月关先生倒是从外地行医回到了大都，只是这几日不知是否还在。要不先着人去问问。王实甫却等不及，当日就去了。

到得智乐坊那边，见那街两旁的店铺大都是做乐器的，古筝、胡琴挂了满墙，还有专卖乐行锣鼓家什的，咚鼓隆咚铿锵地敲着，门前的那些伙计也不怎么吆喝，有的拉着琴，有的敲着鼓，自在地弄自个儿的。不时有行人三三两两地凑上去，一边站在那儿听，一边指手画脚，说些不着边际的外行话，伙计一般也都不加理会。过一会儿，这堆围看的人散了，又来一堆人围了上去。

王实甫也忍不住凑上前去，那有一个拉胡琴的，年纪看着不大，但音调里拉出一片沧桑，让他听得入迷。添书拉扯他的衣袖，说："二公子，您不是要去见关先生吗？还不快走？"

王实甫回过神来，就跟拉胡琴的打听："小哥，想问智乐坊 16 号，是不是在这条街上？"

拉胡琴的小哥停住手上的弓子，问道："你们是要去见关先生吗？"

实甫道:“正是。”

小哥道:“他还欠我一把胡琴钱，正要找他讨去。你们随我来吧。”说着收起琴，前面走着。王实甫和添书跟在他身后，走过半条街，来到一间小酒店旁，他指着一个狭窄的门说:“关先生就住在这里。”

看着那门很不起眼，隐约有乐声传出，走进门去却是一个天井，上首的三间北房门都紧闭着，小哥叫了一声:“关先生！”

北房中间的门打开了，里面走出一个俊眉秀眼的妇人，梳着鬏的发髻，让王实甫顿时想起昨晚读的《窦娥冤》:“梳着个霜雪般的鬏髻，怎戴那销金锦盖头？”大概描写的就是这种发式吧。那妇人朝着领路的小哥道:“你别高声，关先生正跟几位说话呢。”又朝他身后的王实甫和添书看了看，眼神里带着疑问。

小哥说:“这两位是来找关先生的。”

王实甫忙上前唱了个喏，道:“在下王实甫，仰慕汉卿先生多时，特来拜访，请大姐给个方便，通报一声。”

妇人侧身道:“关先生今日不见客。”

添书一旁道:“哎，我们二公子可是诚心诚意，大老远从定兴来的，怎么也得露个脸儿吧……”

王实甫喝道:“住嘴！”那妇人立在台阶上，早已沉下脸来，道:“俺们这里最不待见的就是公子王孙，你们从哪儿来就回哪儿去。”

又对那小哥道:“谁让你带这些不三不四的人来这儿的？”

那小哥赔笑道:“我只是来取那胡琴钱的，前儿关先生从我那儿拿了一把胡琴，说是试试音色，不知拉着可好？”

妇人不屑道:“看你心急的，跑得了和尚跑不了庙，俺们梨花院在这智乐坊也不是一时半会儿，还能少得了你一把胡琴钱？”又挥挥手道:“你们别站在这儿了，赶紧走吧。”

添书早就急了:“你什么了不起？有这么待客的吗？”

正说着，屋里响起一个老成的声音:“谁在外边聒噪？”一个五十来岁的男子走出房门，长身美髯，面目清癯，手里握一把紫砂陶壶，他朝站在台阶下的几人上下打量一番，正待开口，王实甫上前一步打了个拱，弯腰低首谦恭地说道："在下定兴王实甫，字德信，久仰汉卿先生大名，今日求见，十分冒昧，还请多多包涵。"

那人眉毛一扬，信步走下台阶来："王实甫？你可是那定兴的王实甫？"

王实甫应道："正是。在下前些日子来大都，就想来拜望关先生，昨夜又拜读了关先生的杂剧散曲，迫不及待地就来了。"

那人呵呵一笑："难得公子垂青。鄙人便是关汉卿，不知公子有何见教？"

王实甫早就猜出七分，这下听他说出姓名，不由得又行礼道："久闻先生仪表超凡，今日一见果然名不虚传，先生在上，请受小生一拜。"说着就要单膝下跪叩首，却被关汉卿一把拉住："公子不可。鄙人怎敢受如此大礼，快快有请，且屋里小坐。"说着，便将王实甫让进北房，只见房中有一张紫檀罗汉床，似一铺大炕，上面搁着茶几，茶几上摆着些凤尾酥、米泡子等点心，一壶茶正冒着热气，旁边散坐着几个男子，聊得正欢。

见有人进来，那几位也都住了口，一同朝这边看着，关汉卿将王实甫领到茶几前，说："这位是刚结识的朋友王实甫，自定兴那边而来。"又给王实甫介绍那几位在座的，正是曲家王和卿、杨显之、费君祥、梁进之等。原来这关汉卿才高风流，在大都生活的日子里，不仅自己写作杂剧，甚至亲自粉墨登场，还召集一帮文人组成了玉京书会，他们常在一起商酌文辞，评改作品，或是一起谈天说地。

关汉卿吩咐人给王实甫安顿座位，沏上茶来，且说："方才听你一说尊姓大名，原是听说过的，知道你也写过散曲。"在座的几位也点头不已。

王实甫有些受宠若惊，忙道："不才哪敢提写过散曲，只不过是这些年里偶尔胡乱填上几句，附庸风雅罢了。不过，一直久闻各位大名，早就期待当面请教。"

在座的诸位见他风度翩翩，出言谦逊，一个个脸上都露出笑容来，纷纷相互施礼，王实甫很快便融入这屋子里活跃的气氛中。一会儿，门外走进那个俊美的妇人，附在关汉卿耳边小声说了些什么，关汉卿起身将王实甫拉到一边，问道："德信，如何刚到此地，就让你破费？"

原来，刚才王实甫听带路的小哥说到一把胡琴钱，就于天井里将所需的钱给了他，另外又叫小哥替关汉卿定制一把上等的琵琶，他将身边所带的银钱当即掏出来给了小哥，嘱他找最好的匠人。妇人在一旁听得明白。

这妇人且是与这玉京书会有密切来往的大都艺妓燕山秀，她和另一个女艺人赛帘秀同是京城著名艺人珠帘秀的高徒，又同在这书会里帮着做事。师父珠帘秀与徒弟曾在扬州多年，与好些才华过人的达官名流相识，夏庭芝曾在《青楼集》里写她"杂剧为当今独步，花旦、小生等悉造其妙"。珠帘秀后来带着徒弟来到大都，扮演了关汉卿笔下的诸多角色，《望江亭》《救风尘》里的女主角都是由珠帘秀主演的。关汉卿写的杂剧大多数由旦角主演，他在写那些聪慧绝伦而身世不堪的妓女时，也曾多从珠帘秀等女艺人身上汲取素材。

关汉卿听了燕山秀一席话，即刻对王实甫又说："德信，我关汉卿虽然一介书生，但到底也会些医术，并不愁吃喝，用不着受人之惠。"

王实甫诚惶诚恐，忙回道："在下只是初次拜见关先生，欣喜交加无以表达，恰逢这小哥说到胡琴一事，借此机会略表心意而已。"他说的都是实话。

来此之前，他听管家杨更说到关汉卿的身世，这位元曲之首常年在艺人堆里来往，但也曾任太医院尹，擅长医术，后来借故从太医院辞去职位之后，为谋生存，也为演戏聊补不足，不得不四方行医挣些银钱。正因为知道这些，王实甫才掏出钱来，给了那小哥。

王实甫一番话说罢，关汉卿见他一脸真挚，也不再多言，只摇头，复招呼他坐下。王和卿、杨显之、费君祥、梁进之几个正在说重新排演《窦娥冤》一事。王和卿道："我看这当下世道，越加不堪，前日我又听说一桩冤案，跟那窦娥好有一比，只是那位受冤枉的是个男子，硬说他偷了隔壁的银两，又将一老妇人奸杀，陷他入狱不说，还取了他的性命。实际上那作孽的却是那老妇人的养子，为的是霸占家产，周围邻居早就看在眼里，但县衙暗中收了银子，硬是将那隔壁的男子打成了凶犯。”

众人唏嘘不已。

杨显之说：“朝廷里倒也有些清官，只是层层叠叠，隔云遮雾的，百姓的苦处哪得申辩？借这些杂剧诉诉冤屈，好歹让百姓们也解解心头之闷。”

听他们说得热闹，王实甫忍不住说：“在下多次听人说起这《窦娥冤》，可惜还未曾亲眼观看。敢问关先生和几位前辈，当年如何写出这部剧来？”

王和卿笑道：“你这话问我们几个，算是问着了。想当年，我们几个也差点成了窦娥，汉卿你说是不？”

关汉卿举起那把紫砂壶，呷了一口，微微点头。王和卿便对王实甫说起了当年，约在至元十八年（1281）的大都城，关汉卿就在这街口的小酒店前，看到一列行刑的人，骡车上囚着一个女犯，车后紧跟着一个老妇高声叫冤。关汉卿从酒店女掌柜那里得知，这女犯朱小兰纯属冤案。而不久，朝中权臣中书省平章政事阿合马的第二十五个儿子带着爪牙，竟然闯入酒店，抢走了女掌柜的女儿。后来，关汉卿气愤地向珠帘秀讲述了女犯冤案和酒店女掌柜的女儿被抢的悲惨故事，珠帘秀虽为名噪一时的歌妓，但出身于贫苦农家，对弱者素来同情，二人便商定，由关汉卿将此冤案写成杂剧《窦娥冤》，珠帘秀主演窦娥。

关汉卿闭关多日，对着残烛独自构思、吟诵，时而伏案狂草疾书，时而还起身抽剑起舞，常是谯楼鼓敲三点，鸡叫黎明他还在奋力书写。好友杨显之曾来探望，读到《窦娥冤》连声叫好，并帮忙作了些修改。好友王和卿为演《窦娥冤》找戏园子，最后找到了玉仙楼。珠帘秀和她的徒弟燕山秀、赛帘秀的演出非常成功，这出戏引起了京城里的轰动，百姓们奔走相告，许多达官贵人也赶来观看，益州千户王著还向他们致谢。

但只演了两场，中书省左丞郝祯派人来到后台，要关汉卿改戏才能再演，并威胁说如若不改，就要他们的脑袋！关汉卿决定宁可不演，也断然不改！后来，中书省平章政事阿合马陪大司徒和礼霍孙看戏，但关汉卿和珠帘秀对剧本却并未做任何修改，完全照原词演出，当窦娥唱到“这都是官吏们无心正法，使百姓有口难言”时，阿合马不由得大怒，当场下令停演。关汉卿、珠帘秀当晚就被押进大狱，珠帘秀因念加上的词“何日苍天开眼，要将酷吏剥皮”，而被严刑拷打，押入死牢。

王和卿说到这里，围坐在罗汉床旁的几位想起当年，也都激愤不已。关汉卿道：“若不是仰仗各位鼎力相助，汉卿这条命早就葬身黄泉了。”

燕山秀走过来为大家续水，柔声劝道：“我看过去的事就别提了，今儿难得一聚，何不寻些快活？我着马二买酒去了，待会儿有酱好的牛肉，您几位就着喝一杯热酒。”

王实甫却问：“方才只说到一半，正在要紧处，后来关先生几位怎样了？”

关汉卿见他问得急切，不由得笑道：“我不是坐在这儿吗？哎，今儿来了德信，他既然诚心跟咱们交朋友，和卿你就接着给他往下说。等他听明白了，日后也好确定还敢不敢和咱们交往。”

王和卿便对实甫问道：“你可曾听说至元十九年（1282）的三月十七日，京城大都发生的一桩子惊天动地的事？”

王实甫脱口便道：“前辈说的是当朝宰相，巨贪阿合马被王著等人所刺杀的事吧？”

王和卿点头。

那王著是山东青州府益都人，比王实甫只大几岁，死时年仅二十九岁。王著自少年时即胆识过人，倜傥风流，轻财重义而不拘小节，其为人正直沉毅，志气非凡，曾经像许多读书人一样，在元代停止科举考试的年代，他只能到官府去充任刀笔小吏，后来投笔从戎。元朝开国之时，战争连年不断，一方面与南宋王朝，另一方面还要平定内部皇族为争权夺势所发起的一场又一场叛乱，王著在平叛的战斗中屡立战功，由一个普通士兵被提升为仅次于万户侯的益都千户长。

元初设立尚书省以后，大臣阿合马专政，擅自生杀，专横跋扈，人人畏惮，俱不敢言，据说贪污私蓄之财货已经超过国库。官员秦长卿曾奏请世祖忽必烈尽早诛去阿合马，不料阿合马抢先诬陷秦长卿贪污赋税数万缗，秦家因此被抄，人被捉拿，阿合马指使狱吏将其杀害。丞相安童和伯颜本来官位于阿合马之上，但阿合马并不把他们放在眼里，处心积虑巧使心计一度把两位丞相排挤出中央。安童也向忽必烈禀告过，说阿合马挟宰相权，“为商贾以网罗天下大利，厚毒黎民”，但是忽必烈未加追究。中书左丞崔斌曾尖锐指出，阿合马今身为平章，而子及侄或为行省参政，或为礼部尚书、将作院达鲁花赤、领会同馆，一门悉处要津。他奏请忽必烈，提醒若不及早处置，必有后患。但是忽必烈仍有些不以为然，阿合马在位日久，益肆贪横，援引奸党郝祯、耿仁，骤升同列，阴谋交通，专事蒙蔽，逋赋不蠲，众庶流京兆等路岁办课至五万四千锭，犹以为未实。民有附郭美田，辄取为己有。内通货贿，外示威刑，廷中相视，无敢论列。

王著“素志疾恶，因人心愤怨，密铸大铜锤，自誓愿击阿合马首”①。至元十九年（1282）春，忽必烈巡幸上都，皇太子真金随从，大都只有丞相阿合马留守，他越加“专权贪恣，人厌苦之”②。于是王著联络了武林高手高和尚，两人合谋于三月十七日，率八十余人潜入京城，诈称皇太子真金从上都回到京城做佛事，准备击杀阿合马。他们依照皇太子还宫惯例，十七日早上派遣西蕃僧二人至中书省，告诉中书省值班官员高觹：今晚皇太子要与国师回来做佛事。高觹觉得事出突然，有些怀疑，就让曾经出入东宫者辨别僧人的真假。他们用西蕃语询问二僧说：“皇太子及国师今至何处？”二僧却并不懂西蕃语，当即颜面失色，被高觹逮捕。但经审讯，二僧咬牙不供。

时至中午，王著又派遣崔总管矫传太子旨，命令枢密副使张易发兵若干，以是夜会东宫前。张易没有详察真伪，即令指挥使颜义领兵前往。张易派兵驻东宫外。高觹得知之后前去问张易：“你领兵驻守宫门

① 《元史·王著传》。
② 《元史·阿合马传》。

想干什么？”张易说：“入夜后当自见。”高觿一再追问，张易乃在他耳边低声说：“皇太子要诛阿合马。”

当夜二鼓时分，高觿忽闻马蹄声声，遥见烛笼仪仗将至宫门，其一人上前大呼开门。高觿知道真金太子以往还宫，一向必以完泽、赛羊二人为先行，便对呼叫开门的人说，必须要见完泽和赛羊二人，才能开门。高觿又呼叫二人姓名，却无人能答应。他深知有诈，对叫门人说：“皇太子平日未尝行此门，今天为何来此宫门？”于是那队高和尚带领的人马，改奔南门。

与此同时王著亲自驰见阿合马，诡言太子将至，令省官悉候于宫前。阿合马遣右司郎中脱欢察儿等数骑先行，北行十余里，遇见南门高和尚所带领的人马，一个化装冒充真金太子的人立刻斥责脱欢察儿无礼冲撞，将脱欢察儿数人杀死，夺其马，南入健德门。至东宫前，众人皆下马，独伪太子立马指挥，呼中书省官至前，斥责阿合马数语，王著即上前以所袖铜锤碎其脑，阿合马当场死亡。随即呼阿合马党羽左丞郝祯至，杀之。囚右丞张惠。当时枢密院、御史台、留守司诸官皆遥望，不知发生了什么变故。

高觿也赶到南门观察。他只听得一个个传呼省官姓名，灯光烛影下遥见阿合马及左丞郝祯已被杀，意识到这是一场变乱，于是他与尚书张九思大呼：“这是贼乱！”命令他们的卫队急捕，留守司达鲁花赤博敦，遂持梃前击，立马者坠地，弓矢乱发，高和尚等人四处逃散，唯王著就擒。黎明，中丞也先帖木儿与高觿等驰往上都向忽必烈奏报，忽必烈大怒，命枢密副使孛罗、司徒和礼霍孙、参政阿里等迅即赶往大都平定变乱。三天后捕获高和尚于高梁河。王著、高和尚、张易皆被诛于市，临刑前王著大呼：“王著为天下除害，今死矣，异日必有为我书其事者。”

当朝一些文士果然事后纷纷就此撰文写诗，著名长寿盲诗人侯克中在他的《艮斋诗集》中即收录了他的《挽义士王千户》一诗：“亿万生灵沸鼎中，当时争敢炫英雄。天枢自合长居北，蝃蝀谁教不在东？袖里有权除大恶，笔头无力写奇功。九原若见诸轲辈，应愧斯人死至公！”

说的便是奸贪阿合马专权之时，天下民众水深火热，可是有谁能够敢于一逞英雄除奸去恶呢？另有文人王恽所作的长诗《义侠行》更是称王著的作为超出历代侠客："超今冠古无与俦，堂堂义烈王青州……袖中金锤斩马剑，谈笑馘取奸臣头。……陂陀燕血济时雨，一洗六合妖氛收。"王著刺杀权奸大贪阿合马震惊朝野上下，人们拍手称快，奸臣佞人的气焰受到沉重打击。

当时，此事传至崞阳，身为县尹的王实甫也曾与撒吉思感叹不已，人们都知道，满朝文武只要谁与阿合马对立，就会遭到阿合马及其党羽的迫害，多半官员只能敢怒而不敢言，明哲保身。而王著一个青年军人，竟然敢舍身杀贪除奸，这既让他们震惊，也暗自感到羞惭。

阿合马死后，孛罗检查其生前行事，发现一桩桩罪恶罄竹难书，孛罗把阿合马二十几年来胡作非为的恶状告诉了皇帝。忽必烈曾下旨厚葬阿合马，得知其罪行后无比恼怒："王著杀之，诚是也！"于是命发墓剖棺，戮阿合马尸于通玄门外，纵犬啖其肉。百官士庶，聚观称快。

阿合马的几个儿子也都被抓了起来。之前，保关汉卿、珠帘秀的万民禀帖三次呈交，都被压在了官府的签押房里，后来终于到了和礼霍孙丞相和他亲信的幕僚彻里不花手上，彻里不花为关汉卿说情，和礼霍孙决定改判关汉卿斩罪为驱逐出境。和礼霍孙钧谕：关汉卿一代作者，敢与权奸相抗，虽依功令逐出大都，仍认为大都文艺巴托；珠帘秀艺行卓越，许其脱去乐籍。关汉卿和珠帘秀随后去往南方扬州，之后数年才又回到大都。

听完这些故事，王实甫久久无语，关汉卿的风骨、王著的大义让他心中非常震撼。

回想自己的经历，虽然也有过种种险恶，但总归是有惊无险，平安度过，没有受到伤害。他明白，这跟父母家人有关，他们为他铺设了风雨桥，让他能够躲风避雨。

可他心中藏着一种未能满足的欲望，在这个动荡的世道里，他尚不明确自己究竟该往何处去。他向往的不是当官，也不是仅在易水河边钓鱼吟诗，他似乎应该于世人有更多的倾诉。

第二十二回 离人泪

一连几日，王实甫每天早起就去往智乐坊，一头钻进玉京书会，跟关汉卿他们谈古论今，他们这些时日的主要话题是重演《窦娥冤》，关汉卿将从前的剧本拿出来，跟大伙儿一句句推敲，一弄就是一整天。

王实甫从几位的话里得知，重排《窦娥冤》尚有几道难题，一是珠帘秀身子大不如前，不知能否重新担起主角窦娥，赛帘秀也曾在狱中受到折磨，眼睛近乎失明，她俩都在附近一个宅子里养病，平日极少来到玉京书会，更别说再次上台演戏。

另外一个难题就是缺钱，排演这出戏的花费至少得几十两银子，玉仙楼的场租、角儿们的饷钱，需要添置的行头、道具，说不完的开销。这对关汉卿和他的好友王和卿这些清贫文人来说，可是一笔巨款，即使各自拿出一点家底，也只怕是杯水车薪。

王实甫坐在那儿，听到这些为难之处，本来几次想说他可以想想办法，但却不便插话。那日为了一把胡琴，关汉卿已对他说过，不愿意平白无故受人恩惠，这时他如果说他想法拿出些钱来，肯定会遭到拒绝，可是眼见着关汉卿他们成天为钱发愁，心中又着实不忍。

思量已久，王实甫这天穿街过巷又来到玉京书会，见关汉卿他们几人对坐着，一个个沉默不语，面前的茶凉了也无心再斟，想是为钱发愁，便开口说道：“各位前辈，在下有个法子不知该不该讲？”

关汉卿没有吱声，王和卿看看他，说道：“你说来听听。”

王实甫不慌不忙地说道：“在下认识一个山西来的皮毛商，他开有多家商铺，花钱如流水，却是个戏迷，前些日子他一直跟我打听，问这京城里有哪些好戏班。”

王和卿问：“他问这个作甚？”

王实甫道：“我料他不过是想附庸风雅，也想认识几个有名气的角儿，今后说来也不枉白挣了些钱，只会吃喝。”

王和卿、杨显之、费君祥、梁进之几个听着，会意地点头，关汉卿说道：“如今有钱的主儿倒是不少，有拿着钱干坏事的，也有不知道该怎么花的……”

王实甫说：“是啊，各位前辈多年住在京城或许已经见多不怪，但在下却是从定兴那边偶尔来大都，一年年地看着变化甚大，有钱人可真不少。你瞧海运大开，河运通畅，南北的豪商巨贾，川陕豪商，吴楚大贾，飞帆一苇，径抵辇下，还有许多远自中亚、南亚的商人，为这大都城运来多少好物件，凡世界上稀奇珍贵的东西，都能在这座城市找到，供达官显贵享用的氉氈貂貀等珍贵皮毛，珠瑁香犀等奇珍异宝，锦纨罗氎等高贵纺织品尤其热销，山西来的这位皮毛商就是专做这个的，咱们不如让他拿些银子出来排演《窦娥冤》。”

经由他一番说道，王和卿几个说道：“这人虽是个富豪，却爱听杂剧，也算是风雅之人，倒是难得。”又说：“德信这主意倒也不错，他若是真心喜欢，不如让他来参排《窦娥冤》，请他来当一回临时的班主。”说着都看向关汉卿，问道：“汉卿你看如何？”

关汉卿低头把玩着那紫砂壶，双手摩挲着不语。王实甫走过去恳切地说：“关先生，那人喜爱杂剧也是多年，不如这回成全了他。”

关汉卿抬头问：“你说的这人住在大都吗？有工夫让他过来坐坐，咱们当面聊一聊。”王实甫心里咯噔一下，他心里原想借着这所谓皮毛商的名义，把钱拿来就可以了，但没想到关汉卿要当面说话，这让他一时不知如何回答。

好在一激灵，他突然想起一个人来，便爽快地答道：“行啊，您要得空，我请他明儿就过来见您。”

关汉卿点头：“那就明儿下午吧。”

王实甫笑道：“行。”又说：“不过您可别跟他讲客气，这些商人手头有的是钱，这回排戏究竟缺多少，您让他一次给咱们。”

梁进之跟关汉卿一样，也是个会医术的大夫，平时不在玉京书会的日子，多半就四方行医，他摇头叹道：“能有这样的好事？他即便有钱，怎么就白白地送给别人？”

王实甫道：“前辈放心，那位不就是爱戏吗？明儿来了，就能给个准话儿。”

第二天下午，王实甫果然将一位穿戴富贵的皮毛商请到了玉京书会，与关汉卿畅谈了两个时辰，这位姓杨的商人慷慨答应拿出银子一百两，资助玉京书会重新排演《窦娥冤》，只需每场给他十张戏票，把最好的位置给他留上两个就可以了。

如此简单的条件，简直让人难以置信，但这位姓杨的商人居然将钱袋子一并带到了玉京书会，谈着谈着，他呼噜一下子就把银子倒在了罗宋床的茶几上，差点儿滚了一地。

王和卿几人高兴极了，连称这位杨老板是难得的义士，当晚要请他吃饭，杨老板推辞说等戏上演之时，他要请大家伙到钟鼓楼那边的酒家好好喝上一顿。

等杨老板坐着马车离开之后，玉京书会里的人便开始忙碌起来，关汉卿让燕山秀几个先把银子收起来，从明天开始就召集人马排练《窦娥冤》。大家一听，立即欢呼起来。

看着大家的高兴劲儿，关汉卿不由得朝王实甫说：“德信，这次戏能重新上演，头功应该归你。”王实甫连称不敢当，说：“关先生能让德信亲近玉京书会，让我能亲耳聆听先生教诲，见教于诸位曲家，已是万分荣幸，能为书会做一点力所能及的事，正是我之心愿，哪里敢称功劳？”

众人不知，那杨姓商人其实是易不刺金府上的管家杨更，王实甫好不容易说动他，让他穿戴狐皮大氅、皮帽皮靴，来充当一回山西商人。杨更起初一百个不愿意，但架不住王实甫好说歹说，又收了他一千文的好处，才答应了。好在杨更对这梨园行多少知道一些，又是在这京城里出生长大，街市掌故、来往商阜都能说出个道道，不费力气就能扮好这商人角色。

但令杨更不解的是，那一百两银子本是王实甫的，却为什么非要用这种法子白白送给这玉京书会。

王实甫没有多说，只是问他："你不是说当年也看了《窦娥冤》，还流泪不止吗？我现在拿出这钱来帮关先生再次排演，不过是想让更多的人看到这戏，并且也跟着流泪。"

眼见王实甫每天进出于玉京书会，也不提回定兴，添书急了眼，他追着王实甫叫道："二公子，您去哪儿也不带着我，我倒是问二公子，您还回不回家去了？"

天气暖和，玉京书会那边正在抓紧排戏，王实甫每天都像有人催着似的，早早地去到智乐坊，看重新出山的珠帘秀几位排戏，一守就是一整天，有时候连饭都忘了吃。开始几天他带着添书，但后来嫌添书常常多嘴，碍手碍脚的，惹得人家台上排戏的不快，就不许添书再跟着自己。

这天早晨，添书摊开两手在大门口堵住又要出门的王实甫，带着哭腔说道："二公子，您别去那书会了，咱们都出来快两个月了，老爷夫人，还有二少奶奶，肯定都盼着二公子您回家呢。"

王实甫说："我不是早就说过了吗？等关先生的《窦娥冤》排练上演，咱们在玉仙楼看过以后，立马就回定兴。你要知道，这戏可是十年也等不上一回，就差这几天了，你别给我扫兴。"

说着就要往外走，添书死活拦着不让，说："二公子，我问您，那对龙泉窑的折枝花执壶呢？"

原来，王实甫和添书从定兴来时，老爷王逖勤让夫人从府上珍藏的物件里取出一对龙泉窑的执壶，那壶烧制得极为坚致，釉面光亮，葱绿色，镂空加点彩，纹饰有折枝花和四如意，显得富贵吉祥。龙泉窑烧制的瓷器除了供宫中享用，另外多为外销至东南亚、阿拉伯和欧洲，国内并不多见。王逖勤收藏得几件，一直视为珍品，平时舍不得拿出来摆放，这次为了答谢阿剌罕大人多年对王家的关照，尤其是对王实甫的前程给予提携，才让夫人取出来，又让添书几个小心用稻草包裹捆扎，再用包袱系紧，装进彩盒带到京城。

这礼物本是要送给阿剌罕大人的，但来时阿大人已去了江西，易不剌金也一直在宫里，所以一直未来得及送。彩盒放在添书照看的行李堆里，可前几日他突然发现不见了。

“我哪儿都找遍了。”添书拉着王实甫的袖子说，“杨管家说是二公子您让人将彩盒拿走了，可是当真？”

王实甫欲言又止，说：“你就别多问了，是我有别的用场。”

添书急道：“二公子，这可是老爷夫人千叮咛万嘱咐，让小的好生照看着的，我一路心肝宝贝似的捧着它，生怕碎了。这下好，二公子您给出手弄没了，让我怎么跟老爷夫人交代？”

王实甫没好气地说：“又不是你碎了这壶，你有什么不好交代的？老爷夫人面前我自有说法。你快快闪开，别误了我的事。”

添书见拦不住他，一屁股坐在大门旁的石礅上抹开了眼泪，连哭带诉地道：“我没脸活了，老爷夫人，还有二少奶奶让我看着二公子，可二公子嫌弃我，走哪儿也不带着我，这上等的龙泉壶也没了，我可怎么办啊……”

杨更和阿府的几个家丁、丫头听得哭声，走到跟前来，小丫头们忍不住捂着嘴笑。杨更对王实甫说：“二公子，您看你们家的小厮，对主子的忠心真是没的说。”

王实甫也笑起来，上前拉了一把添书，说：“你在这干号，一滴眼泪都没有，也不怕人笑话，快快起来吧。”又对杨更他们说：“杨管家，他这脾气都是惯的，平素口无遮拦没大没小，这会儿也是人来疯，见有你们几位在，知道我不会教训他，越发就来了劲。”

杨更背过脸来对王实甫小声说:“二公子，您让我帮您做的事，您可嘴严实一些，如果让我们府上的老爷公子知道，那可不仅是要砸了饭碗，只怕还要把我送进大狱。”

王实甫跟他走到大门一侧的槐树下，说:“你放心，一人做事一人当。再说我又没有偷摸拐骗，自己的东西还不能由着自己？”

添书间的那一对折枝花的龙泉执壶，是被王实甫托杨更送进了典当行，从那儿典出一百两银子，再由杨更扮成山西皮货商人送给了关汉卿。那对壶是龙泉窑的上乘珍品，典当行的老板一见就两眼放光，恨不得当时就据为已有，苛刻地只给了一个月的当期，如果一个月之后不赎回，这一对执壶瓶就是典当行老板的了。

但王实甫为了帮助关汉卿，也顾不得许多，他对杨更说:“彩瓶有价情无价，只要能帮关先生的《窦娥冤》再次上演，别说这对瓶子，就是卖了房产也是值当的。当年关先生没钱，就是把自己在大都的房子卖了才排演了这出戏。”

杨更感慨道:“你和关先生都是侠义之人啊。”

王实甫说:“你方才让我的嘴严实一些，杨管家你也得守口如瓶，万万不可让关先生明白这钱的来历，他可是个讲骨气的人，不肯无故受人之馈赠。”

杨更点头说:“公子放心，这个我理会的。”

第二十三回　玉仙楼

在王实甫和一些友人的帮助下，杂剧《窦娥冤》终于在大都玉仙楼再次上演，一个弱小无靠的寡妇窦娥，在贪官桃杌的迫害下，被诬为“药死公公”，斩首示众。窦娥的冤案呼唤“人命关天关地”，提出了“官吏每（们）无心正法，使百姓有口难言”，得到人们的共鸣，得知消息的京城名流、文人墨客、市井平民纷纷争相观看，一连数夜场场爆满。

玉仙楼前人流如织，卖糕的、卖炊饼的、卖糖水的都等在门前，一散场就会有人上来买了做夜宵。这晚散场后，关汉卿陪着珠帘秀在后台卸装，王实甫买了些炊饼送到后台，顺便来跟关汉卿告辞。他说：“关先生、珠先生，二位前辈，实甫这些天多有打扰，明日我就要回定兴去了，特来辞谢。”

珠帘秀一个女艺人，但被王实甫尊为先生，不由得粉腮更泛红晕，忙说道：“德信公子为何这么匆忙就要告辞？这些时大家都称道您年轻有为，又虚怀若谷，只愿您多待些日子才好。”

关汉卿也有些诧异地说：“德信你怎么突然要走？”

王实甫道：“实不相瞒，实甫家中父母双亲年事已高，已托人来信催促多次，拙荆带着两个小儿也在家中守望多时，实甫早该定下归期了。以后只要稍有空闲，定会再来大都，拜访玉京书会各位前辈。”

“唉，天下没有不散的宴席。”关汉卿长叹一声，起身走到王实甫跟前，轻声说道，“这几日戏票卖了不少，如果照这么演下去，不出半月，那杨老板垫付的银子就可悉数还于他。我看这几日他也只是头一场带人看戏，后来应留给他的票也按他的吩咐全都卖了，这钱也应该给他。”

王实甫拱手道：“区区小事，关先生不必为此多虑。那杨老板确是一个戏迷，心甘情愿当这一回班主，只是近日生意上有些急事需要打理，他前日已赶回山西，所以未能每天都来玉仙楼观看。那钱不是垫付，不用想着还，若是这次戏票卖得好有些进项，正好给珠先生几位添些行头，另外也好补补身子。”

他言语恳切，不像是一般的客套，关汉卿听得心中十分感动，不由得叫道：“马二！拿酒来。”

马二也是这戏班的一个角儿，专唱丑角，做事麻利，又兼着帮燕山秀她们做一些杂活，替关汉卿打下手、跑腿。听得叫声，立马从后台侧幕那边跑过来，脸上的油彩还没擦净，花糊着脸问道：“您说拿酒来，是在这儿喝还是回咱们家喝？”

关汉卿撩起长袍，往后台凳子上一坐：“就在这儿喝。”又道：“马二你去戏园子旁边的卤菜店看看，有什么下酒的让他们端些来。喝了这顿酒，德信明儿就要回定兴了，把大家都叫过来，我们这算是为他送行。”

王实甫连称不敢当，说：“要不，咱们干脆去鼓楼那边的酒家？”关汉卿说：“都已这个时辰，酒家早都关门，不用去寻他们了，我这儿藏有好酒，就在这儿喝吧。”他说着，得意地一指后台的小柜子。原来他每晚都在侧幕守着看戏，手里会捏一个酒瓶，看得高兴时就喝上一两口，以酒助兴。王实甫心里也巴不得能跟关汉卿多聊一会儿，当下王和卿几个也都聚拢来，喝开了夜酒。

这些天，王实甫将关汉卿的《救风尘》《望江亭》《拜月亭》《鲁斋郎》《单刀会》《调风月》等几十种杂剧读了个透，又将他所写的套曲、小令玩味多时，感受到关先生对都市繁华与艺人生活的描绘，对羁旅行役与离愁别绪，以及自抒抱负的述志遣兴。关汉卿写给珠帘秀的那套曲子《〔南吕〕一枝花·赠珠帘秀》，更是让他别有一番感受。

珠帘秀为那女子的艺名，她本姓朱，出身贫苦人家，自小学戏，长相并非绝美之女子，甚至背看去微微有点驼，但她只要一登台，便光彩夺目，被称作当今独步，驾头、花旦、软末泥等，悉造其妙。元朝写散曲的名人卢挚、冯子振、胡祗遹等都写过词曲赠她。珠帘秀在大都演的戏大半都是由关汉卿所写，两人日久生情，但由于珠帘秀已经嫁人，身不由己，他俩的爱情也只能藏在心底，关汉卿将对她的一腔爱惜通过对珠帘的吟咏来表现，人与物化，物人合一，语意双关，构思精巧，比喻贴切，让王实甫惊羡不已。

〔一枝花〕轻载虾万须，巧织珠千串，金钩光错落，绣带舞蹁跹。似雾非烟，妆点就深闺院，不许那等闲人取次展。摇四壁翡翠浓阴，射万瓦琉璃色浅。

〔梁州〕富贵似侯家紫帐，风流如谢府红莲，锁春愁不放双飞燕。绮窗相近，翠户相连，雕栊相映，绣幕相牵。拂苔痕满砌榆钱，惹扬花飞点如绵。愁的是抹回廊暮雨萧萧，恨的是筛曲槛西风剪剪，爱的是透长门夜月娟娟。凌波殿前，碧玲珑掩映湘妃面，没福怎能够见。十里扬州风物妍，出落着神仙。

〔尾〕恰便似一池秋水通宵展，一片朝云尽日悬。你个守户的先生肯相恋，煞是可怜，则要你手掌儿里奇擎着耐心儿卷。

关汉卿所写的这套散曲宫调名为〔南吕〕，是元代散曲常用的套数，通常由〔一枝花〕〔梁州第七〕〔尾声〕三曲组成。如在三曲后还要加写几支曲子,〔尾声〕即改称〔隔尾〕。又因唐人传奇《李娃传》中的李娃，艺名一枝花，这套曲调据说是从当年吟唱一枝花的歌曲中传承下来的，因此保留了曲名。

错落、蹁跹、似雾非烟、凌波殿前、十里扬州风物妍，但那神仙似的人物却嫁与了别人，王实甫从这套散曲中读出一腔苦涩，似秋水令人心酸。坐在关汉卿的对面，眼见他几杯酒饮过，脸色酡红，已是微醺，又见珠帘秀卸去装扮，去到里屋更衣，便想问当初关先生与珠先生一同去到扬州时，珠先生还是独身，为何二人却未曾成家？

正要开口，珠帘秀却从里屋飘然而出，浅笑着坐到了关汉卿身边，叫了一声："一斋兄。"一斋是关汉卿的号，只有珠帘秀才这样称呼他，她说："不要再喝了，天时已晚，德信公子明日还将远行，不如让他早些回去歇息。"

关汉卿却道："唉，人生难得几回醉，你又何必拦我？今日别过，不知何时才能又聚。"他侧身看看坐在旁边的王和卿、梁进之等人，说："就说我们几个，平素也都要各谋生存，进之跟我一样，过些日子还得去做那看病的郎中，来来，咱们今晚不醉不休。"说着取过酒壶，自斟了满杯，就要送到嘴边。

王实甫起身道："汉卿先生，这杯酒由实甫替您喝了吧。"

他看了看珠帘秀、王和卿几位，说道："如今大元朝虽已是威震九州，但有多少悲欢被人怜惜？又有多少正义被人流传？只有像关先生您这样的俊杰才能写出感人肺腑的戏曲，为天下人道出心声，为天下所喜爱。由此说来，先生您已不是为自己而活，而是为天下人活。先生一定要多多保重！"

听罢他的话，王和卿几个脸上一派肃然，一旁竟响起了轻轻的啜泣声，珠帘秀低首抬袖擦拭着眼睛，泪流不止。

关汉卿也不由得伤感起来，颓然坐下，王实甫顺势接过他手中的酒杯，说："实甫谢谢各位关照，我代先生饮了此杯，以表心意。"说完举杯一饮而尽，王和卿等人赞道："豪爽！"

窗外夜色墨黑，戏园里也早已空空荡荡，众人站起身来，意犹未尽地告别而去。王实甫见关汉卿一脸亢奋过后的憔悴，便想到明日一别，又不知何时得见，心中也有些酸楚。两人默默相对一阵，突然戏园门口喧闹，在这夜深人静之时格外惊心。

一忽儿，马二面无人色地跑进来，叫道："关先生，不好了！"

关汉卿忙问何事。马二说:“王先生和梁先生几位刚走出玉仙楼,就遇见巡查的士兵,只问了两句,不由分说就将他几位都抓走了。”

一干人大惊,关汉卿拍案而起:“真是岂有此理!”

王实甫问那马二:“那些士兵可曾说了些什么?”马二说他们只是大叫:三次钟响过了,三次钟响过了!

王实甫心里明白了一二,元大都鼓楼上置有壶漏、鼓角等计时、报时工具;钟楼上有阁楼,飞檐三重,内置大钟,声响洪亮,全城遍闻。钟、鼓楼可说是元朝控制大都的工具之一,每夜鸣钟报时,第三次钟响后,任何人都不得在街上行走。除非遇有紧急事务,如孕妇分娩或有人生病,非出外请医生不可者,可以例外。但如果遇到这种情况,外出的人必须提灯。夜间会有三四十人一队的巡逻兵,在街头不断巡逻,随时查看有没有人在宵禁时间,即第三次钟响后离家外出,被查获者立即逮捕监禁。

王实甫想起自己在崞阳时,孛南奚也是以此为由寻他的碴儿,还朝他家里放暗箭,险些没伤了家人性命,便对关汉卿和珠帘秀他们说:“看来王和卿先生几位是被夜间巡逻的士兵给抓走了。不过,我听这第三次钟并没有敲响,他们为何要抓人?”

关汉卿悟道:“我看这十有八九是朝着重新排演《窦娥冤》而来的,当年阿合马手下的那帮爪牙如今说不定又掌了哪门子权力,见这几日戏演得红火,即上门报复来了。”说着他欲朝门外走:“我这就找那巡逻的去。”

马二忙拦住他,惊慌地说:“先生不可。先生这一去肯定更是有去无回。”

珠帘秀也上前拉住关汉卿,双眼含泪恳求道:“一斋兄,切切不可贸然行事,上次你在狱中遭了那么多罪,到现在身子都未能康复,怎经得又受折磨?”

出生于金末的关汉卿,因父亲为医户,从小也学得医道,艰难度过了那些连年战事、社会动荡不安的岁月。元朝建立后,关汉卿被编入“医户”,来到大都御医院做太医,但他性格刚强,不事权贵,虽医术高明也不受器重，一直受到排挤，此后又因排演《窦娥冤》而入狱，可谓是九死一生，哪还经得起又一次磨难?

此刻容不得王实甫多想，他当下便义不容辞地对关汉卿说:“关先生，在下明日暂不回定兴了。”关汉卿和珠帘秀听后都一愣，只听他说道:“在下明日先去那大都留守司打听，看能否设法将王和卿先生几位搭救出来。”

珠帘秀一听，喜出望外地说:“德信公子，此话当真? ”

关汉卿也定睛看着他，王实甫其实心中并无把握，但此刻面对他们眼巴巴的目光，心想不能有半点迟疑，他使劲点头:“当真。”

第二十四回 茅草冈

当日夜深，王实甫和关汉卿等人不敢再出门造次，在剧院内一直守候到天亮，才一个个分头出门。

王实甫赶回阿府，管家杨更听得人报，立刻迎过来，见王实甫脸色疲惫，与添书连忙端上热汤，王实甫却顾不得洗漱，问有没有易不刺金统领的消息，这两日可能回府？

杨更摇头，说易不刺金公子只要是进了宫，也是由不得自己，能否回府来可是没准。其实王实甫也知道这些，但他情急之中，只有想到求易不刺金帮忙，便对杨更说：“老哥，小弟再求你一回，能否进宫去见一见易不刺金统领，让他回来一趟？”

杨更说：“我哪进得了宫？平素府上要是有事，我们也只能到宫门外给当值的宿卫打招呼，请他禀报公子，然后公子会派人出来询问，并再作道理。”

说到宿卫，王实甫心中突然亮光一闪，叫声：“有了。”

杨更和添书都问：“什么有了？”

王实甫也顾不得细说，只是吩咐添书赶紧备马，他这里匆忙找出前些日子在宫中的宿卫装束换上，跳上黑马就一鞭抽去，马儿飞奔起来。

添书在身后喊着：“二公子，你这是往哪里去呀？”

王实甫也不回头，只是答道：“我很快就回来！”

原来，他想起上次临出宫时，易不剌金让他保留了宿卫的身份，说是只当回家探视父母双亲，他便想到借此再次进宫，岂不方便？

果然到得宫门前并无阻碍，有那面熟的宿卫还与他寒暄了几句，都以为他是回了一趟家乡。易不剌金正在宫中巡查，见面十分惊讶，一边小声问：“你怎么又回来了？”

王实甫将昨夜玉仙楼前的事说了一遍，又道：“表兄在上，实甫敢替王和卿他们几位担保，他们都只是些舞文弄墨写散曲的词人而已，对朝廷并无二心，也并无伤害，请表兄替他们说说情，早日放了吧。”

易不剌金听罢，面有难色，说道：“我还以为你早就回到定兴，侍奉于勤公和阿夫人跟前，谁知你竟然逗留于大都，与这般下九流厮混在一起。你要知道，关汉卿那人时常指桑骂槐，发泄不满，以前就得罪了不少有权有势之人，上一次若不是阿合马出了事，关汉卿根本就没有出头之日。要我说，他们这些人就得安分守己才是，又来演什么《窦娥冤》，惹出这些个麻烦。再说那夜间巡查为大都留守司管辖，我虽然身为宿卫统领，但无权过问此事啊。”

易不剌金唠叨许久，但架不住王实甫一再恳求，无奈之下，易不剌金只好给了他一个话，让他去找大都留守司怯儿八思，就说是他拜托的。于是两人去到一旁的阁子里，取出纸墨来，易不剌金给那怯儿八思写了一封简短的书信，只说有一表弟前来拜望云云。王实甫如获至宝，将信小心地揣在怀里，易不剌金又说：“且慢。”他提醒说那怯儿八思生性贪婪。王实甫回说：“明白了。”

他拱手告辞，易不剌金又想起一事，说：“差点忘了正事，张文谦大人的公子张晏上次在宣圣庙祭祀时看见了你，后来问起你，我把你从﨑阳回来的经过禀报于他，张晏大人让你找日子去他府上，他有话要对你说。”

王实甫一听是张文谦大人的公子，顿生敬意，问：“张晏大人？”

易不剌金说：“张文谦大人去世之后，皇上起用了他的公子张晏，眼下他已是御史台中丞，跟他父亲一样，为人正直、慈和，特别喜欢推荐人才。”王实甫不由得感佩地说：“实甫曾得张文谦大人举荐，却未能替大人做任何事情，连他去世时也未能前来悼念，实在令人心中不安。等我这几日办完了事，就去拜见张晏大人。”

与易不剌金一番话毕，王实甫即出得宫去，打马就想去见那大都的留守司怯儿八思，心头却是发愁，不知给这人送什么礼。

连日在大都开销甚多，为了帮关汉卿先生排演《窦娥冤》，就连准备送给阿剌罕舅舅的龙泉壶也都典当出去，身边只剩些散碎银子，如何拿得出手？他骑在马上，听那马蹄声啪哒啪哒地走过长街，那马儿半昂着头，四蹄踏雪，走得十分泰然，由他想着心事。

走着走着，不由得来到大都城内最热闹的日中市，那里一大片海子，从西北向东南倾斜的自然湖泊，依湖形成了大都城内唯一的斜街，叫斜街市。这片海子又是新开凿的南北大运河的终点，码头上密集停泊的船只首尾相接，舳舻蔽水，南来北往的货物云集，沿岸进行交换和售卖。斜街市上因而汇集了大小商号、分布着缎子（绸缎）市、皮帽市、鹅鸭市、珠子市、沙剌（珠宝）市、铁器市、米市、面市等专业行市。一座座茶楼酒肆、饭店客栈、宫观寺院，以及歌棚舞榭、曲艺杂耍，吸引着京城内外的客人，成为大都城内最繁华热闹的街市。

王实甫转悠了一阵，囊中羞涩，他本来相中一颗波斯来的夜明珠，但那商人掐指就要一千两银子，他赧然而退。转而来到顺承门一带的羊角市，远远地就飘来一股股牛羊的膻臊，他骑着大黑马缓缓走过羊市、牛市、骆驼市和驴骡市，不觉来到了马市上。

他骑的大黑马气势非凡，尤其通体漆黑，四蹄如雪，一路不禁吸引了许多人的目光，有人上前问道：“客官，这马出手不？”

王实甫怒道：“走开！”

他愤愤地催马走过，但突然又勒住马儿，傻傻地定在人来人往的街市上。不知过了多久，他跳下马来，抚摸着黑马的头，马儿温顺地将头靠在他肩膀上。

马儿随他一早出门，跑了大半天，跟他一样到现在还未进食。王实甫见那路旁有卖马料的，当下买了几把干草，又讨了几根萝卜，大黑马欢实地咀嚼起来。一边守着马儿吃草，他一边忍不住落下泪来，他伤心地对马儿说道："你好好吃吧。一会儿我就要和你分手了，不是我不要你，是我一时实在无计可施。他们几位都进了大狱，我不去救谁来救？你只当是帮了我，也帮了他们。我给你再找一个面善的主人，让他务必好好地待你。"

马儿吃饱了，昂起头来懂事地看着他，轻轻摇着马尾。王实甫将大黑马牵到马市中心，不一会儿就围上来一大堆人，七嘴八舌地问价，最后一个阿拉伯商人以一匹绢两千钱，也就是二两银子，共一百匹绢二百两银子的价钱，将大黑马拉走了。

大黑马咴咴地叫着，拧着脖子不肯随那人走，王实甫狠下心拎起装钱的包袱，硬着心肠扭头就走，再也不朝那边看一眼。可大黑马的叫声就像刀子一样割着他的心，他听不下去，便加快脚步，最后跑了起来。

他到珠市上就着那笔钱买了高丽商人的一棵人参，以及波斯海底的一串珍珠。转而到鼓楼附近的留守司，好不容易见到了戍守大都的节制调度怯儿八思，呈上易不剌金的书信，开始怯儿八思爱搭不理的，王实甫又将人参和珍珠的盒子捧到他面前，他这才开口问道："初次见面，又何必多礼？表弟为何事而来？"

王实甫便说，几位兄长昨夜在玉仙楼多饮了一杯，稍有迟误，被夜间的巡查带走，现不知关在何处，请多多包涵放了他们。怯儿八思看了看案上的珍珠和人参，说："既是稍有迟误，那就叫他们放了吧。只是关押的人已在大狱，无论谁出狱时都必受杖二十。"

王实甫一听急道："大人不可，这几位都是文墨书生，哪经得起杖责二十，只怕几杖下去就会要了性命。"

怯儿八思不快地说："我这里都已答应放人，你还哪来这么多话？若不是易不剌金统领的面子，哪得这么些方便？"

说着就要拂袖而去，王实甫追着他叫大人，然后又将刚才卖马所剩的钱从怀里悉数掏出，说："大人，请千万行个好，日后在下定将厚报！"

怯儿八思回头看看他，问道：“厚报？方才只知你是易统领的表弟，不知你家住何方？”

王实甫只好据实说来：“在下王实甫，家住定兴。”怯儿八思一听顿感兴趣，问道：“早闻定兴有一位王逖勤公，不知你可曾相识？”

王实甫躬身道：“正是家父。”

怯儿八思一听哈哈大笑：“是吗？俺家老爷与那王大人有过多年交情，他曾不止一次说起，却原来是你的父亲。好吧，看在王大人的分儿上，免去他几人杖责，不过这笔账记着，日后叫他们不得擅自夜出，要是再被抓住，定有聚众谋反之嫌，那可不是杖责二十，定会要了他们的脑袋。”

他说得凶神恶煞，王实甫听得心里愤懑不已，但此时唯有救人要紧，也只好委曲求全，好歹哄得怯儿八思下令放人。

在王实甫多方斡旋之下，王和卿、梁进之几人终于被巡查队从大牢里放了出来，关汉卿对王实甫感激不尽，要让燕山秀和马二他们做一顿好酒菜，答谢王实甫，也为王和卿几人压惊。

但王实甫婉言谢绝，失去爱马，他一连几日什么胃口都没有，常常坐着发呆。那晚回到易不剌金府上，久候的添书得知他将大黑马卖了，当时就号啕大哭不止。也难怪他如此伤心，那马跟随他主仆二人多年，就跟兄弟一样，添书早晚喂草加料，牵马遛走，他说什么，马儿全都能听懂。

添书一边哭，一边号着：“您这狠心的二公子，不如您把我也卖了好了！一会儿典那龙泉壶，一会又卖这大黑马，您到底在这大都城里干了什么？”

杨更过来相劝，让他不要胡说。添书却不管，说：“我这就回定兴找老爷夫人和二少奶奶去，让他们来评理。”

杨更斥道：“你这大胆的奴才，哪有这么跟主子说话的，小心割了舌头。”

王实甫却叹道：“杨管家，由他去吧。我这心里也像猫抓似的，他这儿号一阵，反倒好受些。”又对添书说道：“你就放开了号吧，但要能把那马给号回来，我也就算你一条好汉。”

添书道：“您卖给了谁？我去找他要回来！”

王实甫无言以对，他心里明白，那个阿拉伯人一看就是时常行走在西域一带做买卖的，买了这大黑马喜不自胜，哪还会撒手？于是只有默默摇头。随时想起那爱马，就不觉心烦意乱，无心再去拜访张文谦大人的公子，只给杨更说，预备第二日回定兴去。

但这天晚间，定兴那边的勤公府来了人，是大哥王实厚派来的郝三，脸色惶惶地说老爷这些日子旧伤又犯了，已在床上躺了多日，茶水不进，不时地念叨二公子，阿夫人和二少奶奶让实甫赶紧回去。

王实甫一听惊惧不已，顾不得细问，立马让添书收拾起行李，告辞管家杨更，当天下午就启程归家。

身边只剩了添书原先骑的小黄马，添书请王实甫骑上，自己快步相跟着，走出大都十余里地，主仆两人都已是气喘吁吁。那小黄马换了主人，走得不安生，不时使性子蹿了起来，王实甫骑在马上，颇得好不耐烦，一骗腿下马来，扔了缰绳说：“你骑着吧，赶到前面去找个歇脚的地方，弄点吃的。”

添书只好随他，骑上马往前面看了看，又不放心，掉回头来叫道：“二公子，我看过了永定河，桥那边有个小店，不如到那里坐坐去。”走过二里地，果然来到永定河边，一排大柳树下，路边有一挑着小旗的酒家。两人还没走到跟前，突然那边传来马儿“咴咴”的叫声，王实甫听来一惊：“添书你听，怎么像是大黑马在叫？”

添书侧耳一听，也道：“可不是！跟咱们的马叫得一模一样。难道……”这话未落音，王实甫已飞身向前，直奔柳树底下而去，那马儿也叫得越发激昂起来，像是在一声声唤着亲人，叫得那王实甫热血偾张。他飞奔过桥，一眨眼来到酒家跟前，那门前摆放着两张桌子，散坐着几个喝茶吃饭的客人，他顾不得细看，却只见一棵柳树底下，果然拴着他那匹大黑马，正拼命地踢蹬着雪白的四蹄，恨不得要飞腾过来。

王实甫扑过去，一把抱住大黑马的头，亲着它的脖子，摸着它的鬃毛，忽然见黑马腹背上居然一道道伤口，像是被人用鞭子所抽，有的已经干涸，有的还在渗血，不禁又惊又痛，但不知这马儿如何来到此地，又是什么时候留下了这道道鞭痕。

正在此时，添书赶了过来，叫道："二公子，您看那边坐着的是谁？"王实甫刚才从酒家门前飞奔而过，没顾得上看那坐在饭桌旁的人，此时拿眼一瞧，一个身穿黑衣的年轻男子正坐在那里，一只手撑着下巴，另一只手扶着右腿，脸色苍白，毫无表情地看着他。

"李赛儿！"他一眼认出，即刻想到，"是你把大黑马带到这儿来？"

李赛儿扶着桌沿冷冷地站起身，说："哼！我是看这马儿可怜，才拿钱赎了它。现在好了，马儿找到了主人。下次别再让我碰见，再有此事，我就宰了它。"说着，他提腿向官道上走去，腿却是一瘸一拐的，没走几步，他皱紧眉头伸手去捂右边的大腿，竟然一下子歪倒在地。王实甫连忙跑过去想扶他，李赛儿却一把将他推开，奋力地站起来挣扎着往前走，但仍然没走两步，又险些歪倒，王实甫不管三七二十一，将他一把抱住，叫添书快去店家开房，把李赛儿扶进去歇着。

那李赛儿一个劲地推着，王实甫只好越加使劲地抱住他，说也奇怪，抱着抱着，李赛儿的身子柔软起来，抽了筋似的瘫在王实甫的怀里，双眼紧闭，头上冒出豆大的汗珠。等添书开好房间，两人扶着李赛儿进去，将他安置在床上，然后想帮他解开外衣和头巾。他头上本系着一根唐巾，制如幞头，而撱其角，两角上曲作云头，实甫刚一伸手，李赛儿将头一扭，意为不允。实甫又见他穿着坚厚的皮兜鍪，青锦质的衬甲云肩，裲裆衫和绯锦衬袍一侧浸出了许多血迹，心里更是着急，忙叫添书拿剪子来，要给他剪开。

谁知李赛儿两手捂着身子厉声叫道："谁敢动！"

王实甫莫名其妙，不由得带着火气地吼道："你这人真是不知好歹，你明明负了腿伤，得赶紧找大夫上药，为何这般执拗？"他弯下腰来好声好气劝了又劝，但李赛儿仍百般不肯。一会儿，店家找来的郎中提着药箱也到了床前，王实甫气得跺脚道："你要是恨我们，只管打骂，但也得先上了药，等伤好才动得了手脚不是？"

那李赛儿听他说着，竟翻过身去，将脸埋在枕头上恸哭起来。那哭声且是凄婉细碎，宛如女子，添书变脸失色，将嘴凑到王实甫耳旁说：“二公子，他莫非是个女人吧？”

一句惊醒梦中人，王实甫顿时想起从前在枫林坡时，初见李赛儿就觉得他脸庞过于清秀，恍如女子，但当时他只是在脑子里一闪念。后来李赛儿又有种种回避，他也曾有些疑惑，今日见他这番情状，不觉恍然大悟，伏身轻问道：“赛儿，难道你有那难言之处，以至于女扮男装？”

李赛儿也不答话，却哭得更加凶猛。王实甫心里全明白了，陡然生起一种疼惜，不觉眼眶也湿了，他默然在床前站立了片刻，对郎中说道：“老先生，请好生给她治伤，我将重重酬谢。”然后一摆手，招呼添书，两人退出房间。

过了一个时辰，老郎中拎着箱子出来，侧头道：“你们可以进去看她了。”王实甫与添书相互看看，小心地推开房门，却见一个女子坐在床头，满头黑发瀑布似的遮住了她的脸和肩膀，但仍可看到她曲线清晰的胸脯和腰身，王实甫不敢再往前走，也不知该说什么，只是满心惊讶，一种异样的感觉像蚂蚁朝全身爬去。添书却在一旁小声说：“这谁呀？李赛儿？”

正在这时，屋里突然响起黄莺一般的声音，却是那李赛儿开口说话：“公子请坐。”

这声音与李赛儿以往的嗓音大不相同，让人不敢相信自己的耳朵，但听李赛儿又道：“公子不必诧异，待我一一与你道来。”

此时的李赛儿已经平静，接下来她对王实甫说出了女扮男装的缘由。原来赛儿的父亲李尚义为南宋兵部侍郎，爷爷李思田为观文殿大学士，李思田与李尚义力主抗金抗元，为秦桧余党与主和派所忌，指使人弹劾了他父子二人。李思田归隐山林，但李尚义在南宋危急之时，再次被起用，后来在临安府之战中中箭身亡，其妻也自尽于府中。赛儿其时正跟随爷爷李思田在老家峄县，得以保存性命，爷孙两人从此含悲忍恨躲进深山枫树林栖身。

赛儿自小习武，在枫树林的几年里更以练武为每日必修之课，她女扮男装，一心想为父母报仇，但却根本无从下手，也不知找谁复仇。那次王实甫夫妇被爷爷李思田收留，李赛儿听说婉常的父亲和叔父都是元朝重臣，不由得恨上心头，几次想动手但被爷爷阻止。爷爷李思田说这一家看上去都是善良之人，不可作孽。

李赛儿后来跟踪王实甫到崞阳，一心想看个究竟，但没想到在崞阳城内外，从百姓们那里听到的全是对王县尹的赞扬。李赛儿仗着一身武艺，大胆比试进了孛南奚的侍卫队。元朝建立之前连年战事，之后全国各地均人才缺乏，关外更是如此，县尉孛南奚除了自己的亲信，也想在关内外招募有武功的高手，遇到李赛儿这样箭戟刀枪均能使唤，尤其箭术更是高超，百步穿杨，便立马收在帐下。她武艺高强，没人敢在她面前造次，也没人敢细问她的来历，但时间一长，李赛儿见孛南奚的手下成天干的都是欺压百姓、为非作歹之事，又闻王实甫疾恶如仇，因孛南奚所作所为而与之不和，不由得对王实甫心生敬意。不巧孛南奚那日派她去王实甫的宅院使箭，意在威吓王实甫，并且暗示她可以不顾其性命，李赛儿自然不会听从，她只是往王实甫窗棂上射了一箭，其实是想加以提醒。之后便不辞而别，远走高飞去了京城。

李赛儿在大都又仗着武功进了宫中的宿卫队，心想找机会刺杀皇帝忽必烈，却没想到在宫里碰见王实甫，她知道行事不成，便迅速离开了皇宫。她正在盘算近日离开京城去往临安那边，却在马市上看见王实甫的大黑马。当时许多人围着观看，说那黑马一整天不吃不喝，买马的那个西域男子拉也不走，推也不动，怒气上来只有拿鞭子狠抽，可那马任凭他抽得鲜血淋漓，却仍然稳如磐石，四蹄如扎进了地底下，一动不动。

那马奇怪，见她如同见了亲人，竟然朝着她扬蹄咴咴直叫，李赛儿很快认出这马竟是王实甫在枫林坡的坐骑，心下顿生不忍，便与那买主商量，让他转卖给她。那买主不是善茬儿，狮子大开口，李赛儿朝旁边人一打听，得知当时是一百匹绢的钱买的，便把随身携带的金银全都搜罗出来给了他，大抵也值二百两银子。谁知那人收了金银仍然嫌少，一定还要再加一百两银子，李赛儿心中来气，不由分说牵了马就走。大黑马一整天未动，但赛儿一牵，马就跟着走了。那买主见势不好跟着追来，叫喊有人偷马，竟然还使出了飞刀，一刀插在了李赛儿的大腿上，幸亏她早已跳上马去，黑马好在也只是受了些皮毛伤，奋力奔驰开来，才甩掉了追杀。

听完这席话，王实甫感慨万千，上前行礼道："从前不知小姐身份，多有冒犯，今日又得小姐出手相助，在下真是万分感激难以言表，更是满心惭愧也。"又问道："不知小姐怎么会来到此地？难道你会掐算，知道在下将从此经过吗？"

李赛儿这时才慢慢转过脸来。

王实甫只管低头说话，也不敢抬头，添书却在一旁轻轻叫了一声，王实甫见那添书两眼瞪着李赛儿，嘴张得老大，便也朝李赛儿看去，这一看，不由得也惊呆了。

那女子此时脸儿白净如雪，青丝齐胸，眼睛顾盼如水，似一个不沾人间烟火的仙子。王实甫不敢多看，复低下头去，且听赛儿浅笑道："我哪会掐算，不过是暗中得知你与那易不剌金统领素有来往，便去他府上打听了一下，听说你们已动身回定兴，我便抄小路朝南而行，先赶到了这里，也是这腿伤难忍，想稍稍歇上一阵，才喝过一碗茶，就见你们二人来了。"

真是个冰雪聪明的女子，王实甫心中暗暗叹道。随后便问："小姐于在下可算是恩重如山，敢问恩公李思田先生如今在何处仙居？"

李赛儿一时没有答话，半晌才说："自从你们离开枫林坡，爷爷他说此地不宜久留，要带我一起去到临安那边，但我一心报仇，只将老人家送到扬州，找了一处地方安身便离开了。"她小声凄然说道："如今也不知怎样。"

王实甫听来也觉悲伤，但嘴上劝慰道："想必无妨，老先生医术高妙，自有养生之道，更有处世之精方，小姐不必过虑。等你伤好择时再去扬州守望就是。"

李赛儿听罢，心想这王实甫倒也还善解人意，却问："你怎么会狠心将坐骑卖在那马市上，任由那恶人糟践？"

王实甫一时不知如何答话，添书一旁插嘴道："李小姐你不知道，俺们公子岂止是卖马，他连祖上留下的瓷瓶都卖了呢。"王实甫喝道："你再多嘴，看我收拾你。"添书忙住了嘴。李赛儿朝他们看看，眼神里闪出一道不屑，扭过脸去，说："哼！不说就不说，谁稀罕？"

这神情又让人感觉到当年枫林坡的青衣少年，王实甫道："李小姐，看来我们是不打不相识。"李赛儿脸色一冷，说道："谁跟你不打不相识？从今往后，你我井水不犯河水，你走你的阳关道，我过我的独木桥，明儿一早咱们各奔东西，再也不见。"

李赛儿说翻脸就翻脸，刚才还言语融洽，瞬间又像变了个人，再也不理会王实甫主仆二人。王实甫莫名其妙，本不想与她计较，但又绝不能撇下她不管，只有好言相劝，想让她随着一道回定兴养伤，也好还她银子，殊不知李赛儿一百个不允。

添书从店里端来一盘刚蒸好的牛肉包子，王实甫接过，亲手送到李赛儿跟前。赛儿坐在床头，也不客气，抓起一个就吃，狼吞虎咽的模样让人怜惜，又有说不出的可爱。王实甫说道："你慢着点儿，别噎着。"

李赛儿却道："没你的事儿。"说着只顾啃包子，再也不看他一眼。

王实甫自觉没趣，讪讪地退出房门，寻思在哪里弄得二百两银子还给赛儿，可人在这茅草冈，一时半会儿从哪里弄来，真是愁煞人。添书几遍催他吃包子，也没胃口。决计自己先回定兴，让添书在这里侍候着李赛儿，等他回家取来银子，再还李赛儿。

那李赛儿吃饱了倒头便睡，等她一觉醒来已是第二日早晨，添书闻声过来给她端茶递水。李赛儿见他忙前忙后，却不见王实甫的身影，心下不免好奇，但女孩儿三分矜持，也没询问。待到正午，添书又端上饭来，仍不见王实甫，赛儿便忍不住问："那个人呢？"

添书说："哪个人？"

赛儿道："那个人呀！"

添书故意道："你问的到底是哪个人呀？"

赛儿气得摔开手上的茶盅，就要跳下床来，不料一动伤腿疼得她失声叫道："哎哟！"添书忙扶住，说："姑奶奶，你躺着别动好不好？公子走时再三叮嘱，你要有个好歹，我可交代不起。”这才说王实甫昨日夜里赶回定兴去了，为的是取来银两，一要还她的马钱，二要给她养伤。

李赛儿听罢，痴痴地坐着，半晌没有言语。

但等王实甫星夜兼程赶回定兴，从大哥王实厚那里支了三百两银子，又换马赶回茅草冈这家小店时，却只见添书哭丧着脸坐在店门前的柳树下，那李赛儿竟然已不见踪影。

添书道：“俺也不知道是咋回事，夜里她说要洗脸，我还给她送了一盆热水，把门带好让她歇息。谁知道今儿早起我再来敲门就没人应了，推开门床上空空的，店里店外找了半天，也没她的影子。”王实甫唤过店小二，小二道：“我都给这兄弟说了，半夜听见大门轻轻一响，我以为是风，也没在意，后来猜想那位客官就是那会儿出的门。”王实甫连夜奔波，浑身被汗水湿透了好几回，这时也顾不得喷嚏连连，拎着马鞭走到店外的路口，只见土路长长，一边通往大都，一边通往南方，却不知李赛儿她去往何处。

心里不由得好一阵怅惘，总归是欠了这女子天大的人情，上次承她爷孙二人相救，这次又亏她出手救回大黑马，并且还让她因此受了伤，这人情何时才能还于她？又想到她腿伤未曾痊愈，怎经得起长途跋涉？这奇女子心高气傲，却又好叫人怜惜。四处打听也未得消息，只好带着添书回定兴而去。

第二十五回　玉掌梳

王实甫于这年初夏从大都回到定兴，比起往日多了些心事，人也由此变得沉稳。父亲王逖勤旧伤复发，病情渐次加重，王实甫与兄长全力以赴侍候父亲，将其他事情都搁置在一旁。王逖勤虽在病中，仍不时催促王实甫想法取得功名，又懊恼因为自己的病耽误了儿子的仕途。王实甫不敢对父亲多加解释，他其实想说，即使父亲身体健康不需要照顾，他也不想再追逐仕途。

好在妻子婉常也并无格外埋怨，她似乎将更多的心思放在了两个儿子身上，对王实甫的行为不像之前时刻留心。白日里夫妻二人相敬如宾，夜间隔三差五也要亲热一回，不比初婚时如胶似漆，倒也是鸾颠凤倒，圆满行得周公之礼。

不过实甫有一习惯，在夫妻二人同房之后，下得床来饮一杯温茶，原是睡前留在案几上的小茶壶，下午喝过尚有余温，这时一口饮来浑身通泰，口舌生津。便不再于床上睡去，却挑灯点烛，要再看一会儿书。这习惯原是独自在崞阳为官时养成的，常常夜不能寐便起床读书，不觉一下就读到了天亮时分，偶尔再小寐一下，或者干脆推开门户，在院里练功。久之便成了习惯。

这日晚间，在大哥王实厚那里喝了几杯易水醇，又给他讲了那位奇女子李赛儿的事情，实厚也跟着好一番叹息。实甫喝得微醺回来，一时兴起，拉过婉常便做了夫妻之事。事毕，他抚弄着婉常的秀发，道："凤髻金泥带，龙纹玉掌梳。去来窗下笑相扶，爱道：画眉深浅入时无？弄笔偎人久，描花试手初。等闲妨了绣工夫，笑问：双鸳鸯字怎生书？"一手捏了婉常的手，在被子上划拉着"鸳鸯"二字。婉常在他怀中问道："这词可是那欧阳修所作？"

实甫答："正是。"接着又兴致盎然喃喃念道："欧阳修，字永叔，庐陵人。四岁而孤，母郑，守节自誓，亲诲之学，家贫，至以荻画地学书。幼敏悟过人，读书辄成诵。及冠，嶷然有声。宋兴且百年，而文章体裁，犹仍五季余习。锼刻骈偶，淟涊弗振，士因陋守旧，论卑气弱。苏舜元、舜钦、柳开、穆修辈，咸有意作而张之，而力不足。修游随，得唐韩愈遗稿于废书簏中，读而心慕焉。苦志探赜，至忘寝食，必欲并辔绝驰而追与之并……"

婉常靠在他怀中听着，说："相公接着背呀。"

实甫俯身于她，有些惊讶地问："娘子你也读过？"

夫妻俩难得枕席之间说话，婉常见他兴致颇高，便也一一道来："父亲将我们姐妹与兄弟同等相待，自小便要求读书习文，这《宋史》自然是要读的。但不如相公过目能诵，稍长便忘却许多，你方才念这《欧阳修传》，接下来可是'举进士，试南宫第一，擢甲科，调西京推官。始从尹洙游，为古文，议论当世事，迭相师友，与梅尧臣游，为歌诗相倡和，遂以文章名冠天下。入朝，为馆阁校勘……'"

实甫叹道："娘子你真是才女也，竟然背得一字不差。"

婉常说："相公过誉了。"举手捂住实甫的嘴，柔柔的手掌贴着王实甫的脸，他好久没见妻子如此温柔，心里也不禁柔情荡漾。却听妻子又说道："相公，凡古今成就大名气的文人，无一不是为官从仕者，你看那司马迁、班固、李白、杜甫，还有这欧阳修、范仲淹，他们若不是早年为官，哪有后来的名气？即使再有才华，只怕也是淹没于民间，无人得识。"

婉常的话让王实甫心里一怔。

他明白妻子用心良苦，又是在变着法儿劝他求官从政，要在平日他心里早就不耐烦了，但枕席之上，妻子柔情软语，让他不得不耐心倾听。细想起来，古来成名的文人倒真是多为做官的，就是如今的关汉卿先生也曾在太医院做过御医，经常出入于朝廷，见过当朝的皇帝重臣，他的戏剧因此只要排演或是传唱，总会引起人们关注。

王实甫本想说，娘子方才的这番话不无道理，但话到嘴边又咽进了喉咙。他拉过绣花锦被替婉常盖好，然后披衣起床，伸手挑烛。婉常知道他的习惯，问："相公，你又要读书？"

案头放着一本元稹的诗集，王实甫拿在手上正要翻开读，却感觉身旁像是少了什么，遂转头打量，才发现案几上原先放的一对瓷瓶不见了，便问："娘子，这案上的瓷瓶呢？"

婉常一时无语。烛光下，实甫见她双眼微合，似睡非睡，却又开口说道："相公，我倒要问你，老爷夫人让你带往京都的那对龙泉窑的折枝花执壶呢？"

实甫语塞，勉强说道："夜深时分，怎么想起问这个？"

婉常一笑："方才相公不是问案几上那对瓷瓶吗？却是替你拿去的那对折枝花执壶顶差去了。"

王实甫问："此话怎讲？"

婉常叹气道："相公，你当人所不知？你在京城将那对执壶当了银子，可爹娘原本是让你送给阿剌罕大人的，在给他的书信中已经写明，这岂不是言而无信？所以妾身得知后，即刻让郝三他们将这案几上那对磁州窑的玉壶春瓶收拾好，送到了阿大人的府上。"

王实甫惊道："我怎么不知道此事？"

婉常说："郝三再次到阿大人府上时，相公已经带着添书离开了。"

原来郝三头次来阿府时，听添书说二公子在京城开销甚大，缺银子，连给舅老爷阿大人的瓶子都当了。郝三回定兴后，婉常得知此情，即让郝三带着自己屋里的这对瓶子再次赶往了京都。

那是一对磁州窑的瓷器，胎子厚重，虽无龙泉窑烧制得精细光润，但白釉黑花，黑彩上纹饰刻画特别，鱼儿游、龙飞翔，透着淡淡的孔雀蓝釉色，是婉常娘家张府的珍藏之物。婉常的父母将它作为女儿的陪嫁送到王家，如今却给了别人，想来也真是可叹。王实甫听罢，对妻子慷慨行事不能不又多了一分感佩，而且回得家来并未曾听她说起，若不是他发现少了瓷瓶，看来婉常根本没打算再提此事。

“你若生为男子，将会如何？”王实甫走到床前坐下，对婉常说道，“娘子你既然是个极明白的人，我不妨再告诉你一件事，为救几位朋友出狱，我将那黑马也牵到马市给卖了，不想那马不吃不喝，不肯跟随新主，因而受尽折磨……”

“是那李赛儿小姐出手相救，黑马才又回到相公身边。对吧？”婉常接着他的话说道，“相公一直怀有心事，一是为那二百两银子未能偿还，二是为李小姐腿伤未曾痊愈竟不辞而别，不免多有担心。对吧？”

实甫盯着婉常的眼睛，那双在烛光下波光闪动的明眸里，并无嘲笑他的意味，倒是十分认真的神情，不由得说道：“娘子，看来什么事都瞒不过你的慧眼。是啊，李赛儿年少便没了父母，女扮男装，竟然从枫林坡到峄阳，又到大都，颠沛流离，她的身世也真够可怜。这些日子我一直担心她到底去向何方，又如何过活？一个女子纵然是武功高强，但世道凶险，危机四伏，她单枪匹马实在是太过艰难……”说着，不由得摇头叹息。

婉常见状道：“相公，当初那李思田老先生于我有救命之恩，若不是遇见他这位神医，我和结儿只怕都性命难保。如今李赛儿又出手救那黑马，真是大仁大义之人，相公当时理应将李小姐护送家来，让她在此好好养伤，也让我们有个时机相谢于她。”

王实甫没想到婉常说出这样一番有情有义的话，先前回到定兴的路上，他还只管叮嘱添书，不要在二少奶奶跟前多嘴多舌，看来确属多虑，便说：“娘子言之有理，只是李赛儿心性高傲，特立独行，此一去也不知往何处寻觅，只有日后想法四处打听，总有一日要还了她那些银两。”

婉常点头称是。夫妻俩在烛光下你来我去，相谈良久，竟将那多日心里的一些沉垢都说开了，听得三更鸡叫，方才上床相依睡去。

天气热起来，勤公府里有一眼池塘，一阵阵夏风吹过，开满了荷花，粉的白的满塘飘香。听茶一早摘了莲蓬往阿夫人屋里去，嚷着：“夫人，有了新莲米，给老爷熬粥喝吧。”阿夫人自小生活在西北，直到定兴才见到荷花和莲蓬，每年都当作稀罕物，接过来不停地嗅着，说：“真香，闻着也就够了，舍不得吃。”

听茶说：“夫人要想闻它，每天我一早就从池塘里摘了来。别说咱们这府里的池塘摘不完，那塘溪河边还有一眼望不到边的荷花。今儿乔叔让添书和郝三他们去那荷花底下摸鱼去了，说是要为老爷煮鱼汤喝。”

躺在病床上的王逖勤叫了一声，阿夫人忙过去问：“老爷，哪里不舒服吗？”

不想王逖勤却说：“我要起来。”说着就自己撑起身子坐起，喜得阿夫人忙叫听茶：“快快，给老爷拿衣服来。”又道：“老爷，你慢着点儿，就在床上靠一会儿，这就给你擦脸。”王逖勤却一甩盖在身上的缎被，说：“我的病好了。该下床走走了。”又问：“我在床上躺了多少日子？怎么觉得身上都快长霉了？”

阿夫人道：“老爷小恙，好不容易歇上一歇，不过才几日。”实则断断续续已有两月。这时，王实厚与王实甫也正好过来请安，众人见王逖勤突然下床，精神抖擞，都欣喜不已。

都说前几日在保定府请的名大夫真行，开的方子刚吃了三服，就有了奇效。王逖勤直叫饿了，慌得一行人连忙叫厨房拿吃的来。听茶很快端来一碗鸡汤、两碟小菜、四样点心，王逖勤坐在桌前，旁的不吃，举起汤碗一口气喝下，说：“再来一碗。”听茶忙又盛了一碗，王逖勤接过来，就像往日喝酒一般，捧着碗大口咕嘟咕嘟直喝。阿夫人一旁觉着有些不对，叫道：“老爷，您慢着点儿，别呛着了。”

话未落音，王逖勤一碗汤尚未喝完，两手突然垂下，青花瓷碗连汤带水“啪”地摔在地上，众人还没来得及叫喊，王逖勤脖子一仰，竟然两眼一翻朝后倒去。实厚、实甫抢上前去，抱住王逖勤身子，连声叫：

“老爷，老爷！”又叫：“父亲，父亲！”阿夫人吓得浑身乱颤，也连声叫着：“老爷，老爷！”

尚住在家里的大夫片刻赶过来，一摸脉搏脸色就变了，小声道：“老爷他走了。”实甫不信，刚才还好好的，怎么会说没就没了？他和兄长实厚抱着父亲，连声呼唤可再也没有回应，那身子渐渐变凉。

王逖勤溘然仙逝，当地达鲁花赤即逐级上报，世祖皇帝得知，念逖勤从太祖皇帝西征多年有功，下诏封赠通议大夫、礼部尚书、上轻车都尉、太原郡侯。夫人阿鲁浑氏，封赠太原郡夫人。

勤公府上下谢恩，王实厚并到大都拜谢了世祖皇帝。行前兄弟二人相商，实厚本意想让实甫一同前去，或可得皇帝垂爱，再领个一官半职，实甫却道：“哥哥你前去拜见皇上理属应当，可父亲灵前灯火，儿等当披麻戴孝日夜守候，须臾不得离开，哥哥既不在，我又怎能再走？”

婉常在一旁先是低头不语，后来细声道：“官人，大哥的话也有道理，皇上封赠恩深似海，你与大哥同去谢恩，当属正理。至于父亲灵前自有我等守候，父亲他九泉之下，也定会如此期待的。”

前几日王实甫与婉常几番交谈，心思都敞亮许多，夫妻间又添了好些情分，但此时听婉常如此说来，他心里又十分不以为然，便说道：“子曰：子生三年，然后免于父母之怀，夫三年之丧，天下之通丧也。予也有三年之爱于其父母乎？”他看了看大哥和婉常，又道：“孔子说，守丧三年并不是礼的要求，而是个人之仁心的要求。君子在父母去世的时候，心情悲痛，守丧期间哪还有心思想别的？我哪儿也不去，就守在父亲灵前吧。”

实厚说：“就依德信的吧。”婉常也只好一脸无奈。

第二十六回 会真诗

之后的三年里，王实甫果真足不出村，就在定兴究室村的勤公府里读书习文，定时去到父亲灵前添上香火。日子过得很快，婉常于年后又诞下一子，取名王千，勤公府里响彻婴儿的啼哭和欢笑，孩儿们的奔跑嬉闹，煞是热闹。婉常忙于照看他们，片刻也不得闲，对实甫的仕途也就少了过问。

实甫时常与先生董朴书信来往。先生早年本有求道之志，后来于至元十六年（1279），经提弄按察使推荐，起家为陕西知法官，但先生却执意不去朝廷面见皇帝，以亲老归养为名回到家乡，寻召为太史院主事，复辞不赴。实甫感念先生不贪恋权欲，一心只读圣贤之书，自六经及孔孟微言，兴凡先儒所以开端阐幽者，莫不研极其旨而会通之，故其心所自得，往往有融贯之妙。其事亲孝，与人交，智愚贵贱，一待以诚，或有犯之者，夷然不与之较。实甫见自己的二儿王结生来聪慧过人，便恳求董朴先生收之为徒，并亲自带人将王结送往顺德。

婉常虽是思念年幼的儿子，但知那董朴先生非寻常之人，为了儿子的前程，也就将千般挂念压在心头。倒是实甫的母亲阿夫人每日念叨，叹息不该将结儿送至他乡读书。自从老爷王逖勤逝去之后，阿夫人像丢了魂似的，常常望着西边的天空发呆。实甫和哥哥实厚知道母亲想念西域的家乡，常找些好玩的物件来逗母亲开心，或是让王金和王绅拉着奶奶讲故事，让阿夫人跟孙子们说话散心。

一日正说到孙悟空跟唐僧西天取经，阿夫人口干舌燥，随口叫："听茶！取杯茶来。"

那边兴儿应道："夫人，这就来。"

阿夫人疑惑道："听茶呢？"

实甫在旁边花栏前读了一阵元稹的诗，又教孩儿写字，母亲的问话让他心里一惊，难道母亲真得了失忆症？那听茶早在前两年已经嫁人回到娘家那边，临走时拉着夫人的手大哭一场，恨不得撞墙而死。夫人连道："造孽！造孽！"现在却忘了？

本来，府上的人都知道小厮添书与听茶相互有意，王实甫也早就有心撮合，正待要添书去向听茶的娘家求亲，不料她父母却另外应下一门亲事。有一个有钱的庄主家有千顷良田，老年丧妻，想娶个年轻貌美的姑娘做妾，答应给听茶的父母一套骡马大车和一些银两，听茶家里人哪经得这般诱惑，就忙忙地上勤公府来，要领走听茶。

听茶在勤公府做丫头，并未卖身，只是每月领些银钱，因此听茶的兄嫂前来领人，阿夫人即使再想挽留也只好放手。王实甫当时见听茶哭得昏天黑地，便对她哥嫂说："听茶年方十八，你们非要她嫁给一个老头子，岂不是害了她的青春？"听茶哥哥讪笑着说："公子说得不错，只是俺们穷家小户的，哪论得什么青春不青春，有口饭吃就是福分，女子长大总归是要出嫁，跟着有钱人有吃有喝有什么不好？"

王实甫说："老财主不就是给你们一套大车吗？我若是也给你一套，你们可否将听茶留下？"听茶哥哥一惊，嬉笑道："没想到我家妹子还这么逗人喜爱，早知道我该跟那老妹夫多要些个赏钱。"又说："公子您这话我听来顺耳，不过我若将妹妹留下，还有一宗得先问个明白。"

王实甫见他瘦条个儿，脸色青黄，一口牙熏得发黑，神情委琐，料定平素不是个正经人，便没好气地说："你要问什么？"听茶哥哥说："其实也就一句话，我想问您王公子留下我妹妹，是不是要娶她为妾？"

王实甫没想到他口出此言，一时瞠目结舌，那人见他迟疑，不由得冷笑道：“哼，我就知道你们没安好心，见我妹妹寻了一户好人家，你们眼气是不是？平日她在这府上不知受了你们多少蛊惑，以为自己可以攀个高枝儿，陪公子一睡就成了凤凰……”阿夫人被他的话气得浑身乱颤，手抖索着叫道：“德信，让他们赶快走！快走！”

见母亲气成这副模样，王实甫照着那人脸上一个大耳光抽过去，听茶哥哥捂着脸跌坐在地，叫道：“你敢打我？我这就跟你们拼了！”一边说一边却爬起来扯着听茶就往门外拉。听茶羞愤不已，跺着脚挣脱开跑出门，随来的几个帮闲也都赶紧尾随而去。王实甫想要追赶，被大哥王实厚一把拉住，说听茶她毕竟是别家的人，他们管不了那么多。

那听茶哥哥跑出大门，和那几个小混子站在外边又跳着脚骂了一阵，说：“我去官府告你们霸占民女！告你们这些狗日的！你们王家、张家的势头早就没了，还威风个什么？”乔叔闻声带人出去，一顿棍棒才赶开了。

实甫奇怪这事从始至终，婉常都没有露面。父亲去世前曾留下话，说勤公府内的事务让婉常多加留意，婉常不负众望，从办理父亲丧事到后来管理家务，她都把握得恰到好处，处处尊重婆婆阿夫人和大哥王实厚，但诸事都在心中，补漏拾遗，做得不露半点痕迹。实甫便忍不住问她：“听茶被她娘家人领走，外面闹得天翻地覆，你却在屋里没事人一样，难道没听见？”

婉常却说，之前早已听得一些消息，故而让添书陪着小公子王结去到顺德，他本是董朴先生身边的人，免得听茶走时惹出事端。再则，听茶的娘家贫穷无计，就指着听茶带来些好处，跟这种人家能争出什么长短？长痛不如短痛，还不如顺其自然的好。

婉常事后又着人给听茶娘家送去一些衣物，外加五两银子，听茶哥哥那天一路骂骂咧咧地回去，没想到勤公府不仅没有问罪，反倒送上这些个花花绿绿的衣物和银两，顿时脸上化出蜜来，一个劲作揖打躬。大哥王实厚也夸婉常处事得当，舍小财换得安宁和赞誉，但王实甫心中却有说不出的悲凉。有谁能体谅可怜的听茶，从此陷入无望的日子之中，明明有一段爱情，但却如还没绽开的花朵，一瓢冰水就让花儿凋零了，为什么就没有法子让听茶和添书成就姻缘呢？这世上有多少难以言说的命运？

时光一天天过去，勤公府又新添了几个丫头、小厮，后来的人不会想到这府里曾有过一个叫听茶的少女，以及她爽朗的笑声、呼呼生风的脚步。只有阿夫人每每在意想不到的时候，突然会叫一声：“听茶！”王实甫每次听见，心中都会一阵悸动，他只有对母亲说：“听茶早已走了。”

阿夫人会茫然地接着问，去哪儿了？王实甫说她回娘家了。可阿夫人会埋怨道：“这都几日了？为什么还不回来？我指着她给我换被褥呢，天气热了，只有听茶知道该换被子了。”

老这么说着，有一天婉常就干脆打断阿夫人的话，说：“娘，听茶不会再来咱们府上了，她已经嫁人了。”阿夫人又吃惊又伤心：“听茶嫁人了？我怎么未曾听说？”

王实甫只有一边安慰母亲，一边埋怨婉常不该对母亲说听茶嫁人，让她伤心。婉常却道：“官人有所不知，一个人最怕的是多愁善感，如果不给母亲说实话，她会老惦记着，那才叫伤神伤心。”又转头对阿夫人说：“母亲，听茶她迟早是要嫁人的，这府上的丫头到了可婚嫁的年龄就该许配人家，母亲用不着难过。”

阿夫人怔怔地听着，再也不说什么。

婉常这人一时让王实甫感觉十分亲近，一时又十分陌生，他不想再与妻子理论，自去拿了元稹、关汉卿的诗文散曲，走到村外的黄金台上，独自半卧在树下读书。

那黄金台相传为当年燕昭王招贤纳士所筑，又传说燕太子丹送荆轲于易水之上刺杀秦王嬴政，也是在这黄金台上送别，留下“风萧萧兮易水寒，壮士一去兮不复还”的绝唱。多少英雄豪杰曾往来于此，留下无数荡气回肠的故事，王实甫每当心情烦燥不安之时，便会夹一本书来到此地，或徘徊一阵，或坐卧于土台之上，感受古风犹存。想自己一介书生，生于这大元朝之初，蒙受先祖和父亲的恩德，并未亲身经历战争的腥风血雨，如今也算是美妻娇儿，安享日月，跟那些曾在这黄金台上留下踪迹的豪杰相比，实在是太过安逸。这么一想，心里反倒生出许多羞愧。

每每于黄金台上独行之后，再心情平和地回到勤公府来，再去书房内写上一阵，他喜欢元稹的诗文，便一行行写来："微月透帘栊，萤光度碧空。遥天初缥缈，低树渐葱茏。龙吹过庭竹，鸾歌拂井桐。素琴明怨鹤，清汉望归鸿。海阔诚难度，天高不易冲。行云无处所，萧史在楼中。"

婉常也带着儿子王金习字，见他写的是元稹的诗，又见案头上摆放着元稹的《莺莺传》，不由得皱眉道："我看官人这些时日老捧着元稹的诗文，究竟读出了哪些高深的意味？"

王实甫脱下长袍，婉常也不替他接过，手抚着金儿的头发，只拿眼看着他，似在等他的回答。实甫听出妻子语气中的暗讽，心中的不快又翻腾起来，便道："你也是读过书的，我倒要听听你的高见。"

婉常脸上淡淡一笑，想了想说道："妾身不才，这些年书也读得少了，但这大唐时期元稹的诗文倒还记得一二。他才华出众，十五岁参加朝廷的考试，两经擢第，初入仕时，尚能其心如肺石，动必达穷民，东川八十家，冤愤一言申，但终因个性孤傲，受不得一点闲气，就连旅途之中也要与人争辩，难怪遭人毁损，终是曲折一生。"

王实甫听来暗暗吃惊，自己倒了一杯茶，饮了几口才说道："不知娘子对元稹竟然有这许多见解，佩服。不过方才娘子说他个性孤傲，受不得一点闲气，我倒觉得一个人活在世上，自然是要有自己的个性，否则岂不如同浑浑噩噩的虫蚁一般？再说那元稹平素爱民如子，只是与一些官宦难以同流合污，又有何不可？要我说宁可站着死，也不苟且生。你方才说他'其心如肺石，动必达穷民'，正是白公居易给他的赞誉，我看就这一句，他足以告慰平生。"

金儿一直站在那里听他们说话，他一会儿拿眼看看爹，一会儿看看娘，不解地问："爹、娘，你们说的这个人是谁呀？"

王实甫道："金儿，我们说的是唐朝诗人元稹。"金儿拿起案头的《莺莺传》，翻着书页问道："这也是他写的吗？都写的什么？"

婉常一把夺过，责怪道："金儿，这书不宜，谁让你读来着？"金儿很少见他娘发怒，吓得连忙将双手缩在背后，王实甫拉过金儿，生气地朝婉常说："你这是做什么，吓着孩儿了。"

婉常一抖衣袖，将那本《莺莺传》搁置于王实甫面前，说："方才的话我还没说完，元稹这人一生喜蝶弄花，总爱摆弄些艳词，官人你却偏偏喜欢，倒叫人好生不解。"

天色已过黄昏，窗外暮色渐浓，王实甫从黄金台带回的好心情也随之变作一团朦胧的灰暗，他本想再说几句，但见婉常微微发胖的身材，想她已是育过三个孩儿的妇人，眼角也已生鱼纹，心里又不由得一阵怜惜。他早就发现，妻子不知从何时起不再留心打扮，一条裙子可以从早穿到晚，连脸上的胭脂也有好些日子不再仔细涂抹，皮肤透出些许的暗黄。

王实甫坐在那里沉默无语。

婉常只顾收拾堆放在案头的杂书，一本本翻看着，将其中一些放到一旁，说："金儿已能识得文字，如果让他读到这些淫诗艳词，岂不是早早地害了他？官人，你可要将这些书藏得紧些。"她四下环顾，从案头到书柜，最后将目光落在墙角那摞书箱上，说："还是锁进这箱子里吧。"

王实甫上前拿过《莺莺传》，说："你放心，我自然不会让金儿再看到，可这书是我要研读之物，又何必锁进箱子里？"他神色不容分说，婉常也只好作罢。

当晚，王实甫自备一壶杏花酒，竟喝得醉去，歪倒在书房里，第二日醒来，发现自己酒后不知何时提笔涂满了几张信笺，歪歪扭扭地写着："水声山色两模糊，闲看云来去。则我怨结愁肠对谁诉？自踌躇，想这场烦恼都也由咱取。感今怀古，旧荣新辱，都装入酒葫芦。"

第二十七回 酒葫芦

秋阳高照，实甫读了一阵书，信步走进塘溪王家酒坊。

酒坊这些年在大哥的经营下盛久不衰，易州一带前来订购美酒的商家有增无减，供不应求。院子里照例是人来人往，有的在沽酒，有的在抬缸，大哥在人丛中穿行吆喝，忙碌不停。他仍是一副黑红脸膛，敦实身材，虽身着长衫，但看上去跟伙计们差不多，只是双鬓已出现花白的发楂。实甫叫了一声：“大哥！”

实厚放下手里的活计，仍将他迎到后院的北屋。他每次来酒坊，兄弟俩都会对坐饮上一杯陈酿，这日实厚拿过酒壶就要给他斟酒，实甫却按住酒杯，摇头道：“今日不喝。”

实厚不解道：“为何不喝？”

王实甫苦笑道：“昨夜独自喝了一杯闷酒，有些头疼。只想跟大哥说说话。”

大哥实厚说：“哎，你要喝酒为何不找我去？独自喝什么闷酒？”说着提壶往他面前酒杯里倒，一边说：“这酒可是去年秋天酿的菊花酒，今年暑月炎热，我特意做了三眼冰窖，将酒冰在其中，你看这酒的颜色，再品这味道，比那杏花酒又有不同。”

这一说，王实甫低头端起酒杯，只到鼻子跟前便果然觉出十分清冽，颜色看去晶莹如玉，便忍不住还是尝了一口，一股甘甜霎时沁入心脾，不由得称道：“真个好酒也。”

大哥实厚说：“这酒从前儿起，可是大都宫中点着要送的。”

“是吗？宫里如何得知这酒的滋味？”实甫好奇地问。

实厚说：“详情我也不知，大都城里的商家与咱们来往的不少，不知是哪家传到了宫里，前儿就寻到了咱们这儿，点名要按月如数给宫里送去。这不，我刚刚又清点了一遍，将下月初的酒备下，要不然耽误了宫中的事，可是吃罪不起。”

接着又叹道：“宫里要送酒说起来挺有面子，也说要给些赏赐，却不知何年何月才能得到，说不定就是白白进贡，这往下可怎么是好？”王实甫看着哥哥两鬓花白的发楂，也不由得发愁：“大哥，这个家一直全靠你撑持，如此说来，家里的一切开销又不会减，岂不更要让大哥你操心？”

正说着，有人走进来应道：“兄弟真个是明白人，说的这些话倒句句都是实情。”王实甫抬眼一看，却是实厚的妻子刘氏，忙叫了一声大嫂！又忙着让座。

那刘氏也不客套，扭着腰一屁股就在桌旁坐下了，大哥实厚皱了皱眉头，刘氏却只当没看见，大大咧咧地说：“兄弟啊，话说到这里，嫂子正有几句话要给兄弟禀报。”

大哥王实厚说：“我兄弟二人在此说话，你来插什么嘴？”

刘氏初嫁到王家时，瘦小人儿一个，这两年突然发福了一圈，变成一胖大的妇人，腰身如水桶粗，脸上也多了些累赘，看去满脸横肉。刘氏眼看着实厚，拍拍腿说：“官人，你就别瞒着兄弟他了，这勤公府上上下下几十口子，每天都得人吃马喂的，兄弟他好歹一大老爷儿们，哪能总像如今似的，成天只顾当甩手掌柜？”

王实甫听出刘氏话里有话，便问：“嫂子，你想说什么？”王实厚起身对妻子怒道：“你还不赶紧走开去，再在这里多嘴，小心我抽你！”说着就朝刘氏扬起巴掌，王实甫连忙一手拦住，那刘氏就势屁股一歪坐在了地上，两手一摊哭号起来：“我没法儿活了！借银子的借银子，当首饰的当首饰，这把我们娘儿俩往死处逼呀！他们那里少爷少奶奶的享清福，百事不问，还不许开口说话，我真的没法儿活了……”

酒坊里的伙计们也都听见了这屋里的动静，但却一个个置若罔闻，看来刘氏这样哭闹不止一回两回。王实甫听出她话里有因，便正色道：“大嫂，我们王家自先祖以来定有家风，贤者居世，以德自显，故教诲哥哥与我以德为先。大嫂为长，其身正，不令而行；其不正，虽令不从。有什么话你尽可以直言，且请站起来说话，似这等形态，难免贻笑大方也。”

王实厚苦着脸长叹道：“你这妇人，真正是丢尽了我王家的脸面。”

那刘氏站起身来，拍拍衣衫的灰尘，冷笑道：“我一个妇道人家，既不偷又不抢，怎么就丢了你们王家的脸面？只是我生来直爽，只知道有话照实了说，不会咬文嚼字、虚头巴脑的罢了。”刘氏的父亲早年随王逖勤在军中，家里也有些良田宅院，两家父母指腹为婚，刘氏打小就与王实厚定了亲。但后来刘氏娘家渐渐败落，兄弟们也没读过书，刘氏更是不通文墨，初嫁进王家时低眉顺眼，可自从生下儿子王绅，便像是变了一个人，脾气越来越大，动不动耍泼，王实厚也拿她没有办法。

这时，刘氏不顾王实厚一旁阻拦，接着说出一番话来，让王实甫大为吃惊。原来最近几年连续干旱，王家虽有几百亩田地，但好些都颗粒无收，佃农们呼天抢地，即使赶了他们的牲口、拔了他们的锅也收不上银两和粮食来。为了勤公府上下的开支，大哥实厚他想尽办法，就指着这酒坊挣钱，无奈开销太大，经常是入不敷出，目前已向一些多年交往的商家借贷，甚至正如刘氏所言，王实厚还偷偷卖了几回常年不用的首饰和家当。

“哥哥，你为什么不早些告诉我？”联想到这三年来，自己只顾读书，吟诗作赋，对兄长的甘苦和为难竟毫不知情，王实甫不禁惭愧至极，“我身为男儿，却无担当，真是愧为人子也。”说着，他面朝实厚，撩起衣襟双膝下跪，叩首不已。慌得王实厚不知如何是好，一边拉扯一边说道：“德信，你折煞哥哥也。”又骂那刘氏：“都是你这多嘴的妇人，非要搅得一家人不得安宁。”

刘氏也假意道：“兄弟你这是何必，嫂子我也只是说了几句实情，指望兄弟你是闯过江湖、做过官的，替你哥哥拿些主意才是，又何必行此大礼。”又说：“要我说树大分杈，一担水两人分着担也就轻省了，你们兄弟不如分了这家，咱们各过各的……”

话未说完，只听“啪”的一声，那刘氏脸上着了一记耳光，王实厚挥手还要再打，王实甫拉住了哥哥。王实厚指着刘氏骂道：“你这个败家的娘儿们，你要再出此言，我就将你赶出这王家大门。”

刘氏捂着脸干号了几声，见王实厚真是动了大怒，也就吓得不敢再吱声，贴着墙边溜了出去。

兄弟俩一时沉默无语，王实厚颓然坐下，实甫叫了一声：“大哥！”大哥实厚心力交瘁地看着他，实甫轻声道：“大哥，其实大嫂的话虽然难听，但说的倒是实情。以前只怪我心思缥缈，忽略这世间的柴米油盐，从今往后这副担子不能让哥哥你一人扛，德信我自当替哥哥分忧才是。”

大哥王实厚一把拉住他的手，哽咽道：“德信啊，哥哥是个笨人，没把爹传下的家产打理好，你天资聪慧，本应去做大事，哪能让你摆弄这些俗务？”

片刻之间，王实甫的脑子里翻江倒海，似经历了无数事情，本来这几日心存烦恼，与婉常也多有言语不合，只想到哥哥这里寻一个快活，却没想大嫂抖搂了家底，让他不能不重整旗鼓，对今后的人生做另外的打算。

就在那一刻，他做出了决定。

于是，他郑重地对王实厚说：“哥哥，我最后一次还要向您讨要些银两。”

“你要作甚？”大哥王实厚没想到他跟着又要钱，有些紧张地问。

实甫道：“实甫为父亲守孝三年已满，明日就打算起身前往大都，一则寻个差事，二则也还要办些事情。上次欠了那李赛儿的银子，我得想法偿还，此外可能还有一些花钱的地方，所以请大哥想法为我筹措二百两银子，日后定会如数奉还。”

王实厚摆手道：“德信你这是说哪里话？我们兄弟二人还分什么彼此？再说你是要出门去寻差事，要是父亲在世不知会多高兴，他就盼着你能出人头地。”可又为难地说：“只是，这银子一时半会儿真凑不出数来，德信你不如在家再多待几日，等哥哥我收了那几笔酒钱，就凑银子给你。”

王实甫只好点头。

至元二十八年（1291）秋，王实甫再次来到了元大都，为了进宫方便，他考虑再三，还是住进了易不剌金表兄的府上。

临行时，母亲阿夫人为易不剌金准备了一些礼物，包裹得紧紧的，叮嘱到了阿府再打开，要亲手交给易不剌金。实甫问是何物，阿夫人却说：“这物件是送给阿大人的，你只管送去好了，不要再误了事。”

阿夫人得了失忆症，时而清醒时而糊涂，走起路来脚步蹒跚，行动迟缓，耳朵也似乎听不太明白，但听说儿子德信要前去大都，竟然一下子又耳聪目明，跟往日一样，亲自为儿子准备行装。可实甫看着总觉得不太对劲，他私下里交代婉常，要她多加留意母亲的身体。那日婉常突然听王实甫说要去大都寻职，不禁喜出望外，这本是她心中早就期盼之事，但一时间倒有些不敢相信。丈夫在家守灵三年，夫妻俩也早晚相伴，但相互间像是更熟悉也更陌生。有时候，她半夜醒来，抚摸着丈夫的身体，不由得疑惑，这是否真的是她的丈夫？与她闺阁中的想象似近又似远。

丈夫在身边时，她一心盼着他早日走出勤公府，奔往仕途，但到得即刻就要启程，心中又有许多不舍。她答应着丈夫的吩咐，说道：“你只管放心才是，家里有我和大哥大嫂，母亲的身体不必担忧。”

那日在酒坊遭遇大嫂一顿吵闹，王实甫未曾对妻子说起。婉常为大家闺秀，又是心中自有主意之人，若是知道了这些事，必定会兴起干戈，王实甫不想让她参与此事，更不想婉常娘家的势力影响到自家兄弟的关系。

近年来，岳父张弘略仍在外地为官，但时常回到京都领命，婉常的三个兄弟虽然不算飞黄腾达，但也都有了一官半职。王实甫跟他们总是若即若离，除了逢年过节必须走动，平常极少来往。倒是张府的管家时常受命送些新鲜的吃食过来，说是老爷夫人吩咐给阿夫人和王金、王结、王千几个孩子。

秋日的大都天高气爽，西山红叶渐次红遍。一晃三年多过去，大都城里又新修了好些亭台楼阁，河流纵横，水波荡漾，街市上人流如织，不时可见一些白皮肤、黑皮肤的外国客商和游人穿行其间。那些外国人对大都街市上的商品抱有极大的兴趣，讨价还价的劲头一点也不亚于本地的商户，甚至更为拿手。

来到灵椿坊阿大人府前，王实甫心里略有忐忑，正要请门口的家丁进去通报一声，里面却应声走出管家杨更，笑盈盈地说："早知道公子今日要来，俺们已恭候多时。"

王实甫心下奇怪："杨叔如何得知我今日要来？"

杨更朝后一指，只见添书燕子似的从门里飞扑而来，连声叫着："二公子，二公子，可是又见到您了！"王实甫惊讶地问："添书你怎么会在这儿？"

添书道："二少奶奶托人给董先生带了书信，让我火急来此等候。"原来婉常深知添书跟随实甫多年，懂得他的饮食起居，只有他在跟前照料才最为合适，因此快马捎去书信，禀告董先生，让添书赶到京都阿府。实甫深感意外，又有几分惊喜，嘴上却说："你好大胆，没有我的话，居然敢丢下结儿就跑了？"

添书接过他身后小厮的行李，笑道："这可是二少奶奶的安排，小的哪敢不听？咳，结儿少爷虽然年纪尚幼，但心里什么都明白，书也读得好，人又乖巧，董先生老夸他，将来定是栋梁之材。"

一行人跟随杨更走到安置好的卧房，添书放下行李，过去取来一沓纸，说："公子您请看，这是结儿小少爷写的，一个个画儿似的漂亮，特意带来您瞧瞧。"

那是一篇《兰亭序》的临帖："永和九年，岁在癸丑，暮春之初，会于会稽山阴之兰亭……"字迹端正稚嫩，但气韵流畅，俯仰有度，不由得让实甫惊喜交加，暗暗称奇。杨更几个也凑上来看个没完，人人啧啧不已，六岁的孩儿竟有这般好手笔，真个是神童。王实甫心里喜欢，但却说："这真是王结所写？"

添书急道："二公子您还不信？这是小的守在结儿少爷身旁，眼见他一字字写下的，他还说要我带过来请爹爹指点。"

实甫端详着字墨："董先生可知道他临这些帖子？"添书摇头："董先生每日只面授一会儿，并不过问这些。"实甫又盯着那字道："笔画倒尚可，只是小小年纪本应学些更扎实的功课，这文中之意，仰观宇宙之大，俯察品类之盛，所以游目骋怀，足以极视听之娱，信可乐也。他哪里会得？"

杨更与添书听他如此一说，似懂非懂，也不敢再多言，添书只是小声嘀咕道："也太苛刻了些。"

其实王实甫心中已充满对儿子的骄傲，这王结诞于山西，出生便气相不凡，牙牙学语便能随实甫吟诵诗文短句，能拿勺举筷之后便开始一笔一画习字，王结兴趣盎然，日有长进。他又想到写那《兰亭序》的王羲之出身名门，也是很小就从当时著名的女书法家卫夫人学习书法，十二岁时经父亲传授笔法论，语以大纲，即有所悟，后又渡江北游名山，博采众长，草书师法张芝，正书得力于钟繇，兼撮众法，备成一家，因此才贵越群品，古今莫二。看来，儿子王结拜董朴先生为师也深以为幸，在那里的时光没有白度。

添书又递上一封书信，说是董朴先生让带来的。王实甫急忙道："怎么不早说？"伸手接过，展开即读，龙冈先生在信中对他守孝三年之后的出行表示赞誉，写道："长太息以掩涕兮，哀民生之多艰，吾等老朽已无望报国，尔正当年何以偷生？"

先生的书信出乎王实甫意料之外，也不能不让他思考再三。他本以为先生几次辞官不做，也会赞同他远离官场，但没想到却是促使他再次为官报国。那句"尔正当年何以偷生？"重重地敲击着他的心。

当晚，易不剌金回到府中，两人相见，免不了一番嘘寒问暖，王实甫接着便开门见山："表兄，我这次来大都，是要完成家父临终时的遗愿，恳请表兄给予引荐，实甫希望能有机会报效朝廷。"

易不剌金一直受世祖皇帝信任，去年将他提升为枢密副使，仍兼宿卫统领。枢密院是最高统军机构，除怯薛外，"天下兵甲机密之务，凡宫禁宿卫、边庭军翼、征讨戍守、简阅差遣、举功转官、节制调度，无不由之"。最高长官枢密使并不常设，实际上的长官正是枢密副使、知枢密院事等。易不剌金听他一说，脸色兴奋："德信你有此心，倒合了我意，本来三年前就要举荐，可你执意回乡。好在至今还留有你的名饷，只说你在家中守孝，如今回来倒正是时候。"

王实甫见他爽快，连说谢谢。突然想起母亲阿夫人的叮嘱，忙让添书打开行李，亲手取出母亲交给的包裹，双手递给易不剌金："表兄，这是家母特意让我带给你的。"

易不剌金见一个蓝布包袱扎得紧紧的，便问："姑母大人带给我的？是什么？"王实甫说："我也不知道，她只说一定要交给你。"易不剌金小心地接过包袱，且是裹了一层又一层，最里边的缎子包着一个锦盒，打开来却装着一枚镶金戒指，式样古老，成色醇厚的金子，嵌着一颗绿松石。

王实甫一见，失声叫道："这是从何而来？"

易不剌金见他惊讶，忙问怎么回事。王实甫说，这戒指从小就见母亲阿夫人戴在左手无名指上，并且还曾听她说过，是她母亲传给她的唯一珍宝。阿夫人非常珍爱这枚戒指，即使睡觉、洗浴也不曾取下，可父亲王逖勤去世之后，有一天阿夫人手上的戒指突然不见了，随身的丫环们吓得魂飞魄散，谁也说不清是怎么回事，究竟是阿夫人自己滑落的，还是旁人从她手上取下的。乔叔几人在勤公府里外寻找了多次，也都没有下落，阿夫人一直为此郁郁寡欢。

看来是母亲的失忆所致，可她分明又是心中有数的，不然为何非要他带来送给易不剌金呢？

易不剌金听他说明原委，细细地端详着戒指："我看姑母大人别有深意。”王实甫道：“这是家母最珍贵的物件，她虽然身染疾病，但她却记得你，可见她对阿鲁浑人和故乡的思念一直藏在心底……”他说着，不禁眼眶湿润。

易不剌金也动了情，将那锦盒捧给王实甫：“姑母这么珍贵的宝贝，我怎么能收下？德信你日后带回定兴，请姑母大人重新戴在手上，才是正理。”王实甫坚辞不受，说：“家母之命怎能违拗，临行时她再三叮嘱，我还十分不解，看来她正是担心我和表兄不依从她的心愿。”

如此说来，易不剌金不便再加推辞，他心里明白姑母阿夫人和逝去的王逖勤姑丈对自己的一番重托。他想过一阵，当下便说：“德信，你明日得先去见一个人。”

第二十八回 宫墙柳

易不剌金所说这个人正是监察御史中丞张晏。张晏的父亲张文谦当年推举王实甫，张晏也曾知情，三年前，张文谦得知王实甫自崞阳来到元大都，即着人带信让王实甫去见他，但实甫却未能前去。如今张文谦大人已经过世，他的儿子张晏被皇帝赐为监察御史中丞，王实甫心里也是百感交集。

易不剌金本想第二日就引见王实甫，但后来从张府那边得到回信，说张晏公务繁忙，于是又等了几日。那天终于来信说可以次日会见，王实甫便一早来到张府。

通报姓名之后，守门的家丁像是知道他的到来，但却只是将他领到茶室，说："大人上朝未归，留下话来，请公子自便。"然后给他沏了一壶清茶，说："大人平日上朝，回府的时辰或早或迟，难以揣摸，公子就请在此喝茶等候吧。"

没想到，从上午巳时一直等到夜间戌时，也未见张晏回府。除了那壶清茶，也无人前来过问饭食，中午尚可忍受，到了傍晚时分饥饿难耐，腹内咕咕直叫。几次欲起身离去，但脑子里又闪过孔圣人的话："小不忍则乱大谋。"不由得独自笑了，又回身坐下，将那茶壶举起高叫：

“管家，续水来！”

即刻有人应道：“来了，来了！”一小厮提着炊壶一溜小碎步闪进门来，满脸堆笑地给茶壶里续满热水，转身就要走。王实甫叫住他，指着空荡荡的桌面说：“哎，你这儿，不来些茶点？”小厮摇头。王实甫没好气地说：“到你们厨房给本公子取些吃的来，随便什么都行。”小厮道：“公子，厨房这会儿都已锁门，小的往哪儿取去？”说罢就走了。

王实甫饥肠辘辘，硬挺着候到半夜，大门那边终于有了响动，只听有人叫道：“大人回府！后院掌灯——！”可是他又等了一个时辰，也没人来这茶室。他只好独自溜出门去，一直走入中厅，那里灯火通明人影晃动，便上前询问。管家过来问他何事，他说已在茶室候了一整天，只为拜见张晏中丞。管家却道张大人已回房歇息，不得再去打扰。

一时间，王实甫羞愤交加，他狠狠地哼了一声，愤然走出大门，头也不回地向那黑沉沉的夜色而去。不料身后有人追了上来，却是那管家拿着一张折叠的纸条：“公子留步，我家老爷有字于你。”

王实甫忙接在手上，就着大门前的灯笼打开纸条，只见上面写着“后日”两字，却不明其意，再将那张纸颠来倒去，也没找出别的来。也问不出名堂，只好攥着那纸条回到阿府。

恰好易不剌金夜里也回到府中，听王实甫面带沮丧地说连人也没见着，只是在张府的茶室干坐了一整天，易不剌金却并不奇怪，说：“张晏这人年纪不大但心性高傲，他能吩咐家丁让你在茶室坐等，已是给了面子。”

王实甫又拿出那张纸条，易不剌金一看上面写着“后日”两字，略一思忖叫道：“好！”王实甫问好从何来。

易不剌金说：“后日皇上要召见张晏，他这是让你到时在宫中等候，没准他要在皇上面前举荐你呢。”

王实甫半信半疑，但又转念一想，宁可信其有，不可信其无，于是依照易不剌金所说，两日后的凌晨，跟随他从月华门静悄悄地进入到了宫中。

早朝之序，自月华门、日精门排开，黎明前的晨曦中，大臣们早已排成了长队，静候多时，然后鱼贯而入殿。殿门外站立着两位将军，左右各一，斜界两位护尉。

殿东门两磌斜界出导，宿卫举悬五色拂、上施铜钹、金涂龙头朱漆竿的引导节，从二道三层，先扇锜各五，宝盖锜各二。正阶下设二十四甓，一张香案。

辇路东西各五道，袤二丈一仞五寸。南北两道，广丈有奇，北头曲尺路内，各函九尺，设黄麾仗锜二百二十。仗南画阑约丈许，左右同，中央置席，设尚厩板位二。仗内丹墀横界一十八道，道函五尺，纵引横引三丈。

大臣们由宿卫引导着前行，迂回曲折之中尽显朝廷和帝王的威严。这日早朝散后，世祖皇帝忽必烈留下郭守敬、阿鲁浑萨理、张晏等人问事，先是俯首问郭守敬："郭太史，运河工程近日进展如何？"

这郭守敬早年师从刘秉忠、张文谦，官至太史令、昭文馆大学士、知太史院事，人称"郭太史"，世祖皇帝心情愉快时，也这样呼叫。郭守敬自至元十三年（1276）起，奉命修订新历法，历时四年，制订出了通行三百六十多年的《授时历》，成为当时世界上最先进的一种历法。为修订历法，郭守敬还改制、发明了简仪、高表等十二种新仪器。在这之前，郭守敬奉命修浚西夏境内的古渠，更立闸堰，使当地农田得到灌溉。眼下正在梳理大都内外的河流水系，忽必烈任他为都水监。

朝中曾经有人建议，滦河自永平挽舟逾山而上，可至开平；又有建议泸沟自麻峪可至寻麻林。郭守敬经过勘察，向世祖皇帝奏明，认为滦河既不可行，泸沟舟亦不通，因陈水利大事：其一，大都运粮河，不用一亩泉旧源，别引北山白浮泉水，西折而南，经瓮山泊，自西水门入城，环汇于积水潭，复东折而南，出南水门，合入旧运粮河。每十里置一闸，比至通州，凡为闸七，距闸里许，上重置斗门，互为提阏，以通舟止水。世祖皇帝览奏，喜曰："当速行之。"

开工以来，世祖时常问话，此时郭守敬即道："回陛下，臣等负责修治大都至通州的运河，劳作夜以继日，力图赶在明年春夏雨季到来之前，完成大部工程。这河开通之时，南北将会畅达，漕运也会极大地便利，还请陛下为这河赐名。”

忽必烈龙颜大悦：“大都水运，是朕心中大事，先是，通州至大都，陆运官粮，岁若干万石，方秋霖雨，驴畜死者不可胜计啊！太史为朕分忧，功不可没，朕该如何谢卿？来呀，替郭太史赐座。”

忽必烈又道：“传旨，从今日起，运粮河之工程，丞相以下皆需亲操畚闸倡工，待守敬指授而后行事。不得有误。”

郭守敬谢过。商量了一阵水运之事，忽必烈转向中奉大夫阿鲁浑萨理问道：“卿说有事要向朕禀报，却是何事？”

那阿鲁浑萨理是畏兀人，祖父和父亲随太祖定西域后至燕，通经、律、论，阿鲁浑萨理自幼聪慧，受业于国师八哈思巴，既通其学，且解诸国语。世祖闻其材，俾习中国之学，于是经、史、百家及阴阳、历数、图纬、方技之说皆通习之。至元二十年（1283），有西域僧自言能知天象，译者皆莫能通其说。帝问左右，谁可使者。侍臣脱烈对曰：“阿鲁浑萨理可。”即召与论难，僧大屈服。帝悦，令宿卫内朝，日侍左右。后擢朝列大夫、左侍仪奉御，遂劝帝治天下必用儒术，宜招致山泽道艺之士，以备任使。帝嘉纳之，遣使求贤，置集贤馆以待之。二十三年（1286），进集贤大学士、中奉大夫。

见皇帝问来，阿鲁浑萨理道：“回陛下，伊儿汗国使者三人月前专程从波斯来到大都，一直在等候陛下召见。”忽必烈“哦”了一声：“朕想起此事来，传旨下去，今儿就让他们进宫来吧。”

元宪宗蒙哥时期，蒙哥派弟弟旭烈兀进行了第三次西征，兵锋直抵埃及西奈半岛，后来蒙哥去世，西征结束，旭烈兀留在西亚地区。一二六四年，元世祖忽必烈封兄弟旭烈兀为伊儿汗，旭烈兀在西亚建立了伊儿汗国，领土包括后来的土耳其和叙利亚东部、伊朗、伊拉克、土库曼斯坦、阿富汗斯坦、巴基斯坦西部等地。一二八二年，旭烈兀的孙子阿鲁浑即位，去年他的妃子卜鲁罕去世，遗言非本部落之女不得继承其后位。于是阿鲁浑派遣使者兀鲁、阿卜失哈、火者三人来到了大都，求见元世祖忽必烈，请选赐前妃同族之女为妃。

三位使者在大都住了快一个月，世祖皇帝万忙之中总难以得见，只好求助于阿鲁浑萨理，萨理奏请之后，连忙代为谢恩。殿外即刻有人火速去往驿馆召唤伊儿汗的三位使者。

这里，世祖皇帝又转过来问监察御史中丞张晏："张爱卿，你不是也说有事要向朕禀报吗？却又是为何？"

张晏身为监察御史，平时在朝中谨言慎行，很少当着众人开口，有特别的事情都是个别向皇帝禀报。此时见殿前都是皇帝所信任的人，便说道："陛下，天下之赋盐利半，实乃大事也。刘秉忠大人曾言：'盐铁诸产、商贾酒醋货殖诸事，以定宣课，虽使从实恢办，不足亦取于民，拖兑不办，已不为轻。'但仍有一些地方于旧额加倍榷之，往往科取民间，民无所措手足。"

世祖皇帝从龙椅上欠起身来，凝眉道："哦？"

张晏仗着年轻，一口气说道："近蒙委巡历奉元东道，各州县户口额办盐课，其陕西运司官不思转运之方，每年豫期差人，分道赍引，遍散州县，甫及旬月，杖限追钞，不问民之无有。又据陕西汉中道肃政廉访使胡通奉所陈云：陕西百姓，许食解盐，近脱荒俭，流移渐复，正宜安辑，而盐吏不察民瘼，止以恢办为名，不论贫富，散引收课，或纳钱入官，动经岁月，犹未得盐。盖因地远，脚力艰涩。今后若令大河以东之民，分定课程，买食解盐，其以西之民，计口摊课，任食韦红之盐，则官不被扰，民无荡产之祸矣。且解盐结之于风，韦红之盐产之于地，东盐味苦，西盐味甘，又岂肯舍其美而就其恶乎？使陕西百姓，一概均摊解盐之课，令食韦红之盐，则盐吏免巡禁之劳，而民亦受惠矣。"

世祖皇帝听他口若悬河，一时恼怒又一时开怀，言道："嗯，颇有道理。卿打算何为？"

张晏道："中书省、户部均议之，依臣所见，陕西行台所言盐事，宜从都省选官，前赴陕西，与行省、行台及河东运司官一同讲究，是否便益，特奏请皇上明示。"

世祖皇帝道："准奏，但不知卿以为该选送何人去往陕西？"

张晏道："眼下正有一人，臣看相宜也。"世祖皇帝问："哦，卿且说来。”张晏道：“此人名叫王实甫，字德信，为大都路定兴人氏，王逖勤之子。”

世祖皇帝一听，立刻问道：“可是那曾为质子军随太祖西征的王逖勤？”张晏点头：“回陛下，正是。”世祖道：“朕早年就知道这王逖勤英武过人，曾立下不少功劳，后因箭伤不能受官，回乡息养，三年前已过世。但不知其子如何？”

张晏道：“王实甫为王逖勤次子，从师董朴龙冈先生，饱读诗书，曾在山西崞阳为县尹，励精图治有所作为，后又曾入宫为宿卫，因父丧守孝三年，专心研修多时也。”世祖听罢，微微颔首：“卿可让他近日进大都，朕欲一见。”

张晏仰面奏道：“回陛下，臣今日凌晨已将王实甫唤至宫门之外，恭候朝见呢。”世祖皇帝闻言，不禁笑道：“卿倒是谋划得精细，人都到了宫门之外，还给朕从远说到近，还不着人唤他进来。”

即有殿下宿卫走出大殿，朝外呼道：“传旨——，唤定兴王实甫进殿！”

一层层、一道道传了开去。

那声音在皇宫的上空回荡，随着鸽群的飞翔落到王实甫的耳里，他不由得浑身一紧。从黎明前来到月华门里的侧殿，已经多个时辰，下朝的官员一拨拨从殿前的甬道走出宫门，脸色或喜或忧。易不剌金吩咐他在此耐心等候，他只好一步也不敢离开，心里不断揣摸，御史中丞张晏给他的两字未必是让自己来此等候，说不定今天完全是徒劳。正在胡思乱想之时，那呼唤的声音从天而降，让他有些猝不及防。

王实甫抖抖衣袍，随宿卫一路走进殿去，也不敢左右张望，匍匐在地给那位天下闻名的君主叩头行礼，只听忽必烈说道：“起来吧。”又道：“你就是王逖勤的儿子王实甫？”

王实甫自董朴先生那里早已习得周公之礼，刚走进大殿时心里还有些惶惑，但听得忽必烈的声音沉稳并不失温厚，胆子便大了起来，站起来躬身道：“回陛下，臣正是王实甫。”

忽必烈道：“方才张中丞说到你在山西的作为，朕已知你为官数年，不妨说说你的心得？”

王实甫道：“回陛下，臣不敢称心得，但身为县尹之时，深受刘秉忠大人启示，想当年大元朝以‘至哉坤元，万物资生，乃顺承天’定为年号，即是要顺应天地，俯照百姓，以马上取天下，不可以马上治。圣上英明，以刘大人的《万言书》为治国理政方略，设官抚治，招民垦辟，建学校、养贤士、开言路、劝农桑、立朝省等深得人心。臣则以为受命为官，应效仿刘大人，以天下为己任，凡国家大小事务，知无不言，言无不尽，恪尽职守，虽肝脑涂地终不悔也。”

王实甫滔滔不绝，说到此处还意犹未尽，那张晏一旁低头侧目瞪他，他也浑然不觉。正在这时，宿卫上殿来报：“皇上，伊儿汗国的三位使者已到殿前。”

世祖皇帝挥挥手：“让他们进来吧，大老远的到这儿，挺不容易的。”宿卫示意，王实甫随张晏等人挪身往一旁，只见三个装束不同于大都一方的男子躬身走上殿来，打头的中年男子道：“伊儿汗国使者兀鲁、阿卜失哈、火者受国王阿鲁浑差遣，前来叩见威仪天下的皇帝忽必烈大汗！”说着，三人跪下行大礼。

忽必烈心情喜悦，即刻赐座，遂听三位使者说明来意，即答应以卜鲁罕部的女子阔阔真赐婚给阿鲁浑，并着萨理安排送行一应事务，择日启程。伊儿汗国的使者兀鲁、阿卜失哈、火者三人大喜过望，叩谢不已。

使者们退下之后，世祖皇帝感慨道：“转眼间，朕与兄弟旭烈兀分别已是多年，如今他已不在人世，愿长生天祈福他的子孙。阔阔真出行之时，朕要亲自为她送行。”又道：“萨理你要多备些礼物，珍宝马匹药材，还有茶叶瓷器，让他们送给沿途各国的君主，以表我大元帝国的友好之意。”

阿鲁浑萨理道：“陛下圣明，臣遵旨，一定尽早做好诸项安排。”

忽必烈又向郭守敬和张晏问道：“二位爱卿，你们对此事意下如何？”郭守敬回道：“陛下以仁厚之心待天下，尽显我大元风范，也为的是大同世界，共享太平。臣以为是英明之策也。”张晏也奏道：“得人心者得天下，如今大都和沿海一带，市井九州人，大元贸易通达世界，实乃人心之所向。”

世祖皇帝仰头大笑，目光巡视着郭守敬、阿鲁浑萨理、张晏，以少有的柔和说道：“各位爱卿，你们都是朕的左膀右臂，朕秉承先祖遗愿一统天下，以儒家学说治国理政，全靠各位爱卿鼎力相助，才有我大元朝繁荣兴旺啊。”他说着说着，话锋一转：“可天下并不太平，边疆战事不断，朝中纷争也不时兴起，贪官污吏遍地横行，朕思想起来夜不能寐。方才张爱卿奏到盐事，既然如此，准选拔得力人手，各处巡查，尤以陕西等地为要。”

张晏忙回道：“遵旨。”

世祖随之又道：“王实甫家世清白，其父战功显赫，其本人于山西为官虽无重大功绩，但从大儒董朴习文多年，可谓饱读诗书，敢作敢为，朕授其陕西监察御史，由张中丞布置迅速赴任，查访相关事宜。朕要尽早听个分明。”

一时间，王实甫心中诚惶诚恐，他没想到忽必烈皇帝如此果断，当即就给他封了官职，而且是在原来县尹的位置上升了三级，当下叩头谢恩。

第二十九回 菊花酒

王实甫听从张晏和易不剌金的话，回到阿府日夜研读朝廷关于监察廉政的一些条文。一日，阿府门前又有快马驰来，传旨令王实甫即刻进宫。

王实甫心中嘀咕，不知皇帝为何突然再次召见？

转念又想，自己前日一番谈吐，皇帝并没有怪罪，反倒当场就给了官职，不如干脆坦坦荡荡。于是一身轻松进得宫来，随宿卫穿过宫城，经过厚载门进到御苑，只见满苑奇珍树木，鸟语花香，宿卫随之将他领进一侧殿，刚到门口就闻到一股酒香扑鼻而来。

世祖皇帝宫中没有唐宋时的太监，全都由贴身的宿卫侍候。大汗立燕京为元朝大都，兴儒学，尊礼教，但对最信任的汉官刘秉忠提出的后宫用太监和女人缠足两则坚决反对，说男人去了根还叫男人吗？后宫侍奉由宿卫军担当便可；女人若缠了足，拿不得刀枪上不得马，一旦有战事如何了得？

此时，殿上已有张晏、易不剌金等人相侍，世祖皇帝高坐在龙椅上，脸色怡然地端着一个黑釉双耳酒杯，见面就问道："王实甫，朕今朝起来饮了一杯菊花酒，他们说能清心爽目，又说是定兴那边送来的，朕想问问你，可知这酒的来历？”

王实甫没想到世祖皇帝召他进宫，头一句问的是这个，便随口道：“回陛下，能否让在下先品尝一口？”

张晏一旁道：“放肆！”

易不刺金一旁也瞪大了眼睛。

不料世祖皇帝忽必烈却不以为意地道：“哎！今日在这御苑非当朝议事，各位爱卿不必拘礼。李白的诗怎么说来着，‘天若不爱酒，酒星不在天。地若不爱酒，地应无酒泉。天地既爱酒，爱酒不愧天’。王实甫，接下来是什么词儿？”

王实甫不容多想，即回道：“已闻清比圣，复道浊如贤。贤圣既已醉，何必求神仙？三杯通大道，一斗合自然。但得酒中趣，勿为醒者传。”

忽必烈哈哈大笑：“我就喜欢这李白的豪情，三杯通大道，一斗合自然。来来，给王实甫赐座上酒。”

那王实甫也不谦让，大胆坐下，应着忽必烈的吩咐，一连喝了三杯，那熟悉的味道让他很快兴奋起来，不由得欠身说道：“陛下方才问到此酒的来历，臣尝过便知，正是臣的大哥王实厚经营的塘溪酒坊专制，臣来大都之前还与大哥喝了一回，口舌生香犹留唇间。”

忽必烈喜道：“如此说来，朕问对人了。那我再问你，这酒味道清冷，自有一股凛冽之气，倒是从何而来？”

王实甫想了想，道：“回陛下，臣但闻家父当年随太祖皇帝西征之时，女真人多酿糜为酒，故在菊花舒时，并采茎叶，杂黍米酿之，并加以糜子，到次年九月九日始成熟就饮焉。故谓之菊花酒。”

忽必烈闻言对左右吩咐道：“尔等将这菊花酒送一些到后宫，让帝妃们也尝尝。”他突然又话锋一转，问王实甫：“前日朕破格命你为陕西监察御史，你可知朕的心思否？”

王实甫搁下酒盅，心想皇帝这才问到了正题，略思忖了片刻，回道：“陛下为天下英主，臣才疏学浅，岂能以井底之蛙度鸿鹄之志？但臣以为太祖始得中原，辄用耶律楚材言，以科举选士。陛下既定天下，王鹗献计，许衡立法，事未果行。陛下胸襟远大，包容天下，然实甫何德何能，幸得陛下起用，实乃皇恩浩荡，也乃蒙受家族先德福荫也。”

世祖皇帝叹道：“看来你是个明白事理的。”又道：“前几年丞相忽鲁火孙与留梦炎等言，中书省臣奏，皆以为天下习儒者少，而由刀笔吏得官者多。朕问他们将若之何，他们说唯贡举取士为便。凡蒙古之士及儒吏、阴阳、医术，皆令试举，则用心为学矣。朕准奏。继而许衡亦议学校科举之法，罢诗赋，重经学，定为新制。朕辽阔江山，有才人辈出，故不拘一格也。”

他一边说一边陷入沉思，王实甫和张晏、易不剌金等人都不敢再多言。这位声震天下的君主此刻的神情显得有些疲惫，微醺之后的身体放松地倚在龙椅上，不像平日的威严挺拔，倒显出一种老态。

王实甫不知，关于他被任命为陕西监察御史一事就在这几日已传遍京城，激起一部分大员的强烈不满，当晚即有好几个一品官联名上奏世祖皇帝，说“罢诗赋，重经学”已成定制，这王实甫并无经略之才，只会写一些诗词歌赋，为何当得如此重任？又说王实甫不过一小小县尹，且在任上与达鲁花赤多有不和，曾遭上司贬谪，前事未了，后无建树，怎能再次起用，并委以重任？

上奏者都是当朝重臣，奏文中还写道：“荫叙有循常之格，而超擢有选用之科。由直省、侍仪等入官者，亦名清望。以仓庾、赋税任事者，例视冗职。捕盗者以功叙，入粟者以赀进，至工匠皆入班资，而舆隶亦跻流品。诸王、公主，宠以投下，俾之保任。远夷、外徼，授以长官，俾之世袭。凡若此类，殆所谓吏道杂而多端者欤。虽名卿大夫，亦往往由是跻要官，受显爵；而刀笔下吏，遂致窃权势，舞文法矣。故其铨选之备，考核之精，曰随朝、外任，曰省选、部选，曰文官、武官，曰考数，曰资格，一毫不可越。而或援例，或借资，或优升，或回降，其纵情破律，以公济私，非至明者不能察焉。是皆文繁吏弊之所致也。”

那奏折就搁在忽必烈身旁，他微合双眼似小歇了一会儿，则伸手将那奏折拿在手上翻看，叹道：“这几位所言倒也不无道理，只是大元帝国，求贤若渴，仕进有多歧，铨衡无定制，其出身于学校者，有国子监学，有蒙古字学、回回国学，有医学，有阴阳学。其策名于荐举者，有遗逸，有茂异，有求言，有进书，有童子。其出于宿卫、勋臣之家者，待以不次。”

他这一番话，似乎是在对殿下的张晏和易不剌金说，但更像是在自言自语，并不需回答，王实甫更不敢插嘴，只有躬身坐着，悉心聆听。说着说着，世祖皇帝一挥袍袖，又举起酒盅喝了一口，然后回味道：“嗯，果然好酒！王实甫！”

王实甫忙起身应道：“臣在。”

世祖皇帝此刻目光如箭，直直地盯着王实甫，朗声说道：“酒品如人品，你这王家酿造的菊花酒，颇合朕的口味。你听好了，但愿你不负朕一片苦心，随张中丞解决陕西一带盐事弊端。朕不要你大张旗鼓，只要你勤勉职守，砥砺前行，不辱使命。”

张晏和王实甫连忙下得座来，行礼谢恩，王实甫道：“皇上厚德授臣以重任，臣绝不敢有半点懈怠，定当听从张中丞，竭尽心力。”

世祖又感慨道：“得江山难，守江山更不易，大元朝如今威震四海，连那遥远的伊儿汗国都归属于我，可人心不古，世道难测，好些个贪得无厌的蛀虫总在生事。千里长堤溃于蚁穴，不挖出这些虫蚁，我大元朝堪忧也。”

平素在百姓口中，常有各种对朝廷贪官的议论，王实甫以为宫廷之内的皇帝未必知情，却没想到世祖皇帝如此忧心忡忡，心中不由得大为震动。他深感这次受命非同寻常。

世祖皇帝对身旁宿卫说：“将皇后所织地毯取来。”一宿卫应道：“回皇上，早已备好。”

说罢，殿后的侍卫捧上一个宽大的紫檀托盘，送到王实甫面前，盘中叠放着一小块地毡，却是察必皇后亲自带人织造的。

这弘吉剌氏察必皇后十分贤德，至元十三年（1276）平宋，忽必烈将宋府库中的奇珍异宝聚置殿廷，召皇后来看，察必皇后只瞧了一眼便走开了。大汗遣人追问，为何一件宝贝都不取？察必说："宋人贮蓄以遗其子孙，子孙不能守，而归于我，我何忍取一物耶？"忽必烈听后心有所动，即在宫中教诲子孙，要以察必皇后的话为警示。

察必皇后从小长在马背上，吃苦耐劳，迁之大都宫中之后，并没有成天享福作乐，倒是在后宫常率众后妃亲执女工，以旧弓弦练之，缉为䌷，以为衣，其韧密胜比绫绮，又将置之不用的羊皮缝为地毯，其勤俭有节而无弃物。世祖皇帝常把皇后与后妃所织的衣物和地毯赏给喜爱的大臣，希望他们也能勤俭廉洁。

今日赏给王实甫的是一小块织着骏马图案的地毯，这实在是少有的待遇，就连张晏和易不剌金也没有得过，站立于殿下的官员们一个个脸上难掩忍不住的惊讶。

世祖皇帝看出他们眼中的神色，慨然说道："朕给你们说一件往事。当年太祖皇帝西征之时，偶遇埋伏，金国的弓箭手乱箭齐发，太祖皇帝的战马被射杀，万分危急之时，一队骑兵赶来，但正当他们掩护太祖皇帝后撤之时，一支箭直朝太祖皇帝射来，眼看就要射到大汗身上，斜刺里闪出一个人，用自己的身体挡住了那一箭。"他说着，有意停了下来。

易不剌金便问道："皇上，那人是——？"

世祖皇帝眼含慈和，一手指向王实甫："正是他的父亲王逖勤。"

在场的人都忍不住一声"哦！"，王实甫更是万分吃惊，他只知道父亲多年来深受箭伤的折磨，但却从未听他说是为救太祖皇帝而受伤，母亲阿夫人应该是知情的，也从未透露。

父亲母亲都不想以此作为炫耀，自己又怎能借此沾光？

想到此，他双手捧着那块地毯往前走了几步，朝着世祖皇帝深深鞠了一躬，然后虔诚地说道："尊敬的大汗，英明的陛下，臣能得到皇上的垂恩和赏赐，没齿难忘，将遵从皇上的旨意前往陕西履职，恪尽职守。但臣不敢贪享家父的功劳，皇后亲手所织的地毯无比珍贵，臣无功无德，如何敢领受？请皇上收回赏赐，臣在此叩谢皇上皇后！"说着，他跪倒在地，三叩首。

一时间，殿堂内都觉肃然。

世祖皇帝犀利的目光审视着王实甫，道："你竟敢拒绝朕的赏赐，可知这是违背君命吗？不怕朕砍你的头？"

王实甫迎着他的目光，凛然道："陛下所言过矣，古人云：'在位贪鄙，无功而受禄，君子不得进仕尔。'臣前日受命已算破格，若再贪父辈之功而受禄，将终日寝食不安，又将何来心思完成皇上之差遣？"

易不剌金的手心攥出了冷汗，他在世祖皇帝身旁陪伴多年，深知忽必烈的性格刚烈如火，有时候仁慈宽厚，有时候却是狂怒如雷霆，即使对从小一起长大的兄弟，也会毫不留情。这会儿，世祖皇帝的脸上阴云渐起，殿堂之上的气氛就像雷霆到来之前沉闷压抑，易不剌金的心差点都要从嗓子眼里跳出来了。

张晏到底为名臣之后，此时站起奏道："陛下息怒，这王实甫一介书生，本性率真，不谙世事，更不懂宫中规矩，陛下体察人心，不必为他而生气伤了龙体。依臣之见，即刻逐他出宫，令他明日就往陕西而去，若有差池，再行问罪。"

世祖皇帝听罢，脸色渐渐和缓，道："今日朕本来心情愉悦，不予计较，他不领也罢。"再也不搭理王实甫，却转脸说道："宣众卿和卜鲁罕部落阔阔真、马可·波罗一行进宫。"

不一会儿，早就候在侧殿的大臣们鱼贯而入，转瞬站满了御苑殿。世祖皇帝说道："圣人以四海为家，朕今日要为将来的伊儿汗国王妃饯行，特请你们各位进宫来，大家一道庆贺！"

相对战争，忽必烈更希望天下安乐太平，他对从伊儿汗国来的三位波斯男爵的恳求欣然应允，吩咐从卜鲁罕部挑选出年方十七的女子阔阔真，并封为公主，作为远嫁的新娘。并为公主准备了丰厚嫁妆，精挑随行的宫女、仆人，在此举办盛大的朝会，显然不仅是送行，也是为了给天下带来喜庆。

王实甫身在盛会之中，但心里还不时想到刚才世祖皇帝的目光。眼前的皇帝时怒时喜，让他也备受锤炼，但不管如何，自己心里一片坦荡。此刻他也跟殿上的大臣们一样，将目光投向那美丽的公主阔阔真，还有她身后的三位西方男子。

那正是声名赫赫的意大利人马可·波罗与他的父亲、叔父。马可·波罗从少年时期来到中国已经十七年，忽必烈对他十分喜爱，时常交给他一些与邻近国家来往的事务。波罗父子起初请命护送公主并请让他们从此回乡，大汗听了他们的话，脸上极不欢悦，他不肯答应他们的离开。后来因为陆路不通改走海上丝绸之路，才只好应允了马可·波罗的建议，将从泉州刺桐港出海。

这会儿，忽必烈饶有兴致地让多次来往于泉州的马可·波罗给众臣说说那边的情况，马可·波罗说泉州刺桐港堪比世界上最大的港口埃及的亚历山大港，可停泊船舶万余艘；泉州的刺桐缎畅销于南洋、印度和欧洲。

忽必烈骄傲地说：“不错，如今世界上与咱们大元朝交往的国家已有一百多个，往来互市，各从所欲，他们从海上运来香料和药物，我们则运出刺桐绸缎、瓷器、茶叶和铜、铁器，泉州市舶司所得税课上交，几乎占国库所有收入的四股之一。”

马可·波罗说：“刺桐绸缎深受世界各国的贵族喜爱。”

忽必烈点头：“大元朝地大物博，福建一带宜于栽桑养蚕，唐代便十分兴旺，朕颁布的《农桑辑要》，以植桑种棉为国策，可谓桑柘千村曙色新，听说泉州地界满城桑园、遍城罗绮。阔阔真，你身上的衣衫也是来自刺桐织造的绸缎吧。”

那妙龄少女阔阔真的衣装花纹绚丽、质地轻柔，缀满了闪闪发亮的小珍珠，身披紫色的天鹅绒披风，显出无与伦比的富丽华贵。她微笑道：“回皇上，正是泉州绸缎。”

忽必烈满意地点头，又说：“马可·波罗，朕特允你们父子的请求，封你们为护亲专使，赐予金牌虎符，往伊儿汗去的一路，还有日后到了欧洲代朕问候将会见到的教皇、法兰西王、西班牙王及王公们。哦，前去的大船都备好了吧？”

阿鲁浑萨理出来应道：“陛下，大海风浪多有不测，公主远航的船舶必得十分坚固才是，臣以为必选耽罗之木造的船为好。”

耽罗是济州岛的古称，岛上生长的老山柚木，还有坤甸木、菠萝格都是最好的造船木材，数十年的风吹雨打、海水浸泡，依然会坚韧如初。忽必烈即下旨专门选征耽罗之木的船舶。

继而，宫中乐师演奏起乐曲，一曲奏罢，音韵绕梁，那草原少女阔阔真眼含热泪跪倒在大汗脚下，叩谢不已。

忽必烈振作精神，说道："好了。众爱卿，今日都不必拘礼，就像回到草原上一样，尽情地喝吧！"

王实甫也随之喝起酒来，满朝官员，他认不得几个，只有向易不剌金和张晏举杯，易不剌金身为宿卫统领此时滴酒不沾，而那张晏侧着脸，理也不理。王实甫缩回手来，好生尴尬。

宫宴毕，出得厚载门，穿过宫城，张晏头也不回地大步走在前面，王实甫快步追赶，一连小声叫道："张大人，张大人，请留步。"在宫内也不敢高声，只有压着嗓音。

张晏直是不理，只顾一个劲儿往前走着，被追得紧了，他一跺脚站定："你只管叫我作甚？你不是高傲得连皇上的赏赐都敢拒绝吗？还跟着我干什么？"

王实甫连连作揖："张大人，都是在下不对，请张大人海涵！"明晃晃的太阳下，张晏走得满头大汗，他抬袖擦了一把，又急又恨地说："你给我住嘴！这宫中是你我喧哗的地方吗？"说着扭头又走。

经过中书省，不时有经过的官员与张晏相互行礼，王实甫再不敢吱声。随之出得宫来，一乘大轿候在宫墙的柳树下，那黑马也在柳树下拴着，添书趴在树下看蚂蚁搬家。见张晏、王实甫二人出来，添书和轿夫们连忙起身，张晏头也不回地上了大轿，王实甫也忙跨上黑马，吩咐添书道："随张大人去，赶紧的。"

添书不明就里："咱们这是要去张府吃饭吗？这会儿都快晌午了，饿了大半天……"

王实甫恨道："你就想着吃！"一夹腿，黑马嘚嘚地跑起来，添书跟在身后，两人尾随那大轿一路经过街市、鼓楼，来到张府门前。见大轿稳稳地抬进大门，王实甫跳下马来，也跟着就想进去，却被门口的家丁两手摊开拦住。王实甫忙道："劳驾，我跟张大人有话说。"

那家丁却斜视着他："你哪位呀？凭什么就敢往府里闯？"

王实甫道："在下王实甫，是张大人的属下。"

那家丁一撇嘴对旁边几人道："张大人的属下？你们见过吗？"那几个胡乱摇头："哪里见过？"那家丁道："我们大人的属下一个个都是有名有姓的人物，可没见过你这样的。"

元时的官员穿戴讲究，按级别各有区分，从官的人大都袖袍制以罗或绝，辫线袄腰作辫线细折，控鹤袄制以青绯二色锦，圆答宝相花；或明珠琵琶袖，甲覆膊掩心，扞背扞股，制以皮，或为虎纹、狮子纹，或施金铠锁子纹；臂鞲制以锦，绿绢为里，锦螣蛇，束麻长一丈一尺，里以红锦，束带红鞓双獭尾，黄金涂铜胯，绦环制以铜，黄金涂之；汗胯制以青锦，缘以银褐锦，或绣扑兽，间以云气。脚蹬麻鞋或鞠鞋，以皮为履，而长其靿，缚于行縢之内，帮嵌云朵，头作云象，鞠束于胫。

王实甫一直爱着布衣，夏日里白衣长衫，秋冬之时则青衣长袍，从未有银锦金绣、云绢红鞓，这会儿他见家丁一副嫌贫爱富的模样，气就不打一处来，但想到这是张晏府上，便极力压下火气："各位，我刚与张大人一道从宫中出来，真的是有要紧的事想给大人禀告，请各位给个方便。"

再三说过，那家丁才道："那你候着吧，我进去禀报大人，看大人如何吩咐。"王实甫低头称谢。

但那人进去之后却再也没有露面，等了一个又一个时辰，眼见天色黑尽，添书在大门前的树下来回蹦蹿，后来饿得实在没劲，过来拉着王实甫的袖子求道："二公子，咱们回去吧。人家根本都不想见您，您何必在这儿傻站着？"

王实甫甩开他的手："你自个儿先回吧，别管我。"添书苦着脸道："我哪儿敢啊？您不走我往哪儿走啊？"

王实甫道："那你就一边好好待着。要不你上鼓楼那边的夜市买两个烧饼来，咱们填填肚子。"添书这才来了劲儿，答道："好嘞。"王实甫指了指门口的家丁，叫他多买些个。

添书撒开腿一溜烟跑去，一会儿工夫提个竹篮回来，大声嚷道："二公子，我连篮子都给他买了来，您尝这烧饼还是热乎的，可香呢。"一边嚷着，一边撕扯着半拉烧饼，芝麻粒儿沾了满嘴。王实甫也拿起烧饼啃将起来，两人吃得香，逗得门口的家丁们忍不住都凑到跟前。

王实甫说："各位也尝尝。"添书将篮子里的烧饼递过去，家丁们也不客气，争先恐后地伸手过来抢着拿了吃。一时间，门口嘻嘻哈哈乱作一团。

正在这时，张府大门里走出一个人来，厉声喝道："谁在门前吵闹？"家丁们顿时吓得丢了烧饼，缩手站立两侧。那人皂衣琵琶袖，皮甲掩心，腰束一条醒目的红锦带，脚蹬一双麻鞋，精干利索，一双眼睛扫视着门前站立的人，目光落在王实甫身上："你是王实甫？"

王实甫点头，反问道："在下正是，你是何人？"

皂衣人道："我是何人，你不必过问。我只是奉张晏大人之命给你这个，请你回去吧。"说着将手中的一封信交于王实甫。

信上写了两行字："我昔初官便伊洛，当时意气尤骄矜。"添书也凑过来看，嘀咕道："这位年轻的张大人跟他爹一样，都爱让人猜谜。这都说的什么呀？"

王实甫收起信纸，对添书说："咱们走吧。"他已读出诗中的意味，张晏对他既有提醒，也有不满和批评。

那两句诗出自宋代欧阳修《送徐生之渑池》："徐生南国后来秀，得官古县依崤陵。脚靴手板实卑贱，贤俊未可吏事绳。携文百篇赴知己，西望未到气已增。我昔初官便伊洛，当时意气尤骄矜。"

张晏引用欧阳修的心态，说年少者得路，有如扶桑初日升。但尔来飘流二十载，鬓发萧索垂霜冰，到头来，旧事欲说无人应。文章无用等画虎，名誉过耳如飞蝇。荣华万事不入眼，忧患百虑来填膺。当夜，王实甫从书里找出欧阳修的诗，反复感悟着其中滋味，彻夜难眠，他时而明白，又时而迷惑。

那张晏年纪与他相仿，心态却显得已经历无数沧桑，或许是受到父亲张文谦的影响，对文章、名誉和荣华都已看得轻淡。但忧患之心尚存，对他怀有期许，也有暗示。又显然认为他在宫中的举止骄矜，多有不满。

王实甫在一团迷雾般的京城里，看不清自己的前景。但显然此时除了一门心思去往陕西，别无退路，他迎着黎明刚升起的曙光推开房门，高叫：“添书，收拾行李，准备启程！”

第三十回 诸宫调

原指望举荐他的张晏临行之前对他有所交代，没想到张晏将他拒之门外，只写了这么含糊其词的两句诗，这让王实甫的行程从一开始就带着迷惘和担忧。

那晚回到阿府，易不剌金与他在灯下又对饮了一阵，推心置腹地告诫他万事谨慎，千万不可造次。又说他白天在宫中拒绝世祖皇帝的赏赐实在是太过鲁莽，幸亏皇帝最近没有太烦心的事，恰是为公主阔阔真举办喜宴，如果遇到边疆或内地有坏消息传来，说不定就把一股子火发在了他的头上，想想真是后怕。

并且，他尚未出行就有人联名告状，足以说明往后的日子少不了有人会设下藩篱，因此凡事都得提防。王实甫被他说得烦了："表兄，听你如此说来，做官这么辛苦，还不如不做。"

易不剌金愣了一下，叹道："要说德信你这人啦，可谓上等的才华和运气，倘若把握得好定会青云直上，说不定也能像刘秉忠大人、郭守敬大人一样青史留名，可是你……"

"我怎的？"王实甫见他隐而不语，追问道。

"恕我直言，"易不剌金说，"偏偏你是个下等的性格，好事到了跟前，也会自个儿搅黄。”

王实甫大笑不止：“我当然成不了刘大人、郭大人，我就是王实甫，天生如此又能怎样？”

易不刺金摇头：“这为官之道对你说来，我看是对牛弹琴。”又道：“不过我得告诉你，我在宫中已数年，早已成为有些人眼中的一根刺，过不了多久我也得挪个窝了。今后你再遇到事，我即使想帮恐怕也帮不了，所以你真得多加小心。”

他见王实甫不以为意，便又说：“德信，我不是吓唬你，如果你要出了事，不光举荐你的张晏和我会受到牵连，还有你府上的家眷也都难逃厄运。”

两人对饮菊花酒，一时默默无语。

王实甫知道，这些年表兄一直在帮他，但他和表兄并不是一类人，这些官场内外的盘根错节，他听来并不感兴趣，也不想往深处琢磨，但无论如何，易不刺金的提醒出自好心，于是他恭敬地说：“放心吧，表兄。我会小心从事，不给你和张晏大人再找麻烦。”

“麻烦事小，后患无穷啊。”易不刺金说。

这天一早离开阿府，王实甫回首再三，那暗红的大门，两旁的石礅，见证着他在京城的日子，也可知他纷乱的心情。虽然易不刺金不赞同他去玉京书会看望关汉卿，但王实甫临行前还是去了一趟，他觉得只有在那里，他的心绪才稍稍得以平复。

跨进玉京书会的大门，就听见里面有人正在吟唱：“愿朱颜不改常依旧，花中消遣，酒内忘忧。分茶攧竹，打马藏阄；通五音六律滑熟，甚闲愁到我心头！我是个经笼罩、受索网苍翎毛老野鸡踏踏的阵马儿熟。经了些窝弓冷箭镴枪头，不曾落人后。恰不道‘人到中年万事休’，我怎肯虚度了春秋……”

唱的正是关汉卿的词，他听得心中一热，那词中之意正合了他的一些心思啊。又听到：“我是个蒸不烂、煮不熟、捶不扁、炒不爆、响当当一粒铜豌豆。”这既是关汉卿的告白，又何尝不是王实甫期盼独立于世的心愿写照呢？

见到王实甫，关汉卿瘦削的脸上露出难得的笑容，他搁下手中的小茶壶，上前携住他的手，将他领到软榻上坐下。赛帘秀和张改、马二几个也都高兴地跑过来，七嘴八舌地问候，都道："王公子，好几年没见，大伙儿常念叨您呢。"

王实甫问到玉京书会的王和卿、杨显之、费君祥、梁进之几位，关汉卿道："他们几位尚好，这几年玉京书会的戏演得少了些，但他们一个个的散曲儿倒是在坊间流传甚广，京城里可谓无人不晓，有些恨咱们的官老爷惧了民心，冲着他们这些名声，倒也不敢随便欺负啦。"

王实甫听后笑道："这样最好。"关汉卿吩咐马二，去把他们几位请来，就说德信公子来了，今儿好好聚一回。又叫赛帘秀赶紧去备些酒菜，王实甫见状忙道："汉卿兄，各位不必忙活，恕实甫今日难以奉陪，我得启程远行，不敢耽误时辰。"

关汉卿一行人无不惊讶："今日又回定兴去？也不争这早晚，好歹吃过便饭再走。"

王实甫只好把要去长安任职一事说明。听说王实甫被皇帝封为陕西监察御史，张改、马二几个都瞪大眼睛，下意识地往后退缩，关汉卿也难掩惊讶之色："监察御史？"

眼见王实甫点头称是，关汉卿一时无语。他回到椅子跟前坐下，马二小声问他："还去请王先生、杨先生他们几位吗？"关汉卿摆摆手，却叫赛帘秀："拿酒来！"

赛帘秀忙去取来一壶清酒，关汉卿挪过酒杯："换碗！"马二手快，往两个酒碗里一一倒了酒，关汉卿直叫倒满，眼见再倒就要溢出碗沿，才叫收手。

他脸上的神色悲喜交加，举起满碗酒对王实甫说道："德信，原以为你我都是同路人，玩的是梁园月，饮的是东京酒，赏的是洛阳花，攀的是章台柳，见你也会围棋、会蹴踘、会打围、会插科、会歌舞、会吹弹、会咽作、会吟诗、会双陆，是一个有情有义有趣的人儿，可没承想，你竟然还是做了官。"

王实甫正待开口，关汉卿却道："你什么都不用说了，喝了这碗酒吧！为兄送你一句话，天下百姓盼的是清官，恨的是那贪官，你既为监察御史，可不要冤了好人，放了恶人！为兄盼你做一个清清白白的好官！”

马二几个也都点头：“王公子，关先生说得是，这也是俺们想说的。”王实甫说：“汉卿兄，各位，你们的话实甫都记下了。”他接过那碗沉甸甸的酒，一口气喝了下去。

关汉卿叹道：“走吧，走吧。”

王实甫打量着这书会的四周，倚墙的琵琶、胡琴、洞箫，悬挂的字画，都让人好生留恋，他很想如往日一样，坐下来吹拉弹唱，尽兴开怀。但眼下却是身负重任，凶险难卜，哪有工夫逗留？于是毅然拱手告别。

刚要出门，关汉卿叫道：“德信留步！”

他回身从屋里取出一本册子，说：“我看你对元稹的《莺莺传》十分喜爱，我这儿另有一本董解元的《西厢记诸宫调》，早就替你留着，这会子就带着去吧。”

王实甫惊喜不已。这部由大金章宗时学士董解元根据元稹的《莺莺传》改写的诸宫调，也是他喜读之书。董解元生在太平多暇，干戈倒载闲兵甲的岁月，为人狂放不羁，蔑视礼教，熟稔唐代传奇、宋代诗词和民间诸宫调，平日在狂歌醉舞之余喜爱说唱，《西厢记诸宫调》由此而成。因说唱时用弦乐器琵琶和筝伴奏，故又称《弦索西厢》或《西厢弹词》，通称《董西厢》。他以《莺莺传》传奇小说为基础，并从李绅莺莺歌、宋代赵令畤《商调蝶恋花》鼓子词等作品中汲取了营养。王实甫曾经在与关汉卿的交谈中，不止一次流露出对元稹的诗词和《莺莺传》，以及董解元的《西厢弹词》的喜爱，没想到关汉卿记在心上，专从民间流传的多种版本中寻来在他看来是最好的一种。王实甫感动不已，连声道谢。

再次告辞，正出得玉京书会的大门，赛帘秀又从后面叫道：“王公子！”添书回头一看，笑道：“二公子，我看咱们今儿个就别走了，这院里的人是真心舍不得您，还不如吃了喝了明儿再走！”

王实甫也顾不得理他，迎上去问：“赛师傅有何吩咐？”

赛帘秀招招手，将他领到大门旁的背人处，说：“有个叫李赛儿的，让我给公子带个信儿，说那笔钱不必还了，说不要再四处打听她。”

王实甫一听“李赛儿”三字，浑身的汗毛一奓，迫不及待地问：“李赛儿，她在哪里？”

赛帘秀摇摇头：“这李赛儿行无定踪，无从知晓。她爷爷与关先生早年素有来往，因此她偶尔来此小住。唉，可惜一美貌女子，却不得不打扮成男子模样，真是让人心疼。她知道王公子您与关先生也有交往，故而才让我转说此话，但不知她说的那笔钱是什么钱？”

“那李赛儿与李老先生均有恩于我和内人，几年来想还她这份情，只是有孝在身不宜远游，也只能托人四处打听。”王实甫一时也说不清与李赛儿的过往，急慌慌地问，“曾听说她去了苏杭一带，不知何时回的大都？何时来过玉京书会？”还没等赛帘秀回答，又问：“她是怎么说到我的？有没有骂我？”

赛帘秀扑哧一笑，说：“王公子，看你急的这副模样，莫非你是喜欢上了她？”王实甫一听，心里竟怦怦乱跳，嘴上却急忙辩白：“赛师傅，这种话可千万说不得，赛儿她一个黄花姑娘，传将出去岂不成了笑谈，坏了她的名声？”

赛帘秀道：“开个玩笑，王公子您何必在意？可说真的，我看那李赛儿对公子倒是怀有痴情，她每次来此，总是变着法儿打听您的事情，连您拉过的胡琴、吹过的洞箫都摸了又摸，俺是过来人，她的心思还能看不出来？”

王实甫脸上发热，心里滚烫滚烫的别有一番滋味，就像一层窗户纸突然被人捅破，原来几年来的多般牵挂里，竟含着一种相思，他想解释，但连自己都觉得苍白，索性一句话都说不出来了。

赛帘秀看他一脸窘迫，笑道：“王公子您不必多说，那李赛儿的心思是她自个儿的事，跟公子您并不相干。您若是无意于她，就只当一阵风吹过，等李赛儿再来，我就告诉她，王公子已经去了长安，早就忘了她姓甚名谁……”说着就要转身离去，王实甫一把拉住她：“哎，别别，赛师傅，我这里有一些银子，请您交给她，日后我还会再行报答。”赛帘秀说：“公子，人家李赛儿留话就是不要您的钱，我要是收了您的银两，她岂不是要怪我误会了她的心思？王公子，您请上路吧。”

王实甫欲言又止，点点头：“我这就往长安去了。赛师傅，你们多保重，若是见了赛儿，也请她善自珍重，后会有期。”

第三十一回 长安歌

长安城于元代至元十年（1273）由京兆府改设为安西路，城市基本沿袭了唐代的规模。王实甫骑在马上，走过这座举世闻名的古都，感觉到这座城市骨子里的盛唐气息，虽然许多建筑已陈旧破败，但在岁月风雨的剥蚀中风骨犹存。

方圆数十里的街道规模宏伟，排列整齐，外城四面各有三个城门，贯通十二座城门的六条大街，其中纵贯南北的朱雀大街则是中轴线，衔接宫城的承天门、皇城的朱雀门和外城的明德门，把长安城分成了东西两个城区。

走着走着，他跳下马来缓步而行，添书随他一边走一边问道："二公子，咱们这是要往衙门里去吧？天也不早了，不如先找个饭馆填饱肚子再去不迟。"

王实甫说："你算是白跟了龙冈先生多年，心里不存文墨，成天想的就是个吃。"添书道："龙冈先生教《论语》的时候就说过，食色，性也。还有句话说得好，民以食为天，我要不替二公子想着吃喝的事，回去怎么跟二少奶奶交代？"

长安街上饭铺酒楼林立，一阵阵香味随风而来，王实甫说道："你倒是有理。好吧，就依了你的。”抬脚就朝跟前一家饭铺走去，那门前挂了一块名匾，上写“三兴店”。添书喜得忙牵过马，先往后面马厩。小二过来搭话：“客官里边请，想吃点什么？”

王实甫打量这店内，问道：“有什么好吃的？”小二说：“天上飞的，地上跑的，只要客官您点，这店里都能做。”王实甫说：“牛羊羹。”小二笑道：“您说的是牛羊肉泡馍吧，一看您就是个读书人，说话带文气。”

王实甫和添书津津有味地吃了一大碗羊肉泡馍，添书端着空碗意犹未尽：“别看这模样不咋的，味道还挺鲜。”王实甫说，这可是西周时国王、诸侯的礼馔。《宋书》记载，南北朝时，有个叫毛修之的人因向宋武帝献上牛羊羹这一绝味，武帝封其为太官史，后又升为尚书光禄大夫。大宋时期，皇帝赵匡胤喜食牛羊肉泡馍，牛羊肉泡馍便成了长安街上的著名小吃。苏东坡曾有“陇馔有熊腊，秦烹唯羊羹”的赞叹。添书道：“原来有这么多讲究。”

正说着，后边院里传来一阵吵闹声，添书跳起来叫道：“怎么回事？不会有人偷马吧？”赶紧就朝后面马厩跑去。

王实甫侧耳听去，一时越发喧闹，像是一帮人正在撕扯什么，便有些担心添书，忙起身也往后院。

见那后院墙下堆着一些麻包，旁边一个身材矮小的男子赤涨着脸，被几个粗大的汉子围着，争吵不休，刚才端饭的小二在一旁手足无措。

只听那几人吼叫道：“拿钱来，要不就搬了这些盐包，砸了这店。”说着，就有人扛起墙边摞着的麻包往一挂大车上扔，那矮小男子急得跺脚，打躬作揖地叫：“爷，爷，有话好说，可不要搬了我的盐包……”

一个汉子照着他的脸就是一个大嘴巴子，骂道：“你还敢说是你的盐包？我看你是吃了豹子胆！”那矮小男子嘴里顿时冒出鲜血，手抹了一把，竟带出一颗牙来，含混地恨道：“你们……也太欺负人！”

那几个骂道：“欺负的就是你！谁让你老虎嘴里拔牙……”一边将麻包一个个往车上扔，矮小男子一脸绝望地低头朝为首的粗大汉子撞去，那汉子伸手一推，就把他扔到了墙边，抬腿就是一脚踹去，矮小男子捂着胸口在地上直滚。那汉子拎起他来，照脸又要一嘴巴，添书却到了跟前，将那人的胳膊一把揪住，喝道：“住手！”

那粗大汉定睛一看，见是个年轻小厮，叱道：“哪来的贼人，敢管大爷的闲事？”挥拳就要朝添书打去，王实甫一旁抢来：“且慢！你倒说说，这闲事究竟是怎么回事？”

那粗汉见王实甫身着长衫，气度不凡，气势不由得矮了一截，但嘴上仍然硬道：“这位公子，您是来吃饭的客人吧？我劝您吃完喝完忙您的去，这儿的事跟您没关系，别沾您一身腥气。”

王实甫却叫道：“小二，搬把椅子来。”又道：“我就是个专管闲事的，今儿正好坐着看看，这儿究竟有什么闲事？”

店小二贴着院墙真的搬来了一把椅子，王实甫见那粗汉握紧擂钵大的拳头气哼哼的，却笑了一笑，抬身稳稳当当地坐下，道：“你们今天谁把这闲事说得清楚，本公子有赏。”

那几个听见有赏，乐不可支，就有一个抢先说道：“这位公子，这家店老板胆大妄为，竟敢私自卖盐，瞧，这些盐包就是。今儿大哥带我们几个来，一是给他点儿颜色，二是要收走从前的盐钱……”粗汉打断他的话：“少跟他们啰唆，快快，把盐拉走！”

这事居然跟盐有关，王实甫心想正是冤家路窄，便变换口气，招呼道：“这位好汉，在下碰巧也做点盐生意，若是有缘，咱们何不一起发财？”粗汉听得话里有话，也就抹去脸上的凶神恶煞，说：“公子你不要骗我们这些粗人，我们也是替人当差，公子若是真的想做生意，不如跟我们老爷说去。”

王实甫问老爷是谁。那汉子犹豫道：“公子你是真生意人还是假生意人？”

王实甫整整衣襟，起身说道：“我自大都来此，就是为盐业而来，若有半句假话，天打雷劈。”又道：“不是大生意我不做，你们老爷若真有本事，还怕人家知道吗？”

汉子道：“公子，不是说大话，我怕说出老爷的名字吓了你。”添书抢白道：“只怕说出我们公子的名字来，也会吓坏了你……”王实甫道：“你又多嘴！”

汉子狐疑地看看他们，转头催那几个快拖车走。王实甫掏出一锭银子，说：“今日你们就放这小店老板一马，我这里代他谢过。以后再有什么事另说，这点钱送与你们兄弟喝茶。”

那旁边几个早就笑开了花，撺掇那汉子：“何不依了这公子？”汉子半推半就地收了钱，心有不甘地看着他们从车上撤了盐包，一行人对半靠在墙根的店主放下话：“今儿的事看在公子的分儿上饶你这一回，哪天若是发现你们再卖盐，就是你和这店粉身碎骨之日。”

等那些人一走，店主扶着墙爬到王实甫跟前，叩头不止：“恩人啊，今天若不是恩人您出手相救，哪里还有小的性命？”王实甫扶起他来，道：“不用谢了。小二，你快去照看前面的生意，我跟你们老板说几句话。”

一番话问下来，王实甫才明白，原来这帮人的老爷垄断了长安城的盐业，除了他们的亲戚朋党，任何人不许售盐，一旦发现不但要全部抢走，还要砸店打人，被他们一伙打死打残的小店主已不止一二。前些日子，店主在青海那边的表弟拖了些盐过来，托他在长安城里卖些，表弟他不知道这长安城里的厉害，大老远地拖来，怎么也不肯拖回去。店主心存侥幸想偷偷卖一点，但还没有开始买卖，不知怎么就被那伙人探查到，竟打上门来。

王实甫问，难道官府就没人过问？店主说：“官府？这老爷自己就是官府，长安城的地是他们的地，天是他们的天，老百姓有冤根本没处说去。老天爷呀，今儿我这牙被打掉不说，可怜我这条腿，八成也是断了……”说着，坐在地上捧着腿哭了起来。

王实甫俯身摸了摸他的腿，安慰道：“让小二找个郎中来，正正骨再敷些草药，养息几日就会好的。你说了这半日，那老爷到底是个什么人，姓甚名谁？”

店主抬眼看看四周，小声道：“谁要说了他的坏话，早晚会有杀身之祸。公子您附耳上来。”

王实甫侧过身子，只听店主贴耳说出一个名字：“格尔不花。”王实甫想了想，觉得有些耳熟，便又问：“这人是做什么的？竟是长安城里一霸？”店主支吾一阵，才又慌张说道：“哎呀公子，我看您初来乍到的，浑然不知这长安城里水的深浅，要说这格尔不花，满街百姓谁人不知？他可是安西王的亲外甥！”

王实甫问：“你说的是当今的安西王阿难答？”

那店主一听大惊失色，忙伸手去捂他的嘴：“墙外有耳，这话可是随便说得的？弄不好脑袋没了还不知道是怎么掉的。”王实甫看他吓得面如土色，也就不再往下问，起身说道：“好，我该走了。你告诉你的表弟，暂且不要动用这些盐巴，过些日子自然会有让你们卖的时候。”

店老板似信非信，一边看他离去，叫道：“恩人，公子，还没请教您的尊姓大名。”

王实甫回身说道：“在下姓王，名实甫。过几日你可到安西总管府来找我。”

安西总管府正在长安城最繁华的地段，王实甫带着添书在这小饭铺吃羊肉泡馍的时候，总管府内京兆尹马守德早已派人去城门外等候监察御史的到来，但一直等到天黑也未见踪影。

这马守德科举出身，来到安西路任职时间不长，但已焦头烂额，前日闻报皇帝往陕西派来监察御史王实甫，便有些迫不及待，早早就安排人等候，可连过三日也未接到人。正在懊恼担心之时，门前侍卫来报，王大人到！

马守德喜得连忙叫：“打开大门，快快请王大人进来！”不料话未落音，人已到了跟前，却是布衣简从，身后只跟了一个书童，就像是进京赶考的秀才。马守德不敢相信自己的眼睛，一时不知如何是好。还未等他开口，那清新俊逸的王实甫先朝他行礼道：“马大人，实甫受命初来长安，请多多指教！”

要论官序，王实甫身为监察御史为从二品，马守德任安西总管，受封京兆尹，也为从二品，只是为官有先后，这马守德为官在前，王实甫在后，按理说应以马守德为尊。但实甫由皇帝指派从京城而来，马守德因此也就多加谦让，连忙还礼道：“王大人，你如此清廉俭朴，居然只带了一个随身仆从？自从接到朝廷文书，守德一直望眼欲穿，早早派人前去城门之外守候，却没料到王大人贵人神速，突然就出现在守德面前，真让人惊喜不已啊。”

长安城周围地区，宋金两代仍在城中置京兆府统之，辖长安、万年（樊川、咸宁）等十四县（金十二县）。元初仍置京兆府于长安城中，至元十年（1273）改为安西总管府。这安西兆尹马守德的来历，王实甫略知一二，知道他才学不凡，受到前任京兆尹赵炳的举荐，但见他一脸清瘦，眉宇间带着一股书生之气，不由得有了几分好感，又听他说话热情，便笑道：“长安古都非同一般，周、秦、汉、唐，均建都在此，现如今虽不为京都，但辖地包括陕西、四川、青海、西夏、吐蕃，以及山西、蒙古，实乃大元重地，马大人年轻有为，荣任安西总管，实甫多有佩服，当一心听从马大人吩咐，效力于职守。”

马守德道：“岂敢岂敢！守德在此已近两年，个中滋味一言难尽啊。”府内早安排下酒菜，为王实甫接风洗尘，席间三杯酒下去，马守德忍不住倒出满腹苦水。

原来他虽然身为安西总管，却有职无权，长安城东安西王府的主人阿难答，才是真正控制长安的人。

说来话长，当年成吉思汗的孙子蒙哥成为大汗之后，大封同姓宗室，命四弟忽必烈受封京兆地，即管辖关中长安周边地区，蒙哥在四川钓鱼城负伤不治身亡之后，七弟阿里不哥图谋蒙古大汗的位置，被忽必烈荡平，统一了中国。忽必烈有十二个儿子，立二子真金为皇太子，三子忙哥剌也受到忽必烈的宠爱，称他“性宽和，能受善言”，将他封为安西王，受命出镇京兆长安，并将宋朝的陕西路改为安西路，将长安改为奉元城，赐京兆为封地。忙哥剌受封为安西王后，拥有一方螭纽金印。十年后，忽必烈又封他为秦王，又赐了一块兽纽金印，并下旨为安西王在长安和六盘山分别兴建安西王府和开成王府。安西王府为冬宫，开成王府为夏宫。由此，安西王成为号称一藩二印、两府并开的一方雄藩。

位于长安城东的安西王府由京兆尹赵炳负责建造，壮丽豪华，堪与元大都的皇宫相媲美。而后忙哥剌病死，其长子阿难答继承了安西王位，次子按梯不花袭封为秦王。兄弟二人成为大元朝实力最为雄厚的藩王。他们一手遮天，根本不把地方官放在眼里，高兴时则搭理两句，不高兴时即使上门叩见也不接待。

马守德喝了酒，说话有些结巴："我、我这个安西总管只是个摆设，什么权力都没有，就连一、一包盐的权力都没有。"

王实甫问："此话怎讲？"

马守德已有七分醉意，眯眼道："王、王大人，时间一长，你就知道了。要不你、你自己问、问他去……"

马守德说的"他"正是安西王阿难答，他自恃嫡系皇族，父亲忙哥刺在世时已在西北建立起庞大的势力，雄踞一方，任何人经过此地都得向他匍匐叩拜。

虽然不把安西总管府放在眼里，但历来就有安插的眼线和探子，隔三差五将一些有用无用的消息报告于王府。这日探子来报，说有一个叫王实甫的监察御史从京城来到长安，住进了总管府。阿难答没有在意，只说了句："查查他的来历。"

一般从京城来的官员头天到长安，第二日就肯定会来拜访安西王府，阿难答身旁的通事问道："王爷，明日那王实甫来府上拜望，王爷见还是不见？"

阿难答接任父亲忙哥剌王位已有十年，羽翼早已丰满，正是如日中天，安西王府门前繁华而又肃然，一般人根本不能走近，进出的达官贵族、皇亲国戚挤挤攘攘，如流水一般。他自小生活在西北，身材魁梧，好骑善射，掌握着十五万蒙古军队，平日里常亲自率军操练，每日习武，这时正将一把弯弓拉成满月，听得此话，头也不回地说："不见。"

到得第二天晚饭时，阿难答喝着羊羹，突然想起这事来，随口问了一句："那姓王的监察御史来过了吗？"

通事与管家互相看了看，说："回王爷，今日并未来过。"

阿难答有些意外，但却只是放下金勺，眉头微微皱了皱。但又过了两天，阿难答见手下人仍未通报，便有些按捺不住，故作不经意地问：“那个人来过了吗？”

通事跟随他多年，明白他的问话，不敢撒谎：“回王爷，那姓王的监察御史到现在也未曾来过，要不要派人去总管府那边问问？”

阿难答心中恼怒：“哼！不用了，一个小小监察御史，他即使来到门前，我也不打算理睬！问他作甚？”

话虽这样说，但阿难答却已是怒火满腔，历来从京都来到长安的官员，无论大小，第一件事就是拜见安西王，这几乎是约定俗成的一条铁律，而这王实甫竟敢目中无人，简直是大逆不道！

阿难答问：“你们查过此人的来历了吗？”

通事赶忙拿过一份信札，说道：“回王爷，经查询，这王实甫为大名路定兴人氏，曾任山西崞阳县尹，其父王逖勤曾为质子军随大汗西征，岳父张弘略前为江西宣慰使……”阿难答一听，打断话头：“可是张柔第八子，张弘范的兄长张弘略？”

通事道：“正是。”

“难怪如此。”阿难答冷笑道。

那通事趁机说道：“这王实甫仗着其父有些功劳，岳父家族显赫，就不把王爷放在眼里……”

阿难答怒喝一声：“住嘴！”

他像一头狂怒的狮子在王宫里快步徘徊，本来一个素昧平生的监察御史来到长安，只是微不足道的一件小事，但却如眼里扎进了一根刺，使得威震四方的安西王非常不快。

他本能地感到此人来者不善，对安西王府有害无益。于是当即决定，要设法迅速赶走这个监察御史。

第三十二回 关山月

就在安西王阿难答为王实甫未曾登门求见而心生恼怒之时，王实甫却已经离开长安，准备去巩昌、延安、庆阳、环州、凤翔、兴元等地暗中查访。

安西总管马守德得知他要出行，立刻告诫他，若是不去拜见安西王，只怕会招致怪罪，甚至惹祸上身。王实甫却不以为然，他认为自己受命于世祖皇帝，来到陕西明确的使命就是要理清盐业，并掌纠察百官善恶、政治得失，若需向安西王请教之时，定当拜望，不一定首先就去打扰，那样或许会先入为主，反倒被动。

马守德不由得佩服，说："王大人胸有成竹，处事明快，令守德心生敬意。守德初来长安之时也想有所作为，但后来处处受挫，越来越顾虑重重，束手无策，常常是一筹莫展啦。"

虽然才相处两日，王实甫已知马守德的为人和处境，便劝慰道："马大人不必多虑，古人云无欲则刚，我等为官并无利益计较，只管秉公行事便是。"

马守德摇头："当今官场之上，不可过于天真。"

王实甫朝他一躬到底，说："马大人的提醒，实甫当谨记在心。待我回长安，再与马大人畅谈。”

马守德见他主意已定，只好为他派出随行人马，并按元朝制式，在总管府旁设立御史台、肃政廉访等官署，设经历一员，都事兼知印一员，照磨一员，承发管勾兼狱丞一员，架阁库管勾兼承发一员，译史兼办蒙古书写一人，台医一人等。

王实甫见他安排得齐整，笑道：“马大人考虑果真周全，这官署设置由马大人做主便是。但实甫此次去民间探访，轻车简从更为便捷，这些人事暂且留在总管府中，还听马大人调遣。”

马守德说：“不然，王大人一路远行，多有难以预料之风险，经历和侍卫总归是要有的，还有那所经地方，各色人等语言不通，译史兼办蒙古书写也不能少。”

王实甫再次谢过，说道：“只当我一介书生，进京赶考而已，料不会有人妨害。至于言语，实甫不才，但自小随母亲懂得一些色目人、蒙古人的语言，不需译者。”

添书在一旁道：“马大人，我们公子不光能说蒙古话，还会书写呢。我也会上一点儿，马大人您不必担心。”

马守德听这小厮插话，不觉有些诧异，又见王实甫只瞪了添书一眼，并未加训斥，心里更觉这王实甫行为处事好生特别，倒格外想与他多些来往。

马守德率人将王实甫送至总管府门之外，眼见他主仆二人上马而去，心中不免生出担忧。

果然刚送走王实甫，随后就来了安西王府的白通事，大摇大摆地直接走进总管府，也不待让座就在议事厅里坐下了。马守德跟了进来，那白通事倨傲地质问道：“马大人，姓王的监察御史来到长安，你为何到现在还不带他去拜见王爷？”

马守德哭丧着脸说：“白通事有所不知，王大人已经走了。”白通事吃惊道：“走了？这么快就回大都了？”马守德说：“并未回大都，仍在陕西地界内。”白通事追问：“陕西地界？你倒说个明白，究竟是去了何处？”

马守德又摇头："王大人未曾说明，他只说去各处走走看看，走到哪儿就算哪儿。"白通事一拍桌案："好你个安西总管，一问三不知，知情不报，该当何罪？"

马守德这二年被安西王府的人吓唬惯了，这时想到王实甫那人做事干练硬气，便壮着胆子说道："在下小心做事，但不知罪从何起？还请通事指教。"

白通事见他居然反唇相讥，全不如往日逆来顺受，便撂下话："马守德，你就等着王爷来收拾你吧。"

跋山涉水，王实甫带着添书走走停停，自长安往东而行，一路暗中寻访，越走越觉步履沉重，那沉重不是来自路途遥远，而是一路的所见所闻，让王实甫的内心压上了越来越重的石头。

这两年，关陕旱饥，民多流亡，路途之上时常可见人们携儿扶老蹒跚而行，甚至还有冻饿倒毙于路边的，王实甫叫添书将所带银两换成纸钞，给危难者以救济。但毕竟是杯水车薪，哪能一一救得过来？

一日来到潼谷关，伴着黄河怒涛，群峰耸立，只见这古来有之的"天下第一关"北临黄河，南踞山腰，自函谷至斯，高出云表，幽谷秘邃，深林茂木，白日成昏。正逢一场大雨降临，王实甫顶着雨站立于关前，陷入久久的沉思。

添书看他神色凝重，也不敢轻易叫唤，但见他身上的衣衫都已湿透，急得抓耳挠腮，去附近人家找了一顶蓑笠戴在他头上，王实甫也浑然不觉。夜里到驿站住下，灯暗夜寒，叫店家烧来一炉炭火，好一阵王实甫铁青的脸色才缓过来。添书探身问道："公子，我看您这半天也不说话，心里都想些什么呢？"王实甫不答。过了一会儿，添书又道："那潼关为何得名，我已得知。"王实甫看他一眼，添书道："《水经注》载：河在关内南流潼激关山，因谓之潼关，始建于东汉建安元年（196）。"

王实甫说："你这些日子没有白过，总算也知道读些书、想些事了。"添书笑道："公子，您好歹开口说话，我这书就算没有白读。"

王实甫就着炉火搓了搓手，说："唉，我说不说话不关你事。"又像是喃喃自语："只是来到秦汉以来的这潼关古道，不由得思想起古往今来无数兵家之争战，都曾在这关中的东大门前经过。"

他眼睛里流露出深深的悲怆："你看那黄河之水自龙门冲激至华山东，只顾世代流淌，人间这些纷乱都在大河奔流中消失殆尽，多少富贵权势无不灰飞烟灭，并不能将财富和权力带走。可每一次争战苦的都是天下的百姓，无论哪个朝代，总是百姓承受最大的苦难。"

添书听他说着，似懂非懂地跟着点头："公子，您说得对。老百姓做什么都不容易，那小店主不是苦巴巴的，盼着您给撑个腰吗？"

"是啊！不知我们走后，那三兴店能否应对那些恶人？"王实甫担心地说。

离开长安前，王实甫和添书去那小饭铺看了看，店主腿伤未愈，勉强支撑着店面，见到王实甫就涕泪双流，说那帮人又来打过招呼，让他三日之内把盐送到安西王府旁边的盐铺去，否则将砸了这店。王实甫强忍怒火，叫店主不要害怕，找个地方将盐包先藏起来，就说被一个叫王实甫的人将盐全都强行拖走，没给一文钱。

店主胆怯，说要是被人告发，全家人就没了性命，要不还是把盐送到安西王府，好歹保一家平安。王实甫再三劝慰，说："用不了多久，你就会光明正大地卖这些盐，不必白白地送给他们，你只管推到我身上，他们一时不会将你怎样。"

店主疑疑惑惑，但看王实甫主仆二人不像是欺诳之辈，便应承照办，但求他早些拿出妙招，制了那些恶徒，让这长安城里的小百姓能做个太平营生。

出长安已近半月，走过一个个县镇、乡村，所有地方的盐业全被安西王所辖的盐商所控制。本来，经营盐业皆勒有司征办课税，无分高下，少者不下二三引[①]，每一引收价三锭，但连年饥荒，一般富家都无力应办，贫家小店又安能措画？只好粜终岁之粮，也难酬一引之价，缓则

① 引：古时量词，十丈为引，用竹为引，高一分，广六分，长十丈。

输息而借贷，急则典鬻妻子。纵使引目[1]到手，力窘不能装运，只从各处盐商，勒价收买。旧债未偿，新引又至，民力有限，官赋无穷，而只有安西王独霸天下，可运筹自如，谋取高利，旁人无可奈何也。

王实甫明察暗访，并不惊动地方官员，所见所闻皆民间百姓呼号之词，听来尤为辛酸。

在旅店炉火前坐了一阵，添书道："公子，天色不早，走了一天的路，您也该歇息了。"可王实甫仍无睡意，却道："取我的箫来。"

添书只好答应："哎！"

他知道，每逢实甫有了心事，就会独自吹上一阵洞箫，特别是在那长路之上，塞外边陲，吹箫仿佛能将无限心事倾诉，必吹过之后心绪方得平静，再安然歇息。

那一管洞箫非一般紫竹做成，用的是贵州玉屏的黄竹，开前五后六个音孔，箫身雕龙刻凤，音量较之紫竹略小，不显张扬，正合实甫心意，所以常带在身边。

实甫接过箫来，正襟危坐，先吹了一曲《苏武牧羊》，呜呜咽咽，苍凉悠远。意犹未尽，又吹了一曲《梅花三弄》，自有一番高洁之风荡气回肠，曲声中仿佛可见那梅花不畏严寒迎风摇曳，添书也听得痴了。一曲吹毕，窗外突然传来击掌之声，啪啪啪，清脆如爆竹，显然是赞许之意。

王实甫有些诧异，起身走到窗前，隔窗问道："请问是何方朋友？不妨屋里一坐，指教则个！"那人却不答话。

实甫正要推开窗户看个究竟，一阵箫声悠然而起，他心中一喜，原来那人也是个会吹箫的。不禁侧耳细听，先是天高云淡，继而金戈铁马，激越有力，再细听，曲中竟又有许多女儿情愫，清丽动人。

听着听着，不觉箫声渐停，又似乎还在空中缠绕，窗里窗外一片宁静。好一阵，王实甫才回过神来，情不自禁也击掌赞道："好一曲《关山月》，万里赴戎机，关山度若飞，朔气传金柝，寒光照铁衣，《木兰

---

① 引目：获准销售的货物凭单，开列有品种、分量等。

辞》中的诗意尽得飞扬啊。”

窗外冷笑数声，却道：“公子摇身而为监察御史，倒真是一路飞扬啊。”王实甫一听那声音，失声叫道：“李赛儿！”

急忙推开两扇木板窗，雨后的夜晚一片静谧，树梢头高挂着一轮明月，风吹树枝摇动，却不见玉人身影。实甫连声叫道：“李赛儿，赛儿！你在哪里？你何必藏匿？”又道：“寻你多日了，何不出来一见？”

添书凑上来，探头看道：“公子，您怕是听错了吧？哪里来的李赛儿？”

王实甫生气地说：“你耳聪目明的，怎么也说糊涂话？没听出她的声音吗？那分明就是李赛儿，万万不会有错的……”

添书看他急赤白脸的样子，心里好笑，嘴上道：“好好，就算是李赛儿吧，我去看看能把她找出来不？”王实甫抬脚就去开门，说：“走。”

添书拦住他：“我看公子就老实待着吧。八成这李赛儿躲着就是不想见您，您要出去准找不到她，我要是去，她没准儿还出来了呢。”

王实甫一听似有道理，无奈地说：“那你快去吧，她定然没有走远。”

添书走出驿站，月光下的树林草丛中，一条白练似的官道伸向远方，添书胡乱走了几步，前后都没见人影，又压低喉咙叫了几声：“李小姐，李小姐！”只有风声，却未见回音。

王实甫守在店里，见他只身一人进得门来，脸上掩不住的失望。添书说：“方才我问过驿站的人，今儿没有女子歇店。看来李小姐她只是打这儿路过，明儿个我再到附近去打听打听。”

王实甫往床上一倒，说：“不用打听了。”他寻思赛儿这人心性高洁，行踪哪会让一些俗人知晓？

半夜却是辗转难眠，王实甫索性披衣起床，取出纸笔随心写了一首散曲，铺在案头也不曾细看，复倒头睡去。第二天清早，添书推门进来，说话间发现案上的纸墨，便好奇地拿起来：“公子昨晚还写诗来？”念着：“对着盏碧荧荧短檠灯……”

王实甫一时惊醒，翻身跳下床夺过纸去，说：“谁让你念来？”

添书道：“公子既然写得，读读又何妨？”

却是一曲《越调·拙鲁速》：对着盏碧荧荧短檠灯，倚着扇冷清清旧帏屏。灯儿又不明，梦儿又不成，窗儿外淅零零的风儿透疏棂，忒楞楞的纸条儿鸣。枕头儿上孤零，被窝儿里寂静。你便是铁石人，铁石人也动情。

王实甫自己读来，倒也填写得工整，想昨夜本来心思沉重，又隔窗听见李赛儿的声音，一时间思绪万千，多有惆怅，方有感而发。此时读来却不觉有些羞惭，身为御史责任重大，一路哪容得这许多闲情逸致？便就手将那张写满字的纸揉成一团，欲丢去，添书一把抢过："公子写也写了，何必丢它？让我临临帖也好。"说着宝贝似的藏了起来。王实甫也只好随他。

未等添书打探李赛儿，王实甫催促上路，主仆二人跨马继续往前而行。

第三十三回 威远楼

没等王实甫回到长安，告他的奏章早已经到了京城大都，安西王阿难答派出的宣使将奏章直接送到了权臣铁木迭儿手中。

这铁木迭儿也是名将之后，为成吉思汗时期功臣者该的玄孙，他野心勃勃，善弄权术，进宫为宿卫之后，几年来一直觊觎易不剌金的位置，经常在一些人面前散布谗言，说易不剌金多有懈怠、不尽职守等等。易不剌金也感觉到铁木迭儿的敌意渐渐笼罩四周，无心恋栈，找空儿向世祖皇帝讨要了大都留守司副守的职位，离开了皇宫。

铁木迭儿趁势而上，巧言令色，接替了宿卫统领，有了更多接近世祖皇帝的机会。但忽必烈善于识人，平素十分威严，对铁木迭儿并不像对易不剌金那样亲昵，一般情形下他也不敢随便插话。外来的奏折都要交由中书省酌情处理，有特别需要向皇帝禀告的也应由中书省上报，所以铁木迭儿接到安西王府的奏折之后，权衡一时，未敢立刻就呈送到忽必烈跟前。

就在这期间，又发生了一件令铁木迭儿意想不到的事情，更是让他不敢对王实甫轻易下手。

这件事便是，世祖皇帝召见了风华正茂的张珪。

这二十七岁的张珪，为元朝开国之功臣张弘范之子。至元十六年（1279），张弘范平广海，宋朝礼部侍郎邓光荐将赴水死，张弘范将其救起，以礼相待，后命儿子张珪拜其为师受学。邓光荐心存感激，尝遗一编书，目曰《相业》，私下授予张珪，对他说："熟读此，后必赖其用。"张珪果然熟读在心。至元十七年（1280），张弘范病重之时将独子张珪荐于世祖皇帝，真拜昭勇大将军、管军万户，佩其父虎符，治所统军，镇建康。没有多久，张弘范病逝，丧事完毕之后，世祖皇帝亲自召见张珪给予安抚。张珪却上奏曰："臣年幼，军事重，聂祯将军多年跟随臣父、祖，久历行阵，请皇上准聂祯为大将军，珪愿为副臣。"

世祖皇帝当场叹道："求老成自副，常儿不知出此。"厚赐而遣之，遍及其从者。张珪不负众望，至元十九年（1282），太平、宣、安徽群盗起，行省檄张珪前去讨伐之，派去的士卒多次为贼所败。张珪发现队伍不齐，军风不整，兵卒中出现杀百姓家的猪并伤其户主者，张珪怒道："此军之所以败也。"遂斩其卒，悉平诸盗。①

张珪文武兼备，年轻有为，名声传至京都。平时他远在建康，但近日又一次受到世祖皇帝召见，气宇轩昂地走入皇宫，铁木迭儿这些朝中弄权者之辈心里酸溜溜的，但也不得不惧他三分。

铁木迭儿知道张家与王实甫的关系，虽然张弘范已死，王实甫的岳父张弘略又远在江西，张家在朝廷的影响已不抵从前，但这张珪文才武略的展露使得与张家关系密切的老臣们一个个心花怒放。这些老臣在世祖皇帝心中的位置，并不亚于蒙古人。如果他们联合起来为王实甫说话，安西王的奏折就失去了作用，再说奏折上所列举的罪状虚多实少，并无多少足以让人拿捏的事实，即使送给皇帝，也不会得到期待的结果。于是，铁木迭儿悄悄把那份奏折锁进了自家暗室的密橱。几个月之后，安西王在长安久候不得消息，派人到京城打探，铁木迭儿不好细说朝廷现在的情形，只说这份奏折上并无多少实证，不便向皇帝呈报。安西王阿难答听得回报之后，十分生气，当下摔了玉碗，将进京打探消息

① 《元史・卷一百七十五・张珪》，明・宋濂等撰，中华书局。

的宣使，还有起草奏折的撰史拖下去各打了二十大板，前者怪他未能说明详情，后者怪其没有拟好文字。

总之，阿难答一肚子火无处发泄，本来这姓王的御史来到长安，只是一件不值一提的小事，但这个狗胆包天的王实甫竟然不来王府拜见，似乎非要把一根刺扎进王爷的眼睛里，原以为轻轻一拔即可，殊不知却费了些劲仍然没拔出来，真是可气。

阿难答自从接替父亲的王位，独霸西北之后，从来是说一不二，还没有人敢在他的地面上违背他的意志，但在这一两月间，从巩昌、延安、庆阳、环州、凤翔、兴元一些地方传来消息，说有一位大都来的清官在民间暗访，替百姓申冤说话，专查那些贪官污吏，甚至还有人编出了散曲歌谣，讽刺安西王，说长安城里盼青天大老爷，等等。

阿难答大发雷霆，着人召来了安西总管马守德，责问他身为总管，为何不知监察御史的去向。

马守德这些时日也没有闲着，他也曾暗中派人到大都京城去打探，知道安西王弄的一些名堂并没有见效，心中不由得松快了许多，平添了好几分底气。事实上，这几个月里，他不时收到王实甫从各地写来的信函，信中将了解到的民情，以及关于盐业的经营销售一一道来，有些他原来有所耳闻，也有许多是他毫不知情的。他既难过又吃惊，自惭能力和勇气所限，没有真正行使一个地方官的责任，现在既然有王实甫这位监察御史敢冒天下之大不韪，他马守德也绝不会坐山观虎斗，将凭着良心说真话。

所以，面对安西王的责难，马守德胸有成竹地回道："王爷在上，监察御史王实甫来到长安即告诉本官，奉皇上之命察陕西百官罪错，将直接禀告皇上，其中详情并不需告知地方官。守德上遵皇上之命，下听御史之告诫，因此不敢逾位。知之则知之，不知则不知也。"

安西王阿难答一阵冷笑。侍候于身边的白通事喝道："马总管好不知天高地厚，竟敢顶撞王爷，该当何罪？"

马守德做出一副无辜的样子："我说错什么了吗？请王爷和通事明示！"

阿难答不想与他纠扯，示意白通事将他轰了出去。

但这事并未完结，正在探访各地社情民情的王实甫不知道巨大的威胁已经朝他逼来。

这一日，王实甫带着添书来到了巩昌府（今临洮），这个地方历史上又称古陇西。他对这里留下的许多故事早有所闻，陇西巩昌自古是人文荟萃之地，从南向北流过的洮河，是远古时期为戎、狄、羌与先秦华夏民族之间的天然交界，秦始皇从临洮城北三十墩的洮河东岸开始修筑长城，一直向东延伸到辽东，洮河与长城形成西部的天然屏障，也为重要门户。张骞出使西域，卫青、霍去病征讨匈奴，均以此为重要基地，更为丝绸之路出长安后的第一个重要的驿站和商埠。

王实甫慕名来到陇西威远楼前，这楼始建于北宋仁宗年间，距城东一里处，是威震远方之意。孟卜有诗赞曰："韩公安抚来秦风，威远楼筑在渭滨。凭眺自看西土月，旌旗已靖朔方尘。"元初，汪世显父子扩建城垣时，将威远楼移建城中。王实甫行至楼前，却有一队人马迅疾赶到，领头的一个蒙古军官跳下马来行礼道："敢问大人可是王御史？"

王实甫一路行来，虽然多是民间暗访，但也少不得找些官员询问，故而已有不少地方得知消息，并将他的行踪加以流传，不时会碰到前来迎送的官员，所以听到问话也并不惊讶，便问："你们是？"

领头的蒙古军官叩首道："小的是巩昌便宜都总帅汪惟和大人的部下，前来迎候王御史，汪大人在府中已等候多时。"王实甫还未答话，那人就要过来牵马："请大人随我们前往。"

王实甫看他催得紧，却一脸凶相，不由得心中生疑，便道："我们已经准备在驿站安歇，待稍加洗漱后自去拜见汪大人。请各位先回吧。"那人一听就急了："王大人你好不晓事，我们大人已等候多时，又何必拖三拉四，立刻前去就是。"

添书抢上前来："你这人说话才好不晓事，竟敢对御史大人如此不敬！"那人不再言语，一摆手身后几个兵丁涌将上来，拉住王实甫和添书就往马车上拖。王实甫喝道："尔等哪来的狂徒？光天化日之下，竟敢绑架本官，不怕砍了你们的脑袋？"

那人道：“有什么话你见了王爷再说吧，我等只不过是行事之人。”几人拽住王实甫往一辆车上塞，添书也被两人绑住，使劲叫喊：“来人啊！来人啊！”

威远楼前本有些人走动，一见这情形早吓得四下飞跑，眨眼间空无一人。王实甫心里并不惊惧，他倒想看看这帮人究竟想干些什么，所以并无太多反抗。突然间，拉扯他的一人大叫一声：“哎呀！”只见不知从哪飞来一箭正射中他的胳膊，他松开王实甫，捂着胳膊团团乱转。接着，威远楼上又射过箭来，箭箭命中的都是那帮蒙古兵丁的胳膊腿。

三个戴着眼罩的青衣人从楼栏上一翻而下，瞬间来到身边，拉住王实甫低声喝道：“还不快跑？”

王实甫觉得声音耳熟，与添书跟着他们三人钻进了威远楼后的小巷，七弯八拐，进得一处大宅院的后门。花荫之下，王实甫朝急匆匆走在前面的人叫了一声：“李赛儿！”

身材苗条的青衣人一怔，脚步停了停，但仍然头也不回。王实甫紧追而上，并肩说道：“李赛儿，我已听出是你，又何必藏而不露？”那青衣人站下，冷笑道：“你自己性命都难保，还来管我是谁作甚？”

另外两个青衣人默默无言地往一旁走开去，添书道：“李赛儿，你就是李赛儿。我们公子找你好几年了，一心想还你的人情，你干吗老躲着，又不是见不得人……”

那苗条的青衣人一把扯下眼罩，恼怒地说：“谁躲着啦？本小姐只是不想见你们这些不相干的人罢了。”王实甫和添书一看，果然正是李赛儿，几年未见，她的眉宇间似乎比先前多了些风霜，但依然一脸清秀，两只乌黑的眼珠宝石一般铮亮。王实甫心中百般滋味涌起，问道：“李小姐，你为何又在此？”

李赛儿道：“此处不是说话的地方。快随我来，汪大人在前厅等你。”

原来这正是巩昌便宜都总帅汪惟和的府邸，汪惟和的祖父汪世显也曾为元朝立过大功，一直受到世祖皇帝的信任，儿孙均得富贵。汪世显去世之后，先由孙子汪惟正承袭总帅职务，镇守巩昌。现由汪惟正之弟汪惟和为总帅。

这汪惟和英气逼人，与王实甫相见恨晚，他说：“王御史有所不知，惟和听说您来到陕西之后，不畏强权，心系百姓，早就十分期待与御史相见。”

当下推心置腹，说出原委，原来汪惟和的部下在得知王实甫来到巩昌地界的同时，也得知安西王府派出人马分几路追捕王实甫，企图秘密绑架带回长安，甚至有可能半道上杀害。汪惟和才立即布置人马，也分几路暗中相助，不想恰在威远楼前，由李赛儿这一路与王实甫相逢。

这李赛儿本属陇西著名李氏家族，其母却又出自汪家，因此称汪惟和为母舅。李赛儿生性自由，多年漂泊在外，也偶尔回到巩昌，为舅舅汪惟和做一些事情。王实甫听罢，这才恍然大悟，连忙称谢：“多亏汪大人派人相救，否则实甫不知会被他们带往何处，只怕死无葬身之地，也未可知。”

王实甫说着笑了起来，又道：“不过，若是因实甫之死引起皇上注意，将那伙贪官一并处置，也可算死得其所啊。”

家丁们送上茶水，王实甫看这元帅府内倒是陈设简陋，粗瓷大碗，那茶叶也是陈年叶片，喝出满嘴苦涩。再看汪惟和年纪已过四十，一派英气之间却藏有忧郁，便道：“总帅两代人镇守巩昌，实属不易啊。”

汪惟和苦笑道：“何止两代？御史大人知晓，惟和汪氏一族自祖父这代人便跟随世祖皇帝，迄今已是三代，几十号人为大元朝可谓是效尽全力。家兄当年身为巩昌总帅，正是积劳成疾英年早逝啊。”

那年陕西出现叛乱，安西王忙哥剌令都元帅别速带领兵讨伐，以汪惟正为副元帅，别速带作为元帅沉溺酒色不带兵，军行无纪，汪惟正帮助他正部曲，肃行阵，严斥候。过平凉，又选巩昌军精锐者补充。军抵六盘，叛军据西山，汪惟正将别速带所统安西军分为左、右翼，以巩昌军居中，距敌一里许，令军士皆下马持弓引满，待敌突骑逼近，齐射之。敌败走，麾兵追击，擒叛军头领，叛乱才得以平。

王实甫点头道：“实甫来到巩昌之前，曾听得汪大人的一些家史和功勋，真让人感佩不已。那年幸得汪惟正大人平息叛乱，陕西一带才得以太平。皇上召汪惟正大人入朝，赐白金、锦衣，加授开成路[①]宣慰使。至元十七年（1280）十月，复立陕西四川行省，汪惟正大人被授中书左丞行陕西四川中书省事，分省于四川。那四川经过数十年战祸，民无完居，一闻马嘶，辄奔窜避匿，是汪惟正大人用心安抚，人民渐安。”

汪惟和听到此处，心中感动：“知我者唯王大人也。可是汪家虽然一门忠诚，但却并未得到安西王的信任，他们一直想方设法在皇上面前诋毁于我，至元十九年（1282）七月，皇上下诏，罢去家兄的巩昌便宜都总帅职衔，收其制令、虎符，而以巩昌路达鲁花赤别速帖木儿兼任巩昌平凉等二十四处军前都总帅府达鲁花赤。我汪氏军权终被夺也。”他说着悲愤交加，“砰”地将茶杯一放，茶水溅了一身。

家丁们忙上前擦拭，王实甫拿过手巾，亲手为汪惟和擦去长袍前襟的水渍，汪惟和推辞道：“这可如何使得？”

王实甫说：“汪大人一门为国效力，我即使为汪大人牵马坠镫也是理所应当的，大人不必在意。”

在陕西一路暗访之中，王实甫从百姓和地方官员的口中分辨出哪些是好官，也掌握了各地官兵的一些情况。当时各地诸侯的世袭管领本境兵民之权，早已被分别削夺，独汪氏犹掌巩昌二十四州军民，还算侥幸的。王实甫回想自己在山西崞阳的经历，权力也都尽在达鲁花赤手中，自己一心为民生福祉的谋划处处受到制掣，难以施展，不由得也跟着一声长叹。

两人对元朝时下的种种不平颇有同感，王实甫道：“在下这次应皇上之命来到陕西，实在是诚惶诚恐，皇上旨意要查明盐业，还要纠察罪错，实甫常感力不从心，还得汪大人等贤者相助才行啊。”

汪惟和道：“哪里哪里，惟和深知御史大人身负重任，如履薄冰之心情，但眼下权力角逐，贪腐成风，陕西一带早被安西王一手遮天，吾等再是苦心孤诣也恐怕无济于事。待要风清气正，最终还得仰仗当今皇上之英明才能拨云见日。”当年汪家被剥夺军权之后，再次上奏皇帝，

① 开成路：即以安西王夏宫所在六盘山地区置，今固原南。

祈求仍用元帅印，世祖从其请，汪氏的总帅名分才得以恢复，所以汪惟和只对皇帝抱以期待。

王实甫道："汪门英雄如这威远楼一样，威震四方，谁不敬仰？在下还望大人不吝赐教。"

汪惟和道："御史大人哪里知道惟和的可怜可悲啊？"

王实甫见他一脸悲戚，正待要问，却见那李赛儿从后院闪了出来。她此时换了先前的紧身青衣，着一身紫布素裙，腰肢婀娜，脸上抹了淡淡的胭脂，飒爽中竟显出几分娇艳。王实甫不敢多看，掉过脸去，只听李赛儿开口说道："舅舅，你们只顾说话，我可是早就饿了。"

那汪惟和应道："哦，你倒来得正是时候，怎么竟然忘了饮食？来呀，将就端些酒菜来，我与御史大人喝上一杯。"

王实甫谦道："在下不胜酒力，还是免了。请李小姐快快进餐吧。"

厨下早就备好饭菜，只听一声召唤便穿梭似的端上桌来，大盘小碟倒也丰盛。李赛儿不管不顾地坐下，拿起筷子便吃开了。

汪惟和看看她，说："让御史见笑，我这外甥女从小就被惯坏了，行为做事全然没有女孩儿样。"又背过脸来对王实甫说："唉，他们李家自唐朝以来世代受到尊崇，宁死不愿降于元帝，自从汪家跟随蒙古人之后，李汪两家再无来往。这赛儿是近二年走投无路，被我托人好说歹说哄进府来的。"

王实甫暗暗点头。看着李赛儿大口吃饭的模样，似乎是无拘无束，一派天真，可不知心里藏有多少悲哀，不由得心生无限怜惜，那眼神定定地瞧着李赛儿，竟呆住了。李赛儿吃着吃着，感觉到王实甫投来的目光，一歪头与实甫四目相对，脸上立刻现出几分娇羞，嗔道："不吃了。"

她说着，摔下筷子就走，任人叫喊也不回头。汪惟和无奈地说："你看看，她就是这副模样，刚刚还好好的，一会儿就又甩了脸子。要不是看在她死去的母亲分儿上，可是难容她这德行。"

王实甫回过神来："哦，不妨不妨。汪大人，刚才你说可怜可悲，不知所指何事？"

汪惟和叹息道："本官实在是羞于提及，身为陇西重镇巩昌元帅，可我的军队居然手无寸铁，岂不是令天下人可笑之至？”

王实甫惊问：“难道巩昌元帅府的兵器也被禁用了吗？”

汪惟和道：“朝廷旨令，汉人兵器管内早已禁绝，本官凡用兵器，必向安西官库乞取之。”

原来朝廷前几年听从了阿难答等人的奏请，凡汉人兵器一概禁用，收放官库，但需使用时必报请审核方能领取。此事王实甫早有所闻，但巩昌元帅府为元朝几代功臣，既掌虎符，还被禁用，让人匪夷所思。便忍不住说：“身为元帅却无一枪一刀，谈何威震四方？此举难道又是安西王的意思？”

汪惟和点头，又慨然道：“不瞒御史，惟和一族毕竟世代为武，怎能任人蹂躏？因此也私藏了些兵器，只是不能以元帅府军招人耳目，白天前去接应御史的人，便是本府私家队伍。我若不暗中如此，有谁能保得一方平安？就连你御史前来，性命也岌岌可危也。”

若论刑法，汪惟和的这种做法可论谋逆之罪，王实甫听来既是心惊，又是忧虑。俗话说官逼民反，民不得不反，看来还不尽然，若论此举，也可算是官逼官反。大元朝虽然威震九州，但明主居庙堂之上，管理却乏栋梁之材，一帮占据权位的高官贪婪粗野，只知邀功领赏，争夺权力，疑心重重，却不事耕耘，不重人本，眼见得一片大好河山时常是烽烟四起，民不聊生，怎不令人担忧？

第三十四回　意踌躇

经过几个月的寻访，王实甫对陕西一带的盐业经营已了如指掌，同时耳闻目睹安西王阿难答和一批官僚胡作非为，民愤极大。他本想直接写出奏折，上报世祖皇帝，但又思忖，张晏和易不剌金在他临行前的告诫，决定先将所见所闻写成书信，让张晏先过目，听听他的主张。

张晏接到他的书信后，寻找了一个合适时机入朝面见世祖皇帝，奏道："皇上命王实甫为陕西监察御史，他倒是不负使命，在地方详细察访，向御史院上报了情况，臣等已阅过，现请皇上御批。"

忽必烈这年身体更见衰弱，他靠在龙椅上说："哦，铁木迭儿，着人念给朕听听。"

那宿卫统领铁木迭儿站在龙阶之下，应道："是。"便要拿过张晏手中的奏折，张晏却往后退了一步，说道："何必劳动统领？皇上，还是由臣来念吧。"

铁木迭儿暗中瞪了张晏一眼，无趣地走开。

张晏展开奏折，大声读道："……且如陕西行省食盐之户，该办课二十万三千一百六十四锭有余。于内巩昌、延安等处认定课钞一万六千二百七十一锭，庆阳、环州、凤翔、兴元等处岁办课一万七千九百八十五锭，其余课钞，先因关陕旱饥，民多流亡，近三年盐课，十分为率，减免四分，于今三载，尚有亏负。盖因户口凋残，十亡八九，纵或有复业者，家产已空，尔来岁颇丰收，而物价甚贱，得钞为艰。富家无以应办，贫下安能措画？粜终岁之粮，不酬一引之价，缓则输息而借贷，急则典鬻妻子。纵引目到手，力窘不能装运，止从各处盐商，勒价收买。旧债未偿，新引又至，民力有限，官赋无穷……”

忽必烈本来倚靠在龙榻上，听着听着身子往前倾，神情越来越专注，插话道：“慢着，你再念得慢一些，将前面的奏文再念一遍。”

张晏放慢语速，又念了一遍。忽必烈道：“果然不出朕所料，好一个官赋无穷，但朕的国库却并未从陕西收得银两，那些从民间搜刮来的赋税都到哪儿去了？”

满朝文武无一人敢回话。

忽必烈站起身来，在龙阶上徘徊：“哼，你们不是不知，却只是瞒着朕，不想对朕说实话，是不是？”

张晏捧着奏折道：“皇上，王实甫还有奏文……”

忽必烈：“往下念。”

张晏念道：“宁夏所产韦红盐池，其池邻接陕西环州百余里，红盐味甘而价贱，解盐味苦而价贵，百姓私相贩易，全遭禁止，价贱价贵全由盐商所控，且盐商并无他户，陕西兴贩解盐者均属……”念到此处，张晏停了下来。

忽必烈正听着，见他不再发声，便问：“均属何处？你怎么不往下念？”张晏左右扫视，做不安状：“回陛下，臣以为此言不宜当众，还是请陛下亲自过目为好。”说着，将奏折高举于头上。忽必烈说：“拿过来。”

铁木迭儿走过来，张晏将奏折合上递给他，铁木迭儿又斜视了他一眼，碎步走到世祖皇帝龙阶下，将奏折翻开，说道：“陛下，还是由为臣给陛下念吧。”

忽必烈严厉地说：“拿过来。”

铁木迭儿只好呈上，忽必烈从头到尾翻阅着那本奏折，看了好一阵，张晏与铁木迭儿几个各怀不同的心思，紧张地盯着忽必烈的脸色，却没想到皇帝抬起头来，脸上神色却十分平静。

这更加令人惴惴不安。

张晏心里明白，那奏折上写的正是：“陕西兴贩解盐者均属安西王府之管辖……”忽必烈的皇孙阿难答的斑斑劣迹，阿难答的勃勃野心和贪婪残暴，满天下无人不知，朝廷百官也都心照不宣，但阿难答毕竟是皇帝的亲孙子，谁敢老虎嘴里拔牙？岂不是自寻死路？

且不说被阿难答及朋党知晓，将时时都可能会有灭顶之灾，就是世祖皇帝的态度也令人难以捉摸，弄不好就是诬陷皇族之罪。张晏因此反复权衡，怀着豁出去的心情，冒死如实呈报。

世祖皇帝并不惊讶，也不愤怒，只有一个原因，那就是皇帝心中早已有数。忽必烈终于开言道：“王实甫倒还算勤勉，去陕西这些日子没闲着，走了不少地方，也查明了不少事情。”

此言一出，张晏如释重负，抬手擦去头上的冷汗，松了一口气。只听世祖皇帝又说道：“令陕西行省官、河东运司正官一员赴陕西省，会同监察御史王实甫一同再行核查。”

张晏回道：“是，陛下。”

王实甫在巩昌各县的地面上又走了半个月，元帅汪惟和担心他路途上不平安，特意要让李赛儿带着两人一路护卫。王实甫先是谢辞不受，说人多反而容易招惹注意，他与添书经常行走的是乡间小道，密林草丛，如果遇到什么歹人，大不了往林子里一钻，任谁有天大的本事也找不着。

但汪惟和坚持要派人跟随，说如果他在巩昌地面上遇到不测，那将是他汪家洗不去的耻辱。李赛儿则使出性子，横眉冷眼地说道：“本小姐倒是根本不想侍候什么官不官的，但又素来不愿听人左右，你越是不想让我去，我倒偏要跟着去。”

添书笑道：“我看李小姐只是嘴硬，其实心里就是想跟着我们公子行走。”李赛儿跺脚恨道：“添书，小心我撕了你的嘴！大路朝天，各走半边，你走你的，我走我的，有何相干？！”

见她一副女儿态煞是娇憨，就是铁石木头人也会心中波澜起伏，王实甫不觉放轻语调，答应了汪惟和的安排，但也提出可按李赛儿的说法，一行人分作两拨，前后照应则可。

一路行来无事。

王实甫心中有些奇怪，那日在威远楼前遇到那几个自称安西王府的歹徒，难道只是一伙蟊贼？自己已如实向京都监察御史呈报了寻访的罪错，其中主要牵涉到安西王，对他多有针砭，按说难免会走露风声，那气焰嚣张的安西王怎么会无动于衷？

本来预料他不会善罢甘休，有可能加害于人，王实甫从写出实情的那日起，就做好了一切准备，哪怕是粉身碎骨，也要道出真话。因此心中坦荡，路途之上倒也轻松，又有赛儿相伴，更是说不出地惬意。

这日来到一处山下，但见那山顶上云雾飘荡，崖前树影飘寒，飞鸟时过，走兽频繁，野猿长啸上翠岚，水声潺潺，藤萝牵扯，满溪瑶草杂香兰，嶙嶙怪石，行客正愁多险峻，古道难还。走着走着，王实甫身上打了个冷噤，心中暗觉不对。

还没来得及前后招呼，只见几道黑影飘来，瞬间到了跟前，一把捂住他的脸，人顿时就昏迷过去。

待醒来时，已是在伸手不见五指的黑暗之中，他摸索了好一阵，方寸之间却是凹凸不平的土墙，像是在一个土窑里，他叫了两声添书，却无人回应。又一想，定是在那山下被歹人挟持到此，既然没有坏他性命，必然还有所图，那就耐心等待吧。

又不知过了多长时间，凭腹中几次饥饿，判断像是已过两天两夜，却仍然无人理。王实甫饿得腹中绞痛难耐，想起那平日的饭菜，尤其是勤公府里的火烧，母亲阿夫人做的胡辣汤，肚内更是馋虫搅动。

又不由得想起妻子婉常，已多时未通音信。最近的一次是在离京之前，婉常来信告知家中一切平安，儿子们无不健康，嘱他专心为官，勿要挂念。王实甫知道这些年勤公府里的大小事情，对外是大哥料理，对内渐渐落在了婉常肩上，婉常却并不像一般女子常在丈夫面前念叨，她总是不动声色，给他只报喜不报忧。王实甫每每想起，心头便不由得浮起对妻子的敬意和感激。

正杂乱想着，眼前突然闪出一道光亮，窑门被打开，有人进来喝道："听好了，王实甫，这里有笔和纸，你且照着这文章再拟写一遍，就放了你去。"

一盏油灯移到跟前，王实甫慢慢看清这原是一眼窑洞，搁一张小桌，一个虎背熊腰的大汉一脸凶狠地逼视着他。

大汉沙哑的嗓子听上去耳熟，一想正是那日在威远楼前交过手的头领，递来的那张纸上，原来满篇都是对安西王的赞誉。王实甫心下明白了八九，冷笑道："你这奴才，竟敢直呼本官大名，叫你的主子来，先让我吃饱喝足，再说别的。"

大汉斥道："你别摆御史大人的架子，在这里让你活就活，让你死就死，实话告诉你，你那小厮已被砍了头去，你要敢不听话，也就跟他一样的下场。"

王实甫听来如晴天霹雳，不由得怒从心头起，恶向胆边生，欲奋力而起向那人扑去，却不料腿软筋麻，却是根本动弹不得。这下落得那人一阵冷笑："你当是惹了谁？告诉你吧，那是降魔镇妖的活神仙，通天的大王爷，你要再不就范，那就等死吧。"

王实甫心中并无恐惧，只觉一腔愤懑，他厉声斥道："告诉你的主子，我王实甫死不足惜，但他违背天理国法，背离皇上恩德，不择手段欲掠天下财富为己有，欺压黎民，伤人夺命，终究一日难逃法网，人神共谴也。"

"王实甫，你敢诬蔑王爷！待我回禀王爷，定将你凌迟处死！"那人吼叫一番关门离去，王实甫再次陷入无边的黑暗。

添书真的被杀了吗？他心里涌起一阵阵难抑的悲哀。

眼前仿佛浮现出那张时常嬉笑的脸，添书十几岁就跟随于他，走南闯北，历经生死，还没来得及成家立业，难道就这样丧了性命？近年来，添书有时候会躲在一旁闷闷不乐，他知道他是想着听茶，自从听茶被迫嫁人之后，添书就没真正开心过。他问添书何不另娶一女子。添书摇头，说忘不了听茶，娶谁都会没意思。王实甫当时心里叹道：有情人为何不能终成眷属？

他一直想帮他，还没来得及，活蹦乱跳的添书就这样没了？

王实甫忍不住在黑暗中狂叫起来："安西王！有本事我们一起见皇上去！安西王，你早晚逃不了罪责！……"

他第一次感到困兽一般的痛苦，在这四周严密封闭的黑暗中，他束手无策，一开始还有的散漫思绪此刻全被难忍的饥饿和愤怒所替代。

就这样煎熬着，王实甫渐渐陷入神思恍惚、奄奄一息之中，直到最后昏迷过去。不知道过去了多久，他听见一个无比熟悉的声音："公子，王公子！你快醒醒啊！"他想叫："赛儿，是你吗？"可怎么也发不出声音，他心里着急："赛儿，你不要再走了！赛儿，你在哪里？"

这回，他再一次真切地听见："公子，我是赛儿，你快醒醒，快醒醒啊！"他听见了她的抽泣，一股温热的泉水流到他的胸前，那是她的泪水吗？或者是自己心中涌起的热浪？赛儿为他流泪了，这个清冷孤傲的女子，身世悲惨的女子，让人心疼都来不及，却是为他流泪了，他怎么能不心潮汹涌？他要伸出手，为她擦去泪水，赛儿啊！

王实甫使劲睁开眼，强烈的光线一下子刺痛了双眼，但他仍在一团光晕中看清了李赛儿的脸，还有围着的汪惟和等一些人，感觉到被一种温软所环抱，心里顿时放松。

他知道他又一次得救了。

那日，王实甫和添书在巩昌山下被安西王府派出的爪牙所擒，马上被相距不远的李赛儿发现，一路追逐到长安。她本想上前抢人，但对方人多势众，强手如林，李赛儿担心恶斗起来会伤及王实甫二人，只好派人去向巩昌府报告。总帅汪惟和得知后大惊，立刻带人策马奔向长安，呈报安西总管马守德，同时与李赛儿会合，守住安西王府前后门。

马守德得知以后，不敢有半分迟疑，前去上门求见安西王阿难答，请求放出王实甫。阿难答托病在身，根本不见，马守德便日夜守候于安西王府前，不时递送文函，痛陈利害。阿难答不胜烦扰，几次三番着家丁驱赶，但马守德弓腰站立，任人嘲骂则始终不肯离开。阿难答放出话来，说王实甫犯了大法，理当法办，任何人也不得阻拦。

马守德站在府门前，白天顶着烈日、夜晚受着冷风却再无人搭理，汪惟和带着人马即使眼睁睁看着安西王府的大门也不敢擅自逾越半步，正当他们一筹莫展之时，自京城而来的一行神秘人物改变了局面。

王实甫被领到一座大堂上，满堂金碧辉煌让他再一次睁不开眼睛，虽然身子虚弱，但他一动不动地站定。马上有人过来替他安置好椅子，请他入座。

这才定睛看去，高堂上坐着一位大腹便便的男子，穿一身赤金攀龙口长袍，玳瑁衬钉，红罗面，白绫托里，饰以珍珠，双脚高高的需人仰视，那脚上金绯罗锦袜，垂着的袖口处也绣着金花，全然是一派皇家气概，略显臃肿的腰间系一条玉带，发黄的长发高高束起，头上扎一方赤红汗巾，发福的脸上嵌着一双细细的眼睛，眯缝着让人看不清是喜还是怒，显得慵懒又透着凶恶强悍，这人正是统辖西北的安西王阿难答。旁边坐着的几位却是从京城而来的太傅、右丞相虎都铁木禄以及官运司同知郝中顺等。

王实甫的命运实际上被远在大都的忽必烈所把握，世祖皇帝似乎知道将会发生的一切，他将身边的得力干将虎都铁木禄派至长安，给安西王阿难答施加了压力，让阿难答释放王实甫。

这虎都铁木禄虽然不是皇族，但他的父亲铁迈赤初事忽兰皇后帐前，尝命为挏马官，又从太祖定西夏，累有战功；世祖即位，命其从征叛王于失木土之地，劳绩益著，至元七年（1270），授蒙古诸万户府奥鲁总管。至元十九年（1282），铁迈赤以疾卒，子八人，虎都铁木禄最显。

虎都铁木禄好读书，与学士大夫游，字之曰汉卿，其母姓刘氏，故人又称之曰刘汉卿。至元二十一年（1284），虎都铁木禄从皇子镇南王征交趾；二十八年（1291），诏太傅、右丞相顺德王。

骄狂的阿难答知道虎都铁木禄深得世祖皇帝器重，因此也不敢小觑，只以嘲讽的口气道："右丞相你远道而来，竟是为了那个姓王的御史，真是小题大作。"

虎都铁木禄高深莫测地一笑："安西王应知个中道理，并不需汉卿多嘴。那王实甫身为皇上亲自授予的御史，来到陕西公务，自然不会让他平白无故地没了踪影，更何况他写的公文已呈交皇上，皇上日后还得让他说清道明文中所写的桩桩件件的来由呢。"

阿难答用蒙古语不屑地说道："我只会说蒙古话，不如汉卿你蒙汉皆通，你说的这些我听不懂。但我告诉你，不用拿这些话来吓唬我，大不了我进京去见一见皇上，当面请他老人家指教好了。"

虎都铁木禄站起身来，向东拱礼道："皇上这次命汉卿来长安，就是让我给安西王捎一句话：身为皇孙，当知皇恩，万事不可造次。这是皇上亲口所言，请安西王自酌之。经在下查明，王实甫已被王爷关押在后院窑洞数日，若再不释放而出了人命，皇上定会怪罪下来，到那时王爷可不要说在下没有提醒。"

经过一番口舌，阿难答才勉强答应放了王实甫。本来让他们一走了之，但阿难答又临时改变主意，说要当面见见这位御史大人。他原以为关押数日，又没进水米，那王实甫肯定瘫成软泥，也让他阿难答可以嘲弄一番，但不料站在面前的这人风骨铮然，面色苍白却是神情冷峻，人虽立于低处，却不得不让人高看。

阿难答难忍心中的恨意，他居高临下地盘坐在榻上，轻蔑地看着王实甫说："我今日才知道你就是那个来到长安多日的什么御史，有人告你四处招摇撞骗，将你捉拿送于本王官府，本王并不想受理，但难拂民意。你倒是说说，本王该如何处置你？"

他这一番话说的是蒙古语，表面上对着王实甫，其实是故意说给右丞相虎都铁木禄听的。

但没想到话音刚落，那王实甫却用蒙古语凛然说道："阿难答王爷，你身为皇孙，蒙受浩荡皇恩，当时刻思谋造福一方，报效皇上才是，可王爷你的所作所为相去甚远，你方才说到民意，可知西北一方百姓对王爷如何评价吗？"

阿难答听王实甫操一口流利的蒙古语，暗暗有些吃惊，又听他出言不逊，便恼怒地问："你想说什么？休得胡言乱语！"

王实甫道:“在下并非胡言乱语，而实属亲身所见所闻，无数百姓敢怒而不敢言也。”他环绕殿堂四周，指着那些金柱玉台说:“王爷有多少财富在下不得而知，但眼前宫殿如此奢华，甚至比大都的宫殿还要排场，这柱子镶满金银，这台阶、座椅嵌满玉石，这些金银难道都是从天上掉下来的吗？据在下所知，陕西连年灾荒，百姓流离失所，路倒惨不忍睹，王爷手下不仅锦衣玉食，还一味巧取豪夺……”

“住嘴！”阿难答忍无可忍地吼叫，“王实甫，你竟敢在此谩骂本王！来人呀！”几个佩刀的兵丁应声来到堂前。

王实甫却毫无惧色:“百姓们如何评价王爷的话，各位大人可想听来？”虎都铁木禄打断他的话:“王大人，请听本官一句。”

他站起身来，分别朝阿难答和王实甫拱手作礼，然后一脸肃敬地说:“皇上有旨，王实甫所写公文上奏朝廷即可，不得私自在坊间流传。”

王实甫一愣，想要分辩，虎都铁木禄却不由分说:“王大人，你身体虚弱不必再多言，此时请先回安西总管府，改日有事再行请教。”

这虎都铁木禄此刻明显是想息事宁人，赶紧将王实甫放出安西王府，可王实甫悲愤难平，他指着安西王阿难答，厉声叫道:“皇上有旨，实甫当遵从。可安西王爷你公然在光天化日之下将我主仆二人抓进府内，私自关押，并将我的书童杀害，此事难道也不追究？”

阿难答抖了一下肩:“你在说什么？”

王实甫愤怒地说:“我的书童添书在这府上被害，你罪责难逃！”阿难答竟然哈哈大笑，说:“一个小小的仆人在我眼里不过一只蚂蚁而已，杀了又怎么样？我当时倒是想杀他来着，可后来只是打断了他的腿，看他还敢不敢跟着你四处乱跑？”

原来那大汉的话是威吓之意，王实甫似信非信。

右丞相虎都铁木禄一行着人将他送出安西王府，门前已有一辆马车等候，有人掀起车帘，王实甫一眼瞧见那车厢内躺着一个人，再一看竟然就是添书，不觉惊喜交加:“添书！”

“公子！二公子！”那添书挣扎着向他爬来，抱住王实甫喜极而泣，“公子，我以为再也见不到您了呢！”

王实甫也一把紧紧抱住他："添书，你还活着，真是太好了！"添书的两条腿果然被打断，袍子和裤子上血迹斑斑，实甫察看着他的伤，心疼不已，嘴里骂道："这帮歹徒，早晚会遭天谴。"

添书紧紧拉着王实甫说："公子，我腿断了，可我养一养还能走路，公子您可千万不要撇下我。"

王实甫连连点头，说："你放心，我走到哪儿，就带你到哪儿。"

第三十五回　莫太奢

这两年，春上以来均是连日大雨，先是京城大都太庙一角被冲塌，世祖皇帝忽必烈即命迁神主别殿，并建两座白塔，供法师念咒，以镇太庙。接着又有地震，夏季到来之后，大都、保定、河间、平滦三路连遇大水，收成连一半都没有，饥民遍野。

所有传到宫中的消息，似乎总是忧大于喜，皇帝忽必烈每天都得应对。大都周围发大水，下其价粜米赈之，并浚运粮河，筑堤防。平阳地震，杭州、平江等五路饥荒，发粟赈之；溧阳、太平、徽州、广德、镇江五路亦为饥荒，赈之如杭州等路；又出现武平路饥荒，下诏免去其去年田租，凡州、郡田尝被灾者，悉免其租，不被灾者免十之五。至元二十八年（1291）七月，在北方已封为王的海都又再次兴兵作乱，忽必烈亲征，十月才还大都，“诏天下梵寺所贮藏经，集僧看诵，仍给所费，俾为岁例”。又亲临大圣寿万安寺，置旃檀佛像，命帝师及西僧作佛事坐静二十会。

年过七旬的忽必烈将大元朝带入了最为鼎盛的时期，同时也渐渐步入危机四伏显出端倪的时期，智慧的君主显然觉察到这一切，他内心深处充满了忧虑。他还有很多治国理政的大事要抓紧实施，他得设法摆脱那些缠扰他的烦恼，砥砺前行。

忽必烈排除干扰，在这两年建立了行省制，他下令罢尚书省，右丞相以下皆改入中书省，其行尚书省改为行中书省，简称行省。行省制，即在中央设中书省，总理全国政务。枢密院掌管军事，御史台负责监察；在地方上设行中书省（即行省）。行省设丞相一人，掌管全省军政大事。行省下设路、府、州、县。元朝在全国共设十个行省，即岭北、辽阳、河南、陕西、四川、甘肃、云南、江浙、江西、湖广。至于山东、山西、河北和内蒙古等地则称为“腹里”，作为中央特区，由中书省直辖。行省制的确立，从政治上巩固了国家统一，使中央集权在行政体制上得到保证。这是中国政治制度史上的一项重大变革，对后世有巨大的影响。

至元二十八年（1291）秋，在夜以继日的百忙之中，忽必烈迎来了自己的寿辰，他稍有空隙，召见了王实甫一行。

王实甫从陕西赶回大都不过两日，为了面奏皇帝，他又特意将给御史台的奏文做了一番修正，他所要呈报的不仅是对陕西安西王及一批贪官污吏的揭露，还有对大元朝兴衰的忧虑和思考，他相信世祖皇帝一定会明察他的苦心。

事先，他曾向张晏请示，但张晏只是说：“好自为之吧。”这让王实甫再次捉摸不定，张晏这人对自己先是积极举荐，后又冷若冰霜，关键时出手相救，眼下似乎又无动于衷，葫芦里到底卖的什么药？但由此促使他不能倚靠他人，只能加强自己的判断，尽力而为。

宫中一片喜庆，为皇帝的寿辰四处张灯结彩。但忽必烈照例上朝，紫檀殿上仍然是气氛肃然。

易不剌金已不在宫中，迎接王实甫的，是现任宿卫统领铁木迭儿那一双怀有恶意的眼睛。他一早到行书省等候上殿，终于等到召唤，正走到紫檀殿门前要迈腿而入之时，铁木迭儿突然在一旁喝道：“站住！”

王实甫只好站住，不知为何。

铁木迭儿指着他的脚说：“你这脚上有泥，会脏了宫中的地毯。”

王实甫不解：“明明是一早刚换过的干净鞋袜，哪来的脏泥？”

但铁木迭儿不由分说，直是让他换鞋。王实甫明白他是故意刁难，也不再与他争辩，当场脱下鞋来拿在手上，光穿着白袜就往殿里走去。铁木迭儿跟在身后欲加阻止，王实甫昂首而入。

殿里已站立了一排排大臣，有的见王实甫这等模样，好生惊讶。张晏一眼瞧见，立刻示意实甫站于他的身后，他用自己的长袍勉强遮住了实甫的双脚，悄声道："成何体统？还不赶紧把鞋穿上？"

那世祖皇帝近些年眼神不济，倒也未曾看清，实甫叩首行礼，皇帝问道："王御史，听说你在陕西这两年引起一场风波，朕今日见你平安回京，甚好！"

听世祖皇帝已然知情，王实甫谢过皇帝，正要准备开口禀报，忽必烈却转了话题，朝大臣们问道："众卿，朕方才的话你们都听见了吗？"

众位大臣不知皇帝所指何事，一时都不知该如何回答。

忽必烈脸上掠过一丝难以觉察的苦笑："朕曾说过，泉州市舶司所得税课上交，几乎占国库所有收入的四股之一。大元朝天高地阔，该有多少个泉州？可又有几个能如数交上税来？如果都能像泉州一样，国家富足百姓安康，朕也可夜夜安眠也。"

他问道："王御史，你倒说说，你去了陕西多日，那里的税课交得如何？"

皇帝问话正中下怀，王实甫清清嗓子，欲将早就备好的奏章当堂口述，但那铁木迭儿却于那龙阶旁上前一步奏道："陛下，寿宴早已备好，只等酉时一到即刻开始，安西王阿难答几位王子已在侧殿等候多时，亲情难耐，是否宣他们上殿？"

忽必烈"哦"了一声，说："只顾说话，竟把阿难答他们给忘了。我的皇孙啊，甘麻剌、铁穆耳呢，叫他们一个个都到朕这里来。"

铁木迭儿忙不迭应道："哎！"

真金太子死后，忽必烈并没有特意立皇太孙，可他为真金太子的长子甘麻剌专立设置了内史府，似乎是倾向将这个孙子作为接班人来培养。但真金太子妃对长子甘麻剌并不看好，倒更喜欢幼子铁穆耳。世祖皇帝也看出铁穆耳的英武，至元二十四年（1287），诸王叛乱，特派铁穆耳统兵讨伐叛王哈丹，铁穆耳不负众望，得胜而归。如今他的地位已高于长兄。但老年的忽必烈对他这些个皇孙都甚是喜爱。

不到片刻，虎背熊腰的安西王阿难答首先出现在紫檀殿门前，他大步跨进殿来，用蒙古语高声叫道："至高无上的大汗啊，我心中不落的太阳，朝思暮想的皇爷爷，请接受孙子阿难答最崇高最恭敬的问候！"说着匍匐在地，一口气磕了三个长头。忽必烈说："起来吧。"

阿难答回过头向殿门那边一拍手，两个绝美的蒙古少女手捧洁白的哈达走了进来，随后又依次走进两队英俊的蒙古少年，一个个捧着宽大的托盘，盘中堆放着满满的绿松石、珍珠、玛瑙和金银，他们口里唱着蒙古呼麦，雄浑的低音之中又同时吟诵着带有磁性的歌词，王实甫也听得痴了。他们唱的是古老的祭火祝词：

杭盖罕山只有土丘大的时候，
汪洋大海只有水洼大的时候，
可汗用火石击燃，
皇后用嘴唇吹旺，
以火石为母，
以火镰为父，
——那点燃火的可汗啊！
我们向你敬献醇香的奶酒，
我们向你敬献美味的肉食，
祈求你赐予最大的福分，
让我们在这幸福中永生。

阿难答的这一套果然软化了世祖皇帝忽必烈的心，忽必烈吩咐在他的膝下给孙子甘麻剌、铁穆耳和阿难答等人赐座，并分别摸了他们的头顶，那一刻显出的是一位老爷爷极为慈祥的神态。阿难答仰视着忽必烈，连叫了几声皇爷爷，说他这次是专程从长安赶来为日夜思念的皇爷爷做寿。平日因为镇守一方，对皇爷爷孝敬不够，这次略表心意，除了金银珠宝，殿外还有一百匹织绵、一百匹宝马、一百匹骆驼。这是他阿难答的孝敬，也是西北所有臣民的奉献，西北太平盛世，感恩至高无上的皇帝忽必烈爷爷。

一时间，殿堂之上珠光宝气，满堂生辉，被儿孙簇拥在高座上的忽必烈脸上也不由得溢出满足的微笑，慨叹道："儿孙满堂，是我们蒙古人的骄傲啊！"

他又说了一句："好了阿难答，你的事我们以后再说。"

王实甫站在殿下，耳听世祖皇帝与皇孙们的对话，又见他对阿难答的和颜悦色，明白自己今天再无说话的可能。

他分明感觉出，高高在上的这位骄傲的皇帝日理万机，胸怀宏大深远，但也有着不可言说的忧思和烦恼，尤其到了晚年。比如对倭寇的进犯就总感头疼。大汗来自马背上的民族，对大海一直陌生，在他几十年的征战中，倭寇在沿海的进犯让他烦恼不已，几次东征都未能成功，显然已成为他心头之痛。王实甫曾听老师董朴说过，世祖皇帝批复过许多关于海事的奏折，当年曾有尚书省上奏："行泉府所统海船万五千艘，以新附人驾之，缓急殊不可用。宜招集乃颜及胜纳合儿流散户为军，自泉州至杭州立海站十五，站置船五艘、水军二百，专运番夷贡物及商贩奇货，且防御海道，为便。"大汗当即准奏，元朝多次重大的诏谕活动，都从泉州港起航，一条"海上丝绸之路"达到鼎盛时期，但东征之举却一次也未有成功。

或许在忽必烈心里，永远有更重要的事情。

眼下，王实甫精心准备的奏文，对陕西以安西王为代表的贪官污吏的揭露，看来完全不合时宜。他默默地退到宫殿一边的角落里，心情复杂地旁观着眼前的喜气洋洋。

此时，文武百官齐聚大殿之上，珍贵的金杯斟满了美酒，忽必烈乘兴又准了两件赦免，一是宣政院所奏：宋全太后、瀛国公母子已为尼、僧，有地三百六十顷，乞如例免征其租。忽必烈当即从之。

二是杨琏真迦掘宋陵寝一事，杨琏真迦为唐兀氏，西僧，至元十四年（1277），出任江南释教都总统，后改江淮释教都总统，掌江南佛教。

在任凡十四年，依仗宠信，联络权臣桑哥，“怙势恣睢，日新月盛，气焰熏灼，延于四方，为害不可胜言”，[1] 先后发掘南宋诸帝在钱塘、绍兴的陵寝及宋大臣墓，获取金银宝器，毁宋宫室，戕杀平民，受人献美女宝物无算。所攘夺财物共计金一千七百两、银六千八百两、玉带九、玉器一百一十一、杂宝贝一百五十二、大珠五十两、钞十一万六千二百锭、田地各三百亩。桑哥伏诛，杨琏真迦亦被削职问罪，廷臣本也处以死刑，世祖下诏留下性命，并发还杨琏真迦被没收的土田、人口。

满堂齐呼：“圣上仁慈！”

在一片缭绕乐声之中，王实甫手里紧攥着先前欲呈的奏章，不觉满心悲凉。

① 《元史·卷二百二·释老传》，明·宋濂等撰，中华书局。

第三十六回 蜂酿蜜

当那个俊美的少年出现在眼前时，王实甫一时惊呆了。但他很快回过神来，上前一把抱住叫道："结儿！"

二儿王结自幼便容止端严，性颖悟，有远识，日记千言，小时有一日观画师何澄画《陶母剪发图》，即指陶母手中金钏诘之曰："金钏可易酒，何用剪发为也？"在场的人为他出此言而无不大惊。王结十岁时，送他拜董朴先生为师，一直在顺德学习，不觉已有七年，每年只是春节回家探望，过完年又由乔叔将他送至顺德，转眼已从一个黄发小儿长成翩翩少年。见他举止更为得体，谈吐不凡，王实甫惊喜万分，心中又略感愧疚，这些年对儿子的学业了解太少，只是拜托董朴先生，心想董先生一代大儒，学识渊博，教育有方，自己也就疏于过问。

从皇帝的寿宴退下之后，王实甫便向御史台告假还乡，从大都回到了定兴。与家人的团聚给他带来最大的愉悦，尤其是三个儿子环绕于身边，一个个龙腾虎跃，让人忘却了先前的许多不快。

经婉常去信，二儿王结特地从顺德赶回，着实让实甫欣喜不已。婉常趁势在他身边说道："官人，结儿已快成人，我看再过一二年，不如也让他从丞相答失蛮备宿卫，可出入禁中，早日得见龙颜，岂不是好？"

王实甫则不允，说："娘子何知官场险恶？结儿尚小，还是让他多读诗书，不必早早进入宫廷。"

婉常不以为然："官人早年也曾不愿踏入仕途，可如今不是也步入正道了吗？倘若早先思悟得及时，或者前程更宽广些。"

王实甫一时无语。

近年来，婉常已少与他谈论仕途，每见她理家抚儿的贤淑模样，实甫心中多有感激，但若旧话重提，又说起那仕途通达之事，心中仍不免烦燥。想她一个妇道人家，哪知做官难？如今大元朝看上去虽然威武雄壮，但内里已存有千疮百孔，凭一介书生之力对付那些势力庞大的贪官污吏无非是以卵击石，不仅于江山无补，还会给自己带来无数烦忧。但倘若是同流合污，苟且偷生，趁水摸鱼，又岂是他王实甫所愿？

于是他脸色不悦，对婉常说："结儿年纪尚小，此事不必多议，今后再看情势吧。"

婉常也就不再多言。

夫妻间说话似乎越来越少，婉常每日忙乎不停，阿夫人年事增高，失忆严重，大哥王实厚忙于酒坊田庄，勤公府内的事务全由婉常料理，也顾不得与实甫多加理论。

王实甫落得自在，常常不免想起那个奇女子李赛儿，她搭救了他好几次，却从未索求回报。这一次从长安回到大都，在总管府临行时也未见她的踪影，巩昌总帅汪惟和与手下人来与他告别，他左顾右盼，一心想找到她的身影，但只落得满心惆怅。

他深深记得，他陷入昏迷时，李赛儿流淌在他胸前的热泪，他那时就想拉住她的手，叫她再也不要离开他。可现在，她又去了哪里呢？

王实甫对这女子的牵挂越来越重，他寻思良久，终于找了个时机跟婉常提出来，想将李赛儿接进勤公府，并娶她为妾。

原以为婉常会恼怒起来，断不了还会有一番解释，但不承想婉常听来却并不惊讶，反倒似早有所料，说："官人想娶李小姐的心思已多时了吧？"未等实甫回答，她又一笑："其实我看早该如此。那会儿我就说过，官人想还她的情，还不如成为一家人，这样谁也不欠谁。"

婉常如此说话，让王实甫准备的一些说辞全落了空，他讷讷道："娘子这么爽快，实甫心里倒有些不安。"

婉常嘘道："有何不安？"又说："我看不如现在就去报告夫人，然后择个日子就把喜事办了。我这就让乔叔他们收拾屋子，西院那间就好，再置办些家具器用……"

王实甫见婉常如此热心，更加不自在，阻拦道："娘子，那李小姐还不知人在何方呢？这是从何说起？"又推心置腹道："娘子，我与你成婚以来，也算是相亲相爱，实甫对娘子不仅有百般珍惜，更有许多尊重，你遇事能拿主意，我才把这番心思说与你听。实在是这些年欠了赛儿许多人情，她一个孤女四处漂泊，怎不令人怜惜？因此一直想给她一个家，但若没有名分又如何安置？后来才生出娶她为妾之念，这事即使娘子和母亲大人认可，也需从长计议，还得李小姐应允，哪能说办就办。"

婉常一声叹息："官人既如此说，我又有什么不可的？我也懂你的心思，但凡只要为了这个家平安吉祥，婉常我都会依了你的，断不会为此事让官人烦恼。"便一时不再提及。

这边王实甫见她既然应允，便暗中打发人去寻找李赛儿，但过去两三个月却无半点消息，心中的牵挂越发添了好几分，神情中不时流露出惆怅。婉常看在眼里，一日说道："官人，你回来已有三月，御史台那边可有催促？官人可不要成天只顾看这些闲书，误了朝廷的大事。"

王实甫手上正拿着关汉卿送的那本董解元《西厢记诸宫调》，听婉常这一说，正撞了自己的心事，便开口道："说到公务，我倒正想给娘子禀告一事。"

婉常问："有那李赛儿的消息了吗？"

王实甫说："非也。娘子，我要辞了官职，写我的散曲去。"

婉常听来大吃一惊。

虽然从前也曾听王实甫念叨过对官场的失望，但毕竟后来又在一步步得到重用，实甫他也都非常勤勉，突然说出辞官，婉常当他又是一时冲动。但王实甫将自己在陕西的前后经历细细道来，叹道："阿难答明明劣迹斑斑，但皇上除了念及亲情，还有种种势力的牵扯，因此并不打算对他处置，只是轻描淡写训斥了一番，这不仅没有打压那伙人的恶行，反倒助长了他们的威风。听说阿难答从大都回到长安之后，他手下的那些人越发肆无忌惮，欺压百姓无所不为，那家名叫三兴店的小店主也还是被他们霸占了财产，赶出了长安，实在是让人愤恨而又无奈啊！”

面对朝廷越来越盘根错节的势力分割，王实甫深感一介书生的无力，他所能做到的，只是回到京城大都御史台，再三禀告御史中丞张晏，奏请世祖皇帝遏制阿难答等人权势的扩张，警惕西北一带脱离朝廷掌控，否则将会给通往西域的丝绸之路带来极大的障碍。

张晏和一些朝廷官员显然早有同感，但却更是顾虑重重，最大的担忧是自身的安危，四周布满了阿难答、铁木迭儿等人的密探，一不小心就会落入某种陷阱，万劫不复，因此从不敢贸然行事。极力举荐王实甫，也是看他具有一定的背景，且与官场之中的纠葛毫无牵扯，又是一个饱读诗书的文人，想借他之笔将陕西一带的实情告知皇帝，目的既然已经达到，下文也就到此告一段落。张晏他们无心也无力再往下进行。

幸得世祖皇帝批准了王实甫等人关于盐务的奏章，诏许：“不可禁约。不办课程，除巩昌等处循例认纳乾课，从便食用外，以此参详，河东盐池，除捞盐户口食盐外，办课引数，今后宜从运官设法，募商兴贩。但遇行盐之处，诸人毋得侵扰韦红盐法。运司每岁分轮官吏监视，听民采取，立法抽分，依例发卖，每引收价钞三锭。自黄河以西，从民食用，通办运司元额课钞。因时夹带至黄河东南者，同私盐法罪之，陕西兴贩解盐者不禁。如此庶望官民两便，而课亦无亏矣。”

另限以黄河为界，令陕西之民从便食用韦红二盐，解盐依旧西行，红盐不许东渡。其咸宁、长安录事司三处未散者，依已散州县，一体斟酌，认纳乾课，与运司已散食盐引价同。

世祖皇帝准奏的条文里，虽然没有明确指责安西王等人的垄断专行，但却在很多方面加以遏制。张晏告诉王实甫，这已经是很大的胜利了。

王实甫在与张晏的接触中，很快了解到他的想法，也就听从他的指令，接下来随之竭力促成何荣祖编《至元新格》的奏准颁行。大元朝初建之时，世祖于至元八年（1271）十一月下令禁行金“泰和律”，并着手草拟新的律令。十二月，监察御史魏初上奏，请将史天泽、姚枢等人修成的《大元新律》经过增删后，颁行天下，未果。在以后的整个世祖一朝，修订律令的工作一直都在进行，忽必烈曾多次“令老臣通法律者，参酌古今，从新定制”，但都没有成功。唯有何荣祖奉命编纂《至元新格》在一班资深大臣看来可行，因此于至元二十八年（1291）五月经世祖下令颁行，元朝终于才有了自己的第一部法典。

《至元新格》以世祖朝所颁行的各种法规为依据，将它们按一般法典所通行的格式、体裁重新撰写，并加以系统分类，编次成书。全书共分为公规、选格、治民、理财、赋役、课程、仓库、造作、御盗、察狱十目，每目之下又分列十数条款。不过，全书文字总共才数千言，内容涉及行政、民法、财政等方面，几乎没有涉及刑法，显得单薄，不全面，仍未从根本上解决元代“法无定制”的问题。此书后佚失，内容散见于《通制条格》《元典章》及《永乐大典》诸书中。虽然单薄，但在那个时刻处于动荡的朝代仍然起到了重要的作用。

此时的王实甫认为自己几度为官不敢说鞠躬尽瘁，也算是尽力而为，再往后的日子他实在是不愿意重蹈覆辙，于是他以母亲年老病弱、妻儿都需看顾的理由毅然提出了辞呈。

这一回，易不剌金等人没再多加劝阻，或许在他们心里，也多少有了同感，元朝当时还处于盛世，但一帮忧国忧民之士却已从中看出盛极而衰的端倪，有的悄然而退，有的冷眼旁观，有的则忧心如焚，愤然焦灼。

非常明显的是，世祖皇帝虽然重用了一批精臣良将，甚至知名文人，但他的一些嫡系重臣却一直对此举不以为意，公开表示不满，当着世祖皇帝的面挑拨离间，混淆视听，暗中则诋毁打击，以至世祖皇帝晚年也对儒臣渐渐有些疏远。

守在皇帝跟前的臣子都能感觉出来，这位铁骨铮铮的君王已被病魔缠身，他外表刚强，从来不肯在后宫休息一天，每日必稳坐龙椅，处理天下大事，可他心事重重，酒量越来越大，眼见他脸色日渐蜡黄，身体也越来越臃肿。

一些流言早已在宫内暗中行走，又渐渐传到了宫外，各种势力的争斗轮番上场，如火如荼。但世祖皇帝暗中已作安排："世祖欲定皇太子，未知所立，以问阿鲁浑萨理，即以成宗为对，且言成宗仁孝恭俭宜立，于是大计乃决。成宗及裕宗皇后皆莫之知也。数召阿鲁浑萨理不往，成宗抚军北边，帝遣阿鲁浑萨理奉皇太子宝于成宗，乃一至其邸。"①

至元三十一年（1294）正月，世祖皇帝忽必烈崩于大内紫檀殿。

"既殓，殡于萧墙之帐殿，从国礼也。越三日，乙亥寅刻，灵驾发引，由建德门出，次近郊北苑，有顷，祖奠毕，百官长号而退。"②百官退去之后，只留下一直跟随世祖皇帝的怯薛军，他们出大都北行，将忽必烈的灵柩秘密护送到了辽阔的草原深处，让他回到了战马嘶鸣的大地，从此安息。

而在京城，一场场血腥的权力争斗拉开了序幕。王实甫在山雨欲来风满楼之际，再次向御史台提出辞呈而未得批准，于是以病告假，开始了他的四海云游。

他带着双腿残瘸的添书，先是来到顺德，看望了董朴老先生和二儿王结，亲眼见到结儿在老先生栽培下学业精进，自己也又一次聆听到老师教诲，不胜欣喜。

在顺德小住些日子之后，继而南下去到开封、洛阳等地，然后向西而行，不觉来到山西平阳府。

---

①《元史·阿鲁浑萨理传》。

②《秋涧集》卷十三，《四部丛刊》初编本。

第三十七回 普救寺

他曾几次来过平阳府。

最早是在崞阳做县尹时，他曾游走过黄河一带，取道风陵渡前往洛阳，路经平阳河东，专门拜谒了普救寺。后来做陕西监察御史，又自蒲津渡东渡黄河，特意探访了这座古来有名的“盐运之城”，暗中作了好些察访。

平阳府蒲州西南古为盐贩之泽，自宋、元置盐运使，遂筑城驻运司，始名运城。此地南依中条山，西临黄河，地处要冲，历代王朝视为兵家重地。蒲州城西门外黄河东岸的渡口——蒲津渡，建有一座浮桥，渡口车来人往，十分繁忙。

王实甫每次来到渡口边，都会忍不住长久驻足而立，那伴随着滔滔江水而巍然铸立于江畔的铁牛让他惊叹不已。

看那滚滚黄河之上，这座始建于唐代、通达秦晋两地之浮桥，两岸各铸有铁牛四尊、铁人四个，桥旁堆有铁山、七星铁柱和土石夯堆。那铁牛身形巨大，每尊高六尺，长一丈，牛身伏卧，矫健强壮，两眼圆睁，呈负重状。前腿蹬，后腿蹲伏，矫角昂首，牛头朝西面河横向两排，牛尾牵有横轴，拴连桥索，以系浮桥，轴头刻有连珠饰、菱花、卷草、莲花。一侧均有一铁人，面相各异，看似汉人、蒙古人、吐蕃人、畏吾尔人。

风萧萧天色将晚，添书见王实甫久久伫立，好奇地问："二公子，这铁牛看过不止一次了，还有什么好看的？"

王实甫手抚铁牛，叹道："你却不知，这蒲津渡和桥的来历。《春秋左传》中记载，昭公元年（前541），秦公子咸奔晋，造舟于河。也就是春秋时期秦公子咸携带资财、车辆，前往黄河西岸晋国，用舟船连接建造浮桥，从那时便有了蒲津渡。战国时期，秦昭襄王为进攻韩、赵、魏，又先后两次在蒲津渡口造桥，《史记·秦本纪》载：秦昭襄王五十年（前257），初作河桥。之后，汉高祖刘邦定关中、汉武帝刘彻东征、隋文帝杨坚过黄河东进，均在蒲津渡连舟造桥。张守节《史记正义》谓：此桥在同州临晋县东，渡河至蒲州，今蒲津桥也。唐代时，河东为京畿，蒲州置为中都，是长安与河东联系的枢纽，与西京长安、东都洛阳齐名，唐玄宗任命兵部尚书张说主其事，改木桩为铁牛，易笮索为铁链，疏其船间，倾国力对蒲津桥进行了大规模的改建。"

添书听得惊讶："原来还有这些来历。"

王实甫又道："有了这桥，大唐天下自京都直达黄河之南，车马辚辚瞬间便可抵达，军队可随时调控，那黄河两岸的商贾更是来往如履平地，货物交易畅通无阻，大唐盛世、长安繁荣与此桥的改造大有关系。"他抚摸着铁牛粗壮的腿，说："你再看这牛，好生威武，不光是拉起了铁索，还有多层意味呢。"

添书听他讲得有趣，便问："公子倒说说，有什么意味？"

王实甫说："《易经》称'牛象坤，坤为土，土胜水'，所谓兵来将挡，水来土掩。这铁牛立于河岸，对肆意泛滥的黄河水岂不是一种震慑？再则阴阳相对，这七星铁柱仿天上北斗七星布阵，气势磅礴，壮哉壮哉！"

添书不断点头："听公子这一说，这铁牛像是活了过来。"

两人又说了一阵，王实甫仍迟迟不愿离开，站在桥头不停张望。添书看出他的心思，说："公子，您莫非还想等一个人？"

王实甫怅然回头说道："哪有要等的人？"

添书也替他叹了口气，说："我看这人一时半会儿也来不了，咱们还是先找地方住下吧。"

王实甫一时无语。添书随他多年，他的心思也都被揣摸到八九不离十，他心里果然是盼着一个人，盼着在此或者可以巧遇李赛儿。

他曾听李赛儿说起这蒲津渡，唐代时，她家族的前辈曾参与建造这座浮桥，并因此受到天子的封赏。但到金元之际，浮桥始毁于战火，只剩下两岸的铁牛，记得赛儿每说到此，满眼伤感，但她仍喜欢时常游历于渡口和浮桥两岸，仿佛能寻回先辈的遗风，以慰她孤独的心灵。

王实甫在渡口徘徊到暮色昏沉，才朝普救寺而去。那普救寺建造于峨嵋塬头上，南北西三面临壑，唯东北向依塬而展，地势高敞，视野宽阔，寺院依塬而建，坐北朝南，居高临下，王实甫道："这方宝寺，正合我心也。"

正所谓：祥云笼经阁，瑞霭罩钟楼。三身殿琉璃吻，高接青虚；舍利塔金相轮，直侵碧汉。出墙有千竿君子竹，绕寺长百株大夫松，绿杨映一所山门，上明书金字版额，簸箕大六个浑金字，颜、柳真书，写"敕赐普救之寺"，令人陡然顿豁尘俗之性。

人称天下佛寺无过普救，有三檐经阁，七层宝塔，百尺钟楼。正堂里幡盖悬在画栋，回廊下帘幕金钩。一片地是琉璃瓦，瑞烟浮，千梁万斗。宝阶数尺是琉璃甃，佛前供床金间玉，香烟袅袅喷瑞兽。中心的悬壁，周回的画像，金刚揭帝骨相雄，善神菩萨相移走。此寺捣椒泥红壁，雕花间玉梁，梁文上明写着"垂拱二年修"，正是建于隋，盛于唐代武则天时期。

那寺内的住持早先就认得王实甫，知道他是大都朝中来的监察御史，哪里敢有半点怠慢。这回见他主仆二人轻车简从，一袭布衣，也不敢多问，又想即使瘦死的骆驼也比马大，从前的殷勤便一分也未减。当即迎进后院，只见长松矮柏，名葩异卉，潺潺流水凑着千竿翠竹、几块湖石，瑞烟微微，浮屠千丈，高接云霓。转过回廊，见个竹帘儿挂起。到经藏北，法堂西，厨房南面，钟楼东里，向松亭那畔，花溪这壁，粉墙掩映，几间寮舍，半亚朱扉。

实甫命添书拿出些纹银，奉给住持，也遇到些推辞，但一番客气之后住持也就收下。便随王实甫的心愿，小僧们将西厢房收拾齐整，请他们安歇。白日里也单独安排些粥饭蔬菜，又添些适意酒菜，倒十分洁净。

王实甫安然住下，也不知过了多少日子。几次独自饮得大醉，大声吟那《越调·小桃红》:“水声山色两模糊，闲看云来去。则我怨结愁肠对谁诉？自踌躇，想这场烦恼都也由咱取……”

添书嘀咕:“明明蒲州城里有许多方便，偏要住在这城外的寺院里，没事喝得闲醉，公子您这是为何？”可他心里却是明白，二公子一直惦着李赛儿，总想在这些地方能与她不期而遇，或至少打听到她的消息。但那女子来去如风，上哪儿寻去？

一边嘀咕着，一边看那实甫虽然有时喝得烂醉，但从来手不释卷，没少了读书，还让添书铺好纸笔，不时写上一阵。

王实甫随身携带着关汉卿赠予的董解元《西厢记诸宫调》，前次离开大都时曾与关汉卿深夜细聊，从唐代元稹的《莺莺传》到宋代的《商调蝶恋花鼓子词》，再到董解元的此书，在他看来都格外喜爱，但各有千秋，也都各有缺憾，他尤其对元稹所写的结局不以为然。

由元稹撰写的《传奇》，唐代《异闻集》载有此篇，还保存原题，后收入《太平广记》时改作《莺莺传》，又因传中有赋《会真诗》的内容，俗亦称《会真记》。这《莺莺传》里写到的张生与崔莺莺，故事发生正是在这蒲州普救寺中，因发生兵乱，张生出力救护了同寓寺中的远房姨母郑氏一家。在郑氏的答谢宴上，张生对表妹莺莺一见倾心，婢女红娘传书，几经反复，两人终于花好月圆。后来张生赴京应试未中，滞留京师，与莺莺情书来往，互赠信物以表深情。但张生终于变心，认为莺莺是天下之“尤物”，还搬出商纣、周幽王亡国的例子，证明自己“德不足以胜妖孽”，只好割爱。一年多后，莺莺另嫁，张生也另娶。一次张生路过莺莺家门，要求以“外兄”相见，遭莺莺拒绝。数日后张生离去，莺莺回诗诀绝“弃置今何道，当时且自亲。还将旧时意，怜取眼前人”。

有那读过此书的人称赞张生始乱终弃是善于补过，王实甫却一直深不以为然，张生的薄幸让他不敢苟同。不过，这元稹将崔莺莺写得让人怜爱，她出身于没落士族之家，向往有情人但又受礼教的束缚，终于大胆与张生约会，也实属不易。张生却始乱终弃，反倒将莺莺诬为“尤物”“妖孽”“不妖其身，必妖于人”，又实在令人可恼可气。

王实甫对元稹的《莺莺传》和董解元的《西厢记诸宫调》既喜爱又深感遗憾，他不止一次对关汉卿说，他想再写《西厢记》，汉卿大为赞赏，笑道：“英雄所见略同，德信所言正是汉卿之所思，我看他二人各有所长，你不妨妙笔生花将此写成杂剧，我这剧社不就又添了一出好戏？”

知音难得，当初关汉卿的话让实甫倍感心动。

这日在普救寺的月光下，王实甫于花影之中徘徊良久。他仿佛看到微月透帘栊，萤光度碧空，遥天初缥缈，低树渐葱茏，崔莺莺罗绡垂薄雾，环佩响轻风，就从他身边飘然而过。

遐想中，却果真听得环佩叮当，似梦似幻，他转眼一看，不觉惊呆了。

淡淡月色中竟然站着一个李赛儿，她身穿一件暗红绸裙，衬得脸儿雪白，即便是在夜色里也如晶莹的玉一般，亮晶晶的眼睛像两点闪烁的灯烛，将这花影丛中都照亮了。王实甫以为是在做梦，他已经不止一次梦到赛儿，不禁喃喃说道：“月色溶溶夜，花荫寂寂春；如何临皓魄，不见月中人？你又到我梦里来了？”

不料那女子也随即幽幽和道：“兰闺久寂寞，无事度芳春；料得行吟者，应怜长叹人。”

王实甫心中一热：“这却是那崔莺莺的诗，你居然晓得？”

“唉，公子成天念叨，我即便再是愚笨，也背得了。”

“赛儿，原来你时时都在我身边？”王实甫疾走两步，上前一把握住那女子的手，顿觉一股柔润的温热传到了自己的手心，再细看那脸儿，竟是凝如羊脂又透着馨香，“赛儿，真的是你吗？我不是在做梦吧？”

那女子明眸如水，似有千语万言，却只说了一句：“但愿公子如梦。”

第三十八回 雨蒙蒙

果真是李赛儿来到了普救寺。

她实际上早已得知王实甫一路往西而来，便不由得尾随其后，又得知王实甫时刻在打听她的下落，不觉柔肠千回，终于忍不住闪现在实甫面前。

当夜，两人在这普救寺西厢房内金风玉露，终得合欢之乐，果真是绛节随金母，云心捧玉童。更深人悄悄，晨会雨蒙蒙。

看着枕边的李赛儿，一头秀发铺散，俊眉微颦，似醒非醒，王实甫不忍惊动于她，自己起身洗漱。他们半夜絮语，坦露了彼此这些年的心迹。李赛儿原来早就有意于实甫，只是一直隐藏于心，并不打算与他相好，家道没落，父母双亡，爷爷去世，这世上的风刀霜剑已将她的心磨砺如坚硬的石头，但相识王实甫之后的岁月里，总有一道暖风不时拂过她的心房，一颗女儿心渐渐又变得柔软。

赛儿自幼也是饱读诗书，对王实甫的文采自然暗中仰慕，听他欲将《莺莺传》及董解元的《西厢记诸宫调》改成杂剧，不由得兴致勃勃，十分赞同。

她小时候性格顽皮，父母也由着她，常女扮男装出得府门去街市上游逛，李府有位爱听戏的教头，赛儿平日跟他练武功，有时也偷偷跟他到戏堂子听戏和说唱，记得那董西厢的诸宫调："长亭送别：马儿登程，坐车儿归舍，马儿往西行，坐车儿往东拽，两口儿一步儿离得远如一步也。"说着还学那拽的样儿，忍不住笑将起来。

实甫爱怜地看着赛儿："你好记性，竟然背得一字不差。"

赛儿又嫣然一笑："俗话说近朱者赤，与公子在一起不会吟诗也会吟。"又说："那诸宫调我爷爷和父母也都喜欢，只是不许家里的小孩子听，我只是偷着去剧社里听来的。"

诸宫调是宋金元时期民间流行的说唱，它取同一宫调的若干曲牌联成短套，首尾一韵，再用若干宫调的许多短套联成长篇，杂以简短叙述，用来说唱长篇故事，故称诸宫调。演唱时采取歌唱和说白相间的方式，老少咸宜。

北宋时就已出现诸宫调，流传于中原和南宋临安等地方，有南北之分，北方用琵琶和筝伴奏，南方则用笛子。北方的诸宫调又称"弹词"或"弦索"。董解元《西厢记诸宫调》又称为《西厢记弹词》或《弦索西厢》，通称《董西厢》。

王实甫叹道："那董解元家境并不富裕，生性放荡不羁，视礼教如粪土，对唐代传奇、宋代词和民间诸宫调无所不知，唱词中好些个方言俚语，多有得趣之处，常让人读来会心一笑。"

李赛儿听罢，却半晌沉默不语，实甫见她神色戚戚，便小心地问道："刚才还好好的，怎么突然又这样了？"

赛儿回过神来，叹了一声："唉，跟公子相伴这几日，倒让我娇弱起来。实不干你事，是我突然想起原先家中的藏书楼守正阁，祖上几代藏书二万册有余，这《董西厢》是宋金时期唯一完整的全本，也珍藏在那守正阁里，可后来都被一把火烧作了灰烬……"

实甫不忍再相问。赛儿的家事不堪回首，当年元朝军队攻破城池，赛儿父亲为守军将领，战死不降，母亲投井，府第被焚，家破人亡，如今只剩得她一个孤女。这时见赛儿泪光盈盈，王实甫也不由得心酸不已，他抚摸着她瘦削的肩头，说："都过去了，赛儿，你我总算有缘走到一起，我的家就是你的家。我已经跟婉常说明，她历来大度贤良，愿意与你姐妹相待，过些时你就随我回到定兴去。”

赛儿趴在他怀里一动不动，温顺如乖乖的小绵羊。半晌抬头说道：“好了，我只是一时伤悲而已，你还是赶紧琢磨你的西厢吧。”

王实甫见她破涕为笑，也不免高兴起来，随口念道：“滴滴风流，做为娇更柔，更人无语但回眸。”

赛儿知他念的是董西厢中的《黄钟宫·出队子》，不由得也笑着续道：“把深思都变作仇，比及相对待追求，见了依前还又休，是背面相思对面羞。”

二人一唱一和，甚是有趣。

相比元稹《莺莺传》，这董解元的诸宫调更得王实甫喜欢，他道是精工巧丽，备极才情，而字字本色，言言古意，既有文采又有谐趣。有李赛儿陪伴于身边，这普救寺西厢灯下的读书写作更有了无穷滋味，王实甫将《董西厢》掰开揉碎烂熟于心，深得其味又看出许多遗憾，心中有了自己的道理。

想那唐人元稹的《莺莺传》，张生的负心，始乱终弃，还有醉心功名富贵，都让王实甫不屑。后来北宋时期苏轼门下秦观、毛滂都写过《调笑转踏》，篇幅短小，但也流露出鄙夷张生、同情莺莺的言辞。而《董西厢》酣畅淋漓，将元稹不足三千字的传奇扩充为五万多字的说唱，包含十四种宫调的一百九十三套组曲的有说有唱的长篇，共分为八卷：

卷一：“引辞”至“老夫人莺莺做道场”；

卷二：“孙飞虎率兵围普救寺”至“张生献解围策”；

卷三：“白马将军来援”至“红娘请张生鼓琴”；

卷四：“张生鼓琴”至“跳墙受责归舍闷卧”；

卷五：“张生梦见莺莺”至“酬简幽会”；

卷六：“老夫人拷问红娘”至“张生廷试及第”；

卷七：“张生赋诗报喜”至“郑恒离间张生来会”；

卷八：“张生睹物兴悲”至“崔张团圆”。

《董西厢》在诸宫调中增添了佛殿奇逢、月下联吟、闹道场、张生害相思、莺莺问病、长亭送别、村店惊梦等许多情节，莺莺、张生、红娘、老夫人等人物形象得到了很大的丰满。将一出始乱终弃的悲剧改成了皆大欢喜的大团圆结局，最终完全抹掉了《莺莺传》中将莺莺当作“尤物”的诋毁，也删去了对张生始乱终弃所谓“善补过”的赞许。

这些改变都为王实甫所称快。

但在他看来，《董西厢》的诸宫调中也显露出一些毛病，虽然故事有起有伏，但枝杈过多，闲言碎语堆砌，如兵围普救寺一场，兵马厮杀竟占了偌大篇幅。人物性格的描画有时也不够真切，这张生有时软弱，有时又显得过于世故。王实甫深思熟虑，要将前人留下的精华和糟粕加以提炼，写出一部关汉卿所期待的好杂剧。

他在这普救寺内忘记了晨昏，沉浸在张生和莺莺的故事里，也沉浸在与赛儿的恩爱之中，可谓你中有我，我中有你，常常分不清哪些是真，哪些是幻，一时间，他觉得自己就是那张生，痴呆多情，不求功名，尽有怜香惜玉，绝不背信弃义。

诸宫调冗长庞杂，而王实甫笔下的《西厢记》却是精雕细刻，字字珠玑。那一日，王实甫写至凌晨伏案睡去，李赛儿给他披上衣裳，见案上墨汁未干，遂捧将起来从头读起，这一读竟不觉入迷：

〔外扮老夫人上开〕老身姓郑，夫主姓崔，官拜前朝相国，不幸因病告殂。只生得个小女，小字莺莺，年一十九岁，针指女工，诗词书算，无不能者。老相公在日，曾许下老身之侄——乃郑尚书之长子郑恒——为妻。因俺孩儿父丧未满，未得成合。又有个小妮子，是自幼伏侍孩儿的，唤做红娘。一个小厮儿，唤做欢郎。先夫弃世之后，老身与女孩儿扶柩至博陵安葬；因路途有阻，不能得去。来到河中府，将这灵柩寄在普救寺内。这寺是先夫相国修造的，是则天娘娘香火院，况兼法本长老又是俺相公剃度的和尚；因此俺就这西厢下一座宅子安下。一壁写书附京师去，唤郑恒来相扶回博陵去。我想先夫在日，食前方丈，从者数百，今日至亲则这三四口儿，好生伤感人也呵！

〔仙吕〕

〔赏花时〕夫主京师禄命终，子母孤孀途路穷；因此上旅榇在梵王宫。盼不到博陵旧家，血泪洒杜鹃红。

今日暮春天气，好生困人，不免唤红娘出来分付他。红娘何在？

〔旦倈扮红见科〕

〔夫人云〕你看佛殿上没人烧香呵，和小姐散心耍一回去来。

〔红云〕谨依严命。

〔夫人下〕

〔红云〕小姐有请。

〔正旦扮莺莺上〕

〔红云〕夫人着俺和姐姐佛殿上闲耍一回去来。

〔旦唱〕

〔幺篇〕可正是人值残春蒲郡东，门掩重关萧寺中；花落水流红，闲愁万种，无语怨东风。

〔并下〕

窗外蝉儿一阵紧一阵鸣叫，实甫从案上撑起头来，恍然道：“何时光景？我这一觉竟睡到了晌午？”

李赛儿见他醒来，捧着文稿抿嘴一笑，“公子好睡，不过也才一个时辰。可正是人值残春蒲郡东，门掩重关萧寺中；花落水流红，闲愁万种，无语怨东风。”

实甫会心笑道：“原来赛儿你在读它？”

赛儿眼瞅着手里的文稿道：“好一个花落水流红，闲愁万种，无语怨东风，公子你真个好词也。”

那赛儿嘴里很少夸赞人，听她这番言语，又满目含情，实甫不禁如饮甘露，口中却自谦道：“虽是动了心力，但那董解元的说辞毕竟在前，实甫受益匪浅。”

“公子说得有理。但那董西厢只为说唱，言辞冗长，你看那开篇从‘吾皇德化，喜遇太平多暇，干戈倒载闲兵甲’说起，到‘携一壶儿酒，戴一枝儿花。醉时歌，狂时舞，醒时罢。每日价疏散不曾着家。放二四不拘束，尽人团剥；再到〔柘枝令〕，怎么说来着？”赛儿歪头寻思。

实甫笑道：“难得你这几日竟然熟读了《董西厢》，居然记得个中词牌。他接下来唱的还是一个楔子：‘也不是崔韬逢雌虎，也不是郑子遇妖狐，也不是井底引银瓶，也不是双女夺夫。也不是离魂倩女，也不是谒浆崔护，也不是双渐豫章城，也不是柳毅传书。’唱完这段，才说到了张君瑞。”

赛儿接着他的话，道：“我还真背得这一段，话说：唐时这个书生，姓张名珙，字君瑞，西洛人也。从父宦游于长安，因而家焉。父拜礼部尚书，薨。五七载间，家业零替，缘尚书生前守官清廉，无他蓄积之所致也。珙有大志，二十三不娶。”赛儿摇头晃脑地背着董解元的诸宫调，又指着王实甫的文稿道：“你看他说了半天，还没见到那小姐。公子你这里却减了这些琐碎，免了那些闲话，让人立刻就入了故事。”

王实甫被她说得沾沾自喜，问道：“赛儿你不是诳我吧？我写的真有这些好处？”

李赛儿柳眉倒竖：“我可是那呵哄之人？你爱信不信，我再也不说了。”王实甫连忙抱住她，说：“都是我的不是，我才是那呵哄之人，就爱听你的解说，你可千万不要不说了。”

两人在那说着，一时嗔来一时喜，不觉过了正午，添书在门外叫道：“二公子，二公子！你们倒是忍得饥饿，光是谈古论今，把饭食也给免了。”实甫、赛儿二人相视而笑，仍觉意犹未尽，将那《董西厢》又品说了一番。添书又催了两回，这才去用饭。

第三十九回 如梦蝶

一日正在西厢书房，添书进来递过一个锦囊，道：“二公子，二奶奶托人捎来一封书信，还有两剂药。”

王实甫接过锦囊，见上面绣着一枝兰草，正是婉常的绣品，似散发着幽香。打开信来，一行行清秀的小楷，一如婉常平素从容的口吻，先报家中的平安，再问候多时在外的郎君，惦念他夜里时常失眠，特让老大夫配置了几味中药，请他按时服用。等等。

王实甫久久地看着书信，直到后来用饭时仍在走神，连饭也忘了吃。添书一旁叫道：“公子，菜都凉了。”

王实甫才回过神来，发现李赛儿两手放在桌上，一直盯着自己，也未曾动碗筷，忙带着歉意说：“哦，赛儿，你们赶紧吃。”自己也拿起了筷子，但却有些心不在焉。

李赛儿一旁兀自叹道：“天哪！却怎生借得一阵顺风，将小生这琴声吹入俺那小姐玉琢成、粉捏就知音的耳朵里去者！”

那却是王实甫所写《西厢记》的第二本“崔莺莺夜听琴杂剧”第五折中张生的唱词，这会儿听李赛儿口中说出，实甫哭笑不得，笑的是赛儿她竟然将杂剧中的文字背得滚瓜烂熟，尴尬的是她分明将那小姐比作了婉常，酸溜溜的。

实甫装作未曾听懂，也不与她理会，只说："这寺里的青菜倒是新鲜，你们还不快吃。"

他心中仍然挂念着婉常信中说到的事情，二儿王结已经被送到元世祖的曾孙孛儿只斤·爱育黎拔力八达身边伴读听差。

当今皇帝成宗铁穆耳为世祖皇帝忽必烈的孙子，真金太子的第三子，爱育黎拔力八达则为皇帝铁穆耳的侄子。至元三十年（1293），铁穆耳曾统军镇守漠北，受皇太子宝。次年，世祖皇帝忽必烈溘然归天之后，铁穆耳得到其母阔阔真可敦与权臣伯颜、玉昔帖木儿等的支持，打败了兄长，于至元三十一年（1294）继帝位，建元元贞，后改大德，如今已是大德元年（1297）。

婉常托她娘家堂弟张珪将儿子王结送到皇侄孛儿只斤·爱育黎拔力八达身边当差，让王实甫又惊又忧，改朝换代，腥风血雨尚存，王结小小年纪如何抵挡得了那些险恶的风雨？但婉常的书信淡定，说有董朴先生的引荐，又有兄弟张珪的保护，王结自幼聪慧老练，志向远大，不同平常小儿，他愿早些见世面，经风雨，不如随了他。

王实甫此时也只有顺其自然。

但见勤公府内事务均有婉常和大哥操持，索性便放下心来，埋头于读书写作之中。

在普救寺住有两年多，来时尚在头年初夏，转眼又到来年枫叶红遍，王实甫酝酿多时，成竹在胸，终于写出了杂剧《西厢记》的初稿，共五本二十一折，心中无比畅快。

因病告假已有多时，御史台多次催问王实甫，为何迟迟不归？王实甫以患有腰疾行动不便而不加理会，等写完《西厢记》，他对李赛儿说道："该是交差的时候了。"

遂吩咐添书收拾行李，要去往大都。

添书道："二公子您不是说要回定兴的吗？又做什么去往大都？"王实甫本是打算带着赛儿先回定兴老家，但御史台催促的言辞越来越严厉，他必须先去大都当面辞去官职。此外，刚写完的杂剧除了《西厢记》，还有《吕蒙正风雪破窑记》《四大王歌舞丽春堂》等，他想拜谒关汉卿，迫不及待地想听到关先生的评价。同时，藏在心里还有另一个迫切的愿望，他非常想早些看望在皇侄身边伴读听差的二儿王结。

他虽然没有一一明说，但聪明的李赛儿也已将他的心思猜出七分。李赛儿并不想离开这黄河古渡、普救净地，但眼见王实甫心事重重，便什么也没再多说，跟着收拾起行李。

大德二年（1298）春，王实甫告别普救寺住持，一行三人直奔大都而去。路上行走且不提，不几日进得京城，驱马来到智乐坊街口。实甫便跳下马来，牵马走进街巷，远远瞧见玉京书会的大门，不觉加快了脚步。

李赛儿见他面露喜色，一旁对添书叹道："你家公子真个是梨园中人，见了官衙不低头，见了这教坊会馆倒格外地欢喜，正好比那爱寂寥、耽潇洒、身到处他便为家、似当年未遇的狂司马。"

添书一边听她说话，一边瘸着腿一拐一拐地走着，似懂非懂。

那李赛儿虽是女流，却是性情豪爽，出手大方，与添书相处的这些日子甚是投缘，常是你一言我一语来去甚为融洽，添书随之道："可不是，二公子他放着好好的大官不做，偏要与这些唱戏的混在一处，也不怕人笑话。"

没想到李赛儿一听此话，却变脸道："此言差矣！当今为官的多非良善之辈，倒不抵这些梨园中人有情有义。你家公子若是一心为官，我李赛儿早就不理他了。"

添书见她脸色愠怒，忙道："咳，姑娘不要生气，是我错了。不当官好，不当官好。"李赛儿道："你倒变得快。"又见王实甫已牵马走进玉京书会，两人忙追赶上前。

关汉卿、赛帘秀、马二等一干人见王实甫三人突然到来，说不出地惊喜。尤其那赛帘秀见李赛儿一身裙装，也跟在王实甫身旁，不由得脱口说道："天爷啊，你们何时聚到一起的？赛儿，这下可总算遂了你的心愿。"

李赛儿本洒脱惯了，此刻倒也不免臊红了脸，羞答答小声辩白道："帘秀姐胡说什么？"赛帘秀笑道："好好，不说不说。"

听说王实甫写出了杂剧《西厢记》，关汉卿兴奋地展卷即读，读着读着不时拍案叫好！王实甫见他神色兴奋，读到妙处，竟读出声来："彩云何在，月明如水浸楼台。僧归禅室，鸦噪庭槐。风弄竹声，只道金佩响；月移花影，疑是玉人来。"

"妙哉妙哉！"关汉卿赞不绝口，"德信你将这张生等莺莺的心思写成了天下绝句呀！你看他心里疑神疑鬼，七上八下，左顾右盼，惟妙惟肖。"说着，又情不自禁读了起来。赛帘秀几个也被关先生的吟读引了过来，围坐一旁听入了迷。

马二只管沏茶倒水，那添书栽倒在桌旁的凳子上，睡得东倒西歪。关汉卿读着读着，叫道："马二，你快去把王和卿、杨显之、费君祥、梁进之他们几个请来，让他们也来瞧瞧德信的这部杂剧，咱们赶紧想法子排演。"

赛帘秀站起身道："先生，您不看看都什么时候？这钟楼上都打过了三更，王公子他们赶了好几天路，还是让他们赶紧歇着吧。"关汉卿看看窗外，星光淡去，一轮明月已斜，这才恍然醒悟："哦，天色果然不早。"又自嘲道："真是老夫也作少年狂啊！德信，让你见笑了！"

能得到关汉卿如此赏识，王实甫早就按捺不住满心欢喜，此时连忙躬身行礼："实甫能得关先生指教和抬爱，实在是三生有幸啊。在下不才，但写这西厢倒也是用了一腔真情，十分力气。说实话，这次到大都来见关先生，一路上都诚惶诚恐，就好比进京赶考的秀才，想听听先生的判卷，又是期盼又是担心呢。"

关汉卿此时道："我若是那朝中的考官，此刻就判你一个新科的状元。"

众人听了都哈哈大笑。

第二日一早，王和卿、杨显之、费君祥、梁进之等几位果然被请到玉京书会，先后读了王实甫的《西厢记》，纷纷赞叹不已。关汉卿几乎一夜未眠，此刻仍然精神饱满，说道："各位，德信他这部杂剧，将元稹和董解元的精华巧妙融合，且又独创一家，结局尤其妙哉！你们看这‘永老无别离，万古常圆聚，愿天下有情的都成了眷属’，正是普天下人之心愿也。”他说着，眼角竟然渗出了泪水。

众人默然，汉卿兄与珠帘秀的情分岂不就是这样一场没有结局的期盼？有多少辛酸和渴望伴随着如水的时光？那王实甫与坐在一旁的李赛儿目光相对，也有难言的情愫在那心底。

王和卿岔开话题，说：“各位，我看德信他这结尾中写道：‘四海无虞，皆称臣庶；诸国来朝，万岁山呼；行迈羲轩，德过舜禹；圣策神机，仁文义武。朝中宰相贤，天下庶民富；万里河清，五谷成熟；户户安居，处处乐土；凤凰来仪，麒麟屡出。’这一番美景是德信对大元朝的期盼，不也正是我们大家的心愿吗？”

“是啊。”关汉卿和杨显之几个不住点头。

经过多年战乱，忽必烈大汗建立大元朝，如今由铁穆耳接替了皇位，百姓们好不容易在皇权的纷争中得到一时的安宁。成宗皇帝铁穆耳继位一年多以来，遂罢侵日本、侵安南之役，减免江南地区的一部分赋税，又令编辑整理律令，以“守成”来维护朝廷的稳定，大都城里眼下还算是一片太平景象。

可潜藏的危机和贪腐却是令人不安，但此刻，王实甫没有对玉京书会的各位说及，也没有详细说到自己这几年的经历，只说这回来大都要辞去官职，今后将更多向各位请教，专心写一写杂剧散曲。

跟当初听到王实甫被封作监察御史一样，玉京书会的几位对他如今要辞去御史一职也大为惊讶。只有关汉卿似乎明白他的心情，叹道：“唉，德信你视高官厚禄如浮云，放着二品大官不做，却来写这散曲杂剧，不动笔则已，一动笔就写出一部惊世之西厢，关某在这梨园之中已有多年，要给德信敬上一礼！”

他说着挽袖躬身，朝王实甫深深鞠了一躬。

王实甫大惊，连称使不得：“关先生为梨园泰斗，实甫跟着先生研习已是福分，岂敢受先生之礼！”说着就要单膝跪下还礼，被关汉卿一把挽住，两人更觉亲密。

关汉卿一行友人在玉京书会里给王实甫安排了住处，为了早晚能与关先生和诸位文友交谈，王实甫也就欣然答应。

李赛儿却不肯，她执意在附近的砖塔胡同租了一处小院，自个儿住了进去。

王实甫在大都陆续拜见了易不剌金、张晏等人，也见到了常常思念的二儿王结。

结儿比他想象的要成熟能干许多，这让王实甫既是欣慰又有些不甘。在他看来，儿子年方十五，理应再多读几年书，可在妻子婉常的安排下，这么早就进入官场，而且是在当今皇帝的亲侄子身边，怎不叫人担惊受怕？但令人称奇的是，这王结年纪虽小倒十分乐意，在王公贵族身边起早睡晚，受得百般严苛，居然全能对付。一年多光景就俨然长成了大人，言谈举止少年老成，倒叫王实甫不知如何相对。

儿子来到易不剌金府上，与王实甫相聚了两个时辰，便起身行礼道："禀告父亲，孩儿该回宫去了。"实甫惊道："结儿你何不多坐片刻，在你表舅家用过晚饭再走？"王结从容道来："孩儿出宫只请得三个时辰假，此时已过了两个时辰，一刻也不得耽误，望父亲恕罪。"

元大都大街二十四步阔，小街十二步阔。三百八十四火巷，二十九弄堂。千步廊街、丁字街、十字街、钟楼街、半边街、棋盘街，繁华热闹，有无数好玩好看的去处，但王结自从来到京城相伴爱育黎拔力八达，偶尔到易不剌金府上来，也是速来速去，从不在街上逗留玩耍。

易不剌金感慨道："少年英才，王结日后必成大器！"又叹道："只是……"他欲言又止，摆手道："快去吧，不要耽误你的正事。"

王结告别父亲，自去了。

王实甫站在阿府大门前，看着他年少的背影，久久挪不开脚步。易不剌金让管家杨更把他叫回前厅，遂请他再次坐下喝茶叙话，却问道："听说德信你这二年躲在普救寺内，写了一出杂剧《西厢记》，何不拿来让我瞧瞧？"

王实甫有些惊讶地看看他，只见易不剌金脸色怡然，不像往日那样成天忧心忡忡，便道："表兄你也变了。"

易不剌金说："可不是？那年趁世祖皇帝心情平和之时，我讨了个闲差，免了宫中宿卫统领，先去大都留守司，后来一直在司天监，算是称心如意。"

这司天监是元朝的一个专门机构，设提点、监、少监，掌管历象研究及教学。除了皇帝在重大节庆或者要事过问这天象之外，平日一般很少人问津，易不剌金作为司天总监乐得清闲，少了无数烦恼，更不必像往年日夜守在宫里。这阿府有了男主人常住，更多了生气，杨更和家丁们一个个精神抖擞，女眷们的笑声不时从后院传来。

王实甫感慨道："表兄，当初你劝我为官，现在我辞官，让你和张晏大人白费了许多心思，实甫每每想起，都深怀内疚也。"

易不剌金却道："从前我劝你为官，一是皇上招贤纳士，二是逊勤公和阿夫人一片苦心，三是惜你满腹诗书。但如今朝中赏功加官习以为常，从京官到外官，从文职到武职，甚至佞幸、僧道之类，都被授予宰执头衔，有的官职前加'遥授'字样，有的竟然直称丞相、平章，你看那职官、加官参差错落，难以分辨。这官都做得滥了，你我不做也罢。"

易不剌金告诉王实甫，目前朝廷内形势堪忧，铁穆耳皇帝得到皇位，为了酬谢拥立他的诸王贵戚而滥增赏赐，造成国库向之所储，有散之殆尽之势，岁入之数不支半岁的枯竭局面，只能依靠挪用钞本来维持，导致钞币迅速贬值。在用人上也少得人心，皇帝倾心任用的仍是伯颜（赛典赤孙）、阿里等一批色目官僚，他们与皇后卜鲁罕暗中多有勾结，淆乱朝政，官场中贪污因循的风气有增无减。正直清廉的官员们大都敢怒不敢言，张晏也几次上奏欲告病还乡，前些日子说是已获准即将离京。

听到这些令人忧虑的朝中乱象，王实甫悲从中来，他怆然叹道："我等书生，即便是有报国之心，又有何德何能唤来清风，扫除污浊？唯有远离庙堂，辞了这无用之官得一个自在之身为上策。"

两人一番唏嘘。

易不剌金又问王实甫为何不来府上居住，何以与玉京书会的一干人厮混在一起。

王实甫将自己写了《西厢记》杂剧，请教于关汉卿等散曲大家，还要请他们排演此戏的心思一一道来。易不剌金却说：“你虽不为官，但也不能入了那下九流，德信你写杂剧也罢，听散曲也罢，也都是解闷取乐而已，何必与他们一起随俗浮沉？”他又说：“依我之见，德信你应该在大都开一个商铺，专售定兴老家的菊花酒，说不定另有一番富贵，也给儿孙们攒下一份家私。”

王实甫笑而不答。

“你听听这个。”他念道，“西洛张生多俊雅，不在古人之下。苦爱诗书，素间琴画。德行文章没包弹，绰有赋名诗价。选甚嘲风咏月，擘阮分茶。”

易不剌金无奈地摇头：“你呀。”

第四十回 净碧波

赛儿在砖塔胡同租住的小院别致宁静。院子里原有一片几近枯黄的竹林，她不知从哪儿找来一个会种花草的老人，经过一番精心侍弄，竟使得那片竹林起死回生，渐渐返绿，叶儿也茂密起来。

王实甫那晚走进小院时，夜已清凉，赛儿却正呆呆地面对一簇簇修竹，站在那儿一动不动。

月光下，见她竹一般瘦削的背影，一种怜爱如潮水般涌上王实甫的心头。自从来到大都之后，赛儿似乎失去了曾在普救寺里的欢悦，她也不愿去玉京书会那边与人相处，常是独自一人守在小院里。

可王实甫这些天却顾不上陪伴赛儿，他正和玉京书会的人一起为排演《西厢记》而成天忙碌。

关汉卿对此事全力投入，他这次不肯让王实甫再掏银两，与梨园的票友们凑了些银钱，从扬州那边请来几位年轻的艺人，一个叫朱小小，准备饰演莺莺，一个叫班竹，饰演张生，还有一个叫秋月的饰演红娘。这三位生长在江南水乡，出落得腮红脂白，水灵灵的，一口软绵绵的吴侬软语，一下子让沉闷了好几年的玉京书会活色生香。大都城里的少爷公子、新老票友，有事无事都往剧社里钻，都想先睹为快。

元杂剧在大都拥有广泛的市民看客，更有一个个公侯、缙绅与富家，凡有宴会、小集必用散乐，或邀请艺人们到府上演出。智乐坊一带的街市上除了玉京书会，还有好些个演出杂剧的班底，各家也都想法拉近一些写散曲杂剧的文人，著名的有白朴、马致远、郑光祖，还有高文秀、纪君祥、石君宝、尚仲贤、李好古、李文蔚等。可谓人才辈出，作品争奇斗艳，各放光彩。关汉卿的《单刀会》、马致远的《汉宫秋》、白朴的《梧桐雨》流行天下，江南一带也已十分活跃。

在与关汉卿等人的不断交往中，王实甫对元杂剧已深得其味，而且别有新意。

元杂剧具有完整、严密的结构体制，“四折一楔子”是元杂剧最常见的剧本结构形式，即每个剧本一般由四折戏组成，有时再加一个楔子，演述一个完整的故事。个别情节过长的戏，也可写成多本，王实甫的《西厢记》即五本二十一折。实甫担心过长，但关汉卿告诉他，有一纪君祥写的《赵氏孤儿》也为五本，还有一叫杨景贤写的《西游记》共六本二十四折，可连续演近一月。

元杂剧以北方音乐为基础，因此有别称“北杂剧”，采用的是北曲联套的形式。每一折用一个套曲，每个套曲一般都连缀同一宫调的数十支曲牌。常见的是第一折用仙吕，第二折用南吕，第三折用中吕，第四折用双调。也有使用其他宫调的。曲词按曲牌填写，一折之中的每支曲牌都押同一韵脚，不可换韵。有时又有向其他宫调借用一支或几支曲牌的情况，称为借宫。

杂剧角色分为旦、末、净、杂。旦包括正旦、外旦、小旦、大旦、老旦、搽旦。正旦为歌唱的主要女角，外旦、贴旦为次女角。末包括正末、小末、冲末、副末。正末是歌唱的主要男角，外末、副末是次男角，冲末是首次上场的男角，净是地位低下的喜剧性角色。杂是除以上三类外的演员，有孤（当官）、驾（皇帝）、卜儿（老妇人）、徕儿（小厮）、细酸（读书人）等。

王实甫与玉京书会一班人相处的日子久了，渐渐就跟家人一般。关汉卿已过六旬，实甫视为前辈，两人在一起讨论杂剧，增删剪裁，莫衷一是，王实甫毕恭毕敬，但有时也婉转表达自己的主张。偶尔他们也免不了会有争论，这在文人之间极为惯常，所以哪怕他们有时争得面红耳赤，赛帘秀、马二他们也并不上前劝阻。

在《西厢记》的排练中，王实甫渐入佳境，对杂剧的了解由表及里，近乎痴迷。关汉卿的知己珠帘秀不遗余力地悉心指导，赛帘秀自告奋勇扮演老夫人，朱小小、班竹、秋月几个来自杭州的年轻戏子得到关汉卿这些高人指点，废寝忘食地研磨剧情，领会角色，只恨不得将自己化作了剧中的人儿。

王实甫给御史台写出辞呈，因病乞休，多时未得回复，料想是无人理会，便索性不去管它，一心扑在《西厢记》的排演之中。到了这年底，王实甫托易不剌金背地里询问，好歹才得到准辞，不禁如释重负，终得自在，便更加放下心来，有时在玉京书会排练到半夜才回到李赛儿的小院，有时则干脆就在剧社和衣而卧。

这天，赛儿说要给他做莜面窝窝，又叫"栲栳栳"，王实甫本来答应赛儿早些回去，可下午与关汉卿聊得高兴，几个又喝了会子酒，不由得昏然睡去。醒来已是深夜，他突然想起赛儿的话，慌忙从饮酒的罗宋床头爬起，悄然推门出来，直奔赛儿的小院。

想她早已安睡，却没料到她夜半尚孤零零地站在竹林旁，王实甫又愧又怜，只怕惊了她，便先轻轻咳嗽了两声。赛儿早听得他的脚步，却并不回头，对着竹林吟道："独坐幽篁里，弹琴复长啸。深林人不知，明月来相照。"

王实甫叫一声："赛儿！"掠步上前欲拉她的手。李赛儿却将身子一闪，自顾说："那王维也是山西蒲州人，他的诗读来倒多了一层滋味。"又仰首朝天，似在自语，又像是在询问："比那刘禹锡作的'露涤铅粉节，风摇青玉枝。依依似君子，无地不相依'，如何？"

此番情景，让王实甫不由得想起与赛儿好几次相会，都是在月下，那朦胧之中的佳人似隐似现，如她的性情时刚时柔，便应道："依依似君子，无地不相依，赛儿你就是这君子似的竹啊。"

他将赛儿不由分说地搂在怀里，低头相望时，却见赛儿脸上泪光盈盈。他疼惜地问："赛儿，你怎么了？"

赛儿抹去泪水，使劲挣出他的怀抱："早知你言而无信，我又何必费这一番心思？"原来她白日去集市买回羊肉和莜面，回来好一番工夫，做成了莜面窝窝，锅里的水烧开一滚又一滚，她到门前看了好多回，差点烧干了锅底，也没等到王实甫归来。

王实甫满怀歉疚："是我的不是，只顾看他们排演，竟把赛儿的好饭食给忘了。"赛儿抽身往房里走去："忘了就忘了，这都半夜了，你还来这里作甚？还是回你的剧社去吧。"

王实甫嬉笑道："好赛儿，在大都这里就是我的家，你快别生气了，明天我一定早早回来。"他跟上前去，想随她进屋，不想赛儿在门前一把推开他，月光下蓦然回首，一手指着王实甫，咬牙说道："王公子你可记住了，我李赛儿可是那好人家的女儿，不是那逢场作戏的戏子，任你想来就来，想走就走。"

王实甫听了心里一沉，在他看来，戏子也并非都是薄情之人，关汉卿与珠帘秀的缠绵相恋天下流传，玉京书会及勾阑瓦肆的戏子们比官场上道貌岸然的伪君子要干净得多。但此刻他不想与赛儿理论，她可怜的身世已足够悲惨，有多少怨气都由着她不时发泄吧。

赛儿进得门去，将房门紧闭。王实甫欲月下敲门，但思来不妥，只得退出院门，又将那院门掩上，还是回玉京书会去了。

《西厢记》的排演一波三折，其间断了银子，又有人生病换角儿，几次三番折腾之后，终于在元大德四年（1300）一个秋高气爽的日子正式开演了。

王实甫事先并未敢太多声张，他心里忐忑不安，董解元的《西厢记诸宫调》早已为民间熟知，自己又毕竟是半道出家，人们会接受他的新编杂剧吗？可关汉卿以玉京书会的名义，邀请了京城的诸多文友，受到邀请的人们看在关汉卿杂剧泰斗的分儿上，无一不按时赶赴剧场，都好奇这一出不同于诸宫调说唱的杂剧《西厢记》会是怎样。

剧场里座无虚席，一开场就抓住了台下的看客，接下来那戏文环环相扣，情节虽与《董西厢》相差无几，但删去了烦琐的枝节，每一步进展都十分紧凑且细腻，不能不引人入胜。尤其那一句句唱词更是美妙绝伦，如花间美人，令人唇齿留香。

待那朱小小扮的莺莺婉转吟唱："〔折桂令〕想人生最苦离别，可怜见千里关山，独自跋涉。似这般割肚牵肠，倒不如义断恩绝。虽然是一时间花残月缺，休猜做瓶坠簪折。不恋豪杰，不羡骄奢；自愿的生则同衾，死则同穴。"一时间，剧社内果真是千绕百回，如翠鸟鸣叫，余音绕梁，一折唱毕，台下叫出雷鸣般的好来。

那剧情一折紧似一折，每一折都有起有伏，高潮迭起，虽然看客们早已从董解元的诸宫调中熟知崔莺莺和张生的故事，但王实甫的《西厢记》人物性格更为鲜明可爱，结尾处，令人意想不到的是一改张生的始乱终弃，而是永老无别离，万古常圆聚，愿天下有情的都成了眷属。

剧终，剧场内一片沸腾。

如从未饮过的甘露琼浆，人们从《西厢记》中体味到对爱情忘我的追求，体味到久违的美满和甜蜜。在一次次改朝换代中，多少人经历了家破人亡、妻离子散，一旦有了少许的安宁，更期盼过活得幸福美满，《西厢记》给受尽惊吓的人们带来了极大的情感慰藉。那一句句绝美的唱词不是唐诗宋词，胜似前人绝句，更是让人们享受到绝美的汉语言的奇妙。

这晚，人们在剧场里久久不愿散去。

玉京书会也彻夜灯烛通明，关汉卿和珠帘秀将所有参演《西厢记》的角儿、琴师，跑龙套的，管衣箱的，甚至拉大幕的都请上了席面，马二在五福坊叫来成席的酒菜，有烤羊腿、烧鸡、全鱼，又托人在挨近官酒库的湛露坊沽来好酒，大家伙儿在智乐坊勾阑里办了一个庆贺宴。关汉卿举杯说道："多日没这么高兴了，《西厢记》一鸣惊人，德信啊，你知道别人是怎么夸这词的吗？说这填词的人是千古绝技。"

王实甫不饮自醉，深深地沉浸在演出的情景和看客们的喝彩声中，一如醉了酒似的神色恍惚，脸色潮红，突如其来的赞誉让他应接不暇，甚至找不到合适的话语来应答。

他环顾四周，倾心说道：“最应该谢谢的是关先生，还有玉京书会的各位，倘若不是你们诸位抬举，实甫的这些笔墨何以化成台上活生生的大戏？我要敬关先生，敬珠师傅，敬班竹、小小、秋月……”他端着酒碗与众人一一碰杯，然后举碗就饮，轮次喝过数碗，已是脚步踉跄，眼神飘移。

添书见势上前劝道：“公子，吃些菜吧。”

王实甫推开他，只管朝前敬酒，眼看就要醉倒在地，身旁突然伸过一只手，将他的酒碗一把夺过。王实甫正待发火，回头一看却是李赛儿，她穿一件红袄儿，端着酒碗似笑非笑地看着他。

实甫醉笑道：“你何时来的？”

头日便约赛儿来看戏，赛儿摇头不允。但她其实今儿暗地里来到剧社，坐在后面，一直从开场看到结尾，这会儿说：“公子挑灯推敲多日，《西厢记》终于在大都上演，我岂能不先睹为快？”

说着高举起从王实甫手里夺过的那碗酒：“赛儿不能帮公子做别的，这碗酒让我代你喝了吧。”

马二他们一旁叫好，说道：“赛儿不喝谁喝？”

这天夜里，大半人都醉了，尤其李赛儿醉得不识来路，赛帘秀唤来两个老妈子，将她扶着送回家。王实甫道过谢，正要随赛儿往外走，突然想起：“小小呢？小小为何不在？”

他这一说，席面上倒确实不见那扮演崔莺莺的朱小小，马二说：“先前还在的。女孩子家家，多半有些自己的事情。公子不必在意。”

王实甫带着些醉意道：“这戏演得出彩，有一半功劳在小小，你们瞧见了吧？只要小小一开口，就是满堂喝彩。这庆贺宴上怎能少了她？你们还不将她找出来？我得敬她一杯，汉卿兄，你说是否？”

关汉卿微笑点头，说：“这小女子藏到何处去了？”

正说着，燕山秀走来，小声对他们说：“小小她自个儿关在屋里哭呢。”二人惊问为何，燕山秀说：“唉，她一个亲姐姐几年前被卖到扬州，再也没有音讯。小小她这会儿不知怎么就思想起来，忍不住地难过呗。”

王实甫听罢心里不忍，说：“你们带我看看去。”

燕山秀说："公子不用费心，让她哭一哭，说不定反倒好受些。"关汉卿却说："德信他要看看，就让他去吧，小小她累了这些天，今日又刚演了头场，别一伤心把身子也伤了。"

朱小小年方二八，扮崔莺莺在台上光彩夺目，这会儿却是蓬头垢面地缩在房里一张小炕上，头饰早就卸了，一头乌丝散乱，脸上的妆粉被泪水刷得红一道白一道，见王实甫带人进得门来，女孩儿吓得忙跪倒在地。

王实甫见状，道："可怜见的，你赶快起来。赛师傅说你家姐姐不知音讯，却是为何？"朱小小哭道："我跟姐姐从小到大都在一起，七年前父母去世，姐姐跟我一起进了戏班，我来大都之后，姐姐和戏班却不知又流落到何方。方才戏文中唱到'永老无别离，万古常圆聚'，想起来就好不叫人伤心。"说着又低头抽泣不止。

实甫和燕山秀几个怜她小小年纪，好生劝慰了一回，实甫说："只要在戏班里，还愁找不到？回头托人去杭州、扬州那边，将你姐姐也一并接了来，让你们姐妹团聚，岂不是好？"

小小听了破涕为笑，连连磕头叩谢。

正说着，添书急慌慌一瘸一拐地跑来，叫道："二公子，二公子，您还不过去看看，赛儿姑娘把家里的东西都砸坏了！"

第四十一回 黄金台

李赛儿喝得酩酊大醉，被人扶回小院之后，一直唤着实甫的名字，但却迟迟不见归来，后闻实甫去了戏伶朱小小房里，便不由得一时怒火中烧，在房里砸开了东西。

她捡着身边的瓷瓶、花钵，见一个砸一个，实甫和添书赶回小院时，李赛儿还在屋里砸着，两个老妈子守在屋门外，战战兢兢地不敢上前，见王实甫他们回来，叫了一声“爷”，说：“总算是来了人，这李姑娘莫不是疯魔了？”

王实甫一步跨进门去，只见屋子里满地碎片，李赛儿正举着一个前日所买的瓷枕要往地上砸。那葱绿色的瓷枕镂空又加点彩，两旁还有并蒂莲的纹饰，并烧了宋人吴芾的诗：“我来才见月初圆，两度池开并蒂莲。嘉瑞还来非偶尔，悬知连岁有丰年。”赛儿买时还一个劲称道，说这龙泉窑烧的瓷货坚致润泽，光可鉴人，实甫连日伏案，脖子老叫酸疼，枕了这凉爽的瓷枕一定会好许多，但此刻她挣红了脸颊，举着瓷枕就要往地上摔去，王实甫喝道：“住手！”

他一个箭步上前，抓住赛儿的手夺过了瓷枕。

李赛儿不依不饶，反手来抢，嘴里嚷道：“你还来此作甚？这些物件都是我的，我想砸就砸，碍着你什么事？”

实甫道：“好端端的，你又生的哪门子气？明知我为了这《西厢记》思虑了多少个白天黑夜，今日能在大都上演，难道还不让我欢喜一回？”

赛儿却仍然强辩道：“谁不让你欢喜来着？我不是担心你喝多了酒伤身子，还努着劲儿去替你代酒吗？平日我什么时候喝过那些个黄汤？”实甫放下瓷枕，搂过她的身子说：“赛儿的心思我晓得，可好好的你却生什么气，看把这些好看的瓶子罐子都砸了，难道不是银子买的？”

赛儿在他怀里扭着身子，别过脸去说：“就要砸。反正我也是个无家的人，砸完这些劳什子落个省心，想去哪儿就去那儿……”说着声音变了调，那眼泪哗哗地跟着往下流。

实甫心疼不已，说：“你看你，怎么又说这些个话？你我不是早就说好了吗？一辈子也不分离，我走到哪儿你就跟到哪儿，过些天咱们就一块儿回定兴去，那儿才是我们的家。”

自从跟王实甫相好以来，性格刚烈的李赛儿变了个人似的，时不时像个爱撒娇的小女子。王实甫拿手帕替她抹去眼泪，又让老妈子进来收拾了屋子，倒些热汤水让赛儿洗刷。一直折腾到天都快亮了，才安顿下来。赛儿这时才说：“明明见你跟在身后回来，我还让小丫头烧了醒酒汤等你喝，可你为何又蹿到那个朱小小屋里去？”

王实甫这才恍然大悟，原来赛儿是在吃醋，于是将朱小小姐妹的遭遇说了一遍。李赛儿听罢冷笑道：“天下人有几家又是团圆的？她好歹在这世上还有个亲姐姐，像我这样儿的，寻遍天下再也找不出个亲人，又上哪儿哭去？”说着眼泪又哗哗地落下，直到捂着脸说不出话来。

实甫只好又抱住她，在她耳边一个劲劝慰不止。

《西厢记》很快红遍大都城，街头巷尾总能听见有人哼唱着戏文：“碧云天，黄花地，西风紧。北雁南飞。晓来谁染霜林醉？总是离人泪。”或者：“〔步步娇〕昨夜个翠被香浓熏兰麝，欹珊枕把身躯儿趄。脸儿厮揾者，仔细端详，可憎的别。铺云鬓玉梳斜，恰便似半吐初生月。”

玉京书会的戏班每夜都在勾阑里上演，散场之后免不了再喝些酒水去乏。那勾阑不远处有一砖塔胡同，那晚关汉卿几个就说："不如去砖塔胡同那边有一家羊肉汤馆喝上一回。"

砖塔胡同东口有一座八角七重檐的青灰色砖塔，名为"元万松老人塔"。万松老人本姓蔡，名行秀，河南洛阳人。十五岁时在河北邢台的净土寺出家当了和尚，后来云游四方，在河北磁县的大明寺继承了雪岩满禅师所传的佛法，专攻禅学。以后又重返净土寺，建万松轩居其中，故自称"万松野老"，而世人则敬称其为"万松老人"。万松老人博学多才，精通佛学，讲经说法透彻警人。他来到燕京，其身处空门、志在天下的胸怀受到了当时金章宗的极大赞赏。后来元朝定都北京时，元世祖忽必烈慕名而来，投身门下，参学三年。万松老人平时给世祖讲经说道，告诫他要以儒治国，以佛治心，切勿乱施暴政，祸国殃民。世祖深以为然。万松老人常常席地而坐为世祖弹琴吟曲，世祖为答谢他，将宫中承华殿的古筝和"悲风"乐谱赠给了他。万松老人圆寂后，世祖授意为他建了砖塔以作纪念，紧靠其北侧的街巷也随之而得名为砖塔胡同。

元代杂剧在京城流行之时，将演杂剧的戏院叫作"勾阑"，勾阑内有戏台、戏房、神楼和腰棚，大的勾阑可容纳数千人观戏，砖塔胡同及附近的口袋底胡同、钱串胡同、玉带胡同有戏班、乐户和勾阑不下二三十家，终日锣鼓喧天，仿佛"歌吹之林"，曲家聚集，常是饮酒作乐、通宵达旦。

汉卿、实甫、杨显之等人在羊肉馆吃喝得酣畅。关汉卿兴致勃勃地说："这万松老人的得意门生耶律楚材留下的故事不少，你们可知他和当时圣上一段喝酒的典故吗？"

杨显之说："这个我有所闻。帝素嗜酒，日与大臣酣饮，楚材屡谏，不听，乃持酒槽铁口进曰：曲蘗能腐物，铁尚如此，况五脏乎！帝悟，语近臣曰：汝曹爱君忧国之心，岂有如吾图撒合里者耶？赏楚材以金帛，敕近臣日进酒三盅而止。"

王实甫也听说过这个典故，笑道："耶律楚材大人其实自己也好酒，他有一次与诸王宴，醉卧车中，帝临平野见之，直幸其营，登车，手撼之。楚材熟睡未醒，方怒其扰己，忽开目视，始知帝至，惊起谢，帝曰：有酒独醉，不与朕同乐耶？笑而去。楚材不及冠带，驰诣行宫，帝为置酒，极欢而罢。”

关汉卿点头，感慨道：“当年太祖、太宗皇帝性情豪爽，与耶律楚材这样的臣子来往甚密，也算是留下一段段佳话，倘若编成戏文，说不定也有人会来观看。”

几人说笑，直至夜深。

不料那晚易不剌金和管家杨更携王结也悄然来到这勾阑，混坐在堂下观看了《西厢记》。王结稳坐于斯，从头至尾不动声色，即便周围看到拷红、长亭作别等场面时，都忍不住时悲时喜，那坐在身旁的杨更也不时大声叫好，王结却丝毫不为所动。

散戏后，杨更一路喋喋不休，连声赞道：“《西厢记》绝妙至极！王公子他可真是才华盖世，这出戏称得上是杂剧夺冠之作。还有呀，那几个角儿也着实漂亮，听说是从江南请来的，唱功了得……”

那勾阑门口车水马龙，好些个王公贵族乘坐豪华的车马前来看戏，散场时仆人又陆续将马车引了过来，挤得水泄不通。

易不剌金想领着王结去后台见见王实甫，王结却立在勾阑门前拱手道：“今晚不必打扰父亲大人了，小侄另寻日子前来看望。”易不剌金便不再相强，叫杨更招过马车来，送王结回宫。

王结也不肯，说：“区区几步，小侄走着片刻就到，何劳府上车马？”说完就此别过，径自走了。

易不剌金看出这少年的心性非同一般，便只有目送他远去，却对杨更叹道：“这父子俩都是饱读诗书的人才，但看样子儿子比老子更像是为官之人。”

那王结独自走过砖塔胡同东口，恰巧路过一家灯光通明的羊肉馆，里面传来笑语喧哗，王结陡然听见像是有父亲的声音，不禁一愣。他走近几步，探头朝里一望，却见店堂里热气缭绕，几张大木桌、宽板凳，桌面上大瓦盆堆着小山似的羊肉，一个个大酒碗就像家里使过的小盆儿，一桌人正在高谈阔论，旁边还有一桌在猜拳划拳。

王结看了一会儿，不由得眉头收紧，欲进又退。他转念走进店内，向前堂的小二要了一片纸，写上几行字然后叠成一个蝴蝶的模样，递给小二：“麻烦你交给桌上那位正在饮酒的先生。”

王实甫与关汉卿几个正一边说话，喝得高兴，小二过来递给他那个纸条，他一看忙问：“谁给你的？”

小二指着门口：“那个年少的公子。”

实甫顾不得言语，抬脚就朝门前赶去，但哪里还有踪影。但他心中明白，八成是二儿王结来到身边，那蝴蝶折纸是他熟悉的模样。在定兴究窐村家里的树荫下，妻子婉常用孩儿们练过字的废纸，时常教他们折出一个个蝴蝶、蜻蜓、小老鼠、小兔子、小鱼儿。

他打开纸条，见到两行字：“一醉三日苦，饭茗不欲思。”

实甫见罢苦笑，年少的儿子居然在提醒他了。

不几日，王实甫告别关汉卿和玉京书会的诸友，要回定兴去。关汉卿他们多有不舍，说这《西厢记》演得正红火，为何突然要回乡呢？

实甫说：“实甫出门多日，从山西到大都，不觉又已有年余，家中老母妻儿也不知近况如何，实在是要回乡看一看了。”

各位一听也道应该，便不再挽留。关汉卿说：“你放心，即便你不在跟前，这《西厢记》只要有人看，便一日也不停演。”马二也说：“王公子，前些时看官甚多，书会收得一些银钱，关先生说了，要给你三成，正好你回乡带着。”说着从屋里取出一个小包袱，里头有些散银，两三个钱串，合着也有十两八两银子。

这钱虽不多，但可知心意，实甫先道了声谢，推辞道：“这且不可，各位多有辛苦，这钱你们几个分了吧。”马二说：“从来写这杂剧脚本的曲家都有分成的，德信公子不必客气。”

王实甫与玉京书会交往已有多年，早知书会和戏班的人清贫拮据，关汉卿的那件青布衫都缀了补丁，还一直穿在身上，那珠帘秀一代名角儿，平日也根本舍不得添置首饰，只是一些旧行头将就着。实甫不忍多言，将那小白包袱双手托回到马二面前，说：“关先生与各位待我如同家人，这些银两就算我贴补家用，请马师傅你留着吧。”

朱小小几个年轻的艺人听说他要走，眼泪哗哗地围上来，问他去了几时再回大都。实甫见那小小梨花含泪，想起托人在杭州那边打听到了小小的姐姐，说是随一个戏班去了温州，王实甫便说：“你们放心，早晚会找到本人，那时就请人将她带到大都来找你们。”

小小欢喜不尽。赛帘秀和燕山秀几个妇人都道：“德信公子真是功德无量，她们姐妹若是团聚，这《西厢记》的班底就又强了一分。”

实甫对关汉卿道：“实甫这次回到定兴，还有一件事情想谋划，看何时把咱们玉京书会的戏班请到定兴去演些日子，让家母他们也一饱眼福。”

话一出口，赛帘秀、马二几个点头称好，朱小小几个年轻的角儿更是兴奋，恨不得当即就随了实甫往南而行。

实甫笑道：“要请各位前往，我还得先回去整好戏台才行。实甫的家乡古来便有招贤纳士之风，离陋舍不远处有一黄金台，又称招贤台，相传是燕昭王所筑，礼郭隗以致士，名将乐毅、剧辛也曾先后去到那里。”

关汉卿也来了兴致，说：“南朝宋代文人鲍明远有诗《放歌行》，岂伊白璧赐，将起黄金台，说的就是这里吧？”

实甫拱手道：“汉卿兄博学，鲍明远的诗指的正是德信家乡的黄金台。此次等我回去料理一番，再请诸位去到定兴，演《窦娥冤》《西厢记》，登黄金台，喝菊花酒，感乡野之风也。”

关汉卿一干人都道：“德信所言极好，我等翘首以待。”

第四十二回　混江龙

远远望去，勤公府的红漆大门色泽已显暗旧，台阶的石缝里生出了苔藓，一个老家丁靠在耳门角落里前冲后倒地打盹。王实甫到跟前跳下马来，丢下缰绳就快步往府里走去。添书碰了碰打瞌睡的老家丁，那人一惊，揉开眼一看，大声呼叫起来：“啊！二公子回府了！二公子回府了！”

院里，管家乔叔掖着长袍，一脸匆忙地迎将出来，王实甫也顾不得与他寒暄，径直朝母亲阿夫人住的正房而去。乔叔跟在他身后叫道：“二公子，夫人此刻不在屋里。”实甫回身问：“啊？”

乔叔领他来到侧院，指着枣树旁的厨房说：“阿夫人这些天总要在厨房里张罗一阵，说要炸馓子。”王实甫心想，眼下并没逢节庆，母亲为何想到炸馓子？丫头兴儿在门口一眼看见他，叫道：“二公子回来了！”实甫跨进厨房，只见母亲果然在里边忙着，头上的白发又添了许多，松松地绾了一个发髻，只斜插了一根玉簪，身着粗布衣衫，腰间系了一条围裙，猛一看就像个厨娘。她正弯腰伏在案前，双手揉动着面团，听得兴儿叫公子，便侧头看来。

实甫心尖酸痛，两眼发热，一声“娘”刚叫出口就不由得落下两行泪来，他扑倒在母亲跟前，抱住了母亲的腰。

阿夫人挓挲着两手，生怕将面粉沾到他身上，慈爱地说：“儿啊，你回来了？在那堤上看书太久了，口渴了吧？兴儿，还不快给二公子倒茶来？”母亲失忆，但却时刻都念着他，像是刚才还在身边似的：“儿啊，你昨日不是说要吃馓子吗？我这就揉好面了，一会儿就炸给你吃。”又叫：“兴儿，赶紧往灶里加柴火，把锅烧起来。”

实甫越加难过，自责道：“娘，娘！孩儿对不起您！孩儿早就该来早晚陪着您才是啊！”他热泪纵横，长跪不起。阿夫人心疼地摸着他的脸，也顾不得手上全是面粉：“儿啊！你怎么哭了？谁欺负你了吗？叫你父亲来，替你做主！”

实甫伏在母亲膝前，恸哭起来。

不知什么时候，一只手搭在他的肩上，柔声唤道：“官人，快起来吧！”实甫听出是妻子婉常，忙笨拙地抬袖擦去脸上的泪水，撑着膝盖站了起来。婉常一手扶着他，一手递过一块汗巾。

夫妻俩多时不见，这时显得有些陌生拘谨。婉常她身材丰润，眼角也有了些细纹，一双眼睛看着他，不怒也不喜。实甫微微躬身道：“娘子，实甫这厢有礼了！”

婉常扬起眉毛，略带惊讶地说：“官人，你多礼了！”也忙屈膝还礼。阿夫人一旁含笑看着他们，说：“好！好！”她见儿子儿媳相敬如宾，显然十分快乐。

实甫从京城给母亲和婉常各买回两匹衣料，均是泉州那边来的绸缎，光滑柔软，颜色雅丽。阿夫人是个爱美的人，摸着绸缎爱不释手，口里念叨：“真好看，我拿给老爷看看去，给老爷看看。”她说着便往后院走去，婉常忙吩咐兴儿和两个小丫头跟上，搀扶着阿夫人，别让她摔着。

不多时，大儿王金和小儿王千从学堂归来，见过王实甫，都雀跃不止。实甫往日在家对待儿子们多有宽容，很少斥责，孩儿们都不惧怕他。俗话说：“只愁生不愁养”，像是一眨眼的工夫，大儿王金已长大成人，去年在定兴已经过乡试，准备来年进京赶考。小儿王千尚在黄金台书院念书，居然背得父亲的诗文：“也不学刘伶荷锸，也不学屈子投江，且做个范蠡归湖。绕一滩红蓼，过两岸青蒲。渔夫，将我这小小船儿棹将过去。惊起那几行鸥鹭。似这等乐以忘忧，胡必归欤。”

王实甫听来，又惊又喜。这是他前年在家所写，不想放在书房里，却被孩儿们好奇读来，竟然如唱歌谣，每日都拿到嘴里倒背如流。婉常纵然平素只许孩儿读四书五经，不许读闲杂诗文，但毕竟是父亲的诗作，便也没有太加干涉。小儿王千直叫：“爹爹，爹爹，你看我背得好不？”

实甫看婉常脸色不以为然，便道：“千儿，为父那些诗和散曲只是一时游戏而已，不成好诗，千儿不必背诵。还是听你娘的话，多背些四书五经，来日也学你二哥，去求个功名。”

王千道：“不嘛！我就要背爹爹的诗，我们书院的学生都爱读爹爹的诗和散曲，还听说爹爹写了一出《西厢记》，京城里的人都抢着看，他们也都打听着想到大都去智乐坊看看呢。”

婉常不悦地叫了一声：“千儿！”

王千不解地看着母亲，婉常说：“你爹爹旅途劳顿，该歇息了。你们各自回房去读书，明儿一早我再问你们的话。”又叫丫头翠屏将王金兄弟送回房去。

兄弟俩只好回房，临走又问：“父亲，您这次回来能住几天？”

王实甫心里惭愧，连忙说：“爹爹这次回来不走了，就陪着奶奶和你们。”儿子们走后，夫妻俩洗漱宽衣，婉常依照以往的习惯，替实甫温好了一小壶茯苓茶，放在床头的小案子上，又将他脱下的麻鞋顺头放在床下。王实甫看在眼里，在床前给妻子行了一礼，道：“娘子你辛苦了！”

婉常嗔道：“官人这次回来，为何变得这般客气？”

实甫看着妻子，心里似有万语千言，这些年，婉常侍候婆婆和儿子，每日的饮食，早晚的功课，大小事情都得由她来悉心照管，如果没有婉常，哪会有勤公府的今日？王实甫对妻子说：“这家里的事全靠娘子你多年操劳，实甫我心中有愧，怎能不这厢有礼？”说着，他拱手连连作揖。

婉常扑哧一笑："官人这一说倒显得夫妻好不生分。婉常虽然一早盼着官人好生为官，让满腹诗书也有那用武之地，但官人不喜功名，却爱那自在，人各有志，婉常又怎能相强？"

王实甫听她这一说，不由得喜从心来，笑道："娘子如此通达，实甫还得再作一礼。"说着就做拱手状，婉常拨开他的手，说："罢了罢了，官人你终年在外奔波劳累，该有多少辛苦？婉常相夫教子乃是分内之事，何足道哉，官人休得再取笑我也。"

两人说笑一番，夫妻俩宽衣上床，少不得一番亲热。

王实甫深知婉常是天下难得的好女子，心中感慨也不知是哪世修来的福分，让他今生娶了这女子。但奇怪的是，越这样想，对婉常越多了尊重，却少了亲昵，竟连往日的枕边话也再难以启齿，那房中之事居然提不起劲来，白忙活一阵颓然而退。

婉常冰雪聪明之人，哪会没有知觉，她沉默了些时，从王实甫的呼吸里知道他也并没有睡着，便突然问道："官人，你前次不是说要将李赛儿娶回家的吗？怎么你这次没带她回来？"

实甫一惊，妻子显然对他和赛儿相处的情况了然在心。他一时无语。离京前，他曾多次劝赛儿一道回定兴，但赛儿却执意不肯，最后冷笑道："我李赛儿好歹也算是好人家的女儿，若是跟你做妾，我自己脸面倒在其次，爷爷和父母九泉之下情何以堪？"说着潸然泪下。实甫从此再不敢提起此事。

可她孤身一人，怎不叫人担心？赛儿那晚一时兴起，提剑起舞，呼呼生风，雪亮的剑锋在夜色中划出一道道银光，而后收势立定，说："公子尽可放心，赛儿的武功虽然没有长进，但谅他谁也不敢轻易招惹于我。"可实甫明白，那女子外表刚强，心里却是一片荒凉，这世上或许只有他体谅得，如今又撇她独自一个在大都，也不知她每日如何过活？

黑暗中，他不由得一声叹息。

枕边的婉常也不再多问，却道："不如意事常八九，能对人言仅二三，天下莫不如此。官人不说也罢，只是别为难自己，凡事皆有缘分，能看开些则看开些。”

王实甫伸手抚摸着妻子的脸，心里百感交集。

一日，勤公府门前的大槐树下聚集了好些人，朝那树上指指点点。那棵大槐树已有三百年，粗壮的树干，一人多高处的树杈间像一块小桌面，村里的孩儿们都喜欢爬上去玩，这天早上有个牧童打树下经过，大叫起来，树上怎么有一个石碌碡？

一下惊动了勤公府的家丁，那本是村头碾麦子黍米的碌碡，怎么会上了这棵大槐树？管家乔叔走来一看，顿时变脸失色。

王实甫这几日正在打算请关汉卿和玉京书会的戏班来定兴，他叫添书带了厨子，去镇上置办些牛羊、鸡鸭鱼肉，一伙人吆喝着刚要出门，迎面碰见王实厚和乔叔，两人都急慌慌地来找他。实甫见状，说：“大哥你不是腰疼吗？有什么事吩咐他们来叫我就是了，何苦劳神？”

大哥王实厚患了风湿病，腰疼了多时，这时佝偻着，额前皱纹挤作了一团，不安地说：“德信啊，有人往那门前的大槐树上放了个石碌碡，乔叔他说，是对咱家有仇的人找上门来了。”

王实甫一怔：“哦？怎么回事？”

年近六旬的乔叔沉着脸道：“二公子，看来这江湖上有人在算计咱们，这石碌碡是放的一个信儿，意思是警告，说他来过了。”乔叔曾在江湖上行走多年，说：“看这人武功非比寻常，大公子、二公子你们在外边有什么仇家吗？”

王实厚一脸发蒙地说：“我整日只在酒坊里忙活，要说仇家，难道是那些贩酒的商家？要说又有什么仇？”

王实甫一时没有回话，这些年他在山西、陕西可没少得罪人，达鲁花赤孛南奚？安西王阿难答？难道他们一直忌恨在心，不远千里来寻仇？想到年老体衰的母亲、病痛在身的大哥、妻子婉常和未及弱冠的儿子，不由得一身冷汗。

乔叔说：“当年我在大都也曾遇到过一个挑事的，将一扇石磨放在了树杈上，那时我年轻力壮，一手就将石磨给举了下来。唉，岁月不饶人，如今我使出十分气力，也难取下那石碌礴。”

当下吩咐一帮家丁，在那槐树旁搭了两架木梯，五六个人爬上去，挤挤擦擦地好不容易将石碌礴抬了下来，差点没砸着人的脚。王实甫心中气恼，在那大树干上钉了一张字条：“过往君子请自重，若有心交往请到府上小酌，若心存芥蒂也请明言，大丈夫敢作敢为，不必躲藏！王实甫随时恭候。”

过了两日未见动静，第三日清早，家丁发现王实甫写的字条已被人揭走，却另留下一张黄表纸，上写：“混江龙到此一游！”

乔叔看到之后沉思许久，说这混江龙是江湖上有名的杀手，看样子是受人之聘而来，但他虚张声势并没动手，或许是有所顾忌，也或许是另有主意。不管怎样得多加提防。

一开始未将此事告诉婉常，但勤公府内外气氛紧张，家丁们半夜里增加了好几遍巡察，婉常很快便察觉到了。她私下叫来乔叔询问，乔叔不敢相瞒，只好如实相告。婉常听后大吃一惊，急忙找到王实甫：“这事为何不早些告知于我？”

王实甫和一群汉子正在村头校场坝上练武，见婉常满头是汗地带着翠屏、兴儿赶来，便道：“咳，你一个妇道人家，知道此事只会白添些烦恼。我和大哥已商量过了，将从前父亲手下的兵丁邀约起来，开始每日练武，究室村确也要需守护，也给那寻事的一个震慑。”

当年王逖勤婉言谢绝世祖忽必烈赐予的高官，以身负旧伤带着手下辞官还乡，究室村自从有了王家老爷把持而得以安宁。可眼下时过境迁，当年那些勇武的兵丁年事已高，即使添了些新人，也都武功平平，不能与从前相比。

婉常看那校场上练武之人大都头发花白，不胜操练气喘吁吁，不禁双眉紧锁。王实甫劝慰道：“娘子不必担心，那贼人多半是冲我而来，但实甫为朝廷秉公行事，惩戒恶人贪官，一身正气怕他作甚？只是怕殃及了周围乡亲，才让他们练武有些提防。那贼人若真是敢来，就我一人也将他收拾了。”

婉常摇头：“官人不可大意！自从世祖皇帝驾崩，虽然新皇已继位几年，暗地里觊觎皇位的仍大有人在，趁乱而起，寻机报私仇泄私愤的更不得不防，咱们岂能平白受那伤害？”

实甫叹道：“没想到婉常你平日只在勤王府内，却是洞晓天下大事，你若是为官理政，岂不纵横朝野？”

婉常正色道：“官人休得说笑，石碌礴一事不可掉以轻心，我今日就回河内村，请哥哥他们作些计较，请官人与我同行。”

实甫只得应允。

这些年，婉常娘家的父兄不断遭到诋毁，父亲张弘略因病去世，但哥哥张玠、张瑾，弟弟张琰都于世祖皇帝在世时已先后为官，分派到福建、江西、河北各地，还算平稳。叔父张弘范的儿子张珪文武双全，才华出众，由世祖皇帝先钦命为昭勇大将军，后又为枢密副使，太傅月儿鲁那演言：“珪尚少，姑试以佥书，果可大用，请俟他日。”帝曰：“不然，是家为国灭金、灭宋，尽死力者三世矣，而可吝此耶！”遂拜镇国上将军、江淮行枢密副使。

这日王实甫与婉常携儿前来河内张府，恰巧张珪前些时日刚自川、陕归来，在河内张宅小歇几日，他闭门谢客，只在府内读书或习字，也处理些报来的公务。但闻王实甫夫妻前来，张珪破例亲自设宴欢叙，还把自己的五个儿子一一都叫到跟前，恭敬地给王实甫敬酒。

张珪如此看重，是因成宗皇帝遣使巡行天下，派张珪使川、陕，一路正好听到不少关于王实甫任监察御史的传闻，知他亲民疾苦，赈恤孤贫，罢冗官黜贪吏，深得民心。张珪道：“德信兄如此为官，珪深以为然，当今天下若再不廉政亲民，前景实在堪忧也。”

婉常听张珪对实甫连声称道，有些出乎意料，又不禁心中暗喜，一旁趁机说：“官人他奉公行事，却招惹了一些恶人。”便将近日石碌礴一事道出。张珪听罢怒道：“大胆贼人，竟敢挑衅到勤公府门前？我这就着人搜寻，看是哪来的恶徒！”

王实甫忙道：“将军不必！这点小事不必惊动四方，我和家人自有防范。”张珪道：“你我都是一家人，自然是要相互关照。我明日即将赶赴浙江，府上还留有好几十精干家丁，他们都曾随我南征北战，你们只管吩咐就是。”王实甫点头道：“将军如此美意，实甫感激不尽。就请府上的壮士每日到我究室村来演练一回，让勤公府里的家丁们也跟着长些见识。”

张珪此时已擢江南行台御史，又迁浙西肃政廉访使，他雷厉风行，劾罢郡长吏以下三十余人、府史胥徒数百，征赃巨万计。张珪并已得知浙江盐司奸利之事，有人已经告发，但此事关系行省，有不少人内不自安，欲加害张珪，则贿赂他身边的人，被张珪察觉，正欲设法处置。王实甫也应帝命，理过盐政，这晚，张珪与他交谈至深夜。张珪正在经历的险恶，勾起王实甫的许多回忆，他把自己掌握的一些情况告知张珪，两人一时惺惺相惜，说不完家国之忧。

第二日起，河内村张府的一众强悍精壮的家丁果然骑马来到究室村，这一下村头的校场坝里人声鼎沸，杀声震天。乔叔一连多日的愁模样也露了笑脸，说道：“看那混江龙再敢踏上究室地面？”

第四十三回 柳花飞

究室村里像过大年似的，来自大都城里的玉京戏班在勤公府旁的戏台上连唱了十天大戏，引得四面八方的乡绅、商人、农夫赶车骑驴，带着一家老小、亲戚朋友潮水般赶来。村里农户家的炊饼一筐筐提到戏台下叫卖，也是供不应求，塘溪酒坊的菊花酒、杏花酒更是被一抢而空，连多年窖藏的老酒也不得不往外抬。

大哥王实厚的腰疼病也忘了，领着伙计们忙进忙出，连戏也没顾得上好好看。多日不去问候婆婆的刘氏觍着脸去找婉常，说演得这么热闹，她也要陪着婆婆阿夫人一道听戏。

婉常却只听了一出，便不再允许儿子王金和王千去听戏，晚间戏台那边锣鼓喧天、咿咿呀呀，婉常则端坐书房，陪着儿子习文。

压轴戏是《西厢记》，这晚，实甫一再相邀妻子："你前日说戏文里有些艳词，孩儿听来不宜，但这《西厢记》是我多年心血写就，难道你全不在意？"婉常这回才说："官人呕心沥血，为妻怎能不在意？这回是一定要去听的。"

实甫不禁大喜。等到要开戏时，婉常携着两个儿子、丫头小子们一干人来到戏台前，早有安置好的座位，摆设了瓜果点心。台上的朱小小他们都知道今晚少夫人来观看，演得格外卖力。谁知刚演到一半，那台下的婉常竟站起身来，领着两个儿子和丫头们拂袖而去。

散了戏，王实甫陪着关汉卿和一班艺人吃了夜宵，带着些醉意回到家里，见到婉常就忍不住怒气大发："我问你，为何要闹哄哄领着儿子们中途退场？难道存心要在众人面前给我难看？"

婉常见他脸色潮红，身子歪斜，忙吩咐丫头翠屏到厨下做了碗醒酒汤，亲手端到他面前。王实甫却不加理会，指着婉常的脸斥道："看你这一副水火不进的模样，好不叫人恼怒！"

他心里恼怒的还不止这些，关汉卿、杨显之和赛帘秀、燕山秀他们一行来到究室村，他当然要奉为上宾，在勤公府里设下家宴盛情款待。特意叮嘱乔叔拿出多年珍藏的蜜枣酒、菊花酒，备了些上等的粉羹馒头、割肉散饭、时令蔬果，欲一醉方休。但婉常却似乎不屑一顾，连出厅来见上一面都执意不肯，说："妇道人家哪有抛头露面，陪酒作乐的？"王实甫只好在席上再三解释，说内人身体欠安。这让在京城就多时吵着要见嫂夫人的张改、马二一帮人失望不已，一旁窃窃私语，说那少夫人分明是看不起他们这些戏子。王实甫听在耳里，也不便再加疏解，心里已是尴尬万分。

这晚又见婉常带人退场，王实甫心中的恼怒更是忍无可忍，散场回到家来，借着酒劲对婉常一番责骂："说什么妇道人家抛头露面多有不雅，你根本就是目中无人。可你别看他们身为下九流，无缘高官厚禄，但人人穷得干净、活得硬气，是那响当当的铜豌豆。我王实甫宁愿与他们为伍，也不愿待见你这侯门小姐，你若不屑，只管回你的张府便是，咱们从此往后井水不犯河水。"

说完便呼呼睡去。所谓酒后吐真言，平日里婉常知书达礼，贤良得体，任他挑不出半点瑕疵，可尽管夫妻间早晚举案齐眉，实甫内心却是渴望妻子少一些礼教、多一些性情，只是这些心思平素都深藏着并不想流露，没想到自己会酒后发泄。

一觉醒来口干舌燥，却见屋里空无一人，他叫了好几声，添书才跑进门来，告诉他二少奶奶带着两位小公子回河内村去了。实甫惊疑不已:“什么时候走的?为何未曾听她言语?”

添书咕哝道:“二公子您酒后发怒,将二少奶奶痛责一番,二少奶奶她看上去十分气恼,一早起来就叫翠屏她们收拾衣物回张府,我看连过冬的衣物都带走了,看样子一时半会儿没打算回来。”

王实甫已全然记不起来酒后说的话,添书便学说了一遍:“二公子您说:我王实甫宁愿与他们为伍,也不愿待见你这侯门小姐,你若不屑,只管回你的张府便是,咱们从此往后井水不犯河水。”

王实甫听来大惊,懊丧不已。

细细回想昨晚的情形,猛然想起婉常也跟他争论来着,说:“原来你那《西厢记》不过是些淫词艳调,污了我们耳朵而已,怎么能不让孩儿们退场,难不成让他们也学那些浪子风流?”如此想来,王实甫不觉手足冰凉,到底不是知音,只能是无言以对。

想罢,便无心去河内村接回婉常,索性看她究竟要怎样。两个儿子总归是要去学堂读书,他隔三差五到夫子庙探问一回便是。

于是他不再去想婉常,只安心陪伴在母亲阿夫人身边。院外锣鼓声响,夫人侧耳听着,笑道:“儿啊,外边在演大戏呢,来来来,我牵你去看。”母亲眼里的儿女永远是长不大的,王实甫连忙应和母亲:“好呀好呀。娘,您牵着我的手,我们一道去看大戏。”

那晚是玉京戏班最后一场《西厢记》,王实甫陪母亲坐在台下观看,母亲看得入神,时而皱眉,时而也拍手叫好,偶尔还随着那腔板哼唱几声。看着母亲喜悦的脸,王实甫内心祝盼每天都能如此,他突然生出一个念头,要陪送母亲到大都去。

燕子呢喃,柳花翻飞,王实甫将母亲阿夫人请进了京城,他们住进易不剌金府上。易不剌金的父亲阿剌罕大人前年在任上突然过世,易不剌金一见阿夫人也不禁热泪盈眶,双手挽住便叫:“姑母!”一边跪下叩头。

阿夫人自定兴来到京城,见一路新奇,高兴得像个孩子,进得府来便说:“这宅金邸好大的门楼,怎么像是来过的?”又见易不剌金到面前磕头,不由得惊诧地弯腰回礼,道了万福:“这位大人姓甚名谁?老身怎敢受你如此大礼？”易不剌金再叫姑母，说了自己的名字，可阿夫人连连摇头，全不记得了。虽然早知阿夫人失忆越来越重，这时易不剌金与王实甫免不了又好一阵难过。

阿夫人饭量也日渐减少，身体消瘦，王实甫在京城请名医给母亲把脉问症，一连多日亲自给母亲熬药煮汤侍奉。易不剌金从小失去母亲，待这姑母也就跟亲娘一样，嘱妻子、家人与管家好生侍候，除了阿夫人随身带的丫头之外，又拨了四个小丫头跟着侍候。

但阿夫人只认得王实甫，一刻不见便会问：“德信呢？德信他到学堂去了吗？”实甫不在的时候，丫头们便哄她说，二公子到夫子庙读国学去了。阿夫人就要去大门前张望：“德信什么时候回来？可不要贪玩，掉到塘溪河里。”

王实甫便早晚不离母亲，偶尔也抽空去玉京书会那边，与关汉卿几位排演新戏，赏析散曲。一天，赛帘秀凑到跟前说：“王公子，你怎么不去看看李赛儿？自从你走了之后，她就一病不起，这个冬天一直在喝药，直到春暖花开才好些。”

王实甫叹道：“赛师傅，难为你这么照看她。可我何尝没去看她，我早已听说她染了病，回大都的第二天就抽空去那小院，可敲了半天门，她就是不开。”

赛帘秀疑惑地说：“莫非是她躺在床上，听不见敲门声？”

王实甫摇头：“非也。刚敲门时有小丫头出来则个，但问过我的姓名便闭了大门，再也不回应，看来是赛儿她叮嘱了丫头，故意不理我的。”

赛帘秀说：“公子你要耐心些，这女孩儿的心思恰恰有时口是心非，明明思念的人，又偏偏不肯见，待到一定时候，自然心就软了。”

听了赛帘秀的话，王实甫对李赛儿又多了几分担心，这个性子刚烈又脆弱的女子，不知究竟怎样了？

他再次来到那小院门前，只见柳絮飞扬，门侧春联还是前年王实甫亲笔书写：“试从梅蒂紫边寻，更绕柳枝柔处问。”当时正是那门前柳树欲吐新芽，引得他兴致大发，信手写来宋人晏几道的这两句词，李赛儿亲手包了扁食，两人举杯共度元宵节。这时却见春联纸角卷起，任风刮动，好不凄冷。

但这次王实甫仍然吃了闭门羹。任他将门拍得山响，那门儿里却如深海一般毫无动静。跟在身后的添书劝道：“二公子，这左右的街坊都伸出头来打探，您就别拍了。”

王实甫满地下寻找，好不容易在那树根下找到一块墨石，在那粉墙上写下几行诗：“来迟不是春无信，开晚却疑花有恨。又应添得几分愁，二十五弦弹未尽。”然后悻悻而归。

之后又几次让添书买些吃食送去，但也未得赛儿开门，只好把篮子搁在院子门前。后来从赛帘秀那里得知，赛儿的病倒是好了些，但还咳嗽着，不想见人。王实甫便央告赛帘秀：“既然她能开门见您，不如我也跟了去，好歹跟她说几句话。”赛帘秀起初不允：“她那人最恨的是欺哄蒙骗，我若带了你去，日后她肯定会跟我翻脸。”但耐不住王实甫一再央求，只好择了一日同去。

听得敲门声，一个小丫头来开了个门缝，见是赛帘秀便把门打开来，不料身后又钻出个人，这小丫头正待叫唤，王实甫已经几步就跨进了院子。一眼看见李赛儿半卧在廊前的躺椅上，似睡非睡。从侧面看去，人是清减了许多，便忍不住脱口就叫：“赛儿！”

那榻上的赛儿瘦削的肩膀一哆嗦，猛地回头看来，满眼恍惚：“公子！公子！”

那赛帘秀早已在门前悄然退去。王实甫上前一把抱住赛儿，女子将头紧紧地扎进他怀里，声音飘忽地说：“我又做梦了。公子，你在哪里？”

王实甫伤感地说：“我在这里，赛儿，我就在你身边。”

那小丫头满脸诧异地站在一旁，见这情形不由得也悄悄退开，嘴里嘀咕：“不是说不许给这位王公子开门的吗？”

这李赛儿外表冰冷，内心却如烈火，她的确暗下决心，绝不再见王实甫，不想不明不白地与他相处，但却又无时无刻不记挂着他，真个是“香消了六朝金粉，清减了三楚精神”。在王实甫回到定兴的日子里，她唯一的期盼就是赛帘秀她们的到来，总能带给她一些王实甫的消息，她时而后悔不该固执，没有跟王实甫去定兴，时而又痛定思痛，要与王实甫一刀两断。

如今真切地回到这人的怀抱之中，赛儿的一切决心都瞬间化为乌有。实甫告诉她，他把母亲也接到了大都，这回得住些日子了。李赛儿在他怀里仰头问道：“这日子有多长？一年？两年？还是……”实甫一时哑口无言，不知如何回答。

日子似乎又回到了那几年，多了母亲在身边，王实甫心里更为踏实，每日逗留于大都的勾阑酒肆，听遍了不同戏班的故事演绎低吟浅唱，体味到人世间繁华喧闹、世态炎凉。

李赛儿心情也大好，愿意不时陪着他四处走动。王实甫最爱的去处还是那砖塔胡同一带，每次都要在万松老人的塔下站立片刻，赛儿那天围着砖塔转了好几圈，见实甫仍站着不动，便问：“公子，你怎么每次到此总要发呆？”

王实甫说：“哦，这塔是世祖皇帝和那耶律楚材为他的老师万松老人所建，每次到此都不免想起他们来。”

赛儿道：“我爷爷曾说，世间英雄各为其主，助元的金人中，他唯独敬重耶律楚材。”

王实甫点头，他心里也正是这么想的。耶律楚材在金章宗明昌元年（1190）生于燕京，出身契丹贵族，是辽太祖耶律阿保机的九世孙、东丹王耶律倍八世孙、金朝尚书右丞耶律履之子。父亲用《春秋左氏传》中的“虽楚有材，晋实用之”的典故，给他取名为楚材，他身材高大，满面胡须，成吉思汗给他一个美称为：吾图撒合里，意为“长髯人”。

耶律楚材年幼时曾随母杨氏定居义州弘政（今锦州义县），饱读诗书，精通汉文，旁通天文、地理、律历、术数及释老医卜之说，下笔为文，若宿构者。蒙古军攻占燕京后，成吉思汗得知他满腹经纶，遂派人向他询问治国大计，并带他征西夏，他谏言禁止州郡官吏擅自征发杀戮，使贪暴之风稍敛。窝阔台汗即位后，耶律楚材倡立朝仪，任中书令（宰相），被誉为“社稷之臣”，他初执掌中原地区赋税事宜，设立州郡长官，使军民分治；制定初步法令，反对改汉地为牧场；建立赋税制度，设置燕京等处十路征收课税所；积极恢复文治，逐步实施以儒治国。

王实甫仰望简朴素净的砖塔，尊崇地一一数来："耶律楚材大人议礼乐、立宗庙、创学校、设科举、举贤良、求方正、劝农桑、薄赋敛、尚名节、崇孝悌、赈困穷，殚精竭虑，创举颇多。"

赛儿站在他的身旁，含笑看他："公子不也是这样的人吗？"王实甫摇头不已："我哪有耶律大人的这许多建树？"

赛儿说："公子在山西、陕西的所作所为，世人皆知，公子也想轻赋税、重农桑，去冗员、黜酷吏，不是为此还得罪了安西王吗？"

王实甫轻抚着砖塔，叹道："是啊，但凡要行正义，必会受挫折。那耶律楚材在成吉思汗、窝阔台汗两朝任事近三十年，多有襄助之功，但到了皇后脱列哥那称制时，因屡弹劾皇后宠信之奥都剌合蛮，渐被排挤，之后竟然忧愤而成疾，死时才五十五岁。蒙古人、汉人都为他悲伤难抑，大蒙古国数日内不闻乐声。"

赛儿脸上显出敬仰之意，道："那时虽为敌国，但我父亲他们对耶律大人也多有赞誉。"

砖塔前有两棵常青柏树，王实甫每次来，都要去邻近的人家讨些水浇一浇，他看着水渗入树根，说："太祖皇帝发现耶律大人时正值皇上英姿勃发，大展宏图，而我得见世祖皇帝之时，皇上已身患有疾，老之将至，对许多谋划已心有余而力不足。我等无力补天，只有引身而退啊。"他转而又说道："哈哈，耶律大人曾有两句诗，你听我念来：了了了时谁可晓，闲人原不是闲人，赛儿你看这诗可像我和关先生这些人的情状？"

赛儿似有所悟："想要了的人和要了的事都有了尽的时候，谁又能知道呢？闲人原来不是那真正的闲人。倒真有几分贴切。"又想起来："小时候也听爷爷读过耶律大人的一首诗：历代兴亡数张纸，十年胜负一盘棋。因而识破人间梦，始信空门一着奇。"赛儿说着说着，眼神飘忽，脸色寂然。

马二突然急匆匆地从胡同那边跑来，一边叫着："王公子，王公子！"王实甫见他满脸焦急，忙迎上去问："马师傅，何事惊慌？"马二跑到跟前，眼中含泪道："关先生快不行了！"

第四十四回 落花尘

这关汉卿得病已久，只是多年来强力勉撑，元大德四年（1300）大渐[①]，终于当年去世。与他相交甚密的王实甫和一帮文人替他张罗了丧事，请僧诵经，鼓钹喧敲彻宵，三日后亲戚友人挽送。众人抚棺悲泣。

被艺人们称为朱娘娘的珠帘秀与关汉卿半世交好，更是悲号不已。头七后，忽飘然而去，屋内只留下几张素笺，上面写着："山无数，烟万缕。憔悴煞玉堂人物。倚篷窗一身儿活受苦，恨不得随大江东去。"她素日的弟子赛帘秀、燕山秀等惊恐不止，怕她寻了短见。寻访了一些日子，原来珠帘秀不忍在大都玉京书会目睹汉卿的旧物，只身回到杭州去了，从此隐姓埋名，再也没有消息。

玉京书会一时群龙无首，赛帘秀、燕山秀、张改几个都不约而同地对王实甫说："王公子，关先生一走，若没人领这班头，玉京书会只怕也会分崩离析，我等随风飘零也罢，可关先生多年经营的班底也就化为乌有了，不如请王公子您做了这班头。"

---

① 大渐：古语病危的意思。

王实甫初时不肯，一再谦让，说关先生为普天下的郎君领袖，盖世界浪子班头，而自己才疏学浅，未能理会得梨园中的究竟，如何做得？但赛帘秀、燕山秀等人苦苦相劝，杨显之、王和卿几个也极力说：“德信你豪侠仗义，才华盖世，早已赢得众人推崇，《西厢记》铺叙委婉，深得骚人之趣，这班头你不做谁做？”

王实甫直是推辞，说家中有老母需要侍奉、妻儿需要眷顾，怕是不能料理班头之事。

燕山秀拉下脸来：“王公子推三阻四，我看不为别的，只是因为出身豪门，来往均是王公贵族，哪能与我们这些不入流的戏子为伍？我看众人也不必再涎着脸求告王公子，从此往后咱们大路朝天，各走一边。”

好几个也起哄道：“说得是，今日起，玉京书会就散了吧。马二你把存的银钱拿出来，给兄弟们分了好做盘缠。”

朱小小几个年幼的见此情形，嘤嘤地相互抱着哭起来。

王实甫一声长叹：“唉！你们何出此言？我王实甫辞官不做，与这玉京书会来往并非一日，难道你们还看不出我的心迹吗？关先生待我恩德有加，我岂能眼看这班底分崩离析？既然你们非要我做这班头，那我就应了吧。只是一条，日后但有更为合适的能者，我即刻让贤。”

赛帘秀等人喜出望外，纷纷叫好。

燕山秀上前拱手行礼，道：“适才言语有所冒犯，实在是盼公子领头心切，请公子恕罪。”

王实甫见大家诚心推举，也就只好做了这班头。

他看透人间世相，熟悉民情，不由得抖擞精神，将玉京书会再次振作，可谓“风月营密匝匝列旌旗，莺花寨明飐飐排剑戟，翠红乡雄赳赳施谋智”。几年间，诸多文人归于旗下，玉京书会的戏文传唱京城内外，各处戏班无不效仿。

一日，赛帘秀对王实甫说：“公子，眼看又快到关先生的忌日，公子你看再排一回《窦娥冤》如何？关先生所写的杂剧甚多，但这出戏最得喜爱。”

王实甫称道："你说得是。可惜当年演这戏的师傅们都不在了，不过朱小小他们几个出落得不错，足以告慰汉卿兄。"

几人商定之后，很快便排出了新《窦娥冤》。那朱小小长相俊美异常，体态婀娜多姿，几年来从小荷才露尖尖角到大器初成，更兼一副如金石又如丝帛之声，婉转留连，出神入化，这回演了窦娥，将那女子一腔冤情唱得天地颤泣，看客无不落泪。

那晚，台上演到窦娥将被斩，朱小小饰的正旦窦娥悲悲戚戚云：告监斩大人，有一事肯依窦娥，便死而无怨。（监斩官云）你有甚么事？你说。（正旦云）要一领净席，等我窦娥站立；又要丈二白练，挂在旗枪上：若是我窦娥委实冤枉，刀过处头落，一腔热血休半点儿沾在地下，都飞在白练上者。（监斩官云）这个就依你，打甚么不紧。（刽子做取席站科，又取白练挂旗上科）

接下来朱小小（正旦）与监斩官几番对话，又唱："你道是天公不可期，人心不可怜，不知皇天也肯从人愿。做甚么三年不见甘霖降？也只为东海曾经孝妇冤，如今轮到你山阳县。这都是官吏每无心正法，使百姓有口难言！"

台上直唱得悲愤难诉，台下哭声骂声一片，突然间，勾阑进门处响起厉声高叫："住口——！"

王实甫每晚都坐在台侧观看，这时听得这一声高叫，还以为是街面上的混混在闹事，正要示意马二去看，不料戏台两侧唰唰上来两队兵丁，转眼间把占了戏台，台上台下顿时大乱。

那扮刽子的傻傻站立，扮窦娥的朱小小抖作一团，扮监斩官的是那张改，朝那些兵丁大着胆子吼了一声："你们要做什么？"

上来一个腰间佩以银符的百户，他脸色骄横，二话不说就给了张改一鞭子，抽得他脸上顿时开花，鲜血直流。王实甫从台侧冲将前去，怒斥道："放肆！哪家的狗奴才到这里撒野？无端欺负良民百姓，是何道理？"

那百户问明他是王实甫，是这里的班头，稍稍减了些气焰，但依然一脸蛮横地说道："告诉你们这些不知死活的东西，《窦娥冤》这出戏早被官府明令禁止，你们竟然还敢在京城上演！从今儿起封了这剧社，你既是这里的班头，就跟我们走！”

台下的看客陆续已被驱赶出大门，赛帘秀、朱小小、马二等人也都被链子锁了起来，一干兵丁过来拉扯王实甫。

王实甫暗中思量，这事肯定是有要人指使，料他一个小小的百户不会如此胆大妄为。此时如果与他动起手来，只怕是寡不敌众，反倒连累了玉京书会这一班人，于是冷笑着推开兵丁：“你们都给我住手！不是要带走我吗？那就先放开他们，我一人随你们去！”

百户说：“哼，你倒是条好汉！那就请吧！”

眼看赛帘秀、朱小小她们被松开了锁链，王实甫甩开袖子走下戏台，随那些兵丁往外而去。不料正在这时，门前闪过一条黑影，一把长剑拦住了兵丁，喝道：“公子快走！”

王实甫定睛一看，却是束头箭袖、一身戎装的李赛儿，是她在家中听到添书报信，立马换装提剑飞奔而来。实甫心头一热，却说：“不妨事，我就跟他们去，料他们也不敢把我怎的。”

赛儿急道：“公子，你休要中了人的暗算！快快走吧！”

说话间，那百户提刀扑将过来，“快给我拿下！”四下的兵丁一窝蜂扑上来，李赛儿挥剑就要砍，王实甫一把拽住她的胳臂，低声叫道：“赛儿不可造次！你快离开此地，免得他们都遭祸殃！”他一边暗指戏班各位，一边发力将李赛儿朝大门外猛地一推。

李赛儿无奈，只好提剑退去。

大德十一年（1307）春。

正月初八，元成宗孛儿只斤·铁穆耳驾崩于大都玉德殿。皇太子德寿原本早夭，成宗再无子嗣，皇位一时空缺。依照蒙古旧制，可暂由正宫皇后卜鲁罕摄政，由她择日召集宗亲大臣举行忽里台大会，另选新君。皇后和左丞相阿忽台准备拥立成宗的堂弟安西王阿难答，理由是阿难答是世祖忽必烈皇帝诸孙中年龄最长者，乃召其入京辅政。

阿难答早已在长安窥视已久，立刻迫不及待地进了京城，他一边加紧与皇后和左丞相密谋，只待忽里台大会举行，则将登上皇位；一边在京城秘密盘查，排除异己。因为与此同时，右丞相哈剌哈孙则试图拥立世祖皇帝的曾孙孛儿只斤·海山和他的兄弟爱育黎拔力八达，他已在成宗死后立即秘密派人通知在漠北的海山和在怀州的爱育黎拔力八达母子迅速入京。

安西王阿难答的密探遍布京城，稍有跟随右丞相、反对阿难答的嫌疑必遭凶险，一时间，风云诡谲，危机四伏。

玉京书会的剧社被封，王实甫被带进大都的监狱，这一消息让易不剌金等人深为震惊和不安。安西王阿难答已控制京城的守卫，抓捕人的百户显然是他的手下，但百户尚不知道从前王实甫曾多次上奏举报阿难答，如若王实甫被捕一事传到阿难答那里，肯定性命难保。在皇位空缺、一片混乱之际，杀人放火均不为奇，即使杀掉像王实甫这样有过功名的人，在心狠手辣的安西王阿难答眼里也不过只是捏死一只蚂蚁。

王实甫独坐在阴森黑暗的牢狱中，他只想到不过是又一次所谓犯忌，不该上演被官府禁止过的《窦娥冤》，却未曾想到他已陷入灭顶之灾。那些兵丁把他推进这间牢房之后，再也未加过问，甚至连吃喝也懒得给，王实甫摇动栅栏，不时叫喊："来人啊！来人啊！"

看守的兵丁过来，喝问他叫什么。王实甫说："你们把我抓进来，究竟我犯的什么罪？为什么没人过问？快放我出去！"兵丁道："这可由不得我，我看你就好好待着吧，要出去也得等咱们安西王当上皇帝，说不定他一高兴来个大赦，你不就出去了？"

王实甫一听安西王，不由得大惊。

这些年净琢磨散曲杂剧，早把官场上的人和事丢在了脑后，此时听来恍如隔世，心中暗叫不好。如果是安西王有意捕他入牢加害于他，肯定是必死无疑。又想死不足惜，只是上有老母，白发人送黑发人，岂不痛煞母亲？还有三个儿子，往日抚爱甚少，大儿王金身子欠佳，总算在婉常操持下去年成了亲，眼看就要抱孙子，也不知生男生女？二儿王结走上仕途，三儿王千乡试未能进取，都不知前景将会如何？妻子婉常自那次观看《西厢记》拂袖而去之后，夫妻俩再无多话，聚少离多。还有赛儿，更是让人想来不安。

关押的号子里暗无天日，也分不清白天黑夜，王实甫没明没暗地熬着，也不知自己被关押了多少日子，这回真的像是走入了绝境。

王实甫在牢狱中度日如年，牢狱外急坏了好些人。易不剌金与王结两人商量多次，开始易不剌金打算去找张珪，但王结却说万万不可。

这王结从小随太史董朴受经，深研性命道德之学，故其措之事业，见之文章，皆有所本。宪使王仁见之，曰“公辅器也”。成宗皇帝时，王结充任皇帝侄子爱育黎拔力八达宿卫，曾为这位日后成为仁宗皇帝的爱育黎拔力八达上执政书，陈时政八事，曰：“立经筵以养君德，行仁政以结民心，育英材以备贡举，择守令以正铨衡，敬贤士以厉名节，革冗官以正职制，辨章程以定民志，务农桑以厚民生。”其言剀切纯正，皆治国之大经大法，宰相不能尽用之。

爱育黎拔力八达为世祖皇帝忽必烈的曾孙，早年从太常少卿李孟学习儒家典籍，后随母后答己出居怀州。成宗崩，与其母回京城大都奔丧，正与右丞相哈剌哈孙合谋，欲诛谋自立的安西王阿难答与中书左丞相阿忽台，拥立统军北边的长兄怀宁王海山为帝。王结作为爱育黎拔力八达的宿卫，对这一切了如指掌，明白决不能让父亲王实甫在这场你死我活的争斗之中丢了性命。

他告诉表舅易不剌金，此时千万不可惊动高层，应该趁阿难答正在千方百计阻挠怀宁王海山和他的兄弟爱育黎拔力八达，一心谋取皇位，根本无暇过问民间琐事之际，赶紧想法救出父亲王实甫。

易不剌金听出其中道理，立刻派府上的管家杨更使足银两，买通了在京城巡查之中封剧社、抓捕嫌犯的百户，趁他们尚不知道王实甫与安西王之间的往事之时，悄悄让拿足了银子的百户从号子里放出了王实甫。

重见天日的那天，易不剌金和王结都没有露面，杨更和添书扮作商人及仆人到监狱门外接应王实甫。走出大牢，上了杨更的马车，王实甫第一句话就问母亲是否平安。杨更不得不答，老夫人自王实甫被抓捕之后，每天都在门口守候，问德信怎么还不回来。有一天听得门外马蹄声响，她急着说德信回来了，不料提脚未曾跨过门槛，反一头摔倒在地，从此昏迷不醒，至今已有半月之久。

王实甫听罢如五雷轰顶，不禁坐在车上涕泪双流，哭道："母亲，让您老人家受苦了。"

第四十五回　天涯近

阿夫人躺在床上人事不省，多日来全靠灌些汤水，已是奄奄一息。王实甫进得府门，扑在母亲身边悲号不止，连连呼叫："母亲，母亲，实甫回来了，您快睁开眼看看。"

易不刺金和二儿王结在府中等候他的归来，妻子婉常竟也与小儿王千守候多时。夫妻相见来不及多言，实甫只管呼叫母亲，婉常等人见此状也不由得悲从中来。王结过去搀扶父亲，不料正在此时，那阿夫人的眼睛竟然开始缓缓眨动，添书一旁瞧见，大叫："快看，老夫人睁眼了！"

众人忙俯身细看，果见老夫人眼珠转动，目光清醒地环视左右，在人们一片呼唤中，她轻声问道："这是在哪里？"

众人都叫："夫人醒来了。"实甫紧握住阿夫人的手："母亲，母亲，这是在阿刺罕舅舅的府上，这是易不刺金表兄，我们在这里已经住了好几年了。"

阿夫人似乎已完全清醒，她抬头朝房中的雕花梁柱、桌上的瓷瓶什物扫视一番之后，说："我想起来了，这是阿刺罕大哥的家，我曾经来过。"又问："我怎么会躺在这里？我刚睡过一小会儿吗？"

王实甫含泪称是，说："母亲，您刚睡过一会儿。"

阿夫人对着王实甫的脸细细地看，不敢相信地问："你是德信吗？"

王实甫叫了一声娘，说："我就是德信啊。"

阿夫人抖索着伸手抚摸他的脸颊，难过地说："儿啊，你怎么变得这么老了呀？"王实甫刚经牢狱之灾，头发胡须花白，形容枯槁，身上骨瘦如柴，经母亲一说，不禁热泪长流。易不剌金一旁劝道："德信，姑母她终于清醒，是天大的喜事，不可再悲伤流泪。来来来，杨更，煨好的人参汤还不叫人送上来？"

杨更和添书连忙答应，婉常也忙吩咐，小丫头们一个个穿梭似的端汤送药，好一阵忙活。添书私下里告诉王实甫，这些日子多亏了李姑娘，她每日都来给阿夫人按摩全身经络，打通关节，阿夫人得以清醒，只怕多半是李姑娘的功劳。

王实甫这才想起赛儿，忙问为何今日未见她来。添书看了看正在照顾阿夫人的婉常、王结，支吾着："听说二少奶奶来了，李姑娘她只在夜深时才来，再说她这人性情各色，说来就来，说走就走，也没个准头。"

当晚，阿夫人奇迹般地喝了一小碗羊汤，还嚼了两口炊饼，连声说香。王实甫和婉常一家人围坐在阿夫人床前，心里充满了对上天的感激，总算是苦尽甘来，全家人能团聚在京城。

更为称奇的是，阿夫人的失忆症也似乎见好，经过的事情再也不忘，面前的人都能一一叫出名字，拉着孙子王结和王千的手儿不放，不断地说："我的儿啊，长大了，一个个都长大了。"且又接着说："我也该回去了。"

王实甫一惊："母亲，您要回哪里？"

阿夫人指着门外："我要回咱们家去，回定兴。"

婉常道："母亲，您刚刚好了些，还得安心养上一阵，儿孙们都在这里陪着，您只管养好身子才是。"

王实甫和易不剌金也跟着劝了一阵。见天色晚了，实甫又劝各自回房歇息，自己在这里陪着母亲。婉常说："官人连日疲累，也早些歇了吧，这里有丫头们侍候着，有什么事再到跟前来。"实甫点头："我稍坐片刻就来。”

等人都走了之后，王实甫亲手去铜盆水里绞好毛巾，又给母亲擦了把脸，问母亲要不要喝什么？母亲想了想说：“我想喝紫苏汤。”实甫忙问丫头有没有。丫头说：“回公子，府上的厨子做的是二陈汤，紫苏汤只有到街上香饮子那里去买。”

香饮子是专卖饮料的小店，门前挂着“饮子”的招牌，卖生姜汤、枣汤、薄荷汤、豆蔻汤、乌梅汤、木香汤、盐豉汤等。王实甫也顾不得夜深，带着添书亲自到街上的饮子，挑着买回了好几盅。再回到府里，却见烛光下，李赛儿正在低头给阿夫人按摩。

赛儿听见脚步声，抬起头来，王实甫与她同时呼叫：“公子！”“赛儿！”声音里都是百感交集。

等赛儿给夫人按摩完毕，实甫给母亲奉上紫苏汤，便与赛儿退出房间。夜风习习，赛儿仰脸看着王实甫的满脸憔悴，心疼地说：“公子这回又受罪了。当初倒不如让我一剑挑了那百户，我们远走高飞，哪里有这些罪受？”

王实甫说：“我知道赛儿你是为了我，可我们要是一走，岂不让玉京书会那班人连遭大祸？当下朝政混乱，杀人害命都无人追究，更何况这是安西王手下的兵丁，在他们眼里，百姓的性命连牲畜都不如。”赛儿一时沉默。

王实甫又感激地说：“赛儿，多亏你连日来给母亲打通经络，老人家居然恢复了记忆，真个是让人欢喜不尽啊。”不料赛儿却忧虑地说：“我虽然不懂医术，但往日随爷爷出门问诊多少也略知一二，我看夫人她平时的脉象极弱，今日却又格外跃动，只怕是……”

实甫忙问：“只怕什么？”

赛儿道：“唉，我只是担心而已。公子不必太过着急，你倒是应该吃些补药，将息一下身子，想那牢狱之中再是一个好人也会磨出病来。”实甫在那树影下抱住赛儿的肩头，说：“只有你这些话暖心，我会将息好的。过两日等我有了空儿，来小院看你。”

夜色中，看不清赛儿的表情，但听她迟疑道：“公子不必来看我。

你们一家人好不容易相聚，你又刚刚出得监牢，还是多陪陪老夫人，还有你的妻儿他们才是。”

王实甫从未见赛儿说话这么温柔，小心问道：“你看见他们了？”赛儿从他怀里钻出来，走到一边，背对他淡然说道：“她雍容大方，艳压群芳，倒真是一位少见的夫人，赛儿自愧不如也。”王实甫跟着走近她：“赛儿你不要这么说。”

赛儿转身落寞地说：“我说的都是实话。好了，不必再说了。”

王实甫想再将她揽在怀里，可赛儿在夜色中欲言又止，突然说：“我得走了。”她深深地剜了他一眼，纵身跳上高墙，王实甫闪过树影，欲追上墙去。

只听李赛儿低头说了一句：“公子，就此别过。”没容王实甫回过神来，她一闪身已消失在墙那边。

阿夫人喝了王实甫从街上饮子买来的紫苏汤，若有所思地说：“这个味道不对。”丫头问怎么不对，阿夫人说：“还是塘溪河里的水好。”阿夫人看着窗外发呆，见人就说：“我要回去了。”

王实甫安慰母亲：“我们这就回去。”

他告诉婉常和小儿子王千，尽快安顿好京城的事情，一起送阿夫人回老家去。

易不剌金和王结这些天脸色凝重，府上每日进出一些神秘的人，听说王实甫准备回老家，易不剌金便说：“德信，你稍在京城等一等。可知王结的主子爱育黎拔力八达正和右相哈剌哈孙操控时局，眼看就要与安西王阿难答他们决一胜负，目前正是最为当紧的时刻。”

京城大都正在上演一场你死我活的皇位争夺战。

皇后卜鲁罕在成宗皇帝驾崩之后，为防止在漠北的孛儿只斤·海山夺位，下密旨切断通往漠北的驿路。右相哈剌哈孙命人北趋报讯，疏通了通政院，改署手中驰驿文书的日期，使其先于卜鲁罕下旨之日，遂得以乘驿马赶往海山处。同时，右相哈剌哈孙悉收京城百司符印，封府库，称病卧于宫外，皇后卜鲁罕多次下旨，他都不听，也不处理政务文书。此举阻遏了皇后的发号施令，拖延了皇后和安西王阿难答筹划临朝称制的计划。

不几日，暗中已抵达京城的孛儿只斤·海山在其弟爱育黎拔力八达和众多在朝大臣的支持下，果然在忽里台大会上争得皇位，是为元武宗。武宗即位后爱育黎拔力八达被立为皇太子（实为皇太弟），领中书省、枢密院，相约兄终弟及，叔侄相传。

武宗即位，诛杀了企图政变的成宗皇后卜鲁罕和她试图拥立的安西王阿难答。召拜太子爱育黎拔力八达谕德，中丞久阙，方议择人，爱育黎拔力八达曰："必欲得真中丞，惟张珪可。"武宗即日召拜张珪为中丞，又命皇太子爱育黎拔力八达置东宫官属，任王结为典牧太监，阶太中大夫。易不剌金等人也得以嘉许。

这一拨又一拨的更迭，几人欢喜几人愁。

易不剌金府上大摆宴席，庆贺张珪、王结等人高就，一时高朋满座，也往周围胡同人家散茶饭、馒头、面食，各具丰腴。

儿子当官，宿敌安西王被诛，最应该举杯庆贺的王实甫却一心要回到定兴。易不剌金几次挽留，说："又逢盛世，德信你还年富力强，何不去求见皇上，也讨得一官半职？"

婉常知道实甫的性情，但也忍不住劝了一回："官人你既然喜欢逗留于京城，不如就在此为官，我们也都随你而居，侍奉老夫人，岂不是好？"

王实甫潸然泪下："母亲心心念念要回定兴，要饮那塘溪河水，我等岂能贪恋京城荣华。此心已定，你们都不要再多说。"

玉京书会的艺伶们也听说实甫要回定兴，一个个到府上来嚷着要随着去。朱小小拭泪道："俺们这几个从杭州来投奔关先生，如今他也没了，王公子您又要舍我们而去，让俺们如何是好？公子您就带着我们走吧。"

王实甫只有好言相劝。

武宗皇帝继位之后，大赦天下，被封的玉京书会等自然也都随之开放，但赛帘秀、燕山秀几人经过连番多次的折腾，已是身心俱疲，加之年岁也都渐老，自嘲上台也就是苟延残喘，少有了精气神。王实甫少不得给他们留下些银两，又嘱张改、马二几个支撑着班底，等他回到定兴安顿好母亲之后再作计较。

临行前他又到小院去找那李赛儿，不料竟是人去屋空。依然是柳树依依，但她却已杳无踪影，伴随她的小丫头也都不见踪迹。向周围邻舍打听，全都说不知。

尽管怀有许多心事，但王实甫还是麻利地安排好行程，和母亲、妻儿回到了定兴。

阿夫人一路乘坐马车，在软垫上半靠半躺，居然精神矍铄。夕阳西下时分，终于回到勤公府。大哥王实厚、刘氏等在府门前迎候着，一行人将阿夫人用软榻抬进了卧房。

阿夫人面带笑容，抬眼看着四周，然后说道："老爷，我回来了。"听这口气，又像是初得病那时的光景，却听她又说："德清、德信，你们将你父亲的家业好生照料着，记得让儿孙们读书。"

王实甫进门就叮嘱煮些紫苏汤，不一时端上来，阿夫人也不用丫头喂，先闻了闻香气，竟将那小碗紫苏汤一口气喝了下去，然后心满意足地说："总算是喝到了，一喝就是塘溪河里的水，真甜。"

王实甫和哥哥小心答应着，婉常、刘氏也都一旁侍候，说了会儿话，阿夫人说："我累了，想睡一会儿，你们都歇着去吧。"

当晚阿夫人安然入睡，整夜呼吸平稳，到早晨仍然一动不动。王实甫和哥哥来到床前问安，只见母亲双眼微闭，一脸慈祥，却呼叫不应，原来竟已驾鹤西去。当下两兄弟及儿孙们便呼天抢地悲号起来。

第四十六回 西厢梦（大结局）

王实甫为母亲守孝三年，继丁母忧，居倚庐墓，寝苫枕块啜粥。三年之后，他仍然拒绝了为官的劝告，终日游走乡间，爱写那从前的几行散曲：“也不学刘伶荷锸，也不学屈子投江，且做个范蠡归湖。绕一滩红蓼，过两岸青蒲。渔夫，将我这小小船儿棹将过去。惊起那几行鸥鹭。似这等乐以忘忧，胡必归欤。”

儿子王结一直得到爱育黎拔力八达皇太子器重。

武宗皇帝海山为了稳固江山，将前朝的大臣大多更换，又大兴土木，发行大银钞，财政发生危机。海山沉湎于酒色，册封了无数嫔妃，四年之后因嗜酒纵欲过度，才三十一岁就病倒而去世。爱育黎拔力八达皇太子仁宗即位，跟随他多年的王结被提升为集贤直学士，出为顺德路总管，教民务农兴学、孝亲悌长、戢奸禁暴，悉登于书，俾朝夕阅习之。属邑巨鹿沙河有唐魏征、宋璟墓，王结乃为二公修祠，表其言论风旨，以激励多士。王结后又迁任扬州、宁国，但从兄王绅——即王实厚的儿子任江东廉访司佥事，为避嫌王结辞而不赴，又改任东昌路，境内有黄河故道，夏月潦水，坏民麦禾，王结疏通为斗门以泄之，民获耕治之利。

王实甫欣慰的是，儿子王结虽然不断迁升，但仍敢于谏言，无论朝廷更迭，大起大落，均能自有风骨，深得父辈之风。至治二年（1322），王结参议中书省事，其时拜住为丞相，王结直言："为相之道，当正己以正君，正君以正天下；除恶不可犹豫，犹豫恐生它变；服用不可奢僭，奢僭则害及于身。"丞相拜住听其言，未过多久，除吏部尚书，荐名士宋本、韩镛等十余人。

泰定元年（1324）春，廷试进士，以王结为读卷官，后又为集贤侍读学士、中奉大夫。王结昌言于朝曰："今朝廷君子小人混淆，刑政不明，官赏太滥，故阴阳错谬。咎征荐臻，宜修政事，以弭天变。"皇帝诏王结知经筵，扈从上都。王结面对皇帝援引古训，证时政之失，帝有所感悟。

张珪也对王结赞不绝口，对王实甫说："王结非圣贤之书不读，非仁义之言不谈，立言制行，皆法古人，成大器者也。"王实甫说："我倒赞他敢于直言，正己以正君，正君以正天下。"

大哥王实厚的风湿症越加重了，他和刘氏的儿子王绅也为官在外，王家塘溪酒坊的一应事务交给了王实甫的小儿子王千。王千的才华不如二哥王结，但比大哥王金身体强壮，正好接下这一摊。

王实甫念大哥多年来为勤公府上下操持，故回乡之后也参与料理。他将塘溪酒坊重新作了修整，在门首画四公子：春申君、孟尝君、平原君、信陵君，以红漆阑干护之，上仍盖巧细升斗，若宫室之状。两旁大壁，并画车马、驺从、伞仗俱全，又间画汉钟离、唐吕洞宾为门额。正门前起立金字牌，如山子样，三块垒，云黄公垆。夏月多载大块冰，置于大长石枧之中，用此消冰水缊酒，槽中水泥尺深。

塘溪酒坊越发是生意红火，名声远扬。

王金、王结和王千均娶妻生子，勤公府里人丁兴旺，王实厚和王实甫儿孙满堂，于是又新修了宅院。

王结从仁宗皇帝爱育黎拔力八达、英宗皇帝等多年，但这几位皇帝在位时间都不长，多则几年，少则几个月，后来文宗皇帝继位，王结拜陕西行省参知政事，改同知储庆司事。天历二年（1329），拜中书参知政事，入谢光天殿，以亲老辞请还乡，文宗皇帝不允，曰：“忠孝能两全乎？”即赏赐土地千亩，勤公府因此得以扩展，重建的宅院高墙环绕，上有回廊、岗楼、墙垛，门楼宏伟，院中又有亭台楼阁，雕栏玉刻，斗拱相接，金虬伏于栋下，玉兽蹲于户旁，壁砌生光，琐窗曜日。府内和村头还垒起了两座戏台，也有雕龙画凤，木刻石雕。

原来玉京书会的一班人始终念着王实甫，竟在实甫守孝三年之后，从京城大都投奔到定兴究室村来。实甫本来有心搭一戏班，在乡间演一些杂剧，见张改、马二、朱小小一帮人自己找来，便高兴地收留了他们。府里乔叔给他们安置了住处，又添置些丝弦锣鼓、盔头靠把行头，从此王家戏班开始了大名府一带的巡演。

王实甫那些年前后所写的杂剧《崔莺莺待月西厢记》《吕蒙正风雪破窑记》《四大王歌舞丽春堂》，还有《韩彩云丝竹芙蓉亭》《苏小卿月夜贩茶船》《东海郡于公高门》《孝父母明达卖子》《曹子建七步成章》《才子佳人多月亭》《赵光普进梅谏》《诗酒丽春园》《陆绩怀橘》《双蕖怨》《娇红记》等十几种杂剧，终于在他家乡定兴究室村的戏台上演，十里八乡都来观看，甚至京城名流也都闻讯再次前来，尤其是《西厢记》的名声从大都传到定兴，又从塘溪河畔传遍了易水河两岸。

听不够：“〔鸳鸯煞〕柳丝长咫尺情牵惹，水声幽仿佛人呜咽。斜月残灯，半明不灭。畅道是旧恨连绵，新愁郁结；别恨离愁，满肺腑难淘泻。除纸笔代喉舌，千种相思对谁说。”

看不够夫人拷红娘：“〔夫人云〕这端事都是你个贱人。〔红云〕非是张生小姐红娘之罪，乃夫人之过也。〔夫人云〕这贱人倒指下我来，怎么是我之过？〔红云〕信者人之根本，‘人而无信，不知其可也。大车无輗，小车无軏，其何以行之哉？’当日军围普救，夫人所许退军者，以女妻之。张生非慕小姐颜色，岂肯区区建退军之策？兵退身安，夫人悔却前言，岂得不为失信乎？既然不肯成就其事，只合酬之以金帛，令张生舍此而去。却不当留请张生于书院，使怨女旷夫，各相早晚窥视，所以夫人有此一端。目下老夫人若不息其事，一来辱没相国家谱；二来张生日后名重天下，施恩于人，忍令反受其辱哉？使至官司，老夫人亦得治家不严之罪。官司若推其详，亦知老夫人背义而忘恩，岂得为贤哉？红娘不敢自专，乞望夫人台鉴：莫若恕其小过，成就大事，挼之以去其污，岂不为长便乎？〔夫人云〕这小贱人也道得是。我不合养了这个不肖之女。待经官呵，玷辱家门。罢罢！俺家无犯法之男，再婚之女，与了这厮罢。”

天下人看到此处，无不会心大笑，为那红娘的机智聪慧，也为王实甫的作词章风韵美。

塘溪河边，大都路前，一时间，人人争说《西厢记》，无人不知王德信。

勤公府里的子弟和家丁从来没有中断过练武习文，常于五月初五、九月初九于黄金台宽阔地面，习武击球。咸用上等骏马系以雉尾、璎珞，萦缀镜铃、狼尾，装饰如画，以两肚带装束其鞍。先以一马前驰，掷大皮缝软毬子于地，群马争骤，各以长藤柄毬杖争接之。而毬子忽绰于毬棒上，随马走如电，终不坠地。身手敏捷者，以毬子挑掷于空中，而终不离毬杖。马走如飞，然后打入球门中者为胜。当其击毬之时，盘屈旋转，倏如流电之过目。

王实甫早年也时常策马驰于毬场之上，观者动心骇目，称其英锐之气奋然。这一日，他站在黄金台上，观众子弟击毬，一时不由得技痒心动，叫人也牵过马来，跃上马背驰向毬场，执毬杖争击那飞旋的毬子，不料才两个回合，已是心悸无力，险些摔下马来。勉强撑得一场，气喘吁吁坐于一旁，自嘲道：“廉颇老矣！”

故此之后，再也不敢逞强炫技，自知老之将至。

夜宿勤公府西厢之中，恍然一梦，竟是婉常笑曰：“官人多年心事还不了？”王实甫问：“我哪来心事？”婉常道：“知夫莫如妻，官人虽身在定兴，但无一日不思念那李赛儿，何不将她找来？”王实甫正要回答，窗外一声鸟叫，将他从梦中惊醒。

次日清晨，见婉常正坐于台前梳妆，脸色平静，并无异常，便也不再思想，下床来更衣洗漱。不料婉常妆毕，转而对他说道：“官人，你多年心事还不了？”王实甫听来大惊，婉常的话竟如梦中一般，便道：“我哪来心事？”婉常似笑非笑道：“官人在梦中吐露心迹，已非一日，昨晚又念念有词。何不将李赛儿找来，我与她姐妹相称，共度春秋。”

那婉常相夫教子，虽已近老年但风韵犹存，端庄得体，勤公府内外无不称道。王实甫心中对妻子敬重多于恩爱，平日里仍然是相敬如宾，见妻子点破心事，不由得又多了几分感激，便道：“早知娘子贤德，只是那李赛儿性情刚烈，当年她就不肯进这勤公府门。这些年音讯全无，上哪儿找去？此事不提也罢。”

话虽如此，但王实甫心里何曾放得下，在他所写的散曲里不时流露心迹：“《中吕·十二月过尧民歌·别情》：自别后遥山隐隐，更那堪远水粼粼。见杨柳飞绵滚滚，对桃花醉脸醺醺。透内阁香风阵阵，掩重门暮雨纷纷。怕黄昏忽地又黄昏，不销魂怎地不销魂？新啼痕压旧啼痕，断肠人忆断肠人！今春，香肌瘦几分，缕带宽三寸。”

他也着人寻找过，后来依稀打听到赛儿已遁入空门，他决计无论真假，都要亲自找到赛儿一看究竟。

那日给婉常和长子王金说明，他便带着添书启程先去到了大都智乐坊，赛帘秀已成白发老妪，守着教坊里的弟子们，听那些小儿咿呀学唱。王实甫一则看望她，二则打听李赛儿的去向，可赛帘秀也并不知情，后来想起，多年前曾听一个去五台山进香的居士说见到过赛儿，那位居士曾是王实甫做山西县尹时的师爷，也算认得李赛儿。可那已经过去了多年，也不知后来的消息。

王实甫略加思索，和添书再上五台山。

多年前曾登此山，仍是一片葱茏，但那时步伐矫健，如今步履迟缓，添书的瘸腿更是终身残疾，一瘸一拐走得艰难。王实甫瞧他也已是花白头发，不禁心中难过：“添书，你随我大半生，可至今未曾婚娶，仍单身一人，白白耽误了年少时光，想起来好不叫人心痛。”

添书却回身笑道：“二公子说哪里话来？此生能跟着公子，走南闯北见多识广，比我的爹娘不知好活了多少光景。若是能重活一回，我还是要跟着公子。”

两人爬到山腰，添书又说：“等这次回到定兴，我得向公子告假三日。”添书的家乡早无亲人，王实甫奇怪地问：“你要去哪里作甚？”添书说：“公子日后便知。”

在五台山寺院终于打听到李赛儿，她确已入了空门，在山上修行多年，法名慧觉，近年已去弘法寺为住持。

那弘法寺在旧城，久有名气。金大定十八年（1178），潞州崔进之女法珍，印经一藏，进于朝。命圣安寺设坛，为法珍受戒，为比丘尼，后赐紫衣弘教大师，明昌四年（1193）立碑石，翰林修撰赵沨记，翰林侍讲学士党怀英篆额，那李赛儿即慧觉法师便在这弘法寺内。她一心护法，守护念诵那寺中至宝金代大藏经，世祖至元中曾重加校订，召集汉藏大德僧人学士等对勘汉藏两种大藏经的异同，编成《至元法宝勘同总录》十卷。①

王实甫好一番辛苦寻觅，终于在弘法寺的青灯古佛前遥遥见到端坐于莲花台上的慧觉法师，只见她双眼微合，嘴唇轻启，正无声念经。佛光环绕之中，丝毫不见当年李赛儿的神态。几番通报，小尼均称法师正在念经，从《般若》《宝积》到《华严》《涅槃》，无有休止，凡人不得打扰。

王实甫终于明白，这世上只有慧觉法师，早已没有了李赛儿。

他不由得也心如止水。

回想当年在万松老人的砖塔前，他和赛儿俩诵读耶律楚材的诗：“历代兴亡数张纸，十年胜负一盘棋。因而识破人间梦，始信空门一着奇。”② 赛儿那时就已懂得，历代的国家兴亡用几张纸就可以记录，十年征战的胜负也就如同一盘棋，从这些兴亡中可以识破人间的一切无非是梦，而左右棋局胜负的只是佛门的一着妙手而已。赛儿当时神情飘忽，或许从那时起，她就已像耶律楚材一样，心思皈依了佛门。

① 有《弘法入藏录》记载，今已佚。

② 见《湛然居士文集·示忘忧》。

跋涉多日，回到定兴勤公府内，王实甫朝天叹道：“了了。”

婉常一旁听着，可什么也没问。她在和孙子们逗趣，说了一个谜语让他们猜：说大名府有一老者善作含谜散曲，一日与孙同耕于田，见近旁有物，森然昂立，遂灵机一动，制谜曰，忆当年，头戴彩色缨帽，身穿罗衣数套。别人见了喜悦，自己也觉俊俏。不幸到老年，衣帽被剥，悬空高吊，受尽风吹日晒，弄得皮干心躁。他日被放下，还不能轻饶。打得骨肉分离，最终还不免到那衙门走一遭。

听那些说辞，但知婉常这些年也染了许多民间烟火，孙子们七嘴八舌，终于猜出谜底：玉米棒子。实甫也不由得哑然失笑。

一日，告假的添书回到了勤公府，他身后跟着一个半老妇人，还有一个七八岁的小儿。仨人走到王实甫和婉常跟前，王实甫好生惊讶，婉常却突然对那妇人呼道：“你可是听茶？”

半老妇人捂脸泣道：“二公子、二少奶奶，奴婢正是听茶啊。”遂拉扯小儿匍匐在地，就给婉常和实甫磕头。婉常忙将她挽起来，见她身系一条布裙，面色苍黑，两手青筋毕露，与乡间农妇无有二致，便问她这些年的情形。原来那年娘家哥哥逼着听茶嫁了个有钱的老庄主，可没过两年老头就死了，正室是个恶女人，将她转卖给一庄户男子。丈夫脾气暴躁，后来听茶生下一个儿子，好赖活着。但三年前丈夫酗酒而死，儿子则遇到一个强人，拔刀争斗竟被刺死，儿媳紧跟着走了别的人家，只留下这个半大的孙儿。

听茶悲诉道：“原以为再也活不下去，恨不得寻了短见才好。谁料想添书他前日竟寻了来，劝我到勤公府来投二公子、二少奶奶。我先是不肯，都半截入土的人，全然一个废物，哪敢给二公子你们添些厌恶，可添书他死活拉了我来。”

添书这时双膝跪倒在地，叩首道：“禀告二公子、二少奶奶，我添书自打当初见到听茶，就一心要娶她为妻，如今天遂人愿，听茶她已无有挂碍，请二公子、二少奶奶做主，让我二人结为夫妻，我和她就在这勤公府里侍候公子和二少奶奶一辈子。若不允，我也只好辞了工，从此带她出外谋生，再另作打算。”

王实甫一把拉起他来：“好一个添书，这许多年你竟然一直记挂着听茶，倒叫我好生激动。前日我还愧对你，跟随我多年却孑然一身，这下你二人结为夫妻，还得了这圆头大脸的孙儿，真个是美哉乐哉的喜事啊。”

婉常也道：“老爷说得是，你二人终得团圆再好不过，也给这勤公府里添了喜庆呢。说什么另作打算，从此就指着你夫妻二人做事了。”

添书和听茶听罢喜极，又匍匐下来磕头不已。

王实甫自此了却好几桩心事，晚年在这究室村内，黄金台上，塘溪河边——“闲对着绿树青山，消遣我烦心倦目。潜入那水国渔乡，早跳出龙潭虎窟。披着领箬笠蓑衣，提防他斜风细雨。长则是琴一张酒一壶。自饮自斟，自歌自舞。”①

又一日，易不剌金忽然造访，他言道久居京城闷煞人也，专门来寻塘溪河，要听《西厢记》，饮菊花酒，实甫自是欢喜不尽。二人相伴畅谈，尽兴而不醉。

二人说道，那前宰相铁木迭儿，奸狡险深，阴谋丛出，专政十年，凡宗戚忤己者，巧饰危间，阴中以法，忠直被诛串者甚众，易不剌金和王实甫都险些被他所害。铁木迭儿诸子内布宿卫，外据显要，蔽上抑下，杜绝言路，卖官鬻爵，稍不附己其祸立至，先帝悟其奸恶，仆碑夺爵，籍没其家，其子孙均发落外郡，逆党胁从者尽诛，大奸得以惩，大快人心。

易不剌金见王实甫的书房里杂书堆陈，新得散曲还飘着墨香，不由得拿起来一读，忍不住赞道：“好句子！你看这——‘想着那红尘黄阁昔年羞，到如今白发青衫此地游’；‘人事远，老怀幽，志难酬，知机的王粲；梦无凭，见景的庄周’，‘怕狼虎恶图谋，遇事休开口，逢人只点头，见香饵莫吞钩，高抄起经纶大手’……”

实甫却说：“表兄且打住，尽念它作甚？你要喜欢只管拿回去，留

---

① 见王实甫散曲《越调·斗鹌鹑》。

着慢慢读则个。”

易不剌金笑道：“当真？”

实甫叹道：“岂不当真？但凡写曲的人不过三种，一种写与自己看，二种写与朋友读，三种是写与天下的百姓们，实甫不才，倒是期盼写的曲能传给天下人。”

风和日美，春事方殷，二人策马前行，看塘溪河边桃杏之树皆蕃衍密茂，粲然如锦，田野阡陌农人耕耘，王实甫道：“愿天下仓廪既盈，人心向善，有情人终成眷属。”

二人大笑，催马奔驰。

元顺帝至元二年（1336）五月，黄河复于古道，自是月至六月中，大名府降大霖雨，塘溪河水大溢，王实甫于定兴究室村勤公府中无疾而终，终年七十七岁。

后人对其《西厢记》及其他作品评述繁多，认为王实甫全面地继承了唐诗宋词精美的语言艺术，同时吸收了元代民间生动活泼的口头语言，创造了文采璀璨的元曲词汇，成为中国戏曲史上“文采”的杰出代表。《西厢记》显示出超凡的影响。他开创的青年男女密约幽期，反抗家长专制，最后走向喜剧大团圆结局的模式，形成后世的一个基本套路。明清以来，以爱情为题材的戏剧受其影响，几乎是普遍的现象，经典名著《红楼梦》也都明显留有《西厢记》的印记，其他遍及天下的言情小说，受其才子佳人恋爱格局的影响，更是不胜枚举。难怪后人赞曰：“新杂剧，旧传奇，《西厢记》天下夺魁。”（明贾仲明增补《录鬼簿》）

王实甫著有杂剧十四种，现存《西厢记》《丽春堂》《破窑记》三种，《贩茶船》《芙蓉亭》二种，各传有曲文一折，其他均佚失，只在后人的记载中留有剧目而无戏文。还写得散曲若干，小令一首，套曲三种（其中有一残套），散见于《中原音韵》《雍熙乐府》《北宫词纪》和《九宫大成》等记载中，词采旖旎，情思委婉。

元朝之初，世祖英烈，多有建树，万国来朝，但武宗之后皇位频繁更迭，朝廷内多种势力相斗，贪腐成风，卖官鬻爵，财力亏空，忠直被诛窜者甚众。王实甫等一批文人远离朝政，隐匿民间，将智慧才华倾注于艺术的想象之中，从诗词曲赋中寻找到最大的慰藉，并为元代戏剧创造了耀眼的珍宝《西厢记》等一批传世之作。

王实甫于一三三六年离开人世，正是元顺帝执掌朝政，也是元朝走向末路之时，他给那个混乱的世界留下了一缕清风，也给后世留下了千古流芳之佳作。

附录一

王实甫生平年表

元中统元年（1260） 一岁

王实甫，字德信，出生于燕京路（后为大都路）定兴县究窒村。父亲王逖勤，曾与其兄王逖魁随成吉思汗西征；母亲阿鲁浑氏。

元世祖至元六年（1269）—至元十六年（1279） 十岁至二十岁

王实甫师从元朝翰林修撰、龙冈先生董朴。

至元十七年（1280） 二十一岁

王实甫娶妻，妻张氏婉常。

至元十九年（1282） 二十三岁

王实甫就任崞州县尹，秩从六品。长子王金出生。

至元二十年（1283） 二十四岁

王实甫在县尹任上与县尉意见相左。二子王结出生。

至元二十三年（1286） 二十七岁

王实甫遭遇不公，辞去县尹。

至元二十四年（1287） 二十八岁

王实甫逗留大都，与关汉卿及玉京书会等教坊的曲家、艺人相识交往。

至元二十五年（1288） 二十九岁

三子王千出生。王实甫丧父，自此在定兴究窒村守孝三年。

至元二十八年（1291） 三十二岁

冬，王实甫来到元大都，经人举荐，召为陕西监察御史。即遭诽议。

至元二十八年（1291）底—至元三十年（1293） 三十二岁至三十四岁

王实甫任陕西监察御史，在陕西各地巡访。

至元三十一年（1294） 三十五岁

春之后，王实甫以病告假，四海云游，后客居普救寺，酝酿写作《西厢记》。

元成宗大德二年（1298） 三十九岁

王实甫来到大都，辞去官职。从此留连于勾阑酒肆，专心杂剧散曲的书写、排演。

元成宗大德四年（1300）—大德十一年（1307） 四十一岁至四十八岁

《西厢记》在大都上演。王实甫将母亲从定兴接到大都一同居住。

元武宗至大元年（1308） 四十九岁

王实甫与母亲、妻儿回到定兴究窒村，丧母，守孝。从此以乡居为主，“长则是琴一张酒一壶。自饮自斟，自歌自舞”。

元顺帝至元二年（1336） 七十七岁

王实甫于定兴究窒村勤公府中无疾而终。《西厢记》世代流传，家喻户晓。

附录二 主要参考资料

1.《元史》，明 · 宋濂等撰，中华书局。

2.《西厢记诸宫调注译》，金 · 董解元著，朱平楚注译，甘肃人民出版社。

3.《西厢记》，元 · 王实甫著，张燕瑾校注，人民文学出版社。

4.《析津志辑佚》，元 · 熊梦祥撰，北京古籍出版社。

5.《草原帝国》，[法] 勒内 · 格鲁塞著，蓝琪译，项英杰校，商务印书馆。

6.《范阳潮》，王振林编著，河北大学出版社。

7.《黄金台》，王振林编著，河北大学出版社。

8.《元代的一个阿儿浑人家庭考论》，毛海明著，《民族研究》2014 年第 2 期。

后记

八年前，应作家出版社“中国百位文化名人传记”编委会之约，我开始寻找王实甫。关于这位元代戏曲家的史料少之又少，我像一位考古者四处搜寻蛛丝马迹，多次寻访到王实甫的出生地河北定兴、《西厢记》中的普救寺，还有他曾做过官的山西、陕西各地。与此同时，我再次系统阅读了《元史》等卷帙浩繁的相关史料，那个战马嘶鸣、多民族汇聚交融的时代似乎渐渐来到我的身边。

那一切，不断在心头回嚼。我耐心地等候这位才华绝世的才子，感觉他果真是一时远在天边，一时又近在眼前。我坚定地想，那风华绝伦的王实甫不应该只是一个影子，我要请他活过来。渐渐地，直到丁酉岁末，我欣喜若狂地似乎闻到了他的气息，那才子白衫拂动，手握书卷，时而掩卷徘徊，时而奋笔疾书。《西厢记》一股幽香兀自飘来。

我描摹着他的画像，追寻他的足迹，渴望将他的故事留给后人。这一代令人仰慕的才俊，当下该有几人识得？

历史虽已远去，《西厢记》却世代流传。明人都穆说“北词以《西厢记》为首”（《南濠诗话》），王世贞称《西厢记》为北曲的压卷之作，王骥德认为杂剧南戏之中“法与词两善其极，唯实甫《西厢》可当之”，称为“千古绝技”（《曲律》）。明代著名思想家李贽在《焚书》中，对《西厢记》出神入化的艺术技巧发出由衷的赞叹；清代戏曲家李渔更道：“自有《西厢》以迄于今，四百余载，推《西厢》为填词第一者，不知几千万人。”（《闲情偶寄》）早年为官，中年退隐，王实甫看透人间世相，他熟悉民情，擅长书写“儿女风情”，明初朱权《太和正音谱》誉王实甫词如“花间美人”，“铺叙委婉，深得骚人之趣”，“极有佳句”。

可见他的作品在元代和元明之际很是为人所推崇，《西厢记》其时已被称为“杂剧之冠”。明贾仲明增补《录鬼簿》，有《凌波仙》词吊王实甫：“风月营密匝匝列旌旗，莺花寨明飚飚排剑戟，翠红乡雄赳赳施谋智。作词章风韵美，士林中等辈伏低。新杂剧，旧传奇，《西厢记》天下夺魁。”

王实甫的故乡河北定兴县究室村，有记载见于西汉初期（前 206），是一个古文化村，传统的戏曲演出由来已久，王实甫更是在此将戏曲演出推到了顶峰。村子里古来就有戏台两座，相传都在王实甫时期建造。一座土戏台位于王家院外东侧，坐南朝北，台高七八尺，与东侧的大寺相邻，至今遗址尚存。另一戏台位于王家院外西南侧的高坡处，更为高大气派，为汉白玉、大理石建筑，雕栏玉刻，斗拱相接。据传，当年每逢节庆庙日，王家总要连着唱戏十余天，村民同乐，商贾云集。这两座戏台均在一九三八年间被毁。

究室王家为大名府望族，王氏家族古墓地位于古道南侧，王实甫也安睡于此。陵墓侧有柏杨成行，树影幽深，王氏后人世代祭祀，周围村民也常来拜望。

在河北定兴的多次采访中，曾得到定兴县委、县政府的大力支持，得到当地研究王实甫的专家王振林先生等人的鼎力相助。王振林热心地将他多年搜集的资料毫无保留地介绍给我，并多次陪我到究室村实地采访，与王氏家族的后人以及究室村民详细研讨，感人至深。关于王实甫出生地的研究，一九五三年孙楷第先生在其著《元曲家考略》中首先提出；一九五六年，冯沅君先生在《文学研究》第二期发表题为《王实甫生平的探索》的文章，全面系统地表述了王实甫的生平概况，明确王实甫的籍贯为元代大都，即今河北定兴；一九八二年，张月中教授在《王实甫家考》一文中再次断定王实甫为河北定兴人。

倏忽八载，写作及修改《梦西厢》的过程，是对先辈留传的文脉开掘的艰辛过程，受益匪浅而又其乐无穷。经作家出版社的精心策划、编辑，专家们的审读批阅，“中国百位文化名人传记”一批批陆续面世，中国戏曲的一代宗师王实甫传也将得以流传，作为撰写人，我为之深深地喜悦和感怀。

一曲《西厢记》，半生西厢梦，王实甫青史留名，万世流芳。

二〇一九年一月二十五日初稿

二〇二〇年一月九日修改

于北京

第一辑已出版书目

1 《逍遥游——庄子传》 王充闾 著

2 《书圣之道——王羲之传》 王兆军 著

3 《千秋词主——李煜传》 郭启宏 著

4 《草泽英雄梦——施耐庵传》 浦玉生 著

5 《戏看人间——李渔传》 杜书瀛 著

6 《心同山河——顾炎武传》 陈　益 著

7 《孤独的绝唱——八大山人传》 陈世旭 著

8 《泣血红楼——曹雪芹传》 周汝昌 著

9 《旷代大儒——纪晓岚传》 何香久 著

10 《烂漫饮冰子——梁启超传》 徐　刚 著

第二辑已出版书目

11 《忠魂正气——颜真卿传》 权海帆 著

12 《花红别样——杨万里传》 聂　冷 著

13 《感天动地——关汉卿传》 乔忠延 著

14 《西风瘦马——马致远传》 陈计中 著

15 《此心光明——王阳明传》 杨东标 著

16 《梦回汉唐——李梦阳传》 泥马度 著

17 《天崩地解——黄宗羲传》 李洁非 著

18 《幻由人生——蒲松龄传》 马瑞芳 著

19 《儒林怪杰——吴敬梓传》 刘兆林 著

20 《史志巨擘——章学诚传》 王作光 著

第三辑已出版书目

21 《千古一相——管仲传》 张国擎 著

22 《漠国明月——蔡文姬传》 郑彦英 著

23 《棠棣之殇——曹植传》 马泰泉 著

24 《梦摘彩云——刘勰传》 缪俊杰 著

25 《大医精诚——孙思邈传》 罗先明 著

26 《大唐鬼才——李贺传》 孟红梅 著

27 《政坛大风——王安石传》 毕宝魁 著

28 《长歌正气——文天祥传》 郭晓晔 著

29 《糊涂百年——郑板桥传》 忽培元 著

30 《潜龙在渊——章太炎传》 伍立杨 著

第四辑已出版书目

31 《兼爱者——墨子传》 陈为人 著

32 《天道——荀子传》刘志轩 著

33 《梦归田园——孟浩然传》曹远超 著

34 《碧霄一鹤——刘禹锡传》 程韬光 著

35 《诗剑风流——杜牧传》 张锐强 著

36 《锦瑟哀弦——李商隐传》 董乃斌 著

37 《忧乐天下——范仲淹传》 周宗奇 著

38 《通鉴载道——司马光传》 江永红 著

39 《琵琶情——高明传》 金三益 著

40 《世范人师——蔡元培传》 丁晓平 著

第五辑已出版书目

41 《真书风骨——柳公权传》 和　谷 著

42 《癫书狂画——米芾传》 王　川 著

43 《理学宗师——朱熹传》 卜　谷 著

44 《桃花庵主——唐寅传》 沙　爽 著

45 《大道正果——吴承恩传》 蔡铁鹰 著

46 《气节文章——蒋士铨传》 陶　江 著

47 《剑魂箫韵——龚自珍传》 陈歆耕 著

48 《译界奇人——林纾传》 顾　艳 著

49 《醒世先驱——严复传》 杨肇林 著

50 《搏击暗夜——鲁迅传》 陈漱渝 著

第六辑已出版书目

51 《边塞诗者——岑参传》 管士光 著

52 《戊戌悲歌——康有为传》 张　健 著

53 《天地行人——王船山传》 聂　茂 著

54 《爱是一切——冰心传》 王炳根 著

55 《花间词祖——温庭筠传》 李金山 著

56 《山之巍峨——林则徐传》 郭雪波 著

57 《问天者——张衡传》 王清淮 著

58 《一代文宗——韩愈传》 邢军纪 著

59 《梦溪妙笔——沈括传》 周山湖 著

60 《晓风残月——柳永传》 简雪庵 著

第七辑已出版书目

61《竹林悲风——嵇康传》 陈书良 著
62《唐之诗祖——陈子昂传》 吴因易 著
63《婉约圣手——秦观传》 刘小川 著
64《殉道勇士——李贽传》 高志忠 著
65《性灵山月——袁宏道传》 叶临之 著
66《蒙古背影——萨冈彻辰传》 特·官布扎布 著
67《千秋一叹——金圣叹传》 陈 飞 著
68《随园流韵——袁枚传》 袁杰伟 著
69《女神之光——郭沫若传》 李 斌 著
70《自清芙蓉——朱自清传》 叶 炜 著

第八辑出版书目

71《神韵秋柳——王士禛传》 李长征 著
72《秋水长天——王勃传》 聂还贵 著
73《凤凰琴歌——司马相如传》 洪 烛 著
74《辋川烟云——王维传》 哲 夫 著
75《天生我材——李白传》 韩作荣 著
76《如戏人生——洪昇传》 陈启文 著
77《北宋文儒——欧阳修传》 邵振国 著
78《红尘四梦——汤显祖传》 谢柏梁 著
79《梦西厢——王实甫传》 叶 梅 著
80《纸上云烟——张旭传》 李 彬 著

图书在版编目（CIP）数据

梦西厢：王实甫传 / 叶梅著. -- 北京：作家出版社，2020. 7
（中国历史文化名人传丛书）
ISBN 978-7-5212-1021-7

Ⅰ. ①梦… Ⅱ. ①叶… Ⅲ. ①王实甫 - 传记 Ⅳ. ①K825.6

中国版本图书馆CIP数据核字（2020）第108874号

梦西厢：王实甫传

作　　者：叶　梅
传主画像：高　莽
责任编辑：田小爽
书籍设计：刘晓翔 + 韩湛宁
责任印制：李卫东　李大庆
出版发行：作家出版社有限公司
社　　址：北京农展馆南里10号　　**邮　　编：**100125
电话传真：86-10-65067186（发行中心及邮购部）
86-10-65004079（总编室）
E-mail:zuojia@zuojia.net.cn
http://www.zuojiachubanshe.com
印　　刷：北京汇林印务有限公司
成品尺寸：152×230
字　　数：321千
印　　张：23.75
版　　次：2020年11月第1版
印　　次：2020年11月第1次印刷
ISBN　978-7-5212-1021-7
定　　价：50. 00元